中文社会科学引文索引（CSSCI）来源集刊

人文论丛

2015年

第1辑（总第23卷）

冯天瑜　主编

教育部人文社会科学重点研究基地
武汉大学中国传统文化研究中心　主办

WUHAN UNIVERSITY PRESS
武汉大学出版社

KEY RESEARCH INSTITUTE IN UNIVERSTY

图书在版编目(CIP)数据

人文论丛.2015年.第1辑:总第23卷/冯天瑜主编.—武汉:武汉大学出版社,2015.9
ISBN 978-7-307-16553-3

Ⅰ.人… Ⅱ.冯… Ⅲ.社会科学—2015—丛刊 Ⅳ.C55

中国版本图书馆CIP数据核字(2015)第196629号

责任编辑:李 程   责任校对:李孟潇   版式设计:马 佳

出版发行:**武汉大学出版社** (430072 武昌 珞珈山)
(电子邮件:cbs22@whu.edu.cn 网址:www.wdp.com.cn)
印刷:武汉中远印务有限公司
开本:787×1092 1/16 印张:20.25 字数:494千字 插页:2
版次:2015年9月第1版 2015年9月第1次印刷
ISBN 978-7-307-16553-3 定价:68.00元

《人文论丛》2015年第1辑（总第23卷）

学术顾问（以姓氏笔画为序）

卜松山　瓦格纳　艾　兰　池田知久

刘纲纪　朱　雷　李学勤　杜维明

宗福邦　饶宗颐　章开沅　谢和耐

裘锡圭

编委会成员（以姓氏笔画为序）

冯天瑜　刘礼堂　李维武　陈文新

陈　伟　陈　锋　吴根友　沈壮海

张建民　杨　华　杨逢彬　罗国祥

尚永亮　郭齐勇

主　编　冯天瑜

副主编　郭齐勇　陈　锋　陈文新　杨　华

本卷执行主编　杨　华

本卷执行编辑　欧阳祯人

目　　录

文化与哲学

儒家与儒教

经学与文献考释

元明清文学与文化

明清经济与社会

学术评论

文化与哲学

当代的中国自由主义与中国传统文化

—— 以殷海光的中国文化态度及其《中国文化的展望》为例

□ 王兴国

　　一个世纪以来，对于中国文化的检讨、反省和前瞻一直是当代中国文化中的重大问题。影响着中国思想文化观念演进的三大思潮的激进主义、自由主义与文化保守主义（或守成主义）同时聚焦于这一问题，并形成了不尽相同而又互相对立与冲突的观点和态度，呈三足鼎立之势。然而，自 20 世纪 60 年代以来，中国自由主义与保守主义经过长期的对垒与论战以后，出现了良性互动的状态，在某些基本的观点与理论立场上达成了一致的共识，并对现实社会的进程与发展产生了深远的影响。无疑，这虽然首先是从中国台湾地区开始的，但是随着中国社会与思想文化的发展，它必然影响与引发中国大陆的自由主义、文化保守主义与激进主义关系的改变，则是不难预期的。在这一历史进程中，对于中国文化的回省和前瞻仍将是反复出现于人们视野中的不可回避的重要问题。初版于 20 世纪 60 年代末期的殷海光的《中国文化的展望》（以下简称为《展望》）一书，充分地反映了在这一历程中的中国自由主义者对于中国文化的立场、态度和观点，堪称为一个具有代表性的典型的历史个案，至今仍然值得一阅和作认真的思考。

　　殷海光（1919—1969 年），原名"殷福生"，湖北黄冈人氏，系西南联大哲学系和清华大学哲学研究所毕业的研究生，是金岳霖的及门弟子，并受维也纳学派中唯一的中国籍成员洪潜教授的影响。金岳霖先生是他一生服膺的老师。他的主要兴趣在逻辑学和西方哲学。殷海光深受西方文化的熏陶和影响，他在致好友韦政通的信中说：

　　　　我在生活情调方面，尚不脱东方人色彩，然在为学方面早已直追西方精神。①

他所说的"西方精神"，除了哲学上的逻辑经验论与英美经验主义以外，不外乎西方的自由主义。由于殷海光崇拜罗素，笃信柏林（Isaiah Berlin）和哈耶克（Friedrich A. von Hayek）的自由主义思想，早期曾追随具有"中国的自由主义之父"之称的胡适先生。在

————————————

①　见张斌锋编：《殷海光文集》第四卷《书信与随笔篇》，湖北人民出版社 2001 年版，第 27 页。

中国自由主义思想的精神传承上，胡适与殷海光被人分别称为"五四之父"与"五四之子"。① 殷海光作为"胡适之子"，表示他是中国自由主义第二代的主要代表人物之一。其实，殷海光本人常称自己是"五四后期人物"。对此，殷海光的高弟林毓生先生提供了一个解释，林指出：

> 殷先生既是"五四后期人物"，他的思想与风格自然仍表现着五四精神，只是殷先生的五四精神的内在发展与外在遭遇都有"后期"的征象。②

可见，"五四后期人物"对殷海光的确是一个最恰当的称谓。在殷海光一生比较短暂的生命历程中，他旗帜鲜明地继承了自新文化运动以来的中国自由主义西化派激烈反对中国传统文化的基本态度和理论立场，集中表现在他将中国传统文化和现代化的关系绝对地对立起来，与以牟宗三、唐君毅、徐复观以及钱穆、方东美等"当代新儒家"为代表的中国文化保守主义（或文化守成主义）毫不妥协地决裂，并挑起"两军"之间的长期对垒与激烈论战，他不遗余力地恶毒攻讦、咒骂与批判以儒学为主的中国传统文化以及其在现当代的传承者、捍卫者和发扬者的"当代新儒家"，并对学生大放厥词，宣称当代新儒家的著作如唐君毅的名著《中国文化及其精神》"应投入毛厕"，极力支持文星派的战将李敖对于中国传统主义的抨击和诬蔑，鼓吹"彻底"西化，然而在他所秉持的深层价值趋向上，又显示出与"当代新儒家"相似相近的共同点，这就是自由、人权、民主与科学的精神，特别是他与"当代新儒家"徐复观之间具有多年的深厚友谊，两人是真正的知己，以及牟宗三与他之间亦师亦友的关系，就使他在与"当代新儒家"以及中国的自由主义和文化保守主义之间的关系上形成了一种微妙的"亦敌亦友"的关系，这种关系在他对于中国文化认知态度的曲线发展中或多或少地产生了一定的影响作用③，最终使他在生命的最后关头对于中国文化，尤其是中国传统文化的态度上发生了明显的重要变化，可以说是出现了一个转折。当然，对殷海光来说，这一转折经历了一个曲折的过程，是在他对中国文化认知的累积过程中出现的。在这一过程中，殷海光不仅力图开始尝试对中国文化作更多的"同情理解"，而且对于近代以来的"中体西用"论和猛烈反对中国传统文化的"全盘西化"派的思想提出了鞭辟入里的分析和批评，尤为难能可贵的是，他作为当代中国自由主义的代表人物之一，能够在系统梳理近代以来的中国自由主义发展历史的基础上，对中国自由主义给予不失力度的深刻的思想反省和批评，重新认识五四运动与现代化问题，阐释"民主"与"自由"以及"知识分子"的理念，自觉地提出中国的"道德重建"和知识分子的责任，等等。代表和体现殷海光的这些思想的著作，无疑就是他的《展望》一书。

从殷海光一生思想曲线发展的变化看来，可以说《展望》这部著作为他在生命的最

---

① 参见章清：《自由主义的两代人：胡适与殷海光》，《二十一世纪》1990 年第 8 期，第 58 页。
② 林毓生：《殷海光先生一生奋斗的永恒意义》，张斌峰、张晓光主编：《殷海光学术思想研究——海峡两岸殷海光学术研讨会论文集》，辽宁大学出版社 2000 年版，第 3 页。
③ 参阅王兴国：《牟宗三与殷海光——兼论当代新儒家与自由主义》，《铜仁学院学报》2009 年第 4 期。

终关头所发生的对于中国文化之态度上的转变，作了"认知"的理智上的过渡性准备。诚如他在自序中所说：

> 多少年来的经验以及对经验的分析告诉我，人间的一切想望，如果不放在一个理智的水平上，那末很可能大都是海市蜃楼。①

事实上，我们在书中看到，殷海光对于中国文化，尤其是中国传统文化儒、释、道的了解毕竟是流于肤浅与偏颇的，但是至少较之于他的从前来看，到底是多了些理智的分析，而少了一些激情的反动，也似乎多了一些宽容的精神，少了一些偏狭的意气，正因如此，他的思想保持在理智的轨道上行进，在即将到达生命尽头的时候，他终于发现自己一生崇拜的科学在人生问题上的局限性，并意味深长地说：

> 即使知道了一切科学知识，对人的自身依然是一无了解，一无帮助。②

在他最后的岁月中，他终于与徐复观化敌为友，开始对中国传统文化产生审慎的敬意，在对待中国传统文化的态度上发生了明显的重大转变。殷海光的好友韦政通说：

> 在相当长的时间里，他对新儒家确怀敌意，但由于他对知识的真诚追求，也一直在努力克服自己的偏见，生命的最后几年，他经常在年轻朋友和学生之前反省自己的错误。③

最为典型的事例，就是殷海光对于当年他与新儒家之间的对垒颇有后悔之意，并承认这是"大大失策的事"。④

不可否认，逻辑经验论是殷海光在哲学上的立足点，他能由人生问题意识到逻辑经验论是有极限的，这对于他在文化上的转变具有根本的意义。殷海光在晚年对于自己所执持的逻辑经验论也作过批判。他说：

> 逻辑经验论有一个设定，以为一切知识都可"整合"（unity），逻辑经验论的这种发展，结果造成了"知识的极权主义"。……逻辑经验论最使人不满的是：以为解决了大脑的问题，就可以解决人生的问题。其实人的问题并不止于此。人最重要的问题是心灵的问题。大脑的问题是"触及"（touch）。由于心灵的问题不能确定，逻辑经验论便认为心灵的问题是"假拟的问题"（pseudo problem）。也许从逻辑经验论的

---

① 殷海光：《中国文化的展望》，中国和平出版社1988年版，第7~8页。
② 徐复观：《痛悼吾敌，痛悼吾友》，萧欣义编：《儒家政治思想与民主自由人权》，台湾学生书局1988年版，第333页。
③ 韦政通：《儒家与现代中国》，上海人民出版社1990年版，第215页。
④ 见韦政通：《我所知道的殷海光先生》，林正弘主编：《殷海光全集》、《殷海光纪念集》，台湾桂冠图书公司1990年版，第58页。

论点来看，心灵的问题是"假拟的问题"，但它却是"真实的问题"（genuine problem）。①

虽然他对于逻辑经验论的态度发生了变化，至少不再以完全迷信的态度对逻辑经验论保持高度的信仰，但是与他从前对于逻辑经验论的痴迷执著毕竟形成了一种反差和鲜明的对比。他以前基于逻辑经验论即牟宗三所说的"逻辑分析"与"纯技术观点的哲学"② 来批判与诬蔑中国文化，把自由主义与中国文化绝对地对立起来，同时也导致他个人生命在现实社会中的曲折和坎坷，甚至扭曲，给了他极惨重的教训。他最后终于自省，开始认识到逻辑经验论的局限，尽管很不彻底，例如他对于形而上学——无论何种形而上学——仍然持拒斥的态度，但是毕竟使他重新思考和认识自由主义与中国传统文化之间的关系。他说：

> 中国的传统和西方的自由主义要如何沟通？这个问题很值得我们深思。如果我的病能好，我要对这问题下一点功夫去研究。③

这说明殷海光已不再将中国传统文化和自由主义的关系视为不可调和的敌对关系。那么，殷海光也不再将中国传统文化与现代化的关系视为不可调和的对立和冲突的关系了。韦政通说：

> 严格地说，后期自由派已不反对传统，而只反对传统主义者对历史文化所持的"戒严"态度，他们希望中国传统能经由创造达到新陈代谢的目的。④

这当然包括殷海光在内。林毓生说，殷海光看到：

> 在人类几千年的历史经验中，只有自由的民主制度最能满足道德的要求；也只有自由的民主制度是比较最能维护个人尊严的制度。而自由与民主的建立，则必须靠道德自主性（moral autonomy）的观念的养成。换句话说，自由与民主，必须建筑在个人的尊严上。任何谈论民主自由的人，如不拿殷先生在分析海耶克（引者按：大陆作"哈耶克"）的自由思想的长文中所提出的把"人当人"的结论作为言行的前提，终究是借自由民主之名，行反对自由民主之实。⑤

这一看法，与牟宗三等"当代新儒家"所持的观点在实质上恰恰是一致的。不难看出，

---

① 陈鼓应辑：《殷海光最后的话语——春蚕吐丝》，台湾寰宇出版社 1972 年版，第 12~13 页。
② 参阅王兴国：《牟宗三与殷海光——兼论当代新儒家与自由主义》，《铜仁学院学报》2009 年第 4 期。
③ 陈鼓应辑：《殷海光最后的话语——春蚕吐丝》，台湾寰宇出版社 1972 年版，第 33 页。
④ 韦政通：《儒家与现代中国》，上海人民出版社 1990 年版，第 203 页。
⑤ 林毓生：《殷海光先生一生奋斗的永恒意义》，张斌峰、张晓光主编：《殷海光学术思想研究——海峡两岸殷海光学术研讨会论文集》，辽宁大学出版社 2000 年版，第 3 页。

此时的殷海光以及整个自由主义派与"当代新儒家"在关于中国传统文化与现代化的关系问题的认识上，业已在某些方面出现了可以达成初步一致的趋向。

殷海光的转变是真实的，也是可喜的。但是必须看到，他的这种转变才刚刚开始，并没有完成。因此，是很不彻底的。此举典型的一例为证：殷海光在肯定中国文化的同时，居然又说：

> 中国文化，不能凭借四个人的观念去把握：第一是不能凭藉达尔文的进化观念，这个观念把许多人导入歧途。第二是不能运用康德的超验观念。第三是不能通过黑格尔的体系哲学。第四不能通过马克思的思想。①

毫无疑问，其中的第二和第三点，是针对牟宗三和唐君毅说的。其实，对于当代新儒家，殷海光所能稍加肯定的仅有徐复观一人而已，对于钱穆、牟宗三、唐君毅以及方东美均抱有极深的成见，至死未能克服。他过世的前一年，在给卢鸿才的信中说，唐君毅的"思想像浆糊"，方东美"只是一鉴赏家，他没有什么思想力"②；此外，还颇自负地说：

> 就思想努力的进程而论，我则超过胡适至少一百年，超过唐牟至少三百年，超过钱穆至少五百年。个中的进程，我自己知道得很清楚。这些知识分子在种种幌子之下努力倒退，只有我还在前进不已。③

殷海光的这些言论以及他的心态，充分地暴露出他对于逻辑经验论的反省与批判委实是极其有限的，不彻底的。因此，必然制约着他对中国文化的认识，同时也限制了他对于中国传统文化与自由主义关系问题的理解的深度与广度。换言之，殷海光在晚年对中国传统文化与现代化的认识上仍然具有相当大的局限。这在他的门人与友人的观察中也可以得到印证。张灏说：

> 殷先生在这方的想法或感受，多半是朦胧的，而非清晰的，多半是片段的，而非系统的。他对近代化有时感到迷惘，并不代表他反对近代化，更不代表他完全投入传统的怀抱。至少就我个人的印象，在他逝世以前，他迄未对中国文化，在价值上作一强烈而明白的肯定。易言之，他对中国传统的重估，认知和情感的意义较强，而价值上的肯定较弱，较模糊。④

---

① 陈鼓应辑：《殷海光最后的话语——春蚕吐丝》，台湾寰宇出版社1972年版，第43页。
② 见张斌锋编：《殷海光文集》第四卷《书信与随笔篇》，湖北人民出版社2001年版，第221页。
③ 见张斌锋编：《殷海光文集》第四卷《书信与随笔篇》，湖北人民出版社2001年版，第218页。
④ 张灏：《一条没有走完的路》，林正弘主编：《殷海光全集》、《殷海光纪念集》，台湾桂冠图书公司1990年版，第167页。

这一判断是准确的。徐复观在《痛悼吾敌，痛悼吾友》一文中，也谈到殷海光在对待文化上态度转变的限度，徐指出：

> 他由学术上的科学一元论，转变为科学价值的限定论，这是说明他对学问的人热情与诚意。他对唐、牟两位先生，始终有误解；他未注意到他转变的方向，正是唐、牟两先生历年来的主张，即是必须在经验法则中成就知识，但仅靠知识并无可能建立人生价值，更不能代替人生价值的主张。①

此外，韦政通谈道：1967 年 8 月，殷海光赴台中东海大学徐复观家中小住四日，回台北后曾对韦政通说："与徐复观朝夕相对，他说了许多话，有的很有道理，有的很荒谬，我只是木讷，聆听而已。"稍后又说："我上次去看他（指徐），犯了错。"这个情况，"与徐先生在《痛悼吾敌，痛悼吾友》一文中，对这次相聚情况的忆述，有些出入"②。如果这一情况属实，也能从一个侧面说明，殷海光不仅在对待中国传统文化态度的转变上是有限的，即使在对徐复观的态度上也是有限度的。正像李明辉先生所说的那样"我们不宜过分夸大这种转变，而低估了他同新儒家之间仍然存在的距离"③。

殷海光之所以没有实现他对中国文化的态度和立场上的彻底转变，固然与他的早逝有关，但是更为重要的是他对于自己所坚执的"逻辑分析"和"经验论"哲学以及道德价值观念没有突破。这一根源在《展望》中就可以清楚地看到。他说：

> 千回百折，我的运思和为学，分析到底层，是受这三个条件的主导：第一，现代逻辑的工作者所说的逻辑。第二，自休谟（D. Hume）以降的经验论者所说的经验论以及美国实用主义者所说的实用之结合。第三，必要时，价值观念，尤其是道德价值观念。④
>
> 这三个条件对我运思和为学的主导作用，在本书里处处可以看出来。⑤

其实，这三个条件不仅贯穿于《展望》全书之中，而且是自殷海光走上了治学之路以后，就贯彻在他的一生的思想之中。这固然有助于他的思想的明晰化，但是同时也构成了他思想的内在限制。尽管他在晚年对于自己所执持的逻辑经验论也作过批判，但是却并不彻底，因此没有太大的突破。这是令人遗憾的。然而，如果他能多活一些年，也不是完全不可能的。如此看来，《展望》一书在殷海光思想的生命历程中委实居于一种过渡性的地位。

细读《展望》，不难发现殷海光对于中国文化的展望主要是将自己的视线限制在

---

① 徐复观著，萧欣义编：《儒家政治思想与民主自由人权》，台湾学生书局 1988 年版，第 333 页。

② 韦政通：《殷海光与新儒家》，《中国思想与人文关怀》，台湾洪叶文化事业有限公司 1989 年版，第 132 页。

③ 李明辉：《徐复观与殷海光》，《当代儒学之自我转化》，"中央研究院"文哲研究所，1994 年，第 125 页。

④ 殷海光：《中国文化的展望》，中国和平出版社 1988 年版，第 6 页。

⑤ 殷海光：《中国文化的展望》，中国和平出版社 1988 年版，第 6~7 页。

"孔制崩溃"以后，也就是说，他所展望的中国文化主要是辛亥革命和新文化运动以来的中国社会文化及其在未来之可能的展开。这一点，他在该书的自序中也作了明确的交代。他说：

> 这本书，算是我为研究并且思想中国近百余年来社会文化问题的一个简略的报告。①
>
> 我逐一讨论有关中国百余年的社会文化的重要问题，在申论中国知识分子今后所可能而且必须努力的道路及指向的归趋。②

殷海光一开篇就首先将中国文化定位于他所谓的"天朝型模世界观"的基础和前提之上，其实质是自视为一个"自足的文化系统（a self-sufficient system）"，蕴含着"自我中心"和"不以平等看待外国"的自我优越的观念。他宣称："中国天朝型模世界观之内涵与莱特（Arthur F. Wright）所说 19 世纪中国文明之自我影像是相同的。"③ 在这一时期，中国笼罩于天朝型模世界观之下，虽然文化上也放吐了一些光芒，但是中国文化的方向与西方文化的发展方向大不相同。就是说，中国文化没有向现代化的方向发展。虽然说"孔制崩溃"了，但是"中国天朝型模世界观"依然保留在中国知识分子的心灵中，因此成为中国文化的征象。这成为殷海光展望中国文化的基础和大前提。在殷海光的描述中，中国文化自近代以来的发展过程就是"中国天朝型模世界观"的分崩离析的解构过程。殷海光"从认知层面开始"，立足于文化人类学的综合的"文化"观念，抱着对文化的科学态度，提出"濡化基线"（base line of acculturation）决定文化过程及其结果（可称为文化"濡化"说）的观点，以文化价值和生物逻辑之间的关系以及理想文化和实际文化之间的关系为核心辅助框架对中国文化进行考察。所谓"濡化基线"，殷海光解释说：

> 任何一个文化，对于外来文化所作反应，总是站在自己的"文化基线"（cultural base line）上作反应。一个文化站在自己的文化基线上来反应另一文化的刺激时如行濡化，那么濡化的基础便是"濡化基线"（base line of acculturation）。濡化基线是决定文化濡化过程是否顺利和濡化所生文化特征为何的先决条件。不同的濡化基线决定不同的濡化过程及不同的结果。这也就是说，当甲文化与乙文化接触时，甲文化不是以一文化真空来与乙文化接触，而是在它自己的基础上来与乙文化接触。这一带着自己的文化本钱的主题文化，在文化接触的程序中，就是濡化基线。④

殷海光所说的以濡化基线为基础的对于另一文化的刺激的反应，与瑞士心理学家和哲学家皮亚杰在其《认识发生论》中所提出的"同化"概念比较接近或一致。殷海光指出：

---

① 殷海光：《中国文化的展望》，中国和平出版社 1988 年版，第 3 页。
② 殷海光：《中国文化的展望》，中国和平出版社 1988 年版，第 1 页。
③ 殷海光：《中国文化的展望》，中国和平出版社 1988 年版，第 7 页。
④ 殷海光：《中国文化的展望》，中国和平出版社 1988 年版，第 50 页。

濡化是文化变迁的一个程序，在这个程序中，两个或两个以上不同的文化联续着发生接触。结果，其中一个文化吸收了另一个文化的要素。……濡化有不同的类型。文化接触时文化分子的团体之大小，接触时是出于被动或自动，文化分子的相对地位，双方的态度是友好或是怀敌意，彼此的风俗习惯是否相同，这等等因素决定濡化的类型之差异。其中特别值得注意的情形之一是同化。文化的同化乃 A，B 两个文化接触时，其中之一的某些特征消失，而形成一组新的特征。殖民地的文化多有这类现象，移民众多的地带也如此。另一种情形为前面一再说及的扩散。扩散乃濡化有条不紊的程序。扩散并非发明，但使许多社会产生相似之处。①

我们现在更进一步观察濡化的情形。同一个文化 C 向甲乙二个不同的社会扩散时，甲社会与它的濡化不顺利，乙社会与它的濡化顺利。这是因为通体社会（Gemeinschaft society）的社会功能与结构濡化难，而联组社会（Gesellschaft society）濡化易。比较起来，在通体社会里，行为模式固定，对文化价值的基本前提少发生疑问，坚持固定的规律，坚持传统，以社会制裁作维持伦范的方式，倾向于要年青人"向后看齐"，注重地位与声威，动辄诉诸权威和情绪。在这样的社会，文化是刚性的，固持的，和保守主义的，并且缺少适应的弹性。这种文化具有一种"不全则无"的特征。这种文化是相对孤立的文化。它的分子与别的文化分子较少往来，因此易于形成自我中心的观念以及由此观念出发所作论断，并且发展出适应多样变化的机动习惯（mobile habit）。这种社会的社会结构相当同质（homogeneous）；而不太容忍异质（heterogeneity）。从这种社会文化里泡大的人多喜欢简单的确定（simple certainty），并崇尚复杂问题之简单的解决。所以，这种社会对因文化变迁所引起的挫折之"忍受域"较小。于是，在濡化过程中，一般文化分子对不愿意接受的外来文化事物常持抗拒态度。尤其当外来文化攻击他们所抱持的核心价值时，他们"宁为玉碎，不为瓦全"的牺牲精神来保卫这种价值。中国改朝换代之交传统文化里所谓的"忠臣死节"，韩国妇女不惜牺牲生命以抗拒日军奸淫等等都是。这种性质的文化，在受不同质的客位文化之大量进击时如它尚未解体，那么它对这一刺激的反应常为防卫核心价值堡垒。所以，在文化的接触之秋，我们常易听到"保卫固有文化"的呼声。可是，保卫的方式，常诉诸文化的尊严（cultural dignity），诉诸我族中心主义（ethnocentrism），诉诸民族情绪（national feeling）。这些方式固然多少可以激起若干涟漪，但经不起理智认知的考验，并且不是建立在一客观经验的基础上面。于是，这样的文化如果骤行大量文化变迁并进而触及核心价值，便易于发生严重的文化解体。这样的文化，一旦解体，要再行整合，势必甚难，至多只能扳回一点形式。②

不难看出，殷海光以他所提出的这一"濡化基线"说为基础，并将中国社会视为他所谓的通体社会的一种类型，以此为前提确立了近代中国文化的基线，这就是以"家"（家庭和家族）为单位的"社会基型"和"层级"，以及他所谓的"离隔和心性凝滞"，进而提出中国文化为一种他所谓的"我族中心主义"、"合模要求"、"长老至上"、"地位

---

① 殷海光:《中国文化的展望》，中国和平出版社 1988 年版，第 51 页。
② 殷海光:《中国文化的展望》，中国和平出版社 1988 年版，第 51~52 页。

与声威要求”以及“两性分别等级”的观念表现。也就是说，殷海光所谓的中国文化的
“我族中心主义”、“合模要求”、“长老至上”、“地位与声威要求”以及“两性分别等级”
的观念都是以中国传统文化的濡化基线为基础而形成的。在殷海光所确立的这些中国文化
的基线观念中，以家为础石的社会蜘蛛网中的不可度让与不可侵犯的“父亲意象”①成
为中国社会文化中的权威主义的根源②，而“合模要求”则成为中国社会文化得以维持
长久的基础。

以这一基线为基础，殷海光进而对于中国社会文化的重要问题，诸如“保守主义”
（不同于当代新儒家）、自由主义、“全盘西化”论、“中体西用”说、中国的现代化问题、
“民主”与“自由”及其关系、中国道德的重建、知识分子的责任等一一进行深入的分析
考察。其中，关于自由主义、“全盘西化”论、“中体西用”说、“民主”与“自由”及
其关系以及知识分子的责任等问题的论述均不乏精彩之笔与启迪之论，尤其他对于中国的
自由主义者的描写也颇为平实、生动和准确。他对着政治制度层面上的儒学即他所谓的
“孔制”开火，也不可谓无理，其实关于类似对儒学的批判，贺麟先生早在出版于 20 世
纪 40 年代的《文化与人生》一书中就予以肯定，贺麟先生说：

> 新文化运动的最大贡献在于破坏和扫除儒家的僵化部分的躯壳的形式末节，及束
> 缚个性的传统僵化部分。它并没有打倒孔孟的真精神、真意思、真学术，反而因其洗
> 刷扫除的工夫，使得孔孟程朱的真面目更是显露出来。……愈反对儒家思想，儒家思
> 想愈是大放光明。③

无疑，政治制度层面上的僵化的儒学部分是完全应该给予揭露和批判的。这不仅有助

---

① 所谓“父亲意象”是殷海光所提出的一种对于把中国文化“父亲想象化”的固持态度的形象
化描绘。显然，殷海光对于这种文化态度的反感与批判是与他对中国文化的厌恶之情密切地联系在一起
的。殷海光说：“有的人一谈到中国文化，便像老式的中国人提到自己的父亲似的，有意无意地把文化
父亲意象化，对之有无穷的爱慕与向往之情。因此，如果你对中国文化作批评时所得结论有不利于文化
尊严的部分，即令你所作的批评是极其有根据的，他也不能接受，甚至冒火。”（见殷海光：《中国文化
的展望》，中国和平出版社 1988 年版，第 28 页。）
② 殷海光说：“在以男性为中心的家族或家庭中，族长或家长是合模（conformity）的标准。族人
或家人的世界观，社会观，人生观，模式行为，价值观念，教育方式，等等，都是向他看齐。他又掌握
着经济、嫁娶、葬丧、营建、迁移诸权力。下一辈的人，尤其是子女，从小就被教导得必须对长辈尊
敬、畏惧、小心、将就、自抑。家长不嘉许的人，他不能接近。家长喜欢的人，他可不能公开讨厌。所
谓‘孝顺’，不只是要提供服务，而且要顺其心，随其情，以至于无微不至。中国传统的家庭是血缘、
生活及感情组织起来的蜘蛛网。在这个网里，浓密的情感核心中有一个不可度让和不可侵犯的‘父亲意
象’（father-image）。这个父亲意象辐射出一股权威主义（authoritarian）的气氛。……中国传统的家庭是
典型的权威主义之自然的养成所。”（参见殷海光：《中国文化的展望》，中国和平出版社 1988 年版，第
111~112 页。）显然，殷海光对于人类社会的组成单位的家庭，尤其是中国传统的家庭的理解不免过于
简单化。而他对于儒家的孝道则充满了误解与歪曲。因此，他所谓的“父亲意象”至多是一部分情况，
并不具有普遍性。殷海光出于对中国文化的仇视与攻击而将“父亲意象”无限夸大化了。这是不能不注
意的！
③ 贺麟：《文化与人生》，上海书店 1991 年版，第 2~3 页。

于形成新的儒家思想，而且对于预防儒学被极权专制政治所歪曲和利用而使儒学政治化和
遭受不幸的扭曲也是有益的。但是，不能不看到，殷海光对于宋明理学与当代新儒学的批
评则多有误解，并且他仇视儒学的心态使他无法深入地理解与客观地叙述以儒学为宗主的
中国文化。最根本的问题是在于他将中国文化，尤其是中国传统文化与西方文化完全对立
起来看待，进而将中国文化与中国的现代化对立起来，因此他最后提出建立一个合乎科学
精神的"新人本主义"，依然是立足于他所固执的经验论哲学的观点和立场。殷海光在这
一重大问题上的态度、立场和观点，造成了当代中国自由主义与当代新儒家之间的对立与
冲突；同时也是该书的最大问题与症结所在。这是我们不能不加以留意的！今天，无论新
儒家还是自由主义者对于上述的问题及其相关的争论，均已经有了明确的共识。林毓生先
生在纪念乃师殷海光的文章中写道：

> 要实现自由与民主，今后中国有识之士，不应再拾那五四时期（……）对中国
> 传统全面否定的牙慧，这种把自己连根拔起，向西洋一面倒的办法，从五四以来的中
> 国思想史上看，不但不易使自由思想在中国泥土上成长，反而使自己成为一个文化失
> 落者。因此，中国自由主义者的现代课题，不是对传统的全面否定，而是对传统进行
> 创造的转化。
>
> 殷先生对中国传统文化的态度在他生命的最后几年有重大的改变。这是激烈的五
> 四反传统思想后期的光荣发展；同时也象征着五四时代的趋近结束，一个继承五四自
> 由主义传统，而不受五四反传统思想所囿的新时代的到临。①

事实上，"一个继承五四自由主义传统，而不受五四反传统思想所囿的新时代的到临"是
当代新儒家与自由主义者的共同期盼，也是中国社会文化发展的必然趋势。

顾名思义，"中国文化的展望"就是对于中国文化的过去、现在和未来的考察和展望。
这一展望是全方位的，但是展望是落在未来。对于中国文化未来的展望是根据对于中国文
化的过去和现在的考察研究所得出的一种预见和期望。殷海光说：

> 太遥远的景象我看不到。我希望我在这本书里所作的展望能在今后 50 年或 100
> 年内露出些端倪。②

而今，40 余年过去了，殷海光当年所作的展望的确露出了些端倪，但是历史事态的
发展情形却比殷海光所想象的要复杂得多。不过，殷海光的这部著作本身就是近 50 年以
来的中国文化发展历程中的一个见证和一个典型的个案。

（作者单位：深圳大学哲学系与国学研究所）

---

① 林毓生：《殷海光先生一生奋斗的永恒意义》，张斌峰、张晓光主编：《殷海光学术思想研究——海峡两岸殷海光学术研讨会论文集》，辽宁大学出版社 2000 年版，第 7 页。
② 殷海光：《中国文化的展望》，中国和平出版社 1988 年版，第 8 页。

"义"的法理*

□ 易 军

"义"在中国传统文化中是一个博大精深的概念。今人所谈法之正义观时，西来的文化基本垄断其话语系统，忽略"义"对中国传统正义文化及其对法律价值体系的贡献。实际上，传统正义的根基正是在"义"这一文化体系上建构起来的。不过，其内涵的观念和价值与今日法律正义有很大不同。[①] 法律正义实际是西来的概念，[②] 自然隐含着西方法律思维和社会观念，与传统中国之"义"内涵外延方面并非等同。如果还能认识到作为固有文化之"义"对法治的贡献，就有必要对其进行梳理，并通过文化的连贯性为当前的法治建设提供有价值的传统资源，使法治内在地承继中国的传统智慧，这对当前法治建设来说大有裨益。追溯中国传统正义观，应考虑到"义"作为传统正义的基本范畴，其内在的正义观念是中华法系的核心价值所在。

一、词"义"

"义"的理解包括文化、学理与起源三个方面。文化方面，作为一个文化系统，它的内在观念就蕴涵在作为语言的构造之中。"义"的语义与古词"義"有关，故《说文解字》释之为"从我、羊"，羊在甲骨文为"祭牲"，是为善之同义语（古语中羊为祥）。"我"即戌，意指战争。"羊"与"我"之合意指战争开始前举行占卜仪式，祈求战胜对手而显示的吉兆（即祥）。《说文解字》解释善为：吉也，从羊。此与义、美同意。即"美物也，俗作善"。羊在古代代表正直、正道及善良之意。因之，"义"有正直善意的伦理表征，此为"义"之第一要义。其二，古之"义"与"仪"同义，实为仪式。郑玄笺《诗经·鸠》云"仪，义也"。实指在仪式中取得合法性，表明通过仪式把内含着的事物正当化，使之与其追求的情势相适。《尔雅·释天》云"起大事，动大众，必先有事乎社而后出，谓之宜"。《周官》注《说文》曰"仪作义，古皆音俄"。故而，适宜及相宜为

＊ 本文为国家社科基金青年项目："宗教解决纠纷机制研究"（项目编号：14CFX029）阶段性研究成果。

① 黄玉顺：《爱与思：生活儒学的观念》，四川大学出版社 2006 年版，第 5~10 页。
② 当前中国法学对正义的话语几乎被西方法学所垄断，正义成为西来的概念而被我们所借用，无法形成我们自身对法理学的话语支配。

"义"之第二要义。段玉裁注《说文解字》云：谊者，人所宜也。今情谊字用之。郑司农注《周礼·肆师》：是谓义为古文威仪字。谊为古文仁义字。《论语·中庸》曰"义，宜也"。适宜的本义即表明适合某种先在、标准，成为遵循的法则。可知，诸说都体现适宜的本义，但与现代法律正义的公正观念差别甚大。

上述是中国传统文化中"义"的一般含义①，表明该语意的初始构造内在地嵌入了人们追求的原始正义观。但实际上，在学理方面，语义学与社会理解有所不同。现代学者把义归纳为适宜、适合、适当、正当、公平、公正、正直、正确、合理、合法、应得等含义。② 虽反映了它不绝对化，讲究"适度"而不是零和的特征。但显然，这些归类不免有过泛之嫌，超越语义所指而扩大其社会内涵。这是站在符号学立场而非语义学方面来阐释，更像是象征分析而不是词义理解。若回归语义学的"义"，基本上包摄善意、合宜与正道三大含义。通过古今之"义"的语义发现，传统中国的义文化中已经暗含着伦理正义的意识。在观念方面，这种正义系统带有极大的道德伦理性和"自然法"性质。在建制方面，"义"是符合社会规律（相宜）并按照社会规律处理事务（仪）的一种规范性观念，并根据这种观念引申出的一些行为准则或制度，成为传统中国的基本政治架构。在内容方面，"义"延伸出一套整体性的基本伦理观以及上升到政治结构的制度表征，几乎全部包含着正道、合理而应当做的善的一套意识形态系统。

"义"的起源方面，在古代中国，部落或国家战前祭祀者主要是部落首领或领军头人，"义"反映统治集团确定的规则，用以对集团内部关系秩序化和等级化。因而，统治者极大可能将之上升到符合公理及法则之高度。《孟子·公孙丑上》云："其为气也，配义与道。"《说卦传》云：立人之道，曰仁与义。对此，有学者指出义的源头：一是参加活动的首领与大小头目构成义的阐释者。二是指实行分配和分配的原则为义的框架。三是人们对这原则的感受与评价（即社会认同性）。③ 由此可知，"义"是适合古代中国国情的最有效的道德规范，因为这种规范是由统治者制定的。所以，这种规范实际上是政治和道德的一体化，既是最高的道德规范，又是最高的政治纲领。由此，在古代中国，义是治国之本，④ 又是民之行为准则，更是社会评价系统，因而它代表传统中国的一种正义观念系统，是古代中国国家、社会、个人进行合法性、合理性、正当性建构的最基本原则。因之，"义"实为中国传统社会正义的原型，本源和本体。

二、"义"的哲学

先秦诸子百家的建构结果使"义"真正地以正义哲学来指示它的要义，不同学说都

---

① 参见刘宝才：《中国传统正义的内涵及特点》，《西北大学学报》（哲学社会科学版）2007 年第 6 期。

② 参见黄玉顺：《中国正义论纲要》，《四川大学学报》（哲学社会科学版）2009 年第 5 期。

③ 参见查中林：《说"义"》，《四川师范学院学报》（哲学社会科学版）2000 年第 1 期。

④ 参见刘雪河：《"义"之起源易礼新探》，《四川师范学院学报》（哲学社会科学版）2003 年第 4 期。

对其赋予不同的内涵。代表性的有道、儒、法、墨等主流。其中道家"义"之正义观在于"道";儒家"义"之正义观在于礼与仁;墨家"义"之正义观在于爱与非攻;法家"义"之正义观在于赏法慎法。因而,不同的正义观基于他们的立场不同,但都具有某种善、公理的最基本的自然哲学观。

1. 道家"正义"论

道家思想与《周易》有极大的渊源。《周易·乾·文言》云:"利者义之和也。"《大戴礼记·四代》云:"义,利之本也。"可见,义乃是有利于行动并符合自然规律之准则,进而引申出,只要符合天地宇宙法则的态势就是义。故乾坤皆为义。只要依照自然规律处理社会关系,辄达致相互协调与和谐,才能实现利益,体现利益的自然正当性。《周易·乾·文言》云:"知终终之,可与存义也。"《周易·坤·文言》云:"直其正也,方其义也,君子敬以直内,义以方外,敬义立而德不孤。"《周易》之六十四卦,乾乃大始,坤作成物(《系辞》)。如此,则乾坤交合,万物乃生,故"一阴一阳谓之道"。由此,道家以乾坤法则导生出"道"(自然)与"德"(社会)的辩证关系,反映人在自然环境下只有符合"道""德"规定的才是正义的。正如老子批评孔子只讲仁义而不重视自然规律来保持社会关系那种质朴的本性(《庄子·外篇》云,孔子见老聃而语仁义。老聃曰:夫仁义惨然,乃愤吾心,乱莫大焉。吾子使天下无失其朴,吾子亦放风而动,总德而立矣)。因而,只有"合于道则谓义"(《周易口义·说卦》)。有道则有义。背离"道"的行为都不算义,也就说不是正当的。或者说,道家哲学的义是以道为前提的。《老子·德经》云:"绝仁弃义,民复孝慈。"王弼注:"仁义,人之善也。"总之,道本身就是义的表述。后期的道家之义所探求的是人与宇宙、与自然的"清净无为"的关系,而不是人际的功利性关系,只有在这种前提下,义才是正当的。从世俗走向清心寡欲,直接"退仁义"才直达"至人之心"。如《天道》云:"通乎道,合乎德,退仁义,宾礼乐,至人之心,有所定矣。"综上,道家正义论表现在"道"与"义"的关系:一是必须与"道"相符合才是"义";二是不能违背"道"的结构可算"义"。三是把"道"作为基本前提的也是"义"。四是"道"就是"义"的表述。

2. 儒家"正义"论

孔子最早提出"义",但其渊源于《周易》。《周易》强调义为"离为",离与后来出现的"礼"有很大的渊源关系。学者的解释是"离为礼"。① 这一点可以儒家经典佐证,《国语·周语》云:"奉义顺则谓之礼。"《礼记·礼运》云:"故礼也者,义之实也。"《贾子·礼》云:"故礼者,自行之,养民之道也。"《论语·里仁》中说:"君子之于天下也。无适也,无莫也,义与之比。"可见,由离至礼,由礼寻义,表现其内在逻辑关系。这里的礼主要是为政者之礼或国之礼。也意味着,儒家重视的是"义"的政治意义,不仅仅是简单的生活原则。对此,孔子把"义"界定在两个域限内:一方面是君臣之义,它属于官方层面的伦理规则。另一方面是君子之义,它属于民间社会层面的伦理规则。纵横相交地使义成为传统中国政治规则的主轴。两个层面都强调不论君臣或君子都要以

---

① 参见连劭名:《论〈周易〉中的"义"》,《北京行政学院学报》2006 年第 1 期。

"义"为行动标准，确定为上是国家的政治哲学，下为一种个人的信念和道德修养。《论语·卫灵公》曰："君子义以为质，礼以行之，孙以出之，信以成之。君子哉！"《论语·阳货》云，君子尚勇乎？子曰："君子义以为上。君子有勇而无义为乱，小人有勇而无义为盗。"前者是针对国家政治制度的建构来说的，后者针对个人修养来说的。但总体上都是为作为礼的国家政治秩序服务的。符合这一点就是大义。

孟子开辟了义理结构的另一路径，他把"义"作为儒家最高的道德标准之一。儒家把仁义礼智信称之为"五常"。其中的"仁义"成为封建道德的核心。《孟子·离娄上》云："大人者，言不必信，行不必果，惟义所在。"荀子常将礼与义并举，合称为礼义。荀子说的礼主要指社会等级制度，"义"主要指适应这种等级制度的观念行为。他认为礼义的作用极为重大，是国家命运之本。荀子的礼义论维护等级制度，但并不以礼义为等级制度的奴隶，而是以礼义为等级制度的法规。① 自孟、荀始，儒家的正义观正式固定下来。

3. 墨家"正义"论

《说文解字》云：弗，《墨翟书》义从弗。《墨翟书》把义用弗字代之，以"弗"作偏旁，意为不（《尚书·尧》有云："绩用弗成"）、去（《诗·大雅》云："以弗无子"）的含义。因"义无作弗者。盖岁久无存焉尔（段玉裁注《说文》）"，后取"義"字。以弗替代"我"暗示"国家务夺侵凌"，则语义暗含"兼爱非攻"的和平、禁战思想。虽然"義"与"弗"构字组合有重大差别，前者与战争有关，后者与非战有关，但其语义却殊途同归。"義"以羊之符号象征性植入祭祀中，使战争获得正当性。后者作为墨家"兼爱非攻"哲学，通过免战或休战获得正道，即非攻的正义性。墨家之义的第二含义是兼相爱。作为儒家仁的补充，通过兼爱达到天下大治。实现这种理想的社会就是"义"的秩序，这种社会的理想是"强不执弱，众不劫寡，富不侮贫，贵不敖贱，诈不欺愚，凡天下篡怨恨，可使毋起"（《墨子·兼爱中》）。义在国君那里就是尚贤。要崇尚贤士，实行善政。如其所说，"君子之道也，贫则见廉，富则见义，生则见爱，死则见哀。四行者不可虚假，反之身者也"（《墨子·修身第二》）。"上举义不辟亲疏，然则我不可不为义。"（《墨子·尚贤》）义的另一含义是尚同，即下级对上级的服从。这说明即使坚持兼爱非攻的正义思想，墨家仍无法摆脱身份条件下的人治。在义利关系方面，墨家逐渐义利相交，但强调利的获得是通过"义"来实现的。

4. 法家"正义"论

法家根本上是反"义"的。较为突出的就是"吾所谓恶者，义之本也"，"世所谓义者，暴之道也"。商鞅更是认为，"义"只是教人而为，但无法让人自觉而为。《商君书·画策第十八》云："仁者能仁于人，而不能使人仁，义者能爱于人，而不能使人爱。所以仁义不足以治天下也。圣人有比信之性，又有使天下不得不信之法。非其义也，饿不苟食，死不苟生。此乃有法之常也。"于是，一国的立国之本不是"义"而是

---

① 参见刘宝才：《中国传统正义的内涵及特点》，《西北大学学报》（哲学社会科学版）2007 年第6 期。

法。治理天下的根本措施不能依靠仁义，主要依靠法。就是韩非说的"不贵义而贵法"。事实上，法家反对儒家之"仁义"说，"义"仅反映民众的好恶观念，不能作为治国之本，甚至有害于秩序的稳定。《商君书·开塞第七》云："今世所谓义者，将立民之所好，而废其所恶。此所谓不义者，将立民之所恶，而废其所乐也。"再如："以义教，则民纵。民纵则乱，乱则民伤其恶"。法家认为真正的"义"就是法。法家把法（或"刑"）作为"义"，其实就是"赏法慎法"，要民众严格遵守、执行法律，用严肃的法令对战功、农耕进行规范，只有法律规定的才是正义的。法乃是治国之要。《商君书·定分第二十六》云："法令者，民之命也，为治之本也。"法家也把"权"与"信"纳入到"义"的范畴之中。"权"的义在于"赏厚而信，不失疏远，不违亲近"。"信"的义在于君臣共立的法，即无条件遵守法令。"民信其赏，则事功成；信其刑，则奸无端。"因之，法家之权与信仍是以法为根本的。固然，"义"的本质是以法为本，信及其他手段不过是法的辅助手段。虽然法为国家治理的根本原则，然在当时以圣王天下的时代，法家始终解决不了法律与君权的关系，实际无法突破政制问题。商鞅自身的悲剧便是例证。但商鞅提出法为"治之本"之说，反对依靠仁义治国，无疑意义重大。实际确立德治（仁义之治）与法治的二元模式。直至当代，以德治国与依法治国仍并行不悖而被提出。

各家的正义理解显然区别很大，道家正义归之于天、自然的关系，后来中国的天人合一哲学观与之有很大关联。儒家强调礼义作为人际关系的处理标准，强调社会秩序的建构原则。墨家把和平作为正义的最高目标。法家把法看成正义的表征。儒家的正义观最具世俗性，儒法二家已经考虑到正义的治国工具化。所以，儒法二家的现实作用更明显，秦以后的中国历史亦可证明。墨家正义观最为理想。道家越来越离开世俗功利，走向自在的哲学观和自然理性。在当代和平与生态作为社会理念的语境中，这两种正义观的道德价值最为高尚，价值仍很大。但是，各种哲学虽对"义"看法不同，都强调义是社会中非常重要的行为约束和观念，体现了传统中国崇尚并追求道德化、理想化社会情态的愿望，只是表现为不同的形式特征。

三、"义"的表征

"义"是抽象、概括和笼统的，它通过其他具体的方式体现出正义。通过儒、道、墨、法等学说发现，"义"主要涵括了礼、仁、忠、情、侠（如司马迁的观点）、信等。借用罗伯特·雷德菲尔德的分析概念，在传统中国，被官方和制度倡导的正义属于大传统下的正义。"义"的正义观表征礼义、仁义、忠义。它们一直被统治者所倡导，甚至被作为政治化治国理政的工具，是建构国家政治秩序的关键；被乡民、大众所实践的正义是小传统下的正义。"义"的正义观表征情义、侠义、信义。它们作为民众的价值观，是建构中国传统社会伦理秩序的基础。国家—社会视域下两套表征系统也是"义"作为观念的社会表达，更是一种社会展演。大传统和小传统相互契合在一起，大传统内有小传统，小传统中有大传统，它们共同成为中国传统正义的核心观念。其根基主要是儒家思想。

（一）国家：大传统之"义"

1. 礼义

"义"的制度化及规范化是礼。"义"是礼的观念形态。礼是"义"的制度形态。在传统文化中，礼包括国家制度典章中的规范和社会道德规范。因此，礼义是一种制度正义，只有符合礼的行为才是正义的。梁治平认为，礼表明古代中国人的正义观。此数千年间惟一的正义观乃是天不变道亦不变的根本。[1] 礼旨在依据社会成员的职位、年龄、性别等因素来划分权利和义务范围，规定不同社会角色各自的行为边界，以此来避免因无别而造成的利益冲突和社会无序。[2]《礼记·曲礼上》云："夫礼者，自卑而尊人。"《论语·八佾》说："人而不仁，如礼何？"这些说明，礼的基本原则有真诚、克己、适度。它能使人养德、立身、和谐，最终使社会秩序稳定和谐。但是，基本上，"义"主要通过礼形成法权。

"义"为礼之原则。两者属于正义的内隐与外显的关系。这种原则也表明，"义"是礼仪、礼俗的建构基础，或者说一种合法性与正当性所在。《管子·心术》云："礼者，因人之情，缘义之理而为之节文者也。"由此可见，"礼之理"即"义"。"义"是礼的原理和根据。同时，礼又是"义"的实践工具和表现途径。《论语·卫灵公》云："君子义以为质，礼以行之。"由礼引申出的一套礼仪制度本身，就是一套符合官方正义表述的制度，是"义"的政治与社会表征。反之，礼是中国古代国家政治制度和政治哲学的基础，有礼则有义，无礼则无义。两者相互映照，相互界定对方，是一种现实与理想的社会正义秩序表达。《礼记·乐记》云："是故先王本之情性，稽之度数，制之礼义。"《孟子·告子上》云："万钟则不辨，礼义而受之。"《礼记·冠义》说："礼义之始，在于正容体，齐颜色，顺辞令。容体正，颜色齐，辞令顺，而后礼义备。"对官方来说，用礼治国则体现"义"的正当性。《礼记·礼运》曰："夫礼，先王以承天之道，以治人之情，故失之者死，得之者生。"对民间来说，用礼察人则体现行为的合法性。《礼记·冠义》云："凡人之所以为人者，礼义也。"《春秋·说题辞》云："礼者，体也。王者行礼得天中和，礼得，则天下咸得厥宜。"一种行为符合某种现行之礼的制度规范，我们可以说它是正义的；反之则是不正义的。《论语·颜渊》说"一日克己复礼，天下归仁焉"便是此理。[3]在伦理正义方面，礼反映了分配正义，是基于血缘和宗法制定出来的，即所谓尊尊亲亲。[4] 尊其尊长，爱戴卑幼，形成一种年长有序，尊幼相恤的伦理秩序。符合这种秩序的条件才是正义的。

2. 仁义

传统中国社会是一个泛道德性和伦理主义的社会。仁是"义"的良知表现形式，是

① 梁治平：《法辩》，中国政法大学出版社 2002 年版，第 155 页。
② 参见彭永捷：《原中：正义理论的一条进路》，《中国人民大学学报》2012 年第 6 期。
③ 参见黄玉顺：《中国正义论纲要》，《四川大学学报》（哲学社会科学版）2009 年第 5 期。
④ 参见彭永捷：《原中：正义理论的一条进路》，《中国人民大学学报》2012 年第 6 期。

中国传统道德规范的基础。仁义以人的良知为基点，依据远近关系向外层层扩展而形成自尊自爱、爱亲人、爱人进而扩展为爱天地万物等。可知，仁是传统正义的基本要素，为"义"之基石。《礼记·礼运》说道："仁者，义之本。"或者说，仁是一种伦理正义，是人的行为良善性区分的标准。《孟子·离娄上》云："仁，人之安宅也；义，人之正路也。旷安宅而弗居，舍正路而不由，哀哉。"仁的基本要求是"己所不欲，勿施于人"。具体细节则是：节制自己，尊崇社会规范；替别人着想。仁还强调以谦和的态度去建立人际关系，即恭顺、宽大为怀及谦让来调节人与人之间的感情，使社会关系在和谐的状态下不冲突。然则，一旦仁义并举，其核心就要讲"义"。也就说，仁的本源是"义"，如果缺乏"义"的支撑，仁也就无所谓正义与否。朱熹直接认为，"义"是作为仁的判断准则（《朱子语类》卷六：义者，仁之断制）。自孟子始，后世儒家把仁义作为最基本的道德原则和伦理精神。仁是儒家思想的核心，"义"则是这种观念形式的规范，内在于作为一个类的人的规定性之中。"义"是普遍合理性的规范，仁则是个人对待社会与他人的规范。固然，"义"是仁的概括性方式，仁是"义"的具体要求，或表现于社会伦理和个人良知的社会规范性要求。

3. 忠义

《商君书·画策第十八》云："所谓义者，为人忠臣，为人子孝。"可见，忠是实现义的保障方式，也代表"义"的一种形式。如果忠表示对权威、对统治者以及国法家规的绝对服从和迷信，那么"义"是对广大被压迫人民的深切同情与关切，对朋友的义气，发展下去就是见义勇为，并加入到反压迫反剥削的正义斗争当中。① 但是，忠在接受认同、服从权威和持守权令方面与"义"是契合在一起的。"为人谋而不忠乎。"（《论语·学而》）"教人以善谓之忠。"（《孟子·滕文公》）反过来认为，忠的文化被"义"的文化所包含。"忠义"前置词表示这一价值观的本体，后置词表示忠的价值和意，主要强调忠的核心在于事君，对国家和君王尽忠。这是"义"的表现，否则就不是正义的，这是一种"政治正义论"，即强调政治正确。《论语·八佾》云："君使臣以礼，臣事君以忠。"对君来讲，要做到忠就要求"上思利民，忠也"。治民即希望人民忠诚。《论语·颜渊》云："居之无倦，行之以忠。"又云，"主忠信，徙义，崇德也"。在社会方面，要对朋友尽忠。《论语·学而》云："君子不重则不威，学则不固。主忠信，无友不如己者，过则无惮改。"总之，忠表现在国家方面的忠诚，对朋友方面的忠义等。其实，忠在官方和民间都是被认同为正当的，正如孔子强调的要"君君、臣臣、父父、子子"。它反映统治者维护等级秩序的需要，把忠作为义务，从而实现权力的控制。

在古代，忠被认为是维护封建伦理纲常秩序应有的道德法则，是符合封建社会的一种基本正义形式，是忠诚的正义。只要是忠的行为都应得到理解，如果这种忠与统治秩序结合起来，其具备了原始的正当性和合法性，是一种"义"（忠义）。《管子·牧民》云："以家为家，以乡为乡，以国为国，以天下为天下。"《左传·昭公元年》云："临患不忘国，忠也。"《礼记·儒行》云："苟利国家，不求富贵。"这些反映的都是一种大忠大义

---

① 参见韩玺吾：《水浒英雄之义与儒家文化之关系》，《江汉大学学报》（人文科学版）2008年第3期。

的舍己为天下的忠。水泊梁山的核心就是忠义。他们为人称道是因为宋江反奸不反宋。朝廷认为其有正义性一方面，可以招安，即他对朝廷和皇帝是尽忠的，对奸臣当道是憎恶的。民众赋予梁山的正义性是对兄弟尽忠，官方赋予梁山的正义性是对皇帝尽忠，从而获得官方与民众的双重认同。但是，愚忠或私忠显然被政治所利用，成为当权者权力操弄的工具。梁山义军的最后覆灭即为范例。

（二）社会：小传统之"义"

1. 情义

情是民间正义观的基本范畴和文化基础。情之本义为人的感情，实则是某种人际关系及其内在的镶嵌程度，表征人际嵌入的复杂性。情包括三种含义：人之常情；个人与他人进行社会交易，用来馈赠对方的一种社会资源；个人与关系网内的其他个人如何交往的一种社会规范。[①] 中国社会中的情是差序的，根据不同的差与序来区分情的深浅程度，[②] 并进而来衡量资源与规范的控制力。

差表征横向关系，序表征纵向关系。在差的场合下情注重关系契约，人情在其中以亲疏远近来分清相互之间的紧密性，亲戚、朋友、近邻之间就是以这种情形来进行关系分类的。[③] 在差的情景下表现为辈分等列的关系，情注重对等、均衡、似同。在序的场合下关注身份因素，情注重尊卑关系：晚辈服从长辈，卑者服从尊者。[④] 情表现在教化方面。可见情在差序格局中可定位特定的情理正义观。这种"有差序的位置和利益"表达的是在承认按照伦理区分的高低贵贱、远近亲疏的等级与差别的前提下，要求同一地位或者位置相近的个体之间的平等或者均等、待遇相同。超越他们认为平等、相同的尺度，就是不合乎道理的，不正义的，就是"欺负人"。[⑤]

传统社会的人们基于对家族、村庄、乡里等血缘和地缘性共同体的认同与依赖，希望人际关系长期稳定、和谐。为了实现这些目标，人们在为人处世中加重了情的成分。在社会交往中人情是媒介，一般人很少拒绝他人给予的人情，因为这样难免有被他人或社会孤立的危险。人们通过人情的交换保持彼此关系的维系。[⑥] 如同《玉台新咏·古诗为焦仲卿妻作》说："今日违情义，恐此事非奇。"因人情一般不看重是非判断，而且把事情放在对方的角度上看待问题，获得将心比心的感情，在相互同情的心态中使利益关系让位于人情关系。情是一种通过血缘或亲缘形成的"正义"关系式，或者说，情即为关系正义的表达，有情则有义。因而，情是"义"在血缘伦理关系中的最重要的正义体现，即情理正义是"义"的一个面相。情义结合象征中国社会的血缘亲疏远近的社会图景。

---

① 文崇一、萧新煌主编：《中国人：观念与行为》，江苏教育出版社 2006 年版，第 36 页。
② 费孝通：《乡土中国 生育制度》，北京大学出版社 1996 年版，第 56 页。
③ 翟学伟：《人情、面子与权力的再生产》，北京大学出版社 2005 年版，第 164 页。
④ 易军：《中国农村法治建设中的非正式制度研究》，中国政法大学出版社 2012 年版，第 235 页。
⑤ 参见吴英姿：《乡下锣鼓乡下敲》，《南京大学学报》（哲学社会科学版）2005 年第 2 期。
⑥ 韦政通：《伦理思想的突破》，四川人民出版社 1988 年版，第 35 页。

2. 侠义

侠存在于另一个世界——江湖社会中。在武侠小说中，行侠仗义成为支撑英雄好汉行使江湖正义的传奇。最早书写侠义人士的是司马迁，但司马迁并不认同侠的正义性，只表以同情。《史记·游侠列传》云："……行虽不轨于正义，然其言必信，其行必果，已诺必诚，不爱其躯，赴士之阨困，既已存亡死生矣。而不矜其能，羞伐其德，盖亦有足多者焉。"侠不是单纯的社会身份，更是人们对社会的一种态度。尤其是轻财而重义，不为物所役，① 为世不平，以一己之力公平或匡扶正义，是典型的私人正义或民间正义。《论语·为政》云："仁者必有勇，见义不为，无勇也。勇者不惧，临大难而不惧者，圣人之勇也。"如惩恶除奸、除暴安良、见义勇为、路见不平，讲信用重大义者称为义士。这与儒家倡导的仁爱勇谋是一致的。《论语·为政》就说，"非其鬼而祭之，谄也。见义不为，无勇也。"子路曰："君子尚勇乎？"子曰："君子义以为上。君子有勇而无义为乱，小人有勇而无义为盗。"

侠义的另一种方式是义气。义气的主要内容是：结义尚友，仗义救危，守信重诺，抑强扶弱。义气是通俗文化中平民百姓学习的德目，也是日常生活中的道德规范。② 它一方面符合侠义的精神，另一方面也符合儒家伦理中的"亲亲相隐"原则。但义气有可能臭味相投，或者宁为情不为法而做出违背根本正义的行为。这就不是侠义的范畴了。总之，侠契合了追求不畏强暴，追求安宁的愿望。从而把侠看成"义"，既是江湖正义，又是具有公共性的私力救济和民间正义，更是一种"诗性正义"③，是在国家无法控制的背景下，民众对民间正义实现的个人期待。它的正义感既针对这个人及其气质，又针对他的行为。两者构成侠义精神：一种正义观念。

3. 信义

传统社会强调信的价值是正义的。如果无信，则失去基本的正义感。信义是大义，而非一般的道德要求，这一点为统治者与民间社会共同提倡，并反映在许多著述及谚言之中。《孟子·离娄下》云："大人者，言不必信，行不必果，惟义所在。"《象山先生全集·答苏宰书》云："所谓信者，意指诚信，不诈伪。"能够履行跟人约定的事情便取得信任，它要求言行跟内心思想一致，不虚假。《颜氏家训·名实篇》转化而来的谚语：巧伪不如拙诚——就是要告诫人们"立身存笃信，景行胜将金"。《列女传·节义传·楚昭越姬》云："信者，不负其心。"即要说话算数，"至诚至信"，才能获得别人的尊重。如买卖中要"货真价实，童叟无欺"。不作出自己无法兑现的承诺，更不能恶意地欺骗他人，骗取别人的信任；一旦作出承诺，就禁止反言，应做到"言必行，行必果"。故而有谚云："实言实行实心，无不导人之理。"所谓"身不正，不足以服；言不诚，不足以动"。只要以诚待人，终会"精诚所至，金石为开"。信用是一国的立国之本，若人人不

① 参见韩云波：《侠的文化内涵和文化模式》，《西南师范大学学报》（人文社科版）1994年第2期。
② 参见肖立斌：《中国传统道德中"仁"与"义"的对立统一》，《道德与文明》2006年第1期。
③ ［美］米勒：《以眼还眼》，郑文龙等译，浙江人民出版社2006年版，第27页。

讲信用，则"民无信，国不立"，人之交往相互设障，以至于"人而无信，不知其可"。①
综上，信乃"义"的重要表达方式，有信义之人乃是有正义感之人。如果情作为"义"
的社会关系图式，那么信则是"义"的社会关系图式的外在表达。情与信体现了关系正
义的内外结构。它们共同构成中国特殊私人关系的正义模式，是"义"在这个领域的两
种表达风格。

四、"义"的法理特质

从前文"义"的不同表达形式看到，"义"的制度正义是礼，良知的正义是仁，政治
正义是忠；情理正义是情，② 民间正义是侠，关系正义是信。它们共同构成"义"在大
小传统方面的全貌。它揭示了伦理性、多元性、轻利性、生活性、人治等基于文化格调的
法理学特质。它反映了中国的传统文化品性。

1. 一种伦理正义

自汉武帝采纳董仲舒"罢黜百家，独尊儒术"之后，儒家哲学成为官方的主流意识
形态。儒家的伦理正义被纳入到官方法律系统中，礼法并用。儒家伦理的精神和原则日益
影响着法律的变化和发展，至隋唐终使中国法律完全伦理化，这一情形延及清末而毫无变
化。儒家伦理使传统中国的法律成为一种道德化的法律，法律成为道德的工具，道德成了
法律的灵魂。这不仅使传统中国法律丧失了独立的品格，也从根本上阻碍了它向现代的转
变。③ 在这种背景下，中国人的正义基本上与儒家完全联系在一起了。传统正义不管是民
间或是国家都带有极大的伦理性。比如亲亲相隐、情理并用、和合等基本原则都带有伦理
的成分。一个最有正义感的政治就是仁政；官方政治和谐的正义在于忠；家庭和谐的核心
在孝；社会关系的和谐在情和信。只有符合这些秩序原则的才是正义的，才被称之为
"义"。这些原则一旦被破坏，社会就会失序。这些伦理法则被整合在一起就称为一个完
整有序的有义的伦理社会。可见，礼、仁、忠或情、侠、信都是反映传统中国的一种伦理
（包括政治伦理和社会伦理）。它把道德伦理、法律、儒家哲学融会在一起高度伦理化。
中国的旧律基本上也是以伦理法作为根基。④ 故而，伦理正义也是伦理法意义的正义。这
一点是符合中国人对正义的想象的。

2. 多元与人治的共存

多元是传统正义观念的基本表达，同时它又是多元表现，是人治下的多元。多元展现
了人治作为实现正义的基本力量。只要不是以法律正义为唯一的正义观，那么这种多元就
必然形成人治。正义之源来自多方面，显然法律并非主要的正义之源，儒家思想以及权力

---

① 易军：《中国农村法治建设中的非正式制度研究》，中国政法大学出版社 2012 年版，第 99 页。
② 易军：《关系、规范与纠纷解决：以中国社会中的非正式制度为对象》，宁夏人民出版社 2009
年版，第 76 页。
③ 参见张中秋：《中西法律文化之不同》，《光明日报》2002 年 8 月 20 日。
④ 瞿同祖：《中国法律与中国社会》，商务印书馆 2010 年版，第 23 页。

观念反而是促成中国传统正义观念生成的重要因素。传统中国的正义观设定在人与人、人与天地之间的某种自然秩序方面。他们对正义的期待是以治人或清官、圣明君主的出现为衡量之标准，也就说，缺乏循法而治的原则性要求，很多都是依赖于"人"这一个基本结构实现，例如仁或信，都是建立在期望的基础上作出的正义评价，而不是固守规则办事。因而这是一种人治观。与其相信法给他们带来正义的需要，毋宁说是基于对清廉与圣明的奢望。人们面对问题或纠纷时，寄托于权力的解决或官府的衡平远大于寄希望于法律的公正要求。不管这种权力来自于国家、官府，或是来自于人情、民间社会的权力。也即，正义的源泉来自礼、忠、仁、情等人定的伦理观上。这种人定关注于儒家的"外王内圣"，外服天下，内修德行。梁治平说，中国人强调个人的内在品质，更愿意把希望寄托在个人身上。因此，中国古代法也就不能成为正义之源。① 显然，法律正义在传统正义体系中是不被作为意识形态对待的。

3. 轻利原则

该原则表现了"义"对利益衡平的非决定性，揭示权利义务的不对等。在传统的正义与功利的价值衡量中，中国向有重义轻利的思想，《论语·里仁》云："君子喻于义，小人喻于利。"《论语·述而》云："不义而富且贵，于我如浮云。"即使墨家强调义利相交，主张得义的同时不忘利的原则，但后来墨家不被人重视，这种义利观并没有带来社会影响，反而使儒家的义利原则大行其道，逐渐对中国的重农抑商政策产生巨大影响。重义轻利思想主要针对私人而言，重义就是维持官方倡导的社会秩序，重情感、忠诚、礼俗、诚信、宽仁等秩序义务。轻利就是要以国家、社会利益为主，个人利益为辅的原则。其结果，"义"所建构的制度与规范无法形成对利益的决定性调控。

传统中国不看重分配过程的正义，而是强调义气、仁义和礼义的影响。在这种正义观念中，利益不是依靠公平分配来实现正义的，而是通过伦理关系实现，其本质仍然是人治和身份。由于没有人权、权利概念，中国人只能以"罕言利"一笔抹过。《孟子·梁惠王上》云："何必曰利？亦有仁义而已矣。"甚至强调"先义后利者荣，先利后义者辱"（《荀子·荣辱》）。原因在于，中国传统社会注重理想化、道德化的社会生活，没有考虑制度的正义性问题，更没考虑个人的分配正义，社会在"大同"的状态下就是正义的。《礼记正义》说："'天下为公'，谓天子位也。'为公'谓揖让而授圣德，不私传子孙，即废朱、均而用舜、禹也。"这种大同社会的具体要求就是："老有所终，壮有所用，幼有所长，鳏寡孤独废疾者，皆有所养"。这仅是一种空想主义思想，在实际生活中，它缺乏"小同"——具体的个人正义，实则是私权及个人利益被忽略。

轻利导致权利的公正观念孱弱。前述到，中国传统的正义观念主要表征礼义、仁义、信义和情义、侠义以及忠义等内容（某种程度上包括孝义）。现代中国的法律正义，也就说西方的正义主要指向公正、公平、自由等基本原则。由于建构在商事法律的基础上，西方社会看重个人利益分配的公正性，而不是从人情伦理角度考量来对利益取舍，退一步说也是居其次。中国人在分配利益时总是受到亲缘、血缘、朋友和个人道德良知的影响，事实上很难做到绝对的公平，个人权利往往服从"义"的考量，甚至"舍身而取义"（《孟

---

① 梁治平：《法辩》，中国政法大学出版社 2002 年版，第 155 页。

子·告子上》)。这看出中国社会的权利义务的正义、等价性观念是不确定的，与西方制度保障的公平正义完全不同，后者更严格和正当，权利认知较强。① 传统中国的正义观念中，人的义务认知强大，服从秩序安排的意识放在首位，强调先有秩序的存在才有个人的存在，个人的权利意识是相当孱弱的。

4. 作为日常生活的规范性知识

"义"以生活原则来建构日常秩序甚于一般的公正价值，表现了传统人们的生活态度。中国传统的正义观念描述不过是思想家和政治家们拿来劝令民众安平乐道，服从国家政治秩序，修身养性的一种生活态度或处事原则，至于国家制度，根本就与正义无关，儒家与皇权结合，就是正义的制度。它更看重"义"在处理生活事务与人际关系方面所发挥的作用。西方的正义观念却被思想家和政治家拿来作为改革社会制度的钥匙，最终成就了西方的法治国家。两者的结局是完全不同的，一个形而下另一个形而上。直至现在，传统中的正义观仍然在民间大行其道。但是也要看到，传统正义注重个人的社会良知，内含着善良、正当、正直、合理的因素在里面。强调善，认为只有善作为法律的基本前提（有自然法的根基），人们才可能形成正义的感知，有公平性地处理问题的一面。恰恰是这些原则，建构了传统中国人的生存哲学和社会秩序，用来规范他们的日常生活，成为生活的最基本的知识结构，形成了独具特色的中国人的生活模式以及伦理关系。形而下的正义观必然来自生活又建构生活，与现代正义完全不同。

五、代结语："古今""中外"的契合

如何对待传统正义，学界观点不一。但以"古今"（时间）与"中外"（空间）关系视角，应从正反两个维度客观地看待。一方面是反向认识西方学者对西方正义观的反思，另一方面如何解决其现代性问题。对于第一个问题，考虑到西方法治出现的困境，桑德尔对罗尔斯"正当与善"之间的优先性进行批判，强调善在正义中极为核心的位阶。② 实际上，桑德尔对西方经典正义的反思，重新思考制度正义向伦理正义的转向，恰好暗合了与中国传统正义内涵的伦理性，说明中国传统正义仍有其合理可扬之处，两者有目的、取向的一致性。现代正义概念基本界定在合法性和公正性方面，表现为既是形式的平等（应然的），又是实质的人权（实然的）。③ 正义观念内含着对正义的价值诉求，它决定了人们对待正义的态度和评价，架构了一个特殊文化区内的法文化系统。实际上，根据正义观的自然法和普遍性原理，即使西方社会不存在正义概念，但亦存在形式不同本质却一致的正义观念。因为追求均衡、中和、良知、道德之善乃是人类的直觉，形式不同是因为"正义"的语境不同，尤其是国情与历史差异。这些形式在中西方却大同小异。

对于第二个问题，现代社会的主流正义观念主要是法律正义而不是传统正义。因而，

---

① ［美］罗尔斯：《正义论》，何怀宏译，中国社会科学出版社 1988 年版，第 65 页。

② ［美］迈克尔·桑德尔：《自由主义与正义的局限》，万俊人等译，译林出版社 2001 年版，第 20~41 页。

③ 张文显主编：《法理学》，高等教育出版社 2010 年版，第 334 页。

一旦法律/法治运作于传统中国乡村或传统文化发达的地域时，西来的正义观可能与传统中国正义观发生不兼容，甚至冲突，在发达的地方还可能出现传统与现代的断裂，这两个问题是正义观在传统与现代的维度上如何在转型中国的适应过程的直接表现。传统法文化失去了表达的机会和实践，现代性的法律霸权主导法治，两者无法在"同一地平线"上交流。如何调适两者并使两者融合，则是一个必须面对的难题。实际上，古为今用的原则在经过"不断筛选"的处理下必然有其合理的价值。面对过度寻求外部因素解决本土问题的当代中国来说，有必要回头探寻古人留下的精神财富，在今日仍有发挥其作用的地方。如见义勇为、英雄仁义、舍生取义，信义与国家忠诚等无不体现一种正义观念存在的必要性。此与西方追求的公平、自由等价值并无冲突。这正是法治建设有必要解决"古"与"洋"的关系，并使之契合在一起的原因所在。

（作者单位：云南大学法学院、北方民族大学法学院）

晋代士人精神的审美询唤*

□ 张文浩

　　西晋"身名俱泰"的价值共识带动审美风尚的蔚起，而审美风尚所呈现的独立超拔意识丰富了士人阶层的精神世界。东晋偏安后，士人的理想人格消磨了自然与名教之间的冲突和焦虑；审美意趣在话语实践中泯灭了本体和现象的差别，建立了"物我俱一"的物我关系模型；儒家的清高气节、道家的虚静胸怀、佛家的性空清净，成为士人化解现实苦难的途径。在士人群体的精神世界，形式美和神韵美得到巧妙汇通。借用法国思想家阿尔都塞《意识形态和意识形态国家机器》的说法，"意识形态一直就把个体询唤为主体"，"个体是一直就被意识形态询唤为主体的"①，晋代士人精神游离出偏善的观念传统，响应时代思想潮流对审美的价值询唤。

一、"身名俱泰"：士人群体的价值确证

　　西晋末年，向秀、郭象《庄子注》盛行于世，其"名教即自然"、"适性逍遥"的说法，将魏晋玄学之"贵无"、"崇有"两派融通起来，甚得士人阶层接受；士人群体由此获得一种理论支持，不必在儒家名教和自然天性之间游移不定、纠结不堪了。这样一种泯灭自然和名教界限的社会风潮，激起士人阶层追求独特人格的审美风范。

　　富可敌国的石崇的豪言壮语恰可表达士人阶层共同的人生态度："尝与王敦入太学，见颜回、原宪之象，顾而叹曰：'若与之同升孔堂，去人何必有间。'敦曰：'不知余人云何，子贡去卿差近。'崇正色曰：'士当身名俱泰，何至瓮牖哉！'其立意类此。"② 士人

　　* 本文为教育部人文社科重点研究基地重大项目："魏晋南北朝文艺思想史"（项目编号：10JJD750005）；中国博士后科学基金资助项目："中国文论的游艺观念史研究"（项目编号：2014M551167）阶段性研究成果。

　　① 转引自吴小丽、林少雄主编：《影视理论文献导读》，上海大学出版社 2005 年版，第 342 页。
　　② 房玄龄编纂：《晋书》，中华书局 1974 年版，第 1007 页。

对身名俱泰的企求，意谓物质和精神都要富足，自然欲望和名教声望都要获取最大成就感。石崇可以说一生都在践行他这个生活理念。他天资颖悟才能超群，二十多岁担任修武县令，颇有才名；入洛阳任散骑侍郎，又迁任城阳太守；太康元年，石崇因参与伐吴有功，被封为安阳乡侯；他在郡任职时虽有职务，仍好学不倦，后又被拜为黄门郎；屡次升迁任散骑常侍、侍中；再拜太仆，出为征虏将军，假节、监徐州诸军事，镇下邳。他在仕途方面算得上是颇为顺达得意的，当然这顺达也与他擅长投机有关，史传其谄媚之情状："拜卫尉，与潘岳谄事贾谧。谧与之亲善，号曰'二十四友'。广城君每出，崇降车路左，望尘而拜，其卑佞如此。"① 人格形象似乎显得卑鄙奸佞，为史家不齿，但"二十四友"是依附于鲁国公贾谧的文学和政治相结合的同道团体，著名人物有刘琨、陆机、陆云、欧阳健、潘岳、左思、挚虞等文章高手，而石崇的别墅洛阳金谷园是一个会聚地点，由此可见石崇的个人号召力和凝聚力，也可见石崇的文学才华和政治能力都是很不错的，不是一个简单的卑佞小人。支撑其身名俱泰的是厚实的经济基础，"财产丰积，室宇宏丽。后房百数，皆曳纨绣，珥金翠。丝竹尽当时之选，庖膳穷水陆之珍。与贵戚王恺、羊琇之徒以奢靡相尚"②。不仅如此，还任侠无行检，在荆州任上抢劫远使商客，致富不赀，大发不义横财。房玄龄综括其一生行状说："石崇学乃多闻，情乖寡悔，超四豪而取富，喻五侯而竞爽。春畦蘗靡，列于凝洄之晨；锦障逶迤，亘以山川之外。撞钟舞女，流宕忘归，至于金谷含悲，吹楼将坠，所谓高蝉处乎轻阴，不知螳螂袭其后也。"③ 石崇是"士当身名俱泰"人格实践的典范，儒家传统的忠义廉洁温柔敦厚等士人风节可以荡然不存，依附于任何一个强大的能庇护自身生命及荣华富贵的统治者就是最高的人生信念。以文章著称的"掷果潘郎"潘岳，人格境界与石崇差不多，美姿仪，有容止，二十四友，潘岳为首，才华毫无疑问优异出众；但"性轻躁，趋世利，与石崇等谄事贾谧，每候其出，与崇辄望尘而拜"；"构愍怀之文，岳之辞也。谧《晋书》限断，亦岳之辞也。其母数诮之曰：'尔当知足，而干没不已乎？'而岳终不能改"。④ 若纯粹从生存环境和生命意识来考察，士人阶层的人格分裂或多样化脸谱似乎完全可以找到历史缘由。

心无所依，行无定准，士人阶层人格复杂性既是个体人生态度决定的，也是时代风尚造就的，"自然即名教"成为他们最名正言顺的托辞。不过，他们在追求身名俱泰的过程中也透露出一些温情脉脉的精神细节，比如潘岳具有非凡人气，爱美成癖，小名檀奴，因为他长得美，在后世文学史中，"檀奴"、"檀郎"、"潘郎"等都成了俊美情郎的代名词，这也算是魏晋士人审美意识觉醒的很好表征，这种审美表征摆脱了政治和道德的标签，张扬了魏晋人们对身体美的热烈追求。所以，从审美文化角度看，"自然即名教"的思想风潮，带动了审美思想的深入和普及，其独立超拔意识丰富了士人阶层的精神世界。司空图《冯燕歌》："掷果潘郎谁不慕，朱门别见红妆露。"骆宾王《艳情代郭氏赠卢照邻》："掷果河阳君有分，贳酒成都妾亦然。"韦庄《江城子》词："缓揭绣衾，抽皓腕，移凤枕，枕潘郎。"另外，潘岳将上刑场与其母诀别"负阿母"之声亦显孝子之情诚；而与石崇在

---

① 房玄龄编纂：《晋书》，中华书局 1974 年版，第 1006~1007 页。
② 房玄龄编纂：《晋书》，中华书局 1974 年版，第 1007 页。
③ 房玄龄编纂：《晋书》，中华书局 1974 年版，第 1010 页。
④ 房玄龄编纂：《晋书》，中华书局 1974 年版，第 1504 页。

刑场的对话也大有两心相惜的温情在，"崇谓之曰：'安仁，卿亦复尔邪！'岳曰：'可谓白首同所归。'"其对妻子杨氏的忠诚和深情，凝聚在三首《悼亡诗》里，"如彼游川鱼，比目中路析"，情谊真挚，缠绵无尽，"潘杨之好"自此颂传至今。其留给后世的文学形象和美学形象都是很丰满艳美的。

被朝野称誉为"一世龙门"的王衍，既有盛才美貌，明悟若神，常自比子贡，兼声名藉甚，倾动当世，可谓名位俱全者。然而东晋名士庾翼对其颇有微词："王夷甫，先朝风流士也，然吾薄其立名非真，而始终莫取。若以道非虞夏，自当超然独往，而不能谋始，大合声誉，极致名位，正当抑扬名教，以静乱源。而乃高谈《庄》《老》，说空终日，虽云谈道，实长华竞。及其末年，人望犹存，思安惧乱，寄命推务。而甫自申述，徇小好名，既身囚胡虏，弃言非所。凡明德君子，遇会处际，宁可然乎？而世皆然之。益知名实之未定，弊风之未革也。"①批评王衍没有生活原则，既为名教中人却不思以静乱源，不好好从事政治实务以做吏治楷模，而是思安惧乱、寄命推务；既为清玄论道之人，却不能超然独往，珍惜名誉，而是助长奢靡享受之风。考其行迹，王衍确实有着很多不堪行为，如其女为愍怀太子妃，在太子为贾后所诬之时，王衍惧祸，自表离婚；在得知太子被诬获罪，得太子亲笔书信却隐蔽不公告出来，致使太子被害。其贪生怕死之情与其玄谈名士雅望有着云泥之别、河汉之远；尤其不可思议的是，王衍兵败被石勒捕获后，"为陈祸败之由，云计不在己。勒甚悦之，与语移日。衍自说少不豫事，欲求自免，因劝勒称尊号"。视朝廷厚望和重托为可有可无之物，连石勒都为其毫无气节和人格的言行所激怒："君名盖四海，身居重任，少壮登朝，至于白首，何得言不豫世事邪！破坏天下，正是君罪"②。王衍是一位实实在在把自然天性与名教事功混融一体的士人，在他的身上集中了太多看似矛盾的性格特征。在追求实现自然生命价值的时代，士人阶层大多撇弃儒家传统的名利观念，公然袒露对荣华富贵的渴望。史传里的王衍对财富看得并不太重。其妻郭氏是贾后之亲，借中宫之势，刚愎贪戾，聚敛无厌，且喜欢干预人事，王衍疾恶郭氏之贪鄙，在郭氏面前"口未尝言钱"，而以"阿堵物"名之。这种姿态是否有表演的成分在？似乎未必就是表演，因为凭其家族名望及本人显位，奢侈生活早已不足为忧。情感表达可以很好地证明一个人的存在，此期士人阶层对情感的表达是略无顾忌的，体现出重情风尚。王衍亦然，如《晋书》传载："衍尝丧幼子，山简吊之。衍悲不自胜，简曰：'孩抱中物，何至于此！'衍曰：'圣人忘情，最下不及于情。然则情之所钟，正在我辈。'简服其言，更为之恸。"③儒家要求情感适度表达，发乎情而止乎礼义，讲究的是理性节制；道家则根本主张"少私寡欲"，把生命情感全都淡化成"无"，超越生死悲欢，物物而不物于物，冷眼旁观着这个世界。王衍他们却将情感和欲望都毫无掩饰地宣泄出来，心里头压根没有儒家的教训，也没有道家超脱，只希求人的自然情感自由无碍地发出来。"情之所钟，正在我辈"的宣告，简直是把情感当成人的本质规定性。

---

① 房玄龄编纂：《晋书》，中华书局1974年版，第2040页。
② 房玄龄编纂：《晋书》，中华书局1974年版，第1238页。
③ 房玄龄编纂：《晋书》，中华书局1974年版，第1236~1237页。《世说新语》记成王戎事迹。

二、性情倾向和审美物象的融通互映

温峤曾问隐士郭文："饥而思食，壮而思室，自然之性，先生安独无情乎？"郭文回答说："情由忆生，不忆故无情。"① 遁世的隐逸者可能追求道家式的极度克制的情感，而温峤们则主张"情感的自然流露"，呈现出"自然之性"。即如军旅名士桓温，也时时从外界风景变移而感叹时光无情流逝，所以"桓公北征，经金城，见前为琅邪时种柳，皆已十围，慨然曰：'木犹如此，人何以堪！'攀枝执条，泫然流泪"②。这是对人生时光的感叹之情，是细水微澜式的心境呈现，也隐含着生命意识的细致化，与"士当身名俱泰"的呼声一样，是对生命自主性的吁求。桓温入蜀至三峡中，部伍中有人抓到一只小猿，母猿缘岸哀号，"行百余里不去，遂跳上船，至便即绝。破视其腹中，肠皆寸寸断"③。桓温知道这情状后大怒，罢黜其人。一介武人的心思竟然如此细腻多感，自当是一种移情效应已经在他内心激起。"从某种意义上说，正是由于对生命的重视，才导引出魏晋士人对于炽热情感的追求与执著。至此，情感不再是羞于启齿的隐私，或是淫邪丑恶的象征，相反却成了人性之美的符号。"④ 这种人性之美的标志性符号就是"一往情深"。"一往情深"可以发生在朋友之间、亲人之间、邻里之间、君臣之间，甚至陌生人之间；也可以发生在人与自然山水之间、人与事之间、人与物之间。也许乱世的环境使人的心灵更加多愁善感，使人的情感世界更容易发生共鸣。尚书令王浚冲曾着公服，乘轺车，经过黄公酒垆时，转身对车客感慨："吾昔与嵇叔夜、阮嗣宗共酣饮于此垆。竹林之游，亦预其末。自嵇生夭、阮公亡以来，便为时所羁绁。今日视此虽近，邈若山河"⑤。这是对昔日韶光的无限留恋和追怀，既念故友，亦是自悲岁月。"王长史登茅山，大恸哭曰：'琅邪王伯舆，终当为情死！'"如果说桓温的情感是由宇宙人生之叹而激发，那么王伯舆的情感是为自身而叹。荀奉倩宣称"妇人德不足称，当以色为主"，并深深地爱着其妻，"荀奉倩与妇至笃。冬月妇病热，乃出中庭自取冷，还以身熨之。妇亡，奉倩后少时亦卒"⑥。应该说，这是爱美与重情完全融合一体的典范，珍重这种生死相随的情感就是他们的最高人生价值。魏文帝曹丕装驴鸣祭别王粲则是君臣文友之间的深情体现："王仲宣好驴鸣。既葬，文帝临其丧，顾语同游曰：'王好驴鸣，可各作一声以送之。'赴客皆一作驴鸣"⑦。一个帝王如此不顾尊严脸面作出这番表现，此情此景，显示出人性的真美品质。"王子猷、子敬俱病笃，而子敬先亡。子猷问左右：'何以都不闻消息？此已丧矣！'语时了不悲。便索舆来奔丧，都不哭。子敬素好琴，便径入坐灵床上，取子敬琴弹，弦既不调，掷地云：'子敬，子敬，人琴俱亡！'因恸绝良久。月余亦卒。"⑧ 这是兄弟深情的

---

① 房玄龄编纂：《晋书》，中华书局 1974 年版，第 2441 页。
② 余嘉锡：《世说新语笺疏》，中华书局 2007 年版，第 135 页。
③ 余嘉锡：《世说新语笺疏》，中华书局 2007 年版，第 1015 页。
④ 宁稼雨：《魏晋士人人格精神》，南开大学出版社 2003 年版，第 308 页。
⑤ 余嘉锡：《世说新语笺疏》，中华书局 2007 年版，第 749 页。
⑥ 余嘉锡：《世说新语笺疏》，中华书局 2007 年版，第 1075 页。
⑦ 余嘉锡：《世说新语笺疏》，中华书局 2007 年版，第 748 页。
⑧ 余嘉锡：《世说新语笺疏》，中华书局 2007 年版，第 759 页。

典范，弹琴便是兄弟相语相知，真情和真美由此折射出来。士人阶层这种个体真实性情的反映，形成定型的社会惯性，而社会惯性又内化为士人阶层的情感体验，最终凝聚为类似于法国社会学家皮埃尔·布迪厄所言的"性情倾向"。这种性情倾向主导了此段时期的士人群体的精神世界。

士人群体的主"我"重"情"，颇有任自然的意味，这种任自然已经过滤了"任诞"，显示的是他们对于正常情感的率性抒发。他们还以一片赤诚的深情去对待自然山水，给自然山水注入了人的精魂，大有一种以物观物、物我交融的胸怀气象。所以，士人阶层的性情倾向与审美物象力求达到融通互映。比如那位被人称为颜回再世的羊祜，文才武略，秀外慧中，也是对生活怀抱深情之名士："祜乐山水，必造岘山，置酒言咏，终日不倦。尝慨然叹息，顾谓从事中郎邹湛等曰：'自有宇宙，便有此山，由来贤达胜士，登此远望，如我与卿者多矣，皆湮没无闻，使人悲伤，如百岁后有知，魂魄犹应登此也。'湛曰：'公德冠四海，道嗣前哲，令闻令望，必与此山俱传。至若湛辈，乃当如公言耳。'祜当讨吴贼功，将进爵土，乞以赐舅子蔡袭。诏封袭关内侯，邑三百户"[1]。将个体生命放置于永恒山水宇宙之中，万千惆怅里回荡着自我生命的叹息声，真是一种美丽的伤愁，又是一种旷世之悲情，融进了传统的追求不朽的价值观念，比同时代人对"士当身名俱泰"的追求显得更有高情远致，与王羲之《兰亭集序》"向之所欣，俯仰之间，已为陈迹，犹不能不以之兴怀，况修短随化，终期于尽"的情感基调可谓异曲同鸣。据《世说新语》载："顾长康从会稽还，人问山川之美，顾云：'千岩竞秀，万壑争流，草木朦胧其上，若云蒸霞蔚。'"若没有对自然山水之美的体验和感悟，顾恺之估计就很难会提出"以形写神"、"迁想妙得"、"传神写照"等画论思想，其"三绝"雅号水乳交汇，共同构成其追求精神超脱与豁达宽容的立世态度。魏晋士人的情真意深，造就其充满神韵的人格美之境界。这里的"真"非指物理形相之真，乃指士人的内在真性情，就是当时理论界共同关注和探讨的"自然天性"。把"任诞"过滤后的"自然天性"，不太在乎身份、地位、功名、利禄，日常生活之礼节、操守、准则也以本性情、真本质为底色，不刻意修饰、不矜持做作，"人生贵得适意"就是最率真畅情之事。故很多名士以其"自然天性"的呈露而留下历史的身影。王羲之在郗虞卿家里选婿时"独袒腹东床，啮胡饼，神色自若"，成就了"东床快婿"的美谈佳话。王子猷雪夜访戴的故事，反映的是乘兴而为、兴尽而止的原生态的自然天性；其爱竹如癖则将率真深情寄寓在审美物象里面，审美物象又反衬出一种纯真士人的执著精神。

三、佛玄合流：自然美中的"精神我"

及至东晋偏安江南渐渐安顿后，山河之异带来的心灵创伤很快就被自然美的发现和崛起抚平了。士人的理想人格消磨了自然与名教之间的冲突和焦虑，加上佛学话语的审美意趣渗入士人阶层的日常生活中，佛教中的般若学改造了玄学，通过"非有非无"的中道观与"性空"论，彻底消除了玄学中的"有"、"无"概念的差别，泯灭了本体和现象的差别，建立了一种"物我俱一"的物我关系模型。"般若佛学极大地开了人的心灵，解放

---

[1]　房玄龄编纂：《晋书》，中华书局 1974 年版，第 1020 页。

了人的精神，将玄学的人格（自我）本体论转换为佛学的精神（心灵）本体论，使主体从有限自由的'人格我'上升为无限自由的'精神我'。这反映在审美文化、艺术观念上，则意味着在魏晋'缘情'论崛兴的同时，一种偏于畅神的、写意的审美思潮也将于晋宋之后的佛学语境中开始生成。"① 被观照的客体由此也成为真正自由的客体，它随着主体自由性的获得也一并具有自由品格，不是喻体、背景和外部媒介，呈现出审美化、情趣化、韵味化、空灵化的精神特征。《世说新语·言语》载简文帝入华林园，沉醉其中，顾谓左右曰："会心处不必在远，翳然林水，便自有濠濮间想也，觉鸟兽禽鱼自来亲人。"所谓"想也"，即是简文帝的"精神我"与翳然林水、鸟兽禽鱼达到了默契沟通和会心交流的境界，天真的本性和良好的心态，使他自得其乐。"会心"应该是"精神我"与自然美互相交融的关键。僧肇《般若无知论》说："内有独鉴之明，外有万法之实。万法虽实，然非照不得，内外相与，以成其照功，此则圣所不能同，用也。内虽照而无知，外虽实而无相，内外寂然，相与俱无。"② 又其《物不迁论》说："夫生死交谢，寒暑迭迁，有物流动，人之常情，余则谓之不然！何者？《放光》云：法无来去，无动转者。"③ "精神我"主客两忘，物我俱一，真俗无别、内外相与，士人群体在品鉴自然山水的神韵时，也从中映照出主体自身的人格风流。

东晋张湛的哲学思想融合玄佛义理，适应了此期士人对生命的思考，"虚无"成为安身立命之所。张湛《列子注》构想了相应的理想人格，如《周穆王注》有"圆通玄照"的神人人格："所谓神者，不疾而速，不行而至。以近事喻之，假寐一昔，所梦或百年之事，所见或绝域之物。其在觉也，俯仰之须臾，再抚六合之外。邪想淫念，犹得如此，况神心独运，不假形器，圆通玄照，寂然凝虚者乎？"④ 又如《仲尼注》有"居中履和"的圣人人格："圣人居中履和，视目之所见，听耳之所闻，任体之所能，顺心之所识；故智周万物，终身全具者也。"⑤ 再如《黄帝注》有"与群俯仰"的至人人格："向秀曰：变化颓靡，世事波流，无往不因，则为之非我。我虽不为，而与群俯仰。夫至人一也，然应世变而时动，故相者无所用其心，自失而走者也。"⑥ 三种理想人格兼容了玄道佛的思想因素，不滞于"有"，也不滞于"无"；既不重"内"，也不重"外"；即物而虚，即俗而真。可以看出，其理想人格的设计思想，"既吸收了老庄以来有关冥内外、齐物我的思想，又融入了佛教般若学颇执论，尤其是《维摩诘经》中'入不二法门'的思想，从而成为东晋时期许多士族文人的思维和处世方式"⑦。东晋士人满足于偏安东南一隅，不再以物质财富和奢靡生活来掩饰精神的焦虑感，不再以任诞纵欲来填充精神的空虚感，从国计民生的宏大叙事中逃避和解脱出来，而是力求营造"精神我"的心灵空间。"士人们很快接受了这一生活方式，并在这一思想的基础上发展成为对精神的刻意追求，对生命的内心世界的另一种体验。当这种刻意的追求在潜意识中定式化后，他们就逐渐演变成为对纯

① 仪平策：《中国审美文化·秦汉魏晋南北朝卷》，上海古籍出版社 2013 年版，第 179~180 页。
② 张春波：《肇论校释》，中华书局 2010 年版，第 102 页。
③ 张春波：《肇论校释》，中华书局 2010 年版，第 11 页。
④ 杨伯峻：《列子集释》，中华书局 1979 年版，第 94 页。
⑤ 杨伯峻：《列子集释》，中华书局 1979 年版，第 133 页。
⑥ 杨伯峻：《列子集释》，中华书局 1979 年版，第 76 页。
⑦ 宁稼雨：《魏晋士人人格精神》，南开大学出版社 2003 年版，第 392 页。

粹的心灵世界的精心营构，将人格的价值与追求逐渐引向审美的态度。"① 玄学的"本无"、"独化"，佛学的缘起性空，道家的超越物我，道教的神仙思想，形成士人阶层的共同旨趣，这种旨趣主动解构士人阶层社会性责任，却极力铺就士人阶层的纯美人生，从而深化了六朝士人主体觉醒这个时代主题，于自然山水之美的映照下成就一种美学人格。

士族文人运用圆通玄照、居中履和、与群俯仰、不二法门的思维方式，观照物我一体的周遭环境。《世说新语·言语》记王坦之等人聚谈："王中郎令伏玄度、习凿齿论青、楚人物，临成以示韩康伯，康伯都无言。王曰：'何故不言？'韩曰：'无可无不可。'"② 伏玄度和习凿齿两人各自举例欲争高下，而韩康伯不予评判，理由便是以无差别的"不二"态度来看待伏习二人的争辩。又如，"竺法深在简文坐，刘尹问：'道人何以游朱门？'答曰：'君自见朱门，贫道如游蓬户。'"竺法深即出自琅邪王氏家族的王潜，师从名僧刘元真，渐渐改正了一般士族子弟习见的浮华性格，刻苦钻研了般若学的佛学理论。刘孝标注引《高逸沙门传》云："法师居会稽，皇帝重其风德，遣使迎焉，法师暂出应命。司徒会稽王天性虚澹，与法师结殷勤之欢。师虽升履丹墀，出入朱邸，泯然旷达，不异蓬宇也。"③ 有道是朱门蓬户、红粉骷髅，全在一心。南渡之初，丞相王导曾是主张复兴大业者，在新亭饮宴时，座中有人慨叹风景不殊而山河有异，引得诸人相视涕泪；王导愀然变色："当共勠力王室，克复神州，何至作楚囚相对？"④ 然而在政局稳定后，王导坚持的是绥靖宽政做法，有意模糊是非："丞相末年略不复省事，正封箓诺之，自叹曰：人言我愦愦，后人当思此愦愦"⑤ 宽简务虚之作风，政事上如此，其实也在社会人事生活的诸方面得到士人阶层的普遍接受。朱门蓬户，无可无不可，东晋士族的仕隐兼修的人生态度和生活方式正是在此思想的理性支持下秉持和运行的。故老庄的"物我两冥"和般若学的"不二法门"在士人群体的言行举止中得到迎合反映，隐仕皆无高低的评判，并行不悖而只有方式的分别。《世说新语·栖逸》讲："戴安道既厉操东山，而其兄欲建式遏之功。谢太傅曰：卿兄弟志业，何其太殊？戴曰：下官不堪其忧，家弟不改其乐。"⑥ 这种尊重多元价值观的人生态度，也是玄学"得意忘言"在佛道义理融通互渗情况下的新变，体现了东晋中后期士人阶层的普遍人格形象讲究神韵美的营建，讲究生命境界与审美境界的交融。

四、"万趣融其神思"：陶渊明的审美询唤

陶渊明无疑是"欲辨已忘言"美学人格的极佳典范。陈寅恪《陶渊明之思想与清谈之关系》评析道："渊明之思想为承袭魏、晋清谈演变之结果及依据其家世信仰道教之自然说而改创之新自然说。惟其为主自然说者，故非名教说，并以自然与名教不同。但其非

① 刘月：《魏晋士人人格美学研究》，复旦大学出版社2013年版，第64页。
② 余嘉锡：《世说新语笺疏》，中华书局2007年版，第157~158页。
③ 余嘉锡：《世说新语笺疏》，中华书局2007年版，第129页。
④ 余嘉锡：《世说新语笺疏》，中华书局2007年版，第109~110页。
⑤ 余嘉锡：《世说新语笺疏》，中华书局2007年版，第211页。
⑥ 余嘉锡：《世说新语笺疏》，中华书局2007年版，第776页。

名教之意仅限于不与当时政治势力合作，而不似阮籍、刘伶辈之佯狂任诞。盖主新自然说者不须如主旧自然说者之积极抵触名教也。又新自然说不似旧自然说之养此有形之生命，或别学神仙，惟求融合精神于运化之中，即与大自然为一体。"① 陶渊明早年也有济世之志，曾五次出仕，均感"有志不获骋"而辞官归隐，躬耕田园，寄情山水，怀抱自然，将士族文人对于生命的觉醒在田园生活中实实在在地践履，在士族文人对于绮靡艳丽的追求中另标平淡质直之风，不带任何压抑和违心地实现了怀抱自然的理想人格。钟嵘《诗品》评说："文体省净，殆无长语。笃意真古，辞兴婉惬。每观其文，想其人德。世叹其质直。至如'欢颜酌春酒'，'日暮天无云'，风华清靡，岂直为田家语邪！古今隐逸诗人之宗也。"② 陶渊明以其亲身践履，对"任自然"作了新理解：它自然，不限于有意地疏离名教，不屈从于政治权势；更不等于要佯狂任诞地放纵人的生物本能；它不是激烈地与名教对抗，也不是逃避到山林保养形体；它其实是在任何生命境遇中都能不卑不亢，不做违心事情，与田园山水建立主客交融的深厚感情；自然，不只是身体安顿之所，更是精神依托之处。僧肇《涅槃无名论·奏秦王表》说："既曰涅槃，复何容有名于其间哉？斯乃穷微言之美，极象外之淡者也。自非道参文殊，德侔慈氏，孰能宣扬玄道，为法城堑？使夫大教卷而复舒，幽旨沦而更显。寻玩殷勤，不能暂舍。欣悟交怀，手舞弗暇。岂直当时之胜轨，方乃累劫之津梁矣。"③ 陶渊明的田园生活不是刻意伪装的，乃是一种我行我素的自然真性的寄寓；他与田园环境建立的物我关系不是主客对立，乃是"采菊东篱下，悠然见南山"的主客两忘、物我俱一的审美境界。陈寅恪认为陶渊明的思想是承袭魏晋清谈演变之结果，以及依据其家世信仰道教而改造成一种新自然说，这是很有道理的。

概而言之，陶渊明的精神世界里，一是有道家和玄学的因素，朱熹说"渊明所说者庄老，然辞却简古"④，其实"简古"本身是道家和玄学共同的表达风格。叶梦得《石林诗话》说"渊明正以脱略世故，超然物外为意，顾区区在位者，何足累其心哉"⑤，指出陶渊明本不欲以诗自名，但抒胸中所欲言，后人不可企及处正在于不为语言文字而作诗。"羁鸟恋旧林，池鱼思故渊"（《归园田居·其一》），回到人的自然本性的精神家园，是陶渊明的人生旨归；而"此中有真意，欲辨已忘言"（《饮酒·其二》）则体现出玄学"得意忘象"的思维特征；"怀良晨以孤往，或植杖而芸耔，登东皋以舒啸，临清流而赋诗；聊乘化以归尽，乐夫天命复奚疑"（《归去来兮辞》）。在玄道思想观照下的生死态度化解了生命短暂之焦虑，而充实的田园生活里亦能涵养虚极静笃的审美心胸，使陶渊明达到遗世独立、恬静自由、顺乎自然的至人境界。陶渊明的精神世界里，二是有传统儒家的安贫乐道、平淡中和的思想因素，真德秀《跋黄瀛甫拟陶诗》云："以余观之，渊明之学，正自经术中来，故形之于诗，有不可掩。《荣木》之忧，逝川之叹也；《贫士》之咏，箪瓢之乐也。《饮酒》末章有曰：'羲农去我久，举世少复真。汲汲鲁中叟，弥缝使其淳。'渊

---

① 陈寅恪：《金明馆丛稿初编》，上海古籍出版社 1980 年版，第 204～205 页。
② 曹旭：《诗品集注》，上海古籍出版社 1994 年版，第 260 页。
③ 张春波：《肇论校释》，中华书局 2010 年版，第 173 页。
④ 黎靖德编纂：《朱子语类》，中华书局 1986 年版，第 3243 页。
⑤ 何文焕编纂：《历代诗话》，中华书局 1981 年版，第 434 页。

明之智及此，是岂玄虚之士所可望耶。"① 真德秀所举诗文都是儒家思想在陶渊明身上的反映，儒家思想中既有积极参预事功的社会责任意识，也有独善其身知天乐命的自我修养意识。陶渊明身上更多的是冲澹平和、自得其乐的儒家人格。陶渊明的精神世界里，三是有佛教般若学的思想因素。《形》《影》《神》三篇兼容道家的虚静观和般若空观看待生命问题，"谓人最灵智，独复不如兹；适见在世中，奄去靡归期"（《形赠影》）；"此同既难常，黯尔俱时灭；身没名亦尽，念之五情热"（《影答形》）；"纵浪大化中，不喜亦不惧，应尽便须尽，无复独多虑"（《神释》）。形神之辨在佛教兴起后成为一个争论的问题，与陶渊明交游甚密的慧远就写过《形尽神不灭论》《佛影铭》，宣扬形灭神永恒存在的思想。陶渊明虽说未入佛门，思想也未必跟慧远相同，但他生活佛玄合流正成为历史事实的时代，陶氏家族亦有礼敬佛教遗风，他思想活跃通达，居住于佛教文化胜地庐山脚下，长期与慧远等佛学修养深厚的名士交往，有意或无意地在诗文中表现出佛学思想。《形影神》可以说就是一个例子：顺应自然规律，不喜不惧，不忧不虑，超越生死。这种思想已经很接近佛学了。"借问采薪者，此人皆焉如？薪者向我言，死没无复余。一世异朝市，此语真不虚。人生似幻化，终当归空无。"（《归园田居·其四》）幻化和空无，即幻象和无实体，都是般若空观里的术语，此外，"流幻百年中，寒暑日相推"（《还旧居》）；"一生复能几，倏如流电惊"（《饮酒》）；"吾生梦幻间，何事绁尘羁"（《饮酒》）等诗句，表达的是陶渊明对人生的理解如幻如化，这与般若学的"缘起性空"说极为相通。慧远《大智论抄序》说："无性之性，谓之法性。法性无性，因缘以之生。生缘无自相，虽有而常无。常无非绝有，犹火传而不息。"② 当然，陶渊明在接受各种文化资源时存在一个思想过滤的过程，恰如朱光潜《诗论》所言："渊明是一位绝顶聪明的人，却不是一个拘守系统的思想家或宗教信徒。他读各家的书和各种人物接触，在无形中受他们影响。像蜂儿采花蜜，把所吸收来的不同的东西融会成他的整个心灵。"③ 陶渊明"欣然会意"各种思想，灌注于自我的人格建设中。他心灵的"桃花源"，一切任真自得，是天道合一的审美的人生境界。如同僧肇《不真空论》所言："以名求物，物无当名之实；以物求名，名无得物之功。物无当名之实，非物也；名无得物之功，非名也。是以名不当实，实不当名，名实无当，万物安在。"④ 以名实来理解事物的存在以及事物之间的关系是毫无意义的，名和物本来就不是同一的。陶渊明也是这样来理解自然与名教的关系，恰如苏轼《书李简夫诗集后》所言："欲仕则仕，不以求之为嫌；欲隐则隐，不以去之为高。饥则扣门而乞食；饱则鸡黍以迎客。古今贤之，贵其真也。"⑤ 不执著于名教，也不执著于自然，类似于佛学的不真空论，故反而显示出隐逸诗人之宗的真性情和真自然的美学人格。

及至晋宋之际，"庄老告退，而山水方滋；俪采百字之偶，争价一句之奇；情必极貌以写物，辞必穷力而追新。此近世之所竞也"⑥。刘勰所言"庄老告退"指的是玄学渐渐

① 吴文治编纂：《宋诗话全编》，江苏古籍出版社1998年版，第7998~7999页。
② 释僧祐：《出三藏记集》，中华书局1995年版，第390页。
③ 朱光潜：《诗论》，三联书店2012年版，第339页。
④ 张春波：《肇论校释》，中华书局2010年版，第57页。
⑤ 李之亮：《苏轼文集编年笺注》，巴蜀书社2011年版，第373页。
⑥ 范文澜：《文心雕龙注》，人民文学出版社1958年版，第67页。

地融进佛学里面并被替代，佛教的玄远境界、精致理论以及宗教神秘氛围，使士族文人不再单纯地探索社会人生的玄理，而是转向自然山水，排解现实苦难，寄寓精神。清谈、琴棋书画、诗文等雅事成为生活的重要内容。审美文化尚"清"旨趣在这个时代已经蔚为风尚，既是中国艺术精神中最显著的审美特征，也是士族群体理想人格最显著的特征。儒家的清高气节、道家的虚静胸怀、佛家的性空清净，成为士人化解现实苦难的途径和目标。"圣人含道映物，贤者澄怀味象"①；"圣贤映于绝代，万趣融其神思"②，在士人的精神世界里，形式美和神韵美巧妙地融通起来，"惟务折衷"，偏于善的价值观念里融进了对真和美的价值观念的追求，这是时代风尚规训的结果，反映士人阶层的精神世界响应主流意识形态对于审美趣味的价值询唤。

（作者单位：长春师范大学文学院，吉林大学文学院）

---

① 张彦远：《历代名画记》，浙江人民美术出版社 2011 年版，第 103 页。
② 张彦远：《历代名画记》，浙江人民美术出版社 2011 年版，第 104 页。

论马一浮诗学观的佛学维度

□ 刘乐恒

马一浮（1883—1976年）是近现代的国学大师、现代新儒学的代表人物之一，同时也是卓有成就的古典诗人。马一浮流传下来的诗词数量颇丰，为20世纪古典诗词的延续与发展作出了贡献。然而，处于当代社会，我们对马一浮的诗词作出恰当的评价是相当困难的事，这一方面是因为马氏之诗气象宏深，玄史兼摄，不主一家，出入无碍，正如其门人所说："先生诗，言近而旨远，思深而味厚。先生胸际渊博，世人鲜与比邻。故其诗融华梵，通今古，如日月悬空，万象毕照，江河归海，众流无踪。随兴吟咏，莫不有意。"① 另一方面则是因为马氏之诗蕴涵着一个深入丰富的诗学观作为基础性视野，这个诗学观与20世纪的时代风潮迥然不侔，从而使得马氏诗及其诗学观几乎成为近现代中国的绝响。综合上述两方面内容，可知马一浮的诗词及其诗学观在20世纪得不到应有的研究是有其原因的。不过，也正如马一浮自己所说："吾诗当传，恨中国此时太寂寞耳。"② 时代与历史的错位，并不妨碍艺术作品在后世散发出无尽的意蕴与魅力，引发世人探赜索隐、勾深致远。而特别是近年来，随着全球化趋势的日益显著、本土化意识的日益浓厚，国人对于自身的传统文化逐渐凝聚着认同与共识，而马一浮的诗词及其诗学观作为古典诗词与古典诗学在20世纪的延续与发展，也得到了初步的关注与研究。③ 本文则在学界研究的基础上，通过全新的视野，即探析马一浮诗学观所涵具的佛学思想维度，丰富我们对于马一浮诗歌及其诗学观的理解。

一、马一浮诗学观的基础视野

要探析马一浮诗学观及其佛教维度，首先需要明确马一浮诗学观具有一个基础性的视

---

① 乌以风：《马一浮先生学赞》，自印本，第39页。
② 《马一浮全集》第1册，浙江古籍出版社2013年版，第645页。
③ 学界对于马一浮诗词及其诗学观的研究成果，参见高迎刚：《马一浮诗学思想研究》，齐鲁书社2006年版；刘士林：《诗力都从定慧生——论马一浮的诗》，《浙江学刊》2002年第5期；刘炜：《诗学主仁：马一浮的诗教观》，《鹅湖》2006年第4期；邓小军：《现代诗词三大家：马一浮、陈寅恪、沈祖棻》，《中国文化》2008年总第27期；刘炜、胡晓明：《以诗说法：马一浮的诗歌创作取向》，《文艺理论研究》2008年第1期；陈望衡：《论马一浮的诗歌美学思想》，《西北师大学报》（社会科学版）2009年第6期等。

野。而实际上，无论是马一浮的学术思想，还是其诗学理论，都可以归摄到一个根源性的视野上去，此即"性德"。在马一浮看来，"性德"是万化之源、天人之根，山河大地与人生万象莫不是性德的显现与流行之象。同时，"性德"是人人所本来具有的，如果人能够保有性德之全并让性德通达呈现出来，那么便能成就本真、充实、善美的人生与生活。但在现实的生活中，人们往往锢蔽在虚妄习气之缠绕下而不能自拔，习气日深日重，则性德日藏日蔽，人们将会失去人生与生活意义的根据，最终将陷入虚妄、无实、扭曲的人生与生活。但是，因为性德是人人所本具的意义之源、性命之根，性德可为习气所蔽，但性德本身却从不曾湮灭，因此人们可以通过修养功夫而祛除虚妄的习气、复归真实的性德。由此，马一浮特别强调"见性"、"复性"的修养功夫。性德、见性、复性，构成了马一浮学术思想的基础线索。

既然性德是万化之源、天人之根，盈天地间一切现象都是性德的表现，因此诗歌也同样本于性德，故谓"诗是性功德"①、"诗只是道性情，性情得其正，自然是好诗"②。同时人人胸中本来就涵蕴着诗意，因为性德是人人所本然具备的，所以"诗固是人人性中本具之物"③、"诗亦人人性分中所有，唯须学而后成"④。而诗的一个根本功能，就是要通过诗歌温柔敦厚之风的熏陶，以及通过读者在读诗过程中所引发的感动，让人契入、体悟到性德自由自如的境界，最终切实地回归性德之真。因此可以说，马一浮的诗词与诗学观，其根本旨趣就是要"以诗说法"、"以诗说理"⑤。他认为诗与性德、诗与理并非是割裂开来的，世人往往以为诗以情感为主，与理无关，其实诗之真情必通于性理，所以说："今人以感情归之文学，以理智属之哲学，以为知冷情热，歧而二之，适成冰炭。不知文章之事发乎情，止乎礼义，忧乐相生，有以节之，故不过；发而皆中节，故不失为温柔敦厚。"⑥ 因此马一浮认为大凡第一流的诗人，其诗必有"理趣"、"理境"，作诗说诗皆以善于"说理"为高，所谓"诗中理境最高者，古则渊明、灵运，唐则摩诘、少陵，俱以气韵胜"⑦。上述这种观点可以说是马一浮"诗本于性德"之说的自然引申。

根据上述内容，我们似乎很容易判断出马一浮的诗歌与诗学观都接近于理学诗以及理学家的诗歌理论。实际上，尽管马氏诗学观的旨趣与理学诗一样是"以诗说理"，但两者并不全然齐同。对此马一浮自己也有所说明，他曾指出理语过多则非诗，比如"禅门偈颂说理非不深妙，然不可以为诗"。即使是理学诗人中最杰出者如邵雍，其说理虽自然精妙、胸次洞然，然参以诗道，则显见其"在诗中亦为别派，非正宗也"⑧。而我们通观马氏诗歌，便可以大体将马氏诗与理学诗的分际梳理出来。首先，他特别注重古典诗的格律、音节、神韵，贵含蓄，忌刻露，重自然活泼，弃刻板说教，因此不以"理"伤"诗"。其次，在马一浮的思想系统中，诗具有一个重要的位置，而不像宋代理学家将

① 《马一浮集》第 2 册，浙江教育出版社、浙江古籍出版社 1996 年版，第 103 页。
② 《马一浮全集》第 1 册，浙江古籍出版社 2013 年版，第 478 页。
③ 《马一浮全集》第 1 册，浙江古籍出版社 2013 年版，第 478 页。
④ 《马一浮全集》第 1 册，浙江古籍出版社 2013 年版，第 511 页。
⑤ 参见刘炜、胡晓明：《以诗说法：马一浮的诗歌创作取向》，《文艺理论研究》2008 年第 1 期。
⑥ 《马一浮全集》第 1 册，浙江古籍出版社 2013 年版，第 639 页。
⑦ 《马一浮全集》第 1 册，浙江古籍出版社 2013 年版，第 454 页。
⑧ 《马一浮全集》第 1 册，浙江古籍出版社 2013 年版，第 454 页。

"诗"放在第二位、"理"放在第一位。这是因为马一浮的新儒学思想在于"六艺论"，六艺是以诗教为开始的，因此"六艺之教，莫先于《诗》"①。这使得马氏相当重视和尊重诗与诗教的各方面特质。综合上述两方面内容，可以说马一浮"以诗说法"、"以诗说理"的诗歌创作与诗学观实际上超越了理学诗，使得"诗"与"理"（"性德"）相得益彰、互映成趣，从而具备自身独特的品格。我们稍一读马氏诗词便不会否认这种说法。

另外，马一浮指出诗之本源即性德实际上并不容易理解，当世人性德遮蔽、习气深重、难以自拔时，其"以诗说法"之悲心笃情，只会"微言终辍响"②。同时，马一浮经过自身体察，认为西方文化与哲学未能见性，③ 而中国传统文化中的儒、佛两宗能够见性，所谓"无论儒佛，凡有言教，皆以明性道为归。然见性者多，尽性者少；说道者多，行道者少"④、"性修不二，儒佛一真。同得同证，无我无人"⑤。这样，通过以性德为基础，马一浮获得一个即佛即儒、亦佛亦儒、儒佛双泯、儒佛互诠的博大视野。同时，因为诗之本源是性德，又因为儒佛两宗"皆以明性道为归"，因此马一浮深入地借助了儒佛思想以展示他的诗学观。另外，相对于儒家思想，他在构建其诗学观的过程中更偏重于佛学的资源，因为在他看来佛家在展示阐发性德的义涵与境界上较之儒家要丰富系统得多，⑥下文即对此作出展开。

二、"一真法界"

诗自何形？诗以何成？诗之形成又有着怎样的内在结构？马一浮通过融合儒家诗学"诗教主仁"和佛家华严宗"一真法界"的思想作出系统丰富的揭示。

首先，马一浮立足传统的儒家诗教思想，总结与阐发出"诗教主仁"的全新观点。他十分欣赏《礼记·经解》以诗教的主旨为"温柔敦厚"的说法，并由此推出"诗教主仁"之说。他指出"诗以感为体，令人感发兴起，必假言说，故一切言语之足以感人者皆诗也。此心之所以能感者便是仁，故诗教主仁"⑦。诗的本源是仁，仁作为心的本体，能够有所感动，有所感动则有所兴起，有所兴起则必会通过言语将所感所兴彰显出来，这就形成了原初的诗。由此可见，诗的形成具有一个"仁—感—兴—诗"的结构，原初的诗就是仁的通达与表显。仁是人心之善端，包含有恻隐和慈爱之蕴，因此诗教的极致必定具有温柔敦厚的风格，所以说"诗教主仁"。

其次，本于会通儒佛的立场，马一浮以佛家华严宗"一真法界"的思想阐发"诗教主仁"的深层意蕴。"一真法界"是华严宗的主要观点。所谓"法界"，法即万事万有，界即一心、一性；所谓"一真"，一即无二，真则不妄；所谓"一真法界"，"谓总该万

① 《马一浮全集》第 1 册，浙江古籍出版社 2013 年版，第 223 页。
② 《马一浮全集》第 3 册，浙江古籍出版社 2013 年版，第 106 页。
③ 参见《马一浮全集》第 2 册，浙江古籍出版社 2013 年版，第 412~414 页。
④ 《马一浮全集》第 1 册，浙江古籍出版社 2013 年版，第 546~547 页。
⑤ 《马一浮全集》第 4 册，浙江古籍出版社 2013 年版，第 14 页。
⑥ 参见《马一浮全集》第 1 册，浙江古籍出版社 2013 年版，第 590 页。
⑦ 《马一浮全集》第 1 册，浙江古籍出版社 2013 年版，第 136 页。

有，即是一心"①。华严宗认为，一切诸法皆是称性而起、从体起用，即一心一性之全体乃圆融无碍地显发为世出世间一切诸法，而一切诸法无不是一心一性的表现。同时，称性而起的一切诸法是圆融互摄、相即相入、重重无尽的，因此是以一法而成一切法、以一切法而起一法，也即一即一切、一切即一，从而共同成就出圆融遍满而真实无妄的法界流行境界。在华严宗中，这种境界宛如帝网天珠，一珠中遍含百千珠相，交光相罗，重重无尽，交参互入，不杂不坏。

在马一浮看来，诗教"仁—感—兴—诗"的结构实际上与华严宗"一真法界"的结构并无二致。首先，作为诗之本源的"仁"不仅仅只有狭义意义上的伦理道德的义涵，仁从根源上说是"性德之全"、"德之总相"②，因此仁作为性德之全，既是人心之本体，又是天地宇宙生化之根源，天地万物的生化流行无不是仁的体现。同时，仁作为性德总相，其自身涵摄了仁、义、礼、智、圣、中、和等无穷无尽的性德别相。这些别相统摄于仁这一总相，故谓"性具万德，统之以仁"③。总相与别相互融互摄，相交相织，于是形成一个精微不测、幽隐饱满的发动态势与流行天机，这是"其机不容已"的"天理发动处"④。只要一有触动一有所感，便能感发兴起无量无尽的流行大用。马一浮指出，性德之感发兴起为流行大用，就是华严宗的称性而起、从体起用。因此"感谓缘起无碍"，"'起'之为言从体起用也。本体既显，则大用繁兴，真照无边，应缘不碍。比之橐籥，虚而不屈，动而愈出；亦如月影遍印千江"⑤。这里所说的感发兴起，既是人心仁德之感发兴起，同时亦即是天地万象之遍显流行，因为这里作为感兴主体的仁是性德之全体，性德是天人共同的根源。因此，人心之感兴与天地之流行是内在地错综交织起来的，人与天地得到了交生参赞。同时，仁之感发兴起，在人则自然地兴发为音声诗言，在天地则兴发为流行遍满的富含诗意的天地万象，从而诗与天地万象交参互入、相即相融，共同造就出缘起无碍、真实遍满的一真法界与法界流行。因此，大至天地山川，小至草木虫鱼，都是所感动、所兴起的物象，都是缘起无碍的一真法界，同时都是诗本身。因此马一浮反复强调"一切法界皆入于诗"、"诗是性功德，诗即法界"、"诗之外必有事焉，而能一切发之于诗，诗始可传"、"盈天地何莫非诗"、"安诗惟法界，观象见天心"、"兴来天地与同流"、"从初发心至究竟位皆是诗"、"诗如风雨至，感是海潮生"⑥ 等，都指出了诗通于华严一真法界之境的蕴义。"安诗惟法界"是马一浮诗学观中一个重要而独特的思想，但如果我们没有清理出马一浮会通华严义旨与传统诗教这一取向的话，那么是很难理解这一独特思想的内在义涵的。

最后，马一浮会通华严宗"一真法界"与传统儒家"诗教主仁"的思想，具有深刻而独特的诗学意义。可以说，这种会通，既将传统诗教的各个环节具体化、丰富化，同时

---

① 宗密：《注华严法界观门》，《大正藏》第 45 册，世桦印刷企业有限公司 1990 年版，第 684 页。

② 《马一浮全集》第 1 册，浙江古籍出版社 2013 年版，第 179、99 页。

③ 《马一浮全集》第 4 册，浙江古籍出版社 2013 年版，第 14 页。

④ 《马一浮全集》第 1 册，浙江古籍出版社 2013 年版，第 136 页。

⑤ 《马一浮全集》第 1 册，浙江古籍出版社 2013 年版，第 453、236 页。

⑥ 《马一浮全集》第 1 册，浙江古籍出版社 2013 年版，第 471、647 页；《马一浮集》第 2 册，浙江教育出版社、浙江古籍出版社 1996 年版，第 103 页；《马一浮全集》第 2 册，浙江古籍出版社 2013 年版，第 939 页；《马一浮全集》第 3 册，浙江古籍出版社 2013 年版，第 92、157、310~311 页。

又由此超越了传统诗教偏重人伦、社会、政教的倾向，使得诗扩展为自然、自如、活泼、超旷的天地万法。据此，马氏之诗，既不脱离和否认传统儒家教法，又能圆融洒落地将天地万象信手拈来，裁成妙句，雅入妙范。笔者认为，如果没有上述诗学观作为思想基础与视野的话，这种境界实难以达致。

三、"开权显实"

在阐释诗的形成与生发的问题上，马一浮以华严宗"一真法界"的思想作出展开；而在论述诗的作用与效验的问题上，马一浮则借助天台宗"开权显实"的思想作出揭示。

第一，需要理解何为"开权显实"。"开权显实"是依《妙法莲华经》而建立起来的天台宗（或称法华宗）的一个根本性教义。所谓"权"，是指随顺众生的各种根器而开演出来的各种善巧方便之法；所谓"实"，是指本源的诸法实相。天台宗认为，佛教各宗派的教义千差万别，但简约总结起来可分藏、通、别、圆四教，而这些教法或为权教，或是实教，或兼而有之，最终容易使得权与实炽然对立，从而迷失了诸佛方便随宜说法的本意，因此要将诸经中各种方便权法各各开显为实法，点石成金，同归胜义，并指出各种权法其实都是不可思议的妙法实相，最终于一切法中即见中道。智颛在《法华玄义》中诠释"妙法莲华"之义谓"所言妙者，妙名不可思议。所言法者，十界十如权实之法也。莲华者，譬权、实法也"，"为莲故华，譬为实施权"，"华敷譬开权，莲现譬显实"，"华落譬废权，莲成譬立实"①。这是说，要显示实相则须施以权法，就如要有莲子则须开花；而开出方便权法即是要显示真实法相，就如莲花敷畅而莲子显现；而权法则只是方便接引之法，如果人们自方便法门而悟得诸法实相，则权可废而实可立，宛如莲花萎落而成实。经过开权显实，一切权法无不是实法的显现而已，因此"开权显实者，一切诸法莫不皆妙，一色一香无非中道，众生情隔于妙耳"②。

第二，马一浮指出，从根本上说，诗之妙用与效验端在"开权显实"。其云："《华严》可以通《易》，《法华》可以通《诗》。"③ "不学《诗》，无以言。诗教亦是开权显实，若是灵利汉，举起便悟，不为分外，不可以世谛言语目之。"④ "要之，诗之外必有事焉，而能一切发之于诗，诗始可传。吾有旧句云：'自古言皆寄，从心法始生。'悟此，则学诗与学道一矣。"⑤ 在他看来，诗通过其声音言句，使人有所感、有所悟，也即"假此闻熏，引其妙悟"⑥，终而让人体悟到天地间之一切都是仁或性德的遍显流行而已，最终回归性德，善化人生，提升境界。在这里，诗的声音言句就是权法，性德则是实相。在马一浮诗学观中，开权显实可分三方面展开：为实施权、开权显实、权实双融。首先，如

---

① 智颛：《妙法莲华经玄义》卷一，《中华大藏经》（汉文部分）第93册，中华书局1984年版，第1页。

② 智颛：《妙法莲华经玄义》卷一，《中华大藏经》（汉文部分）第93册，中华书局1984年版，第14页。

③ 《马一浮全集》第1册，浙江古籍出版社2013年版，第672页。

④ 《马一浮全集》第4册，浙江古籍出版社2013年版，第373页。

⑤ 《马一浮全集》第2册，浙江古籍出版社2013年版，第773页。

⑥ 《马一浮集》第2册，浙江教育出版社、浙江古籍出版社1996年版，第103页。

果没有权而只有实,那么诗教之妙用就不能显现出来;换言之,如果没有各种声音言句作为方便法门,性德流行之境就不会显得丰富、灵妙、通透。因此,如要显现实相,必须广运权法;如要性德透露,必须敷演诗教;这就是为实施权。其次,权既已施,将可显实。马一浮认为,人之所感所兴实有浅深小大之别,因此不同的诗句,其感兴之力各有殊别,只有大诗人方能以其玄妙天成的诗句,开启出读者悟入性德的机缘。① 换言之,只有大诗人才能开权显实。最后,第一流的诗作都能权实双融,境智一如,了无痕迹,妙入神化。马一浮以黄庭坚之诗为例说道:"山谷《快阁》诗云:'落木千山天远大,澄江一道月分明。'人赏其雄放,不知乃自道其智证之境也。凡诗中用寻常景物语,须到境智一如,方能超妙。忌纯用理语填实,便嫌黏滞。"② 黄庭坚的诗句可谓亦权亦实,亦境亦智,权实泯然而无界限,所以成为诗中之高妙者。对比之下,小诗人只知道吟咏风花雪月,理学家诗则有时过度"用理语填实",或蔽于权,或过于实,皆未臻圆融之境。

通观马氏的诗,我们便很容易体会到其诗句多有开权显实之妙。如"一庭白雨群疑尽,满目青山万法如"、"但得心如法亦如,青山满目皆吾庐"、"万象森罗万籁鸣,当前无色亦无声"、"云散群峰出,江流到海平"、"春草忘言绿,沧江尽日流"、"沤灭全归海,花开正满枝"③ 等,都体现出权实双融、境智一如之蕴,揭示出诗人见性证悟后所自觉到的性德流行、法界缘起的妙,也即"自道其智证之境"。另外,一些诗句的开权显实则更为曲折微妙,例如"乡音多与世人违,倦眼时看众鸟飞"、"却忆西泠杨柳色,客游虽好不如归"④ 四句,马一浮自谓"凡人未悟自性皆为客子,悟后之言则为乡音"⑤,因此"客游虽好不如归"的意思是人们应该从虚妄的习气中超拔出来并回复性德之真。又如"巴童后舞兼前舞,越鸟南枝更北枝"⑥ 二句,乃喻时人向外寻求道理,安排造作,纷纷无定,而不知真正的道理只是向反求诸己、回归自性而已。其他则如"古月犹今月,晴云杂雨云"、"山深无客住,坐久觉花香"、"谁知溪壑高寒处,别有流温一脉泉"、"天风吹长松,独上孤峰立"、"细草无言绿,寒花自在香"⑦ 等,皆无不显示出性德境界之至真、至精、至深、无量、无边、无为,但我们读来却又不见其痕迹,浑然如仅写景,而蕴味则最堪追寻。其实这无不是马一浮贯彻其"开权显实"的诗学观所带来的妙用与神效。叶嘉莹先生在分析马一浮仁心感兴的诗学观之后总结道:"这种兴发感动之本质与作用,就作者而言,乃是产生于其对自然界及人事界之宇宙万物万事的一种'情动于中'的关怀之情;而就读者而言,则正是透过诗歌的感发,要使这种'情动于中'的关怀之情,得到一种生生不已的延续。"⑧ 据上,可见此种诗学观的效验与作用,就作者而言,是要展示并参与性德流行、一真法界的妙蕴;就读者而言,则是通过诗句开权显实的作用而见性证悟,回归性德。

---

① 参见《马一浮全集》第 1 册,浙江古籍出版社 2013 年版,第 758 页。
② 《马一浮全集》第 4 册,浙江古籍出版社 2013 年版,第 393 页。
③ 《马一浮全集》第 3 册,浙江古籍出版社 2013 年版,第 28、312、367、24、72、617 页。
④ 《马一浮全集》第 3 册,浙江古籍出版社 2013 年版,第 95 页。
⑤ 《马一浮全集》第 1 册,浙江古籍出版社 2013 年版,第 616 页。
⑥ 《马一浮全集》第 3 册,浙江古籍出版社 2013 年版,第 118 页。
⑦ 《马一浮全集》第 3 册,浙江古籍出版社 2013 年版,第 20、23、39、187、282 页。
⑧ 叶嘉莹:《我的诗词道路》,河北教育出版社 2000 年版,第 165~166 页。

四、"三句圆融"

在马一浮的思想中，华严宗"一真法界"与天台宗"开权显实"侧重在揭示和解释诗的形成与诗的作用，而在诗词写作上，马一浮更多地借鉴禅宗思想以作增上胜缘。其实，以禅理、禅意论述诗词创作以及诗词境界的理论，可谓代不乏人，那么马氏之诗对于禅宗思想又有哪些借鉴呢？

首先，作诗与参禅是相通的，从根本上说作诗与参禅并无二理。作诗要见性，要证悟到"一真法界"和"开权显实"之理，方为究竟，而此亦参禅之旨趣所在，故可谓"诗至乃通禅"①。马一浮与诗人洪允祥论诗说："公谓读书作诗，正须用情识，此实不然。读书到怡然理顺、涣然冰释时，作诗到文章本天成、妙手偶得之时，已非情识境界。此事用力到极处，亦须智讫情枯忽然转身始得，直与参禅无异。否则爱憎取舍，终身劳扰，读书必失之穿凿，作诗亦堕入艰涩，岂有洒落自在分耶。否则爱憎取舍，终身劳扰，读书必失之穿凿，作诗亦堕入艰涩，岂有洒落自在分耶？"② 可见在马一浮看来，诗与禅最为接近，非一非异，只有参透禅关，见性顿悟，才能懂诗，才能作诗，作诗才能洒落自在。因此，在历代诗人中，马一浮最欣赏诗中有禅理者，其云："晋宋诗人，只陶、谢时有玄旨。谢诗虽写山水，着玄言一两句，便自超旷。唐人王摩诘最善用禅，故自高妙。"③ 因此很自然的，在历代之诗论中，他也最欣赏严羽"以禅喻诗"以至王渔洋"神韵"一脉之诗论，故云："严沧浪以'香象渡河'、'羚羊挂角'二语说诗，深得唐人三昧。"④ 不过，马一浮据其立场，又指责沧浪、渔洋只是"借禅喻诗"、"以禅释诗"（也即《沧浪诗话》说的"辄定诗之宗旨，且借禅以为喻"⑤），而非"诗禅无异"、"诗禅相通"、"诗禅一味"。两者似同实别。前者对于禅理，略有所知，即为已足；后者对于禅理，必有深造，真参实悟。据此，马一浮作诗对二子作出批评："香象渡河观谛实，神羊挂角喻空灵。沧浪只眼犹窥管，何况渔洋等聚萤。"⑥ 其弹呵之意不可谓不严，由此可见马一浮与严羽一派之诗论还是有实质性的分野的。而即使是对黄庭坚等对于禅理应略有体悟的大诗人，马一浮也指出其引用禅宗公案也只是"随手摭用"⑦，而并非完全参透其中理趣然后作诗。综上言之，既然参禅与作诗无异，因此马一浮指出学诗者不要只局限在学诗上，而要知道诗之外别有事在。⑧

其次，通观马一浮的诗词作品，我们可见其诗对于"诗禅一味"这一思想的展现可谓娴熟自如。这首先表现在其诗中大量地融会禅宗之公案、话头、名言。诸如："圣贤如电拂，渊默是雷声"、"得旨门前水，忘言夜半雷"、"何人把手成相送，第一心安是活

① 《马一浮全集》第 3 册，浙江古籍出版社 2013 年版，第 135 页。
② 《马一浮全集》第 2 册，浙江古籍出版社 2013 年版，第 364 页。
③ 《马一浮全集》第 1 册，浙江古籍出版社 2013 年版，第 664 页。
④ 《马一浮全集》第 1 册，浙江古籍出版社 2013 年版，第 610 页。
⑤ 郭绍虞：《沧浪诗话校释》，人民文学出版社 1983 年版，第 27 页。
⑥ 《马一浮全集》第 3 册，浙江古籍出版社 2013 年版，第 172 页。
⑦ 《马一浮全集》第 1 册，浙江古籍出版社 2013 年版，第 606 页。
⑧ 参见《马一浮全集》第 1 册，浙江古籍出版社 2013 年版，第 645 页。

埋"、"欲知宗旨门前水,休问家风肋下拳"、"蝴蝶梦中逢漆叟,牯牛队里觅南泉"、"争奈驴年难梦见,新罗国外有新罗"、"树下茅容常在定,群疑何事问风幡"、"观心但指门前水,说法时闻柳外莺"、"不随万象凋,将悟如来藏"、"眼底全牛终不见,庭前柏树几人参"、"灵光忽迴脱,独露山河身"、"无言密会西来意,唯有江东一片云"、"不如吃茶去,休问麻三斤"、"劝君莫玩阶前月,我爱南泉拂袖行"、"无明枉自成颠倒,休问檐前雨滴声"、"百千三昧从伊说,只欠如来那一通"、"收拾闲名空尔汝,寥天寂海恣游行"、"他日相逢唯一语,大唐国里本无禅"、"庐陵米价应如旧,却忆维舟赣水西"① ……其所引禅语、公案皆能随兴翻转,传神活泼地透露出全诗之理趣,而多不见用典之累赘和滞重。这当然是马一浮对于禅宗公案有真参实悟,并能深悟诗禅一味之道所致。

再次,马一浮之诗对于"诗禅一味"的落实不仅停留在引用禅语、公案上面,他还特别契心于雪峰义存禅师的"三句"偈。其云:"雪峰禅三句:一曰函盖乾坤句,谓浑然一理,无分方所也。二曰截断众流句,如抽刀断水,特见力量也(原注:如性习之别,义利之分,辨之至明,剖之入微)。三曰随波逐浪句,谓俯顺来机,从缘施设也。"② 换言之,在三句中,所谓"函盖乾坤"即显出一真法界之圆融妙境,"截断众流"即直显实相、揭示性德,"随波逐浪"则明显是指为实施权。我们容易体会到,马一浮之诗充满着对于三句的圆融自如的展现。这无疑避免了直接说理(也即只运用截断众流一句)或单纯引用禅语、公案所形成的板滞,从而令诗中之禅境流转活脱而又丰富多端,此即马一浮所谓"禅要活,诗尤要活"③。我们试选取马氏诗一首,来看看他是如何妙用禅宗三句的。《中秋寄怀啬庵》:"目极层霄一念生,弥天照尽古今情。空潭贮影从心现,高树藏花到眼明。了了清光无间隔,茫茫远劫数亏盈。凌风我欲招鸾鹤,湖水依然似镜平。"④ 这首七律意境幽灵深邃,说理自然。前二句说的是性德一念,流注天地,涵摄古今,浑然圆融,这无疑是"函盖乾坤"句。其后四句主要展示性德所现起的参差万象之权法,此即"随波逐浪"句,唯第三句"了了清光无间隔"和此诗末句"湖水依然似镜平"乃喻性德炯然常住,终不为习气风波所湮灭,此即"截断众流"句。这首诗对于禅宗三句之运用,信手拈来,毫不费力,自然有一段深长意味,由此可见马一浮之于参禅作诗,俱臻娴熟,马氏的其他诗作皆可作如是会。另外,在三句中,马一浮最为重视"截断众流"句,正如他的诗句所谓"千山行脚遍,一句截流多"、"截流一句将谁付,挂角羚羊不可寻"⑤。这是因为"截断众流"就是要见性,而只有真参实悟并能见性之人,才能彻悟诗禅一味之理,才能够妙用三句而无所滞碍。因此马一浮总结说:"总之,此理是活鱍鱍的,见性则横说竖说,无往而不是;不见性则纵有道着处,亦是亿则屡中,不离情识知解也。"⑥

———————————

① 《马一浮全集》第 3 册,浙江古籍出版社 2013 年版,第 21、24、25、31、41、44、50、71、80、87-88、103、165、192、252、287、317、437 页。
② 《马一浮全集》第 1 册,浙江古籍出版社 2013 年版,第 595 页。
③ 《马一浮全集》第 1 册,浙江古籍出版社 2013 年版,第 614 页。
④ 《马一浮全集》第 3 册,浙江古籍出版社 2013 年版,第 448 页。
⑤ 《马一浮全集》第 3 册,浙江古籍出版社 2013 年版,第 663、601 页。
⑥ 《马一浮全集》第 1 册,浙江古籍出版社 2013 年版,第 595 页。

五、小　结

本文主要就马一浮诗学观及其佛学维度作出具体阐释，由此马氏诗学观的义涵得到了基本的呈现。综上可见，马一浮的诗学观有一个以"性德"为根本线索的简易博大的视野，在此基础上他全面融合佛学各种思想以阐发其诗学观。因此，马氏的诗学观及其诗词在 20 世纪可谓别立一格、独一无二。有学者总结说："近代中国太喧嚣也太寂寞，马诗太精微也太广大，彼此错位，扞隔不入。""诚然，马直面全人类之精神危机，以诗说法，心忧天下，力主去习复性、世界大同，在近代中国，这无疑是独一无二的声音。"① 这个说法是中肯恰切的。当然，这里要补充的是，这个独一无二的声音却并不是孤独无援地突现出来的。在近代诗坛上，马一浮对于清末同光体大家沈曾植的诗论有所欣赏、契合和引申。他说："近代论诗，沈寐叟实为具眼。"② 他甚契合于沈氏论学诗须通过"三元"（元嘉、元和、元祐）之说，并指出再增开元而成"四元"，则学诗"向上更无余事矣"③。同时，更重要的是沈曾植的诗论相当重视佛学的维度，并主张作诗须性相圆融、理事双摄；④ 另外，沈诗也大量引用禅宗公案典故。这些诗论与作诗风格亦可能启发影响过马一浮。但是，沈诗硬涩奥僻，马诗则简雅虚灵，因此马一浮批评沈氏"终是未熟"、"尚费气力"、"失之艰涩"⑤；同时，马一浮具有一个更为系统的会通儒佛的诗学观，并且全面地实践出诗道合一、以诗说法的妙用，这使得他的诗学观的确成为独一无二的声音。

总之，马一浮的诗学观与诗词实践自有其现代性的价值和意义。他的诗学理论借助了佛学的维度，娴熟地在融会儒佛的基础上丰富并阐释了传统诗教各方面的蕴义，并在近现代的背景下揭示出传统诗学和古典诗词的无尽生命力。同时，通过本文论述，这种诗学理论既超化当今文、史、哲等各学科独立发展之后所造成的隔阂，使得儒、佛、诗、文相滋相润，互益互明；同时又因为马一浮的诗学理论相对重视文学、诗词有其相对独立性，有其自身之脉络与律则，这使得其诗避免与前代之理学家诗、高僧山居诗、禅门偈颂等齐同一味。而在诗词创作与实践上，马氏参透禅髓，圆熟地实践了诗禅相通的意旨并展示出亦禅亦诗、亦诗亦禅的超妙之作，从而在某种程度上超迈古人。这两方面的贡献定能启发后人，其价值也必定不会磨灭。

（作者单位：武汉大学国学院）

---

① 刘炜、胡晓明：《以诗说法：马一浮的诗歌创作取向》，《文艺理论研究》2008 年第 1 期。
② 《马一浮全集》第 3 册，浙江古籍出版社 2013 年版，第 686 页。
③ 《马一浮全集》第 1 册，浙江古籍出版社 2013 年版，第 640 页。
④ 参见沈曾植：《与金甸丞太守论诗书》，《学术集林》卷三，上海远东出版社 1995 年版，第 116~118 页。
⑤ 《马一浮全集》第 1 册，浙江古籍出版社 2013 年版，第 637、645 页。

儒家与儒教

论孟子仁政理想的重要途径——"养"*

□ 欧阳祯人

　　孟子的"养"是一种修养的功夫,更是一种治国平天下的方法或途径。在《孟子》的文本中,"养"所依据的理路是从内圣到外王的理路,更是从人道之"凡"到天道之"圣",内在超越的过程。援天下以道,拯救天下苍生的苦难,解除人民的倒悬之苦,首先要修养自己,养生,养心,养性,养勇,养志,养浩然之气,都是内圣。在此基础之上,养义,养人,"孝悌之养","父母之养",养老,兼养天下,就是把心中的道德理想在治国、平天下的活动中展现出来。这个从个人的修养到治理国家、兼养天下的理路与《大学》的格物、致知、正心、诚意、修身、齐家、治国、平天下,总方向是一致的。孟子的"养"是修身以俟命、立命、事天的功夫践履,来自孔子"孝乎惟孝,友于兄弟"(《论语·为政》)①的启示,是孟子"仁政"的重要组成部分,在整个《孟子》的文本中,草蛇灰线,千里伏脉,形成了一种特殊的中国哲学的范式,值得我们认真探究。

一

　　从"德"字的形体演变（䧹→㥁→德→德），可以体会到中国文化是一种非常重视体验、重视实践、注重工夫、内圣外王的形态。从"德"字的演变可以看得到,原始儒家思想由天道到人道,再由人道到天道的践履过程、超越过程。原始儒家的哲学就是一个非常注重体验、品味和践履的哲学。孔子云:"弟子入则孝,出则悌,谨而信,泛爱众,而亲仁,行有余力,则以学文。"(《论语·学而》)又云:"下学而上达,知我者其天乎?"(《论语·宪问》)实际上就是一种承接天命的下贯,下学上达,践履天道,体验生命,实现自我价值的哲学形态。

　　在《论语》里,"养"只是一个一般性的动词。例如孔子说:"今之孝者,是谓能养。

　　* 本文为贵州省孔学堂 2015 年度重大招标研究项目:"当代道德观构建与传统美德转化研究"（课题批准号:kxtzd201503）阶段性研究成果。

　　① 本文引用的《论语》,皆出自程树德:《论语集释》,中华书局 1990 年版。以下不再注出。

至于犬马，皆能有养；不敬，何以别乎？"（《论语·为政》）凡四见，都是赡养、喂养的意思。上羊下食，会意兼形声，其字的原意意涵十分明确。这个字在《孟子》里面，多得不可胜数。虽然依然保留着赡养、喂养的意思，但是，这个词已经普遍地用于精神的哺育、性情的培养之上了。从思想的潮流上来理解，这种变化可能与先秦时期科学的发展，尤其是养生学的发展有关，也可能与先秦儒学的生活化有直接的关系。

其实，"养"在《孟子》中是一个非常著名的观念，因为孟子的"吾善养吾浩然之气"、"直养而无害"（《孟子·公孙丑上》）①非常有名。相关的用法还有"养勇"（《孟子·公孙丑上》）、"养性"（《孟子·尽心上》）、"养心"（《孟子·尽心下》），等等，都与个体性的修养有关：

> 孟子曰："北宫黝之养勇也，不肤挠，不目逃，思以一豪挫于人，若挞之于市朝。不受于褐宽博，亦不受于万乘之君。视刺万乘之君，若刺褐夫。无严诸侯。恶声至，必反之。孟施舍之所养勇也，曰：'视不胜犹胜也。量敌而后进，虑胜而后会，是畏三军者也。舍岂能为必胜哉？能无惧而已矣。'孟施舍似曾子，北宫黝似子夏。夫二子之勇，未知其孰贤，然而孟施舍守约也。昔者曾子谓子襄曰：'子好勇乎？吾尝闻大勇于夫子矣：自反而不缩，虽褐宽博，吾不惴焉；自反而缩，虽千万人，吾往矣。'孟施舍之守气，又不如曾子之守约也。"（《孟子·公孙丑上》）

从这段文字，我们可以知道，孟子所说的"养"，是要把儒家的理念落实到相关的行动之中去。孟子认为，性情是"养"出来的，好的"勇"、"性"、"心"以及各种特殊的习惯、性格、脾气，胸怀、眼光、定性，等等，都是"养"出来的。大约这个"养"字与孔子的"习相远也"（《论语·阳货》）的"习"字有异曲同工之妙，也有深厚的渊源。因为孟子的"养"的过程也是习惯、习性，通过有目的切磋琢磨，逐步形成的过程。它有历史的纵向积淀，更有社会的横向锤炼。曾子所说的孔子"自反而不缩，虽褐宽博，吾不惴焉；自反而缩，虽千万人，吾往矣"的精神，在《孟子》的文本里被放大。实际上就是孟子精神的体现。这种精神和人格力量，也是"养"出来的。如果没有现实的锤炼，没有家族之内和家族之外错综复杂的人际关系的呵护、磨砺，这种"养"就不能形成。

在各种各样的修炼之中，其实，对于人来讲，并不是打坐修禅，也不是经历痛苦，而是生活日用之中与他人的交往。这正是先秦儒家注重"养"的社会生活基础。《礼记·中庸》借孔子之口，提出了"五达道"、"三达德"，其实都是要通过生活中具体的磨砺，从细节入手，从错综复杂的人际关系入手，来锤炼人之所以为人的性情与品格：

> 天下之达道五，所以行之者三。曰：君臣也，父子也，夫妇也，昆弟也，朋友之交也。五者天下之达道也。知、仁、勇三者，天下之达德也，所以行之者一也。或生而知之，或学而知之，或困而知之。及其知之一也。或安而行之，或利而行之，或勉强而行之，及其成功一也。……好学近乎知，力行近乎仁，知耻近乎勇。知斯三者，

---

① 本文引用的《孟子》，皆出自焦循：《孟子正义》，中华书局1987年版。以下不再注出。

则知所以修身，知所以修身，则知所以治人，知所以治人，则知所以治天下国家矣。①

君臣，父子，夫妇，昆弟，朋友，其实就是对一切人际关系的概括；知、仁、勇就是需要通过这种修炼所要抵达的目标。离开了"五达道"，人不能成其为人的社会性；离开了"三达德"，人不能成其为人的独立性。《中庸》把五达道、三达德设置为"九经"的前提与基础。也就是说，注重人生的生活细节，注重在生活日用之中，随时随地锤炼自己。在此基础之上，再谈安邦定国。但是更为重要的是，这里表达的意思是，人的"内圣"正是在人的"凡俗"之中，你的一举手一投足，就是你的天堂，就是你的地狱。你如果心怀悲悯仁慈之心，你就可以进入知、仁、勇三达德的精神境界，如果满怀贪戾不轨之心，那你就堕入禽兽之路，等待你的是地狱。

正是从这个角度上来讲，孟子所说的"天将降大任于斯人也，必先苦其心志，劳其筋骨，饿其体肤，空乏其身，行拂乱其所为，所以动心忍性，曾益其所不能。人恒过，然后能改；困于心，衡于虑，而后作；征于色，发于声，而后喻。入则无法家拂士，出则无敌国外患者，国恒亡。然后知生于忧患而死于安乐也"（《孟子·告子下》），等等，都是在"养"的过程中逐步形成的道德自觉。在孟子看来，大约我们人生的一切兴衰成败、生老病死，都无不是"养"的机缘。换言之，孟子认为人生就是修养的平台就是"养"。"养"无处不在。如果一个人在精神层面没有"养"的意识，没有有意识地道德修养，人就不再是人。

上文已经指出，"养"是一种道德的自觉。这种道德的自觉如果没有信仰的支撑，就是完全不能成立的。这个信仰在《孟子》中，就是性善论。它是良知、良能的"赤子之心"，是人之所以为人的"天爵"，也就是《礼记·大学》中的"明明德"，《礼记·中庸》的"天命之谓性"之后的"率性"之"诚"。因为这个"养"的过程是一个"动心忍性，曾益其所不能。人恒过，然后能改；困于心，衡于虑，而后作；征于色，发于声，而后喻"的过程。他必须要随时随地主动地去克服各种困难，以宽厚的胸襟、胸怀，去接纳生命中的各种际遇，并且以此为人生的平台，打磨性情、锤炼能力、修养情操、提升人格。"动心忍性"，反思、反省，没有信仰的支撑，没有人的"善性"支持，没有道德的自觉，完全无法想象。

从思想传承上来讲，孟子关于"养"的思想，对荀子的影响是最大的。有文本为证曰："礼起于何也？曰：人生而有欲，欲而不得，则不能无求。求而无度量分界，则不能不争；争则乱，乱则穷。先王恶其乱也，故制礼义以分之，以养人之欲，给人之求。使欲必不穷于物，物必不屈于欲。两者相持而长，是礼之所起也。故礼者，养也。刍豢稻粱，五味调香，所以养口也；椒兰芬苾，所以养鼻也；雕琢刻镂，黼黻文章，所以养目也；钟鼓管磬，琴瑟竽笙，所以养耳也；疏房檖貌，越席床笫几筵，所以养体也。故礼者，养也。君子既得其养，又好其别。曷谓别？曰：贵贱有等，长幼有差，贫富轻重皆有称者也。故天子大路越席，所以养体也；侧载睪芷，所以养鼻也；前有错衡，所以养目也；和鸾之声，步中《武》、《象》，趋中《韶》、《护》，所以养耳也；龙旗九斿，所以养信也；

---

① 本文引用的《礼记》，皆出自朱彬：《礼记训纂》，中华书局 1996 年版。以下不再注出。

寝兕、持虎、蛟韐、丝末、弥龙，所以养威也；故大路之马必信至，教顺，然后乘之，所以养安也。孰知夫出死要节之所以养生也！孰知夫出费用之所以养财也！孰知夫恭敬辞让之所以养安也！孰知夫礼义文理之所以养情也！"（《荀子·礼论》）由此可见，从孔子的"习"，到孟子的"养"，发展到荀子的"礼"的时候，就已经彻底系统化理论化了。这是先秦儒家哲学的实践本质决定的哲学走向。

关于孟子的"养"，在《孟子》中最有名的阐述，莫过于孟子的"我善养吾浩然之气"，"至大至刚，以直养而无害"，它是"集义所生"的结果。它到底是怎么"养"出来的。我们现在的理解实际上可能已经脱节、断层了。孟子的原文如下：

> "敢问夫子恶乎长？"曰："我知言，我善养吾浩然之气。""敢问何谓浩然之气？"曰："难言也。其为气也，至大至刚，以直养而无害，则塞于天地之间。其为气也，配义与道；无是，馁也。是集义所生者，非义袭而取之也。行有不慊于心，则馁矣。我故曰，告子未尝知义，以其外之也。必有事焉而勿正，心勿忘，勿助长也。无若宋人然：宋人有闵其苗之不长而揠之者，芒芒然归。谓其人曰：'今日病矣，予助苗长矣。'其子趋而往视之，苗则槁矣。天下之不助苗长者寡矣。以为无益而舍之者，不耘苗者也；助之长者，揠苗者也。非徒无益，而又害之。"（《孟子·公孙丑上》）

这里的"直养而无害"，就是赵岐所注释的，以"正直之气"，没有"邪事干害"的"养"。所谓"集义所生"，就是长期持久地，毫不间断地，没有外在妨害、影响、干扰、专心致志地修养。然后，孟子用揠苗助长的故事，进一步说明，既不操之过急，也不三天打鱼两天晒网，断断续续。孟子"直养而无害"形成的"至大至刚"，"塞于天地之间"的"浩然之气"，"是集义所生者，非义袭而取之也"，是一种大丈夫的精神动力，是孟子修身、齐家、治国、平天下的精神支柱。笔者认为，这样的解释是很肤浅的。笔者的意思是，孟子的"三乐"并没有直接的包含治国、平天下，所以，孟子其实是发展了曾子、子思子的思想。万物皆完备于我，不仅仅只有天下贯于我的内容，同时也隐含了下学上达的新内涵。在先秦儒家思想的各个环节中，孟子"中天下而立"的独立精神，不容忽视。孟子是排除了直接的功利主义的。在这里，我们看到了孔子孟子与秦汉以后功利主义人学观的巨大差距。太史公《论六家之要指》"儒者博而寡要，劳而少功，是以其事难尽从"的高论，其实是没有真正了解到先秦儒家深厚的人学内涵而产生的误解。

下面的这段文字虽然并没有说是养的"浩然之气"，但是，骨子里依然是说"浩然之气"，因为它的主题是曾子对"胁肩谄笑"的批评：

> 公孙丑问曰："不见诸侯，何义？"孟子曰："古者不为臣不见。段干木逾垣而辟之，泄柳闭门而不内，是皆已甚。迫，斯可以见矣。阳货欲见孔子而恶无礼，大夫有赐于士，不得受于其家，则往拜其门。阳货瞰孔子之亡也，而馈孔子蒸豚；孔子亦瞰其亡也，而往拜之。当是时，阳货先，岂得不见？曾子曰：'胁肩谄笑，病于夏畦。'子路曰：'未同而言，观其色赧赧然，非由之所知也。'由是观之，则君子之所养可知已矣。"（《孟子·滕文公下》）

在孟子看来，君子之所"养"，目的在于养德。就是要养自己"居天下之广居，立天下之正位，行天下之大道。得志与民由之，不得志独行其道。富贵不能淫，贫贱不能移，威武不能屈"（《孟子·滕文公下》）的"大丈夫"精神。没有这种精神，就不足以养父母、养自己、养妻子，进而养天下。所以，面对诸侯，侃侃而谈，做王者之师，就是君子的"养"，不喜欢权贵，不"胁肩谄笑"，独善其身，也是一种君子"养"，而且是更为根本的"养"。在孟子看来，这种"养"对于个人的立身处世是不可或缺的，不论他是否要治国平天下，他都不能不"养"，因为他如果不"养"，那他就不再是人之所以为人。

所以，在孟子的文本中，"浩然之气"的"养"是无处不在。因为它就是"收放心"的过程，更是提升自己性情境界的过程，也就是每天"存夜气"、养"平旦之气"的过程。但是，仅仅从这个层面理解孟子是远远不够的。笔者始终认为，孟子的"养浩然之气"，结合《孟子》的整个文本，确有更加深刻的意思。笔者的理路是这样的：孟子的思想来自曾子和子思子，孟子的性善论，意在指明人之所以为人的圣洁来源，在于确立人之所以为人的"天爵"。它的理论背景是《礼记·大学》的"明明德"和《礼记·中庸》的"天命之谓性"。所以，孟子的性善论是孟子人格独立的前提，更是他自由论思想的基础。上文"胁肩谄笑，病于夏畦"的引文，就充分说明了孟子是在告诉我们，即便社会极端不公、不平，即便我身怀治国绝技，但是我绝对不可能委屈自己，同流合污。孟子通过王良与嬖奚的故事，生动地告诉我们，与小人实在是没有办法合作。因为你不可能成就他，而他却能害了你。在这样的状态下，即便是"枉尺而直寻"（《孟子·滕文公下》），在利益上收获丰赡，也丧失人格，得不偿失。所以，孟子所追求的，始终是人格的独立性。人格的独立性，是性善论的基础，更是"养"的前提，而且还是孟子人之所以为人的终极目标。

人格的独立性，其实是先秦儒家思想体系中非常重要的内容。孔子的"三军可夺帅也，匹夫不可夺志也"（《论语·子罕》）讲的是独立性，《礼记·大学》的"明明德"，《礼记·中庸》的"中立而不倚，强哉矫！国有道，不变塞焉，强哉矫！国无道，至死不变，强哉矫"，其实都是在强调人之所以为人的独立性。没有人之所以为人的精神独立，任何哲学体系都是不能成立的。孟子正是在这一点上，为先秦儒家哲学的丰富与发展，作出了巨大的贡献。

二

在进入到治国平天下的境界之后，孟子的"养"被全方位地释放出来。下面的这段文字，就是孟子"养"的思想对老百姓、对自然环境等各个方面，较为系统的展现，是"得志与民由之"，"兼养天下"的具体蓝图：

> 不违农时，谷不可胜食也；数罟不入洿池，鱼鳖不可胜食也；斧斤以时入山林，材木不可胜用也。谷与鱼鳖不可胜食，材木不可胜用，是使民养生丧死无憾也。养生丧死无憾，王道之始也。五亩之宅，树之以桑，五十者可以衣帛矣；鸡豚狗彘之畜，无失其时，七十者可以食肉矣；百亩之田，勿夺其时，数口之家可以无饥矣；谨庠序

之教，申之以孝悌之养，颁白者不负戴于道路矣。七十者衣帛食肉，黎民不饥不寒，然而不王者，未之有也。（《孟子·梁惠王上》）

这段文字首先给人的印象就是"不违农时"，不折腾，不竭泽而渔，一切顺其自然而保护环境，长治久安。孟子认为这是"王道"的前提与基础。然后以定额的田亩分配给老百姓，使他们男耕女织，老有所养，然后"谨庠序之教，申之以孝悌之养"，先富后教，这是孟子从孔子那里学来的套路。孔子"庶之"、"富之"、"教之"（《论语·子路》）的三个步骤，与孟子在这里勾画出来的，全方位整体性的"养"的蓝图基本思想是一致的。

孟子还有"庠者，养也。校者，教也。序者，射也。夏曰校，殷曰序，周曰庠，学则三代共之，皆所以明人伦也。人伦明于上，小民亲于下。有王者起，必来取法，是为王者师也"（《孟子·滕文公上》）的表述，思想更直接，明确。对其中的"庠"字，王念孙与赵岐、王引之有不同的理解。焦循的《孟子正义》记载如下：

> 王氏念孙《广雅疏证》云："《孟子·滕文公篇》'庠者，养也。校者，教也。序者，射也。'《广雅》卷四云：'校，教也。'卷五云：'序，射也。'皆本《孟子》。引之云：《说文》'庠，礼官养老也。'《王制》'有虞氏养国老于上庠'，郑注云：'庠之言养也。'赵岐注《孟子》云：'养者，养耆老。射者，三耦四矢以达物导气。'此皆缘辞生训，非经文本意也。养国老于上庠，谓在庠中养老，非谓庠为养老名也。《州长职》云：'春秋以礼会民而射于州序'，谓在序中习射，非谓序以习射名也。《王制》：'耆老皆朝于庠，元日习射上功。'而庠之义独取于养老，何也？《文王世子》：'适东序养老。'而序之义独取于习射，何也？庠序学校，皆为教学而设；养老习射，偶一行之，不得专命名之义。庠训为养，序训为射，皆是教学之名，初无别义也。《文王世子》：'立太傅少傅以养之，欲其知君臣父子之道也。'郑注云：'养，犹教也。'言养者，积浸养成之。《保氏职》云：'掌养国子之道。'此庠训养之说也。"①

王念孙认为，"庠"，应该训为"积浸养成之"，是"掌养国子之道"，而赵岐、王引之的注释"此皆缘辞生训，非经文本意也"。笔者赞同王念孙的观点。因为只有这样的诠释才能够在最大程度上体现儒家的理论目标。这样由夏代之校，殷代之序，进入到周代儒家人学的"积浸养成之"的"庠"→"养"，这是对人学认识的一个深度把握，也体现了先秦儒学一脉相承的发展。

从上文孟子的表述之中，我们看到，孟子有关"养"的意义就是"人伦明于上，小民亲于下"，就是要在全社会建立起诚信和谐、和睦互助的环境。这当然就是孟子整个仁政思想的一个组成部分。作为一位有志之士，只要善于"养"自己，成就自己，进而善于兼"养"万民，就可以成就自己独立的人格，进而成为"王者师"。只要是真正的"王者"，要成就"仁政"的大业，就不能不来"取法"有关"养"的学问。

也就是说，孟子的教育思想和人学思想之精髓在"养"。这个"养"不是耳提面命所

---

① 焦循：《孟子正义》，中华书局 1987 年版，第 344~345 页。

能达到目的的。孟子的意思是，教育是熏陶、"积浸养成之"，是"养"的结果。这种观点非常重要，因为，这不仅是上承孔子，下开荀子，是一以贯之的儒家传统，在中国古代数千年的历史上被验证为行之有效的教学方法和哲学范式，对中国，乃至整个东南亚的哲学思想以及传统教育都作出了巨大的贡献，而且，与我们现当代的应试教育相比较，具有巨大的优越性，值得我们当今社会的人学建设、教学思想认真借鉴。

> 孟子曰："以善服人者，未有能服人者也；以善养人，然后能服天下。天下不心服而王者，未之有也。"（《孟子·离娄下》）

从教育的角度上来讲，其内涵是，自己做得好，并且以此威慑他人，企图达到教育的目的，这是不可能的。只有潜移默化，只有以身作则，像春天的雨，润物细无声地默默感化周围的人，从心灵深处打动人，才能够让人心悦诚服，心服口服。换言之，耳提面命，老师一言堂，绝对不是教育的最佳形式，在生活之中教育，在细节之中感受，在视听言动的情节之中熏陶，这是最好的教育。

这使我们想起了孔子循循善诱，与他的学生讨论问题时，平易近人，温文尔雅，温良恭俭让的形象和风格。与孔子生活在春秋时期不一样的是，孟子在接人待物、表述思想的方式上很不一样。因为战国时期毁儒灭儒、恶意攻击儒家思想的人层出不穷，杨朱也好，墨子也好，各种奇谈怪论都不能不让孟子"息邪说，距诐行，放淫辞，以承三圣"（《孟子·滕文公下》），但骨子里，孟子也是很想平易近人、温文尔雅、温良恭俭让的，但是形势逼人，实在是不得已也！

> 孟子曰："中也养不中，才也养不才，故人乐有贤父兄也。如中也弃不中，才也弃不才，则贤不肖之相去，其间不能以寸。"（《孟子·离娄下》）

这个"中"字，指的是"喜怒哀乐之未发，谓之中"的"中"。它指的是来自"天"的灵冥的纯德、中和之"性"，也就是《白虎通义·五行篇》所说的："中，和也。中和居六德之首"。那就是最高的"德"了。我们应该知道，孟子私淑孔子，是子思子的门人（再传弟子），子思子是《中庸》的最终成文者，所以，《孟子》与《中庸》的文本是一脉相承的。孟子的这个"中"，就是已经掌握了"天下之大本"（《礼记·中庸》）的"中"的人。焦循的注释是："中者，履中和之气所生，谓之贤。才者，谓人之俊才者。有此贤者，当以养育教诲不能，进之以善，故乐父兄之贤以养己也。"当然，这段文字的关键在于，人之所以为人，不仅仅是个人自己的"养"，而且更在于"如中也弃不中，才也弃不才，则贤不肖之相去，其间不能以寸"。道德品质好的、修养好的人具有天生的教育周围人的职责和义务。如果大家不是和睦友爱，互相帮助、提携、教育的话，那怎么可以显示具有"中"与"才"的与众不同呢？更重要的是，"不中"、"不才"的人在与道德品质高的在一起的时候，怎么提升自己呢？怎么能够显示出优越性来呢？儒家的教化理想何以得到实现呢？所以，孟子的这段话与孔子引《书》而说的："孝乎惟孝，友于兄弟，施于有政"（《论语·为政》）的思想是完全一致的。人与人之间不能相弃，这就是儒家的理想，也是孔子孟子一以贯之的思想。

孟子曰："孝子之至，莫大乎尊亲；尊亲之至，莫大乎以天下养。为天子父，尊之至也；以天下养，养之至也。"(《孟子·万章上》)孟子的"养"，对于一位有志之士来说，修养自己只是一种途径，是一种精神财富上的准备。"养"的思想理路始终是"老吾老以及人之老，幼吾幼以及人之幼"(《孟子·梁惠王上》)，最后"莫大乎以天下养"，而"以天下养"，就是"养之至也"：

> 孟子曰："伯夷辟纣，居北海之滨，闻文王作，兴曰：'盍归乎来！吾闻西伯善养老者。'太公辟纣，居东海之滨，闻文王作，兴曰：'盍归乎来！吾闻西伯善养老者。'二老者，天下之大老也，而归之，是天下之父归之也。天下之父归之，其子焉往？诸侯有行文王之政者，七年之内，必为政于天下矣。"(《孟子·离娄上》)

"善养老者"，就是"仁政"，"王者"的表征。在一个施行了"仁政"的国度，人们不仅有丰富的物质生活依靠，而且也具有精神灵魂的依托。由于这个国家有了像文王一样的精神领袖，大家自然都愿意到这个国家来养老。"使天下仕者皆欲立于王之朝，耕者皆欲耕于王之野，商贾皆欲藏于王之市，行旅皆欲出于王之涂，天下之欲疾其君者皆欲赴愬于王。"(《孟子·梁惠王上》)这应该是孟子"仁政"理想的最高境界。这个境界的产生当然是因为有文王这样的"圣人"兼养天下而产生出的极好效果。

所以，孟子的"养"，外发出来有一个由己及人，由近及远的过程。在《孟子》文本中，首先是"孝悌之养"、"父母之养"，最后是天下父母之"养"。孟子把这个理路视为人之所以为人的天生的良知、良能的自然发展之路。孟子曰："仁之实，事亲是也；义之实，从兄是也。智之实，知斯二者弗去是也；礼之实，节文斯二者是也；乐之实，乐斯二者，乐则生矣；生则恶可已也，恶可已，则不知足之蹈之、手之舞之。"(《孟子·离娄上》)在孟子看来，仁、义、智、礼、乐，这些方面可以"养"人，而且它们是从天生的良知、良能入手，切入人的灵魂，使人改过迁善。这是就一般人的"养"而言的。下面的这段文字，则是从非凡人物的身上讲"养"。

孟子曰："天下大悦而将归己。视天下悦而归己，犹草芥也。惟舜为然。不得乎亲，不可以为人；不顺乎亲，不可以为子。舜尽事亲之道而瞽瞍厎豫，瞽瞍厎豫而天下化，瞽瞍厎豫而天下之为父子者定，此之谓大孝。"(《孟子·离娄上》)孟子的"养"始终没有脱离"亲亲"的基础，在《孟子》文本中，圣人大舜始终是孝亲的楷模，更是治理国家的丰碑。一方面是"视天下悦而归己，犹草芥也"，另一方面又"不得乎亲，不可以为人；不顺乎亲，不可以为子"，二者之间，看似矛盾尖锐，实际上是一回事。孟子把个人的"养"与治国、平天下，最终融为一体的内在力量，正是"养"的内在道德光辉，感发出来的巨大张力。它是教化的德性感召，诚于中，形于外，四体不言而喻，让人心服口服的道德飞跃。

(作者单位：武汉大学中国传统文化研究中心)

儒学与福泽谕吉*

□ 渡边浩** 著 徐 倩 译

序

福泽谕吉作为儒教·儒学（在这里无需区别这两个词语的意义）的严厉批判者广为人知。诚然，例如在《福翁自传》中就有如下一段文字十分有名，这是一段十分有冲击力的话：

> 前面说过，我不仅不信汉学，不注重汉学，从年轻时开始我就想更进一步把陈儒腐说一扫而空……我之所以将汉学视为敌人，那是因为我深信，在今日开国之际，若是陈腐的汉学占据了少年的脑子，则日本无法进入西方文明之国的行列。因此，我要尽最大的力量拯救他们，将他们引导至我所信仰的原则。我的态度是，全日本的汉学者尽管攻击我，由我一人来抵挡他们。① （《福翁自传》，七—168~169）②

在《福翁百话》中，有如下一节：

> 汉学洋学都有学问之名，从居家处世富国强兵的方面来看，我们自古推崇的汉学便算不得学问。我多年加以宣传的是文明的实学，而非中国的虚文空论。在某种意义上可以说我们与旧学完全相反，不仅不信汉学，而且力图揭露其谬论，将其摒弃。所

---

* 这篇文稿是由 2011 年 12 月 3 日在福泽谕吉协会第一百一十三次周六研讨会上演讲之际的原稿经过压缩、补订而成的。补订时参考了会上诸位学者的批判和质疑，对此我深表感谢。

** 渡边浩（わたなべ ひろし）：生于 1946 年，著名的日本学者，专攻日本及东亚政治思想史，师承日本著名思想史家丸山真男，著有《近世日本社会与宋学》（东京大学出版会 1985 年版）、《近世日本政治思想》（放送大学，1985 年）、《东亚的王权与思想》（东京大学出版会 1997 年版）、《日本政治思想史 17—19 世纪》（东京大学出版会 2010 年版）等。曾任东京大学副校长、法学部主任，现为法政大学法学部教授。

① 译者注：译文引自《福泽谕吉自传》，杨永良译，文汇出版社 2012 年版，第 177~178 页。
② 本文引用的福泽谕吉著作全部来自于《福泽谕吉全集》（岩波书店 1958—1971 年版），例如七—168 是指全集中第七卷第 168 页。另外，"……"是中间省略的意思。下文体例也是如此。

以不信日中两国古往今来的汉学者，即便对孔孟之言亦持批判态度。我修习西方文明，决不会折中将其附会于汉学。要将自古流传的学说彻底推翻，重开文明学之门。也就是要用一种学问为武器消灭另一种学问，这是我毕生的追求。宇宙万物均受自然规律支配，人类社会亦不例外。比较东西方学说会发现两者有本质区别。①汉学用阴阳五行之说来包罗万物，而西学则通过究其本源来剖析事物。②汉学好古而不求自立，西学直指古人之弊而自立古道。③汉学妄信现行一切，不思更改。西学以怀疑态度对待事物，求其本源。④汉学常发空论，缺乏实证。西学则示以有形之数极少空谈。其本质区别大致有上述几种。①（《福翁白话》，六—260~261，数字符号由渡边标注）

福泽想要"推翻"儒学、汉学的统治地位，并替换以西洋派的"文明的实学"。虽然在①中列举了数学类的自然科学，但众所周知，他所说的"实学"并不只限于自然科学。"实学"与"科学"意义不同，而且它不单纯是实用性学问的意思。在《劝学书》第一篇中有关于"实学"的著名论述，福泽列举出来的"实学"不仅有"穷理学"，还有"经济学"、"历史"及"修身学"。在福泽看来，历史学和伦理学也是"实学"。伦理学、历史学是儒学的重要组成部分，而正是在这些领域中，存在如前文②③④所说的问题：盲信过去的经典而成为"精神奴隶"的态度，模糊不清、理所当然地看待这种由迷信而产生的状态并陷入到"习惯的专制"中的态度，以及满足于空泛的理论而不想实地考察的态度。福泽认为理当否定这些态度。

如上文所说，以正确理解、深刻体认"四书""五经"等经书内容为核心的儒学，换言之，以认为经书记载了永恒真理的文本诠释学为形式的学说，福泽与之全面对抗，想要推翻它们。那么，自然会产生这样的理解，福泽是彻底的儒学批判者，而他自己的观点也确实如此。

然而，这种理解在多大程度上是正确的呢？将他的批判、言论与儒学的内容放在一起逐一对照确认，从而考量这种理解多大程度上是正确的，这项工作已经充分完成了吗？对此我窃有怀疑。例如福泽曾形容人类进步的终极状态是"全世界之人都是具备牛顿知识的70岁的孔子"②（《福翁百话》"前途之望"，六—217）。所谓"70岁的孔子"，当然依据的是《论语》中孔子的话，从"吾十有五而志于学"开始回顾人生，到"七十而从心所欲，不逾矩"。对此一般理解为：这是作为人的最高境界，表达的是想要做的事情和应当做的事情达成一致的道德圆融状态。福泽也阐明了这层意思吧。

然而也可以这样理解：福泽将70岁的孔子作为理想，可能是为了达成他所擅长的、读者的共识而作的譬喻。可是，下文该如何理解呢？

道德问题自古以来就是固定不变的……这十戒和五伦，是圣人所定的教义的大纲

---

① 译者注：译文参照了《福翁百话》，唐沄、张新华、蔡院森、侯侠译，唐沄校，三联书店1993年版，第71页。

② 译者注：译文引自《福翁百话》，唐沄、张新华、蔡院森、侯侠译，唐沄校，三联书店1993年版，第18页。

领，几千年来从未改变。自古以来，虽然盛德的士君子辈出，但对于这个纲领只不过是加以注释，并未能另外增加一项。宋儒著作虽多，也未能变五伦为六伦，这就是道德条目简少而永不移易的明证。①（《文明论概略》第六章，四—92）

这里所说的"五伦"道德（"父子有亲，君臣有义，夫妇有别，长幼有序，朋友有信"）（《孟子·滕文公上》）真的是绝对不变的吗，这是大有问题的。第一，福泽自己也指出，世上也存在没有君臣关系的国家，因而君臣关系并不是天赋之物。（《文明论概略》第三章，四—44~45）第二，那么，考虑到师生关系以及与不是朋友的买卖交易对象之间的关系等，回到福泽的言论，似乎他认为应该增加到"六伦"、"七伦"。因而，我想福泽对五伦的内容应当是有意见的。但是，福泽进而又说：

古代圣人不仅是全部躬行实践这些教条，而且还教导了别人。所以后人不论怎样刻苦力学，也不可能超出圣人以上，正如圣人说雪是白的，炭是黑的，后人又怎能改动它呢？关于道德的问题，好像是古人独占了专利权，后人只能为承销商，除此之外是没有别的办法。（《文明论概略》第六章，四—92）②

无疑福泽认为，名为儒学的人之道的基本，毋宁说是具有普遍有效性的、可通于古今东西的。福泽并没有完全否认构成儒学基础的"道"、"德"的内容本身。

那么便不能简单地说福泽全面否定了儒学。福泽否定了儒学·儒教的哪些观念？没有否定哪些观念？难道没有必要暂时离开了他自己的理解和说明，换个角度重新好好地揣摩和思考一下吗？我是这样考虑的。今天在此我想试着做一下这项工作。

为开展此项工作，首先必须弄清这些问题：儒学·儒教究竟是什么？它是什么样的"学问"，有哪些学说？对这些问题的理解不同，那么对福泽儒学观的讨论便可能变成无休止的争论。在此，首先将我自身的儒学理解关联到福泽的议论中，对于这一方面我会特别注意并作简要论述，总而言之想要申明的是：我是在这一前提下思考问题的。

一、儒学（朱子学）的义理

虽都称为儒学·儒教，但是它们形态各异。例如，《论语》是生活在 2500 年前的孔子及其弟子们的言行录，它与被作为王朝正统学说的汉代儒学并不相同。此后，儒学也存在多种多样的学派。以朱子学（众所周知宋代的朱熹乃儒学集大成者）的基本性部分为前提，我将对这种意义上的儒学根基谈谈我的理解。在直接导向中国近代的明朝、清朝，以及在朝鲜国，朱子学都被当做正统学说。而且，朱子学在德川时代的日本也成为儒学史展开的前提和核心，在此意义上说，朱子学是最具代表性的儒学。

① 译者注：译文引自福泽谕吉：《文明论概略》，北京编译社译，商务印书馆 2009 年版，第 85~86 页。

② 译者注：译文引自福泽谕吉：《文明论概略》，北京编译社译，商务印书馆 2009 年版，第 86 页。

以朱子学者为代表的儒学者们有如下思考①。

（一）天·地·人

现世有天和地，天之下、地之上，人生活着。因而，没有所谓的冥世、来世、天国·地狱，等等。朱子学者等儒学者彻底由此出发。现世确实存在。现在眼睛无法看见的冥世等是虚无，只有现世是实存的。

所谓"天"，不单指天空，当然也包括天空，广义上也涵括了地。指"天"言"地"好像有些奇怪，然而现在也将地震、海啸称为天灾。也就是说，虽然将天和地放在对立的位置上，但是将二者作为整体也可称之为"天"。因而，若用现代日语来表述的话，"天"接近于"大自然"、"大宇宙"的意思。晴夜里举目可见的星星、月亮，不停运行的太阳，大致按规律循环的季节，时时刻刻变换的天气——这些超越人为的一切现象，都是"天"的活动、运作。他们是如此思考的。

为了具体阐明这种活动，也得说说"阴阳五行"等观念。由晦暗柔性的阴形成的物质和由明亮刚性的阳形成的物质运动着，接着由它们分化出的木、火、土、金、水的要素（"五行"）融合并形成万事万物，在此基础上产生变化，等等。

于是，迎来温暖的春天，草木、谷类发芽，在太阳、雨水的润泽下成长，终于结出果实，这是"天"的作用。以植物为粮食的动物生长繁衍，它们终究也是"天"的活动的一部分。事实上人也是如此，利用着动植物，在循环的季节中诞生、育子、成长、生活。经过"天"的伟大劳作，人类才得以生存。在此意义上，人也是伟大的天的活动的一部分。换言之，我们也是大自然·大宇宙的一部分，通过"天"的运作，我们由此而生，并回归于此。儒学者们是这样思考的。

虽将"天"、"地"、"人"对照并加以区别，但同时也可以说它们全部都是"天"。然后，可以认为"天"不言物，自我展开，真实地、自然地、持续地生成一切，并让一切生存下去。可以如此理解，您觉得如何呢？

正如在 2011 年 3 月我们被迫重新思考的那样，有时"天"也会带来残酷的灾难。可结果是，现在我们人类依然生存着。大多数还是靠"天"留生。让万物、人类存活，这是不可动摇的、基本的天意。这难道不是极好的吗？诚然，"天"即大自然是伟大的、应被敬畏的存在。儒学者们是这样思考的。

那么，儒学者没有设想出超越性的人格神、造物主，而是由不依赖他者自我展开的大自然，构筑起庞大的伦理和政治哲学体系。

与人生存着一样，动植物同样是"天"的活动的一部分。但是，人与鸟兽（"禽兽"）有很大的区别。例如，它们在树上赤裸栖居、男女乱交以致连父亲是谁也不知道，不组建家庭，随心所欲地互相伤害，相互残杀不知哀悼，更别说没有文字和礼法了——这都是禽兽的状态，而不是人的样态。儒学者们是这样思考的。

人不应是这样生存方式，现实中也不是如此。人毕竟是最为优越的"万物之灵"。《尚书》（儒学的代表性经典，五经之一）中有如下记载：

———————————

① 以下关于儒学思想内容的说明，与渡边浩著《日本政治思想史 17—19 世纪》（东京大学出版会 2010 年版）的第一章大体相同。

> 惟天地万物父母，惟人万物之灵。(《尚书·泰誓上》)

所谓"灵"，不是灵魂的意思，而是指不可思议的卓绝之处。人在万物中是最为尊荣、高贵的存在。此段标准的古注是："天地所生，惟人为贵。"（据汉孔安国传）天将人置于伟大的存在序列的最高位置并创生出来。

不同于禽兽，人具有社会性、伦理性、文明性的存在能力。正是由天赋予了天性，人才拥有这种能力。因此，人性是崇高的、良善的。也就是说，儒学者认为，存在人类普遍的、人的样态的、自然的生活方式，普通人拥有与此相符的特性即作为人的本性。人性中应包含了社会性、伦理性、文明性。这就是儒学所谓的性善说。

在现代日本存在着这样的情况，一提到"性善说"，就批判它是没有考虑到滥用危险的、不切实际的制度设计，"建立在性善说上，所以不行"。然而，"性善说"并不是如此盲目乐观的学说。实际上在现代日本价值相对主义强势，然而一旦发生异常恶劣、残暴的犯罪，就会评价这个犯人"难道不是缺乏人性吗"，"这个家伙根本不是人"。在法庭上，日本的检察官和法官不时也会评论说："像鬼畜一样的犯罪行为，在被告人身上丝毫未见人性。"可是，大概连法官也没见过所谓"鬼畜"的生物吧。总而言之，"像鬼畜一样"就是说，凡作为人就应具备一定最低限度的社会性、伦理性，否则就不是人的样态。既然是人，就应该具备与此相应的本性。应该顺从人的本性生活，这种想法应是底线。

在孟子论述"性善"的地方，朱熹附有如下注释：

> 性者，人所禀于天以生之理也。浑然至善，未尝有恶。(《孟子集注·滕文公上》)

受之于"天"的、无损无污的道理，作为本性天生内在于我们每个人的心中。

(二) 礼和道

儒学者们将人的存在方式称为"礼"。"礼"指一切的日常礼节、仪礼、冠婚葬祭等仪式、社会制度、政治制度，等等。礼节、制度等全都是"礼"，乍一看有可能觉得奇怪。然而，归根到底礼节、仪礼、仪式、制度都是世人行为的模式。在某些时刻有某样的举止、言论、行动，这同样是行为的模式。在此，人的社会性、伦理性得到了具体体现。换言之，按照正确的行为模式妥善地言行举止，这才是作为社会性的、文明性存在的人的样态。儒者们是这样思考的。只有"礼"才能明确地区别禽兽和人。正确规定了禽兽与人的分别的，除"礼"之外别无其他。

个别的、具体的"礼"，是由人规定的，而不是天然存在的。在此意义上，社会·文明的具体的理想状态全部是由人制作、拟定的规则，比如由古代的"圣人"，即拥有完美人格的统治者，或后世的统治者、杰出的学者等。但是，按"礼"行动本是人的天性的主要部分。与法令不同，违反"礼"并不会受到惩罚。但是，对"礼"的忽视，却恰恰证明了自身的粗鄙、野蛮，这是可耻的。人的羞耻心保障了"礼"的实效性，从而建立起良好的秩序。

然而，"礼"不是由人任意规定的。即便各个时代变迁，在其根柢仍有作为人的基本原则，可称之为"道"，即道理。另外，天性是由天赋予的，其道也就是"天道"、"天理"。作为社会性、伦理性存在的人，其存在方式的根本便是"道"，而对应"道"的历史性、地域性的条件便有了作为具体形式的、个别的"礼"。

"道"本指人行走的道路，既然是人，当然应始终行走道路。离开人之道，走上禽兽之道，便不是人了。另外，既然是人之道，那么它就是任何一个人都能探寻、通行的道路。只有拥有特殊能力的人才能通行的道路，并不是天下之大道。因为，人之道是无论谁、只要是人都可以通行的道路。朱熹阐明"道"是："凡言道者，皆谓事物当然之理，人之所共由者也。"（《论语集注·学而》）①

只对我适用的规则，并不是适用于所有人的规则，因而它不是"道"。我行进的道路必须是"人之所共由者"，即全体人类行进的道路。因而，所谓"行走在没有道路的地方"、"自己开拓出新的道路，走在我的道路上"，不过是脱离了人之基本，除此之外别无其他。这当然是恶。

总之，激发每个个体自身的、独特的个性，萌发个体的生机、个体本身就是美好的，等等，儒学者没有考虑这些。儒学者不会说"我想有自我风格地生活下去"之类的话。对儒学者而言，重要的不是有自我风格的生存，而是像人一样的生存；重要的不是与他人的差异、每个人的独特性，而是人的共通性，是众人共通性一面的实现。

儒学式的观念是这样的："把与他人微小的不同、差异当成重要问题来强力主张，老是说个性个性什么的，这又有什么意义呢？只要是人，就要忠于每个人拥有的人的样态，按照人之道生活，这才是最重要的。"

而且，不论在这条道路上行走多远，都没有终点。走在这条道路上，最终并不会到达天国·极乐世界，因为儒学中没有那样的观念。可是，人既然是"万物之灵"，便拥有值得自豪的、自我内在的、珍贵的本性·本心，就应该并能够在人之道而非兽之道前行。

（三）五伦

接下来是道的内容。当然，它是现世中良善的社会人·文明人应有的存在方式。断绝与"俗世"的联系进入艰苦的修行，等等，这是众人很难做到的，当然不是"道"，而是邪道。出家不结婚、不生子，当然也不是道。如果这样人类就将灭亡，当然这也不可能是普遍性的人之道。停留于现世，在正常的人际关系、社会关系之中，合理、认真地生活，这就是人应有的存在方式。

儒学者认为，这个世界上主要的、合理的人际关系、社会关系有五种，即"五伦"。人主要在父子、君臣、夫妇、长幼、朋友这几种人际关系中诞生、生活、死亡。那么，在各个关系中，应实现的合理的状态便是亲、义、别、序、信。父子（当然也包含了母亲）亲爱，君臣有义，夫妇有别，长幼有序，朋友有信。人们在这"五伦"中，充分激活、发挥各自生而所有的、作为人的、共通的本性。具体而言，顺着"礼"的要求生活时，这个世界就将成为实现了人之"道"的、符合道理的、极其美好的状态。儒学者们相信这一点。

---

① 朱熹：《四书章句集注》，中华书局 1983 年版，第 52 页。

（四）君·臣·民

但是，问题就产生了。现实中的人有时或屡屡不像人，僭越"礼"，甚至像禽兽一样行动。大多数的人并不完美，本性为善的人却脱离人之道，行不道德、残忍之事。儒学者对此也深有所知。

那么，如何是好呢？最终，除了让某些人作为社会和伦理的拥护者、文明的保证人来引导人们之外别无他法。他们便是统治者。在此意义上，人的生活离不开统治、支配。人如此行为是必要的，这是由"天"产生的，统治的必要性及其存在也都是"天"的意思。

那么，谁会成为统治者呢？当然是最具人性的人，即道德优良、最能体现文明的人，也就是具备德的、人格最为高尚的人。因为人想要过人的生活是理所应当的，所以这样的人自然而然会受到人们的羡慕、推崇、支持。这样的人理应为了世人作为统治者、指导者君临天下，难道不是吗？儒学者这样认为。

为了人民而实行统治的人被称为"天子"。秦始皇之后，也称其为"皇帝"。称为"天子"是因为他是大自然即"天"的代理人，天生成人，让人生活得像人。那么，"天子"之位本身就是被"天"悬置起来的，其统治对象是"天下"。在"天下"则生活着人类，即人民、万民、兆民（万和兆不是指八位数，二者意义相同）。

可是，当具体的某个人被人民推举出来以担此重任时，也不能认为这只是推荐、选举而已。不单是人为，这也是"天"之使然，"天"之意志，是天来指定合适的人为代理人，即"天命"所赐。应该如此解释。

但是，无论"天子"多么优秀，也无法一个人来统治天下。辅助者是必需的，这便是"臣"。"天子"与"臣"之间建立君臣关系，共同统治人民。由君和臣组织政府，统治人民。

那么，谁应该成为"臣"呢？当然，他们虽然比不上"天子"，然而作为人是优秀的。他们是对文明有精深领悟的、有德性的人。因此，如果对臣的选拔是理想的，那么作为百姓余留下来的便都是相对愚蠢的人。

所以，君主信赖臣子，臣子也应忠于君主。所谓"忠"就是竭尽真心，臣子并不是向特定的个人卑躬屈膝地仆从，倘若君主有过失，臣子理当直言进谏，这是为了百姓而据处于"义"的关系。如果反复进谏，可谏言仍不被容纳时，就应当奉还君臣关系。《礼记》中有如下著名的教诲：

> 为人臣之礼，不显谏。三谏而不听，则逃之。（《礼记·曲礼下》）

对屡次进谏仍不听从谏言的暴君，不可始终追随。因为，这违反了"道"，成了欺凌百姓的帮凶。

另一方面，百姓对君主有忠诚的义务，这一般是说不通的。百姓愚笨且没有足够的道德性，所以才成为百姓。从而，教导百姓的便是君主。换言之，统治即是教育。如果不治理百姓以致世间混乱，这就是君主的责任。譬如，小学里教学秩序混乱时，并不能说"这是孩童造成的，要惩罚小孩"。即便孩童哄闹，责任也不在孩童，而在于父母、老师。因而，一个王朝崩坏，百姓隔岸观火，并不能指责他们没有道德。在此意义上，日本往往产生误解，认为儒学并没有教导百姓要有"忠君爱国"的观念。最重要的是，儒学是统治者应该学习和信奉的学说，恐怕这也是它如此强大的原因。

（五）修己治人

那么，像这样的有德之人如何产生呢？

历史上也有生来就具备完美人格的人（称之为"圣人"）。四书之一的《中庸》指那些人是"生而知之"、"安而行之"的人，比如孔子。"之"是"道"的意思。

另一方面，我们在人格性上确实不完备，这就意味着存在一些不能完全成为人的人。可是，正因为我们是人，所以通过努力成为真正有人性的人也是可能的。根据《中庸》的表述，我们若能"学而知之"、"利而行之"，或者"困而知之"、"勉强而行之"也很好。当然，这也是现代日本语"勉强"① 一词的语源。

你虽然也是人，但能否成为圣人还得视努力的情况而定。儒学者将为了成为"圣人"而作出的努力称作"修身"、"修养"、"功夫"、"学问"。

经过持续不断的努力，你也可以成为孔子，像孔子一样生活。儒学尤其是朱子学便有如此观念。正如前文所引用的，福泽认为历史的顶峰、进步的终极就是实现了全体人类的人性。

宝贵的、普遍的人性内在于自我，自觉到这一点的人已不会为贪婪的物欲、狭隘的自私自利所动摇。如果任凭自私自利的行为泛滥，那么人与人之间便会爆发冲突，从而违背普遍的、众人通行的人之道。

为了不发生这种状况，朱熹强调必须时刻集中心神于内在我心的道理上。朱熹认为《论语·宪问》的"修己以敬"阐述的就是这个问题。同样《雍也》的"居敬而行简，以临其民，不亦可乎"中也强调了"敬"的重要性，朱熹在注释中这样说道：

> 自处以敬，则中有主而自治严，如是而行简以临民，则事不烦而民不扰，所以为可。（《论语集注·雍也》）②
> 自我居处时持"敬"，那么"主"便在其心之内。
> 进而，朱熹指出"君子循理，故常舒泰，小人役于物，故多忧戚"（《论语集注·述而》）③。所谓被私欲、物欲所牵动、折磨，即是被心外之物诱引以失去真实自我的状态。这种可悲的状态也表现为"殉外"（《大学章句》，用作"殉职"时的"殉"之义）④、"丧己"（《论语集注·宪问》）⑤，等等。

这并不是与他人隔绝以保存自我·个我。这里所说的人内在的"主"、"己"，是指普遍的人性。通过保存此本性而自立，自我觉醒作为人的可贵性，这便是道德性自律。

---

① 勉强：べんきょう，日文有努力学习、勤奋工作等意思。
② 朱熹：《四书章句集注》，中华书局1983年版，第83页。
③ 朱熹：《四书章句集注》，中华书局1983年版，第102页，引用"程子"之语。
④ 朱熹：《四书章句集注》，中华书局1983年版，第7页。
⑤ 朱熹：《四书章句集注》，中华书局1983年版，第155页，引用"程子"之语。

　　　　常人溺于贫富之中，而不知所以自守。(《论语集注·学而》)①

相反的，如下所述的人方为卓绝之士。

　　　　非外物所能夺矣。(《论语集注·里仁》)②
　　　　卓然自立，而不为事物之所摇夺。(《论语集注·泰伯》)③

　　好好地保存禽兽所没有的、内在于自我的、尊贵的人性，不要被自我之外的一些事物所翻弄。毅然"自立"、"自守"，生存于此世。这便是人之理想。

　　儒学者相信，如果推行这样的修身，其成效会影响甚远。首先，家族关系会十分和谐。然后是国家安定、天下太平。"诚意、正心、修身、齐家、治国、平天下"(《大学》，四书之一)，这就像是同心圆渐渐扩大的过程。

　　儒学构想的是，人若修身的话，那么终会承担起统治的重任。修身的君子理应同时也必须成为统治者，进而要大力地施展他的"德性"。修身不是为了统治而采取的手段。人理应像人一样，这原本就是目标。可是，要"治人"必先修己，完成"修己"的人就会与统治产生关联。儒家将人与统治的关系和"德"的完成联结起来，认为这是作为人的高贵的责任，这一点也正与西洋的 civic humanism (公民人文主义)一脉相通。

　　那么，究竟应如何发掘那些优秀人才并让他们成为臣子参与到统治工作中呢？主要方法有两种：一是从地方推荐有名望的人，即所谓的"乡举里选"；另一种是"科举"，其构想是为了选拔有德之人，让他们熟读记载"道"的书籍如四书五经等而后撰写文章，这样选考便会有成效。尤其是在成立于 10 世纪的宋王朝之后，确立了由笔试来选拔高级公务员的制度。在明朝、清朝也是如此，仕于皇帝、掌管天下的臣子们，不问门第、出身，而是经过多次文章测试，看其是否具备优良的儒家学养，他们作为个体而受到考察、选拔。这样的选拔机制得以确立，并发挥了功用。

　　总而言之，科举既非世袭制度也非门阀制度，不论出身、家世，个人 (但只限于男性) 作为个人得到选拔的话，便可掌握部分权力，它是这样的一种制度架构。那么，在中国就没有必要痛诉："门阀制度是父亲的死敌。"④ 因为在很早之前就建立了这样的人才选用机制 (只对男性)，"如果你对出身不满、懊恼的话，那就刻苦求学并参加科举考试吧，许多道路敞开着呢"。

　　粗略说来，情况大致如下：在明、清王朝之后，想要当官以后救济苍生的男性，或者只想着飞黄腾达的男性，进而想在发迹后享用权力的男性，甚至想通过舞弄权术以敛取大

————————

① 朱熹：《四书章句集注》，中华书局 1983 年版，第 52 页。
② 朱熹：《四书章句集注》，中华书局 1983 年版，第 69 页。
③ 朱熹：《四书章句集注》，中华书局 1983 年版，第 105 页。
④ 译者注：这句话出自《福泽谕吉自传》："每当我想到这点，总觉得遗憾的是：父亲一生四十五年当中为封建制度所束缚，什么事情也没做出个成就来。空怀不平，饮恨而死。父亲对于一个刚降生的孩子就来操心，替他谋虑前途，甚至下决心叫孩子去当和尚也要使其成名。其用心之苦、爱情之深，使我每当忆及此事，一方面对封建门阀制度表示愤恨，同时体察亡父的心情而独自感伤啜泣。为了我的缘故，门阀制度成了父亲的死敌。"详见《福泽谕吉自传》，马斌译，商务印书馆 1980 年版，第 6 页。

量钱财的男性，他们全都"学习"儒学。这与论门第出身的世袭身份制度的日本德川时代大有区别。

另外，福泽也说过："儒家的主张中包含的封建门阀制度当然也是我们的敌人。"（《扫除破坏与建置经营》，二十—248）毋宁说，儒学和"封建门阀制度"是不相容的。应让有德之人而非家世优良的人担当统治的职责，有这种观念的儒教正是"门阀制度"的敌人。因而从根本上来说，对于日本德川时代的世袭身份制度而言，儒学是危险的思想，实际上它也成为明治维新的一个动因。我是这样想的。

（六）三代与革命

据儒家学者所说，曾经确实存在过由具备完美人格的"圣人"治理天下的理想时代。这便是由尧（陶唐氏）、舜（有虞氏）、禹三位圣人统治的时代，自禹开始的夏王朝，自同样是圣人的汤王开始的殷（商）王朝，自文王、武王、周公三位圣人开始的周王朝，连续出现了这样三个王朝的时代。

从尧到舜、从舜到禹的政权更迭，都是通过"禅让"来实现的。将"天下"让给之前为臣子的、别的"圣人"。若"天命"降临到这个世界上人格最为高尚的人身上，这是理所应当的。但是，禹以后便开始了王朝世袭。这难道不奇怪吗？若从儒学基本的政治观看来，当然存有疑问。孟子对此有所讨论。（《孟子·万章上》）孟子说："天与贤，则与贤；天与子，则与子。"然后，孟子解释："当时虽也有贤人，但人们都追慕禹的儿子。换言之，此时天将天命赐予了禹的儿子。"这样，关于"天子"，实际上通过将人民追随的事实解释为"天"之意志的表现，例外地把世袭制也正统化了。皇帝被认为是有百姓追随的、杰出的、具备崇高人格的人。后世将皇帝敬称为"圣人"的情况并不少见。

可即便是世袭，在实际中仍然可能出现暴君。发生这种情况时应该怎么办呢？在此儒学便巧妙地显示了其前后一致性。

如果出现了持续暴政的"天子"，臣子理当谏言。可是，谏言不被采纳该怎么办呢？若是这样，明事理的臣子都要离开，进而"天下"的民心也会离散。这样"天命"就被解除了。然后，民心归向于谁，就由此人再次为"天下"重整秩序。新的"天子"诞生了，"天命"也就改变了。这就叫"革命"，因为"天命"被革新了。

新的"天子"，也可以是以往的臣下，其实这种情况还挺多。如果原来的"天子"仍想保住原有的地位，那么臣子为了百姓而驱逐征伐他也是被允许的。通过"禅让"形成革命的两级，通过"放伐"来革命。如此，由暴力产生的王朝更迭也被正当化了。在儒学理论上，这被认为是正当合理的。

当然对于德川体制而言，这一点也正是儒学危险的地方。福泽指出："汉学家和皇学家之间也有争论，他们的争论虽然纷纭复杂，但其基本的分歧在于：汉学家赞成汤武放伐，而皇学家则主张万世一系；汉学家所感到为难的也只在于这一问题上。"[1]（《文明论概略》第一章，四—10）日本的汉学家因这一主张而为难。

新的王朝虽然就这样开始了，但不知何时它会像之前的王朝那样陷入到可悲的境地中，这是可以完全预想到的。那么，历史大体上在王朝盛衰地反复中被描绘出来。孟子指

---

[1] 译者注：译文引自福泽谕吉：《文明论概略》，北京编译社译，商务印书馆 2009 年版，第 2 页。

出："天下之生久矣，一治一乱。"（《孟子·滕文公下》）朱熹注曰："一治一乱，气化盛衰，人事得失，反复相寻，理之常也。"（《孟子集注》）

伴随着历史的前进，人类在智和德方面进步着，向着更高、更美好的状态变化，儒家并没有这样的历史观。治乱·盛衰倒是像钟摆一样反复游走。

以上我大略地讲了一下我对儒家伦理哲学、政治哲学主要思想的理解。接下来，我们在这一前提下来重新眺望一下福泽谕吉的思想，那么将会看见什么样的风景呢？

二、福泽谕吉的儒学批判

福泽对儒学批判涉及方方面面。

例如第一，儒学有"慕古之病"（《文明论概略》第九章，四—161），他对这一根本性态度提出了批评。

> 他们如此迷信古代崇拜古代，而自己丝毫不动脑筋，真是所谓精神奴隶（Mental slave）。他们把自己的全部精神为古代的道理服务。生在今天的世界而甘受古人的支配，并且还迭相传衍，使今天的社会也受到这种支配，造成社会停滞不前的一种因素，这可以说是儒学的罪过。（《文明论概略》，四—163）①

当然，儒学的历史并非千篇一律的重复，它在中国和日本的展开都耐人寻味。然而，儒学将中华古代的尧舜禹三代之世作为理想，后代也只是将稍稍接近于此来作为目标。进而解释那些追慕中华古代的孔子、孟子等儒者的经书，即以解释学的形式为基本。这是事实。但是，儒学的历史观根本上是"一治一乱"，儒家并不相信福泽那样的论说，即人类智德的进步、文明的前进才是人类历史的基调。

在此意义上，我认为这一对儒教的批判可以说是击中了要害。

可是如前文所述，儒学者尤其是朱子学者，强调应该依照自我内在的、完善的"天理"来行动。进而，他们所描述的人的理想形象，与囫囵吞枣地读四书五经的、卑屈的精神奴隶大有不同。他们思考的是，将"四书""五经"之道与自我内在的道理达成一致，所以"读书已是第二义。盖人生道理合下完具，所以要读书者，盖是未曾经历见许多"。［读书原本是次要的，人天生便具备完善的道理，因为还有许多事情未曾经历，所以我们不得不读书（朱熹《朱子语类》）]②"学者若相信自己的内在之理，便不会轻信书本。相信圣贤固虽好，但不如相信自我之理。"（佐藤直方《学谈杂录》③）

当然，也许可以说这种态度本身就展现了"精神的奴性"。可是，对福泽的断言多少要有些保留意见。

---

① 译者注：译文引自福泽谕吉：《文明论概略》，北京编译社译，商务印书馆2009年版，第157页。

② 朱熹：《朱子语类》卷第十"读书法 上"，中华书局1981年版，第161页。翻译参考了兴膳宏等译注的《〈朱子语类〉译注》（卷十一卷十一，汲古书院2009年版，第4页）。

③ 日本古典学会编：《增订 佐藤直方全集》卷一，ぺりかん社1979年版，第126页。

第二，儒家用阴阳五行解说自然和身体的观点被批判为虚妄之说，这确实合乎道理。也有科学史学者研究认为①，相对而言朱熹对自然的说明在当时做得挺好，但正如福泽所说，他没有想要否定自牛顿以来的近代西方自然科学的优势地位。

可能您也注意到了，我在前面解说过，儒家的伦理、政治哲学没有阴阳五行学说也可以成立，因而批判阴阳五行学说并不意味着挑战了儒学的本质。而且，在《大学》、《论语》、《孟子》、《中庸》中也没有出现阴阳、五行。

第三，在明治十四年政变②以后，儒教主义教育复活，福泽对此展开了严厉的批判。政府设想的是，最好将孝顺父母、忠诚于君王的儒家道德灌输给青年们。可是在自由民权运动中奔走呐喊的青年们受到了福泽等西洋派学者的学问、思想的影响，他们对政府的看法加以了批判。例如：

> 洋学流行，使得青年子弟甚为不逊。为矫正其行为，须依赖专精于道德领域的儒教主义。这种论调时常传到我们耳边，可是仔细观察儒教主义的实际情况，它绝不是纯粹的道德学，而多半是混杂了政治学的内容……在其儒学典籍中分割出德教的部分并加以利用，这种想法只在这些不学无术之辈的头脑中徘徊，成为妄念，最终变成毫不足取之物。（《儒教主义》1883 年，九—268~271）

如前所述，儒学主张人应先修养道德，然后才与政治发生关联、救济百姓。正如上文所说，将儒学从政治中切割开来并加以利用，政府的这种态度本来就很奇怪。但是，与其说这是福泽对儒学的批判，毋宁说是他对政府的儒学理解的批判。

第四，众所周知，福泽屡屡对儒学中关于男女·夫妇理想状态的学说严加批判。在《日本妇女论》、《男女交往论》等文章中，福泽批判了儒学中男尊女卑的思想，这一儒学批判确实是合理的。特别是，儒学将阴阳的逻辑应用到男女问题上以阐发其理想状态，福泽对儒学性别规范的批评十分精彩③（政治原本是男性活动的领域，因而公务员考试也只允许男性参加。福泽对儒学中性别分工的观念基本上没有批判。现今看来，这是他的不足之处）。

综上所述，福泽的确对儒教进行了合理的批判。然而，另一方面，我认为福泽的思想实际上也有颇多儒学的痕迹。接下来我将论述这一方面的内容。

三、天性·天理·天道

（一）独立自尊

众所周知，福泽说过："我们拿东方儒家思想与西方文明思想来比较，东方所欠缺的

---

① 例如，山田庆儿：《朱子的自然学》，岩波书店 1978 年版。Yung Sik Kim, *The Natural Philosophy of Chu His*, 1130-1200, The American philosophical Society, 2000.

② 译者注：福泽谕吉在《自传》中也提到了这一重大的政治事件，详见《福泽谕吉自传》，马斌译，商务印书馆 1980 年版，第 261~264 页。

③ 例如，《日本妇女论 后编》（五—480~482），《男女交往论》（五—583~584），《女大学评论》（六—499~500）。

是，在有形方面是数理学，在无形方面是自立精神。"①（《福翁自传》，七—167）。进而，福泽反复强调，变得"品质高尚"②（《福翁自传》、七—168）、支撑起"独立的意志"的是，自我自身所具备的尊严意识。

> 今日，在独立自主的礼教下，先求自身的独立，重视自我，视自身如金玉，并以此维持与他人的关系以维护社会秩序……因为视自身如金玉，当然不能有瑕疵，更不能接近污秽。以此金玉之身，决不能做出丑恶的行为，更不能沉沦于卑躬屈节……即使给予天下之富贵，授以将相之位，也不能使我金玉之身染上一点瑕疵。心洁如冰，虽天下也渺小，虽王侯也卑贱。此身以外无他物，唯有我金玉一身。③（《何谓德育》，五—362~363）

在福泽的人生经历中，也曾有过交换条件，有人想要给他儿子提供留学经费，他拒绝了这一不怀好意的要求，并说："我做对了！直到今天我还经常回忆起这件事来，每当忆起就有璞玉无瑕之感。"④（《福翁自传》，七—208）

毫无疑问，这也应是庆应义塾的标语"独立自尊"的深意。既然作为人出生于世，那么就应对此拥有自豪感，尊重自我，不做羞耻之事，人应该有这种毅然决然的态度。不受"物质的奴役"，不被"虚构的妄念所迷惑"，维持"人的本心"，保持"精神独立"。⑤（《劝学篇》第十六篇）福泽对此进行了说明：

> ……尤其是让私德的隆盛，所谓不愧屋漏的要义是最应依赖的，能修炼其德义，在家中没有可耻之事，在外面没有忌惮的事情，这样的人不论贫富、材与不材，知道自身的分量，由己而有信，可称之为君子之身，西语中称其为有尊严（dignity）的人。（《日本男子论》，五—622）

接着，福泽批判现状说："自己表明我正在变成兽欲的奴隶这件事，同时也能想到作为人重要的是要顾惜社会的体面，这样的人虽然不存在，可是实际上世间并不是没有那些忘记了自己是万物之灵而变成兽欲的奴隶的人。"（《日本男子论》，五—623）

在这里出现了"dignity"一词，正如已经指明的那样，它大概来源于约翰·斯图亚特·穆勒（John Stuart Mill）的《功利主义》（*Utilitarianism*，1861）一书：

> 想必几乎没有人会为了能够尽情享受做牲畜的快乐而甘愿降为低等动物……对于这种拒绝，我们可以给出让自己满意的解释：可以将它归为一种自豪感

---

① 译者注：译文引自《福泽谕吉自传》，杨永良译，文汇出版社 2012 年版，第 177 页。
② 译者注：译文参照了《福泽谕吉自传》，马斌译，商务印书馆 1980 年版，第 180 页。
③ 译者注：译文引自《福泽谕吉教育论著选》，王桂主译，陈榴校，人民教育出版社 1991 年版，第 87 页。
④ 译者注：译文引自《福泽谕吉自传》，马斌译，商务印书馆 1980 年版，第 223 页。
⑤ 译者注：译文参照了福泽谕吉：《劝学篇》，群力译，东尔校，商务印书馆 2009 年版，第 93 页。

（pride）——自豪感这个词于人类最可贵的情感和最可鄙的情感都同样适用；可以将它看做是出于对自由和个人独立的热爱……可以将它视为对权力的热爱或对兴奋的热爱，这两种因素也确实影响着这种拒绝。然而，这种拒绝最恰当的名字无疑是"尊严"（dignity）。尊严，人皆有之，只是形式不同……①

　　既然是人，就应拥有作为人的自尊感（dignity），那么，便不能为了满足兽欲而放弃作为人的资格。

　　正如所说的那样，作为福泽伦理实践理论基石的独立自尊的观念来源于 John Stuart Mill。进而由穆勒上溯到康德，康德在《道德形而上学》（Metaphysik der Sitten，1797）中，强调了作为人的道德律的自觉所带来的、永恒的尊严（dignitas interna）的意义。②

　　……他不应否定与自己的尊严相关的道德性自我尊重。也就是说他不应阿谀奉承、卑躬屈膝（奴性的心 animo servili）地，就如谋求恩惠一般，去尽力谋求他那就自身而言是义务的目的。他不应否定自己的尊严，而应该始终意识到其道德禀赋的崇高（这种意识已经包含在德性概念中），应该努力获得那种目的。而这种自我尊重就是人对自己的义务……从我们与道德法则（其神圣性和严格性）真诚而又精确地比较中，必然不可避免地得出真正的谦逊。但是，我们拥有作出这样一种内在的立法的能力，（自然性的）人不得不崇敬其自身内在的（道德性）人格，同时由此升华，作为一种自我内在价值（价值 valor）的感情，产生最高的自我尊重。依照这种内在价值，人不会被任何价格（价钱 pretium）所收买，而会在他身上倾注对自身的敬重（恭敬 reverentia），拥有永不会失去的尊严（内在性尊严 dignitas interna）。③

　　诚然康德所言很有道理，人为了道德性生存，就应拥有作为其内在性支撑的、对自我内在道德性的自豪感，这种意识确实与福泽内心中理解的、对完美的金玉（之身）的信念是共通的。

　　但是，在前文所述的儒学朱子学强调对内在于我的"天理"怀有自信，并主张"自立"、"自守"，这几种观点难道不是有异曲同工之妙吗？我是万物之灵，而非禽兽，拥有无法损伤的、高贵的天性。因而，不能去做为人有耻的事情。我对于独特的自我没有夸

---

①　John Stuart Mill, *Utilitarianism*, J. M. Robson（ed.），*Collected works of John Stuart Mill*, Vol X, University of Toronto Press，1969，p. 212. 译者注：译文参照了约翰·斯图亚特·穆勒：《功利主义》，叶建新译，中国社会科学出版社 2009 年版，第 14~15 页。

②　关于康德在人格精神尊严的概念史中的重要性问题，可以参考以下论著：川出良枝：《精神の尊厳性：近代政治思想における自律の名誉観念の生成》，《思想》934 号，岩波书店 2002 年版；Michael Rosen, *Dignity: its History and Meaning*, Harvard University Press，2012.

③　康德：《道德形而上学》（第二部 德性论的形而上学基础理论、第一篇 伦理学的要素论、第一部分 对自己的一般义务、第一卷 对于自己的完全义务、第二章 人对纯然作为一个道德存在者的自己的义务、三 阿谀奉承），野田又夫编：《康德（世界名著三十二）》，日本中央公论社 1972 年版，第 595~596 页。标点、括弧都据原书。译者注：译文参照了《康德著作全集》第 6 卷《纯然理性界限内的宗教 道德形而上学》，李秋零主编，中国人民大学出版社 2007 年版，第 445~446 页。

耀，但对于自己是人这件事感到自豪。另外，小室正纪教授也说过："可以说朱子学与福泽先生的思考方式之间有某种共通性。这便是具备强韧主体性的个人应作为出发点的思考方式。"（《江户的思想与福泽谕吉》①） 虽然小室教授没有详细说明，观点的旨趣也未必明确，然而这一思考对我启发颇多。

也就是说，独立自尊的思想，一方面从西方漂洋而来，同时另一方面也来源于儒学，尤其是朱子学。我认为这是显然的。

另外，中村正直（敬宇）既是朱子学者，同时又对基督教保持了深切关心，并接受了洗礼，他在诗中这样写道：

> 圣不暇他求，佛只在自心。我有一宝珠，难换亿万金。（成圣无需向他处求得，佛只在自我的心中。在我身上有一个宝珠，即便用亿万金银也无法换得。）（《敬宇诗集》下，卷四，二十四丁表）

这与福泽的观点在表达上十分相似。只是并不清楚这首诗的作成时间，也不知是否和福泽有关。但是，在明治前半期，具有一定儒学教养的人，即读了由朱熹注解的"四书"的人，应会视己身如金玉，从而否定感官的欲望，严格地约束自己，即便没有受到福泽的影响，有这样的观念也是理所当然的，也可以这样考虑这个问题。

那么，福泽虽然声称终生要与儒学战斗，但在这一重要观念上却是儒学性的。倡扬独立自尊的庆应义塾实际上在一定意义上也继承了朱子学的根干。可以说庆应义塾是部分东亚正统思想的继承者。②

（二）"议论的标准"

在福泽的《劝学篇》第一篇中说：

> 修身学则阐述合乎自然的修身交友和处世之道。③（《劝学篇》第一篇，三—30）

在道德、伦理中存有"自然之道"，也即"天理"。

另外，他在晚年的《福翁百话》中也谈到了人性同一性的问题：

> 抛开这些有形之处，看无形之处，人都有喜怒哀乐之情，智力知识也只有多少深浅之别，而无本质之异。敬重父母，疼爱子女，异性互相亲近，兄弟姐妹相依为命，

---

① 《福澤諭吉年鑑》32 号，2005 年，第 138 页。另外，安西敏三也指出了儒学性的"作为万物灵长的人类形象"与"文明论"的关联，《"文明"と"条理"——〈現代語訳 文明論之概略〉"補注·解題"余録》，《福澤諭吉年鑑》38 号，2011 年，第 8 页。

② 那么，福泽为什么不这样说，而宁可将儒教当做传授卑躬屈膝的学说而加以排斥？很难想象像福泽那样颖慧之人竟会没有意识到自己的主张带有儒学性。在此，他难道没有战略性的考量吗？如果公开声明自己有继承儒学的一面，有些观点也是儒学性的，那么自己最终很可能给"文明"的敌人雪中送炭，他怎会不担忧这一点？

③ 译者注：译文引自福泽谕吉：《劝学篇》，群力译，东尔校，商务印书馆 2009 年版，第 3 页。

朋友之间互相帮助，此乃世之常情。世界上唯有人类能够知廉耻，讲道义，辨别事物轻重，测算时间长短，进行改良以求方便进步；能在考虑自身利益之外，为他人着想。因此，人类才能自豪地称自己为万物之灵长。① (《福翁百话》，六—210)

古之圣人曾云：己所不欲勿施于人。此为宽容之道。人性本来期望至善圆满。② (《福翁百话》，六—224)

那么，不论是何种宗教，终究都是教导作为人而普遍所有的、"本心"的道德。"正因为如此，吾不信教却宣传宗教的益处。"③

福泽将宗教看做将人道德化的手段，而在特定的宗教信仰者看来，这是一种轻视人的、讥讽的态度。但是，站在福泽的立场上，这绝不是嘲讽。因为福泽坚信根源于人之本性的道德，天然的道德，即自然法则的实存。对福泽而言，这才是至高无上的。若用儒学术语表达，就是说"道"不依赖"教"而存在，"教"则是为了实现"道"而存在的。在这层意义上，"宗教"即各种各样派别的"教"，也是为了实现自然、普遍的道德的助力。换言之，福泽并没有讥讽宗教，只是在信仰和道德的先后、本末关系方面，与"宗教"信仰者相反而已。

在当时，这并不是福泽独有的态度。

例如，中村正直作为纯粹的儒家学者，同时也皈依了一段时间的基督教。对他而言这并不矛盾。比如，"敬天爱人"是他喜欢的一条标语，对他来说，儒学也好、基督教也好，都有着作为人应具备的基本道理。因为，当孔子被问到什么是"仁"的时候，答曰"爱人"(《论语·颜渊》)，存在这样一种普遍性事物的信念支撑着他。在明治七年，西周自己出版了一本名为《百一新论》的书。所谓"百一"是指"百教一致"。不仅是"三教一致"，而是所有的宗教在根本上是一致的。因为，它们最后都要达到"人而为人之道"的境界，这是唯一的。④

用一种自然法、天理·天道实存的信念为人的本性奠基，当时许多知识人都有这样的想法，福泽也是其中之一。

可是，一说到福泽是主张一种自然法的，可能就会有人抱持这样的疑问："这很奇怪。福泽难道不是强调价值判断的相对性的吗？根据将何者作为目的，善恶是非的判断也会发生变化。在这一意义上，一切价值判断是条件性的，这难道不是他的观点吗？"但是我认为将福泽看做是一种价值相对主义者的理解是错误的。

第一，福泽相信人类智与德的进步、文明的进步。那么，判定是否进步的基准是什么呢？它自身也在历史之中变化，这就是说无法判定是进步还是反动的。人类以往是进步向上的，之后也会进步向上，能够相信这一点，是以超越历史的价值基准的存在为前提的，

① 译者注：译文引自《福翁百话》，唐沄、张新华、蔡院森、侯侠译，唐沄校，三联书店 1993 年版，第 9 页。

② 译者注：译文引自《福翁百话》，唐沄、张新华、蔡院森、侯侠译，唐沄校，三联书店 1993 年版，第 27 页。

③ 译者注：译文引自《福翁百话》，唐沄、张新华、蔡院森、侯侠译，唐沄校，三联书店 1993 年版，第 28 页。

④ 西周著，大久保利谦编：《西周全集》第一卷，宗高书房 1962 年版，第 235 页。

它客观地测量什么是进步的、向上的，即什么会变得更好。就是说，进步主义者不可能是价值相对主义者。①

事实上，对福泽而言，不论是在智的实践中，还是在德的实践中，何者更为优越是自明的，他常常称之为"高尚"。

他在《文明论概略》第三章中阐释"文明"时说："若按广义解释，那就是不仅在于追求衣食住的享受，还要砺智修德，把人类提高到高尚的境界。"②（《文明论概略》，四—38）在《福翁自传》的末尾也谈道："希望全国男女的气质日益高尚，不忝成为真正文明进步国家的国民"，"希望能用佛教、基督教或其他的宗教使民心祥和宁静"，"投下大笔资金，以资研究有形或无形的高尚学理"，这是"在我的生涯中仍有的三大理想"③。（《福翁自传》，七—260）"气品"也好，"学理"也好，都是"高尚"的。在他看来，所谓文明进步就是人在智和德两方面都变得更加"高尚"。在德中什么是"高尚"的？我想那应该是照亮人的天性之物吧。因而，福泽并不是价值相对主义者。

第二，也许会有这样的疑问："可是即便如此，福泽在《文明论概略》第一章'确定议论的标准'中说，'善恶、长短、是非等词，是由相对的思想产生的'④。那么，根据采纳了何种议论的标准，即每个具体情境中的目的·基准，善恶、是非就会有所差异，难道不是如此吗？"

但是，这是对《文明论概略》第一章内容的误解，是对所谓的"议论的标准"的误解。

原本在第一章中，福泽并没有说：根据如何确立"议论的标准"，由此判定的结果会发生变化。在《全集》中第一章有七页多、七个段落，下面对此稍作细读。

首先在第一章开头第一段这样写道：

> 轻重、长短、是非、善恶等词，是由相对的思想产生的，没有轻就不会有重，没有善就不会有恶。因此，所谓轻就是说比重者轻，所谓善就是说比恶者善，如果不互相对比，就不能谈论轻、重、善、恶的问题。这样经过互相对比之后确定下来的重或善，就叫做议论的标准。⑤

---

① 当然，进步主义者 John Stuart Mill 也不是价值相对主义者，他在《逻辑学体系》的结尾说道："最终必须有一些标准以判断善恶、绝对与相对，或者对于物质的欲望。不论标准是什么，只能有一个。因为如果存在一些终极的行动标准，那么相同的行为可能被其中的一个标准认可，而被其他的标准反对；从而需要一些更具普遍性的法则，它则在它们中间充当裁判……在此不需评判我的观点，或者为这种它承认的评判下定义，我仅仅表明了我的信念：一切行为准则应符合这一普遍法则，而且应对此进行测试，这一普遍法则应有益于人类或一切有思想的生物的幸福。换言之，增益幸福便是普遍法则的目的。"详见 John Stuart Mill, *A System of Logic Ratiocinative and Inductive being a Connected View of the Principles of Evidence and the Methods of Scientific Investigation*, Book Ⅵ On the logic of the Moral Sciences, Chapter Ⅻ Of the Logic of Practice, or Art; including Morality and Policy, J. M. Robson（ed.）, *Collected Works of John Stuart Mill*, VolⅧ, University of Toronto Press, 1974, p. 951.

② 译者注：译文引自福泽谕吉：《文明论概略》，北京编译社译，商务印书馆 2009 年版，第 32 页。

③ 译者注：译文参照了《福泽谕吉自传》，杨永良译，文汇出版社 2012 年版，第 272 页。

④ 译者注：译文参照了福泽谕吉：《文明论概略》，北京编译社译，商务印书馆 2009 年版，第 1 页。

⑤ 译者注：译文引自福泽谕吉：《文明论概略》，北京编译社译，商务印书馆 2009 年版，第 1 页。

"议论的标准"作为比较的结果得以确立，并不是说首先确立了"议论的标准"，再参照这个标准来判定轻重、善恶。接着：

> 研究事物，必须去其枝节，追本溯源以求其基本标准。这样，就能逐渐克服议论的纷纭，而树立起正确标准。①

"研究"并除去"枝节"、追溯"本源"，确立"标准"便是其最终结果。牛顿的万有引力就是可靠的实例，可以称之为"定律"。

> 这样，就能逐渐克服议论的纷纭，而树立起正确标准。自从牛顿发现万有引力定律，确立了物体静者恒静、动者恒动的规律以来，说明世界万物的运动之理，无不以此为依据。定律也可以叫做理论的标准。②

按照这种书写方式，那么"理论的标准"的意义近于"议论的标准"。

接着在第二段中，在议论有分歧、对立时，会存在"议论的标准相异"的情况。那么，如何是好呢？下面将稍作讨论。

> 对于事物，如果这样舍本逐末地争论下去，神儒佛的不同论点，永远不会趋于一致，正如在武备上一味争论弓矢刀枪的优劣一样。因此，要想消除这种无味的争论而达到协调一致，只有一个方法，那就是提出比他们更高明和更新的见解，让他们自己去判断新旧的好坏。③

如果出现更为"高明"的见解，"标准"便由此确立了。

在第三段落中指出了，存在"议论的标准不相同的人"的原因是：作为议论根本出发点的"所依据的理由"有区别。反过来说，如果"所依据的理由"是同一个，那么"议论的标准"也会是相同的。

在第四段中，没有触及"议论的标准"，但是讨论了一种意见对立的情况，即"在谈论事物的利害得失时，各走极端"④。

第五段中也没有出现"议论的标准"一词，然而论述了"社会上彼此争论辩驳时，往往只是互相竭力攻击对方的缺点，不肯显露双方的真实面目"，指出需要通过"人与人之间的接触"，来"显露双方的真实面目"。⑤

在第六段中，再次出现了"议论的标准"。高深的言论和肤浅的言论同时存在时，也

① 译者注：译文引自福泽谕吉：《文明论概略》，北京编译社译，商务印书馆2009年版，第1页。
② 译者注：译文引自福泽谕吉：《文明论概略》，北京编译社译，商务印书馆2009年版，第1页。
③ 译者注：译文引自福泽谕吉：《文明论概略》，北京编译社译，商务印书馆2009年版，第2页。
④ 译者注：译文引自福泽谕吉：《文明论概略》，北京编译社译，商务印书馆2009年版，第4页。
⑤ 译者注：译文引自福泽谕吉：《文明论概略》，北京编译社译，商务印书馆2009年版，第5~6页。

会有"见识肤浅的人，还未能达到议论的出发点就想驳斥对方的主张"。这是因为"其见解亦极肤浅，不能明了议论的根本出发点，遽然听到高深的言论，反而迷失了方向"。①持有肤浅见解的一方，不能达到"议论的根本出发点"。可是，如果能够好好地理解并接纳对方的议论，"双方意见趋于一致的一天"就会到来，"这就是议论标准统一的一天"（这与第五段的讨论极为相似，即通过"人与人之间的接触"，来"显露"双方的"真实面目"）。

而且，他在这一段中列举了亚当·斯密和伽利略的高深见解被排斥的例子，而现在"假如有人怀疑这些定律，就要被当做愚人而为人所不齿"②。这便是"议论的标准统一的一天"到来了吧。在此可以明了的是，"议论的定律"与"议论的标准"意义相同。

在第一段中，福泽也举了牛顿的"万有引力定律"的例子，并说"不统一也就谈不到正确"③。他希望"议论的标准"能够归于一个，那就是在第一章末尾第七段所说的"真理"（至善の止まる所）④。

> 根据上述情形，讨论事物的利害得失时，必须首先研究利害得失的关系，以明确其轻重和是非。论述利害得失比较容易，而辨别轻重是非却很困难。不应根据一己的利害来论断天下事的是非，也不应因眼前的利害而贻误长远的大计。必须博闻古今的学说，广泛了解世界大事，平心静气地认清真理，排除万难，突破舆论的束缚，站在超然的地位回顾过去，放大眼光展望将来。⑤

"高深"的、终极的真理，是基于宏大的视野而作出的利害得失、轻重是非的正确判断，这便是"止于至善之境"。接着，福泽这样说道：

> 我当然不想确定议论的标准，阐明达到这个标准的方法，使所有人都同意我的见解……⑥

即便如此，"确立""议论的标准"并"达到"它，这是一种言说方式。"议论的标准"是应该"达到"的对象。

如果这样来看，可以明确的是，"议论的标准"的意思并非是为价值判断测定其议论的目的及得失的标准。简单地理解，正如字面所示，所谓"议论的标准"是一种观点的"真实的程度"。换言之，它的意思是指某一主张、学说本来的价值、真正的价值、"真面目"。那么，议论的真正价值在何处？成为定论、作为定律归结为一，即"规定"是最理想的。如何才能形成"规定"呢？下面将阐述这个问题。

---

① 译者注：译文引自福泽谕吉：《文明论概略》，北京编译社译，商务印书馆 2009 年版，第 6 页。
② 译者注：译文引自福泽谕吉：《文明论概略》，北京编译社译，商务印书馆 2009 年版，第 7 页。
③ 译者注：译文引自福泽谕吉：《文明论概略》，北京编译社译，商务印书馆 2009 年版，第 2 页。
④ 正如松泽弘阳指出的，这一用语依据的是《大学》中的"止于至善"。《文明论概略》，松泽弘阳校注，《岩波文库》，岩波书店 1995 年版，第 310 页。
⑤ 译者注：译文引自福泽谕吉：《文明论概略》，北京编译社译，商务印书馆 2009 年版，第 8 页。
⑥ 译者注：译文引自福泽谕吉：《文明论概略》，北京编译社译，商务印书馆 2009 年版，第 8 页。

此章的标题为"确定议论的标准",我认为它的意思并不是说:为了进行判断,必须首先确立作为其前提的议论的目的和决定观点的正确与否的判断基准①。既然不是这样的,那么应该如何辨明、确定一个议论的本来的位置和真实的价值呢,或者说要如何达到"至善"、形成"一"的"定则"呢? 此章要处理正是这一问题,它的意义也在于此。可以理解的是,在《文明论概略》第一章,以及除第一章之外谈到"议论的标准"的三个地方(第二章、第六章)②,对这个问题的解释大体上是一致的③。

被福泽喜欢的穆勒也有如此思考:在"多事争论"中,确立了各种议论的真实价值,进而定论、定律即将形成,那么不能作为议论的标准的条目也会增多。穆勒在《论自由》中这样说道:

> 随着人类的进步,不受争议或质疑的学说的数量会不断增加,而且人类的繁荣也基本要用没有疑义的真理的数量和重要性来加以衡量。(John Stuart Mill, *On Liberty*, Chapter Ⅱ)④

无论谁读到《论自由》应该都会发现,穆勒认为在道德和伦理等涉及广泛价值判断的事物方面,仍然存在着客观的真理,从其自由讨论中可看出这一倾向。⑤ 在这一点上,福泽也是相同的。

价值判断终归是主观的,就是在不同的立场上想怎样言说都可以,19 世纪的欧洲人竟没思考到这一层面。在这一点上,穆勒也是相同的。福泽同样如此,"文明之为物,至大至重,社会上的一切事物,无一不是以文明为目标的"。⑥(第三章)因而,即便有各种各样的"议论",对照于此就可以确立其客观性的"标准"。

---

① 另外,这种解释的典型例子是丸山真男《读〈文明论概略〉》上第二讲(岩波书店 1986 年版)。但是,在这本书中,丸山真男完全忽视了福泽阐述的"确定""议论的标准"、"达到""议论的标准"的部分,也没有论及将"议论的标准"转换为"定律"、作为实例的"牛顿引力定律"的内容。

② 福泽谕吉:《文明论概略》,《福泽谕吉全集》第四卷,岩波书店 1960 年版,第 19、87、99 页。

③ 另外,松泽弘阳说:"即便在集中说明'确定议论的标准'的地方,其阐述也没有完全前后一致,其中仍留有含糊不清之处。"接着他说:"所谓'确定议论的标准',就是说首先议论事物的利害得失的人要恰当地、或正确地设定其判断方式,进而清楚地认识到到这一事实。那么,所谓'恰当地'、或'正确地'是指,与存在世界的秩序——'文明''进步'的动态——的相适性。在此意义上,所谓'确定议论的标准'就是在文明的世界史中,正确地理解现在处于何种语境中……如此联系起来。"(《公議輿論と討論のあいだ:福澤諭吉の初期議会政観》,《福澤諭吉年鑑》19 号,1992 年,第 208~209 页)。文章对"议论的标准"具有客观的正确性的说明十分难得。但是,福泽较多采用"议论的标准"("議論の本位")这一用语,且不论如此复杂的诠释,如果将"标准"("本位")转换为"原本的位置"("本当の位"),其意义不就通畅了吗?

④ John Stuart Mill, *On Liberty*, J. M. Robson(ed.), *Collected Works of John Stuart Mill*, Vol ⅩⅧ, University of Toronto Press, 1977, p. 250. 译者注:译文引自约翰·穆勒:《论自由》,彭正梅、柏友进译,彭正梅校,上海人民出版社 2012 年版,第 42 页。

⑤ 当然在穆勒思想入门书中,这也被指明了。Alan Ryan, *Mill in a Liberal Landscape*, in John Skorupski(ed.), *The Cambridge Companion to Mill*, Cambridge University Press, 1988, pp. 531-537.

⑥ 译者注:译文引自福泽谕吉:《文明论概略》,北京编译社译,商务印书馆 2009 年版,第 33 页。

　　进入 20 世纪后，认为价值判断终归是主观之物的价值相对主义流行于世。但是，福泽是 19 世纪的人，他并非价值相对主义者，也非实用主义者（pragmatist）。他坚信人乃万物之灵长，相信人的本性·本心和天理·天道的实存，进而认为即便是对于事物善恶是非的判断也必然可以获得一个正确的结果，这便是自由议论的结果。总之，福泽是相信上述这些观念的人，恰恰由此，当时西洋的思想与原有的儒学思想，才有了在他身上交响、重叠、融合的可能性。

　　福泽谕吉具备现在的我们难得拥有的强烈的自信和坚定的信念，支撑他这种毅然决然的态度，至少在某一方面便是古老的、儒学性的观念。我是这样思考的。

（译者单位：武汉大学哲学学院）

儒家体用义简释
—— 以理学与船山为中心

□　王林伟

　　魏晋以降，体用之辨成为思想界的一个核心问题，后来的宋明理学继承了这份遗产并将其发扬光大。而王船山作为整个古代思想传统的承继者和批判者，也对体用问题提出了自己独特的见解。本文即试图以宋明理学与王船山的体用论为中心，对儒家的体用义略作语义学的疏释。它将表明：虽然船山与理学家都坚持体用不二的看法，但其间存在十分细微又异常关键的差别，儒家体用论在义涵上的丰富性和复杂性亦将由此得到呈现。相应于此目的，本文将按如下思路展开：首先对宋代以前的体用论略作说明以为疏释工作奠定基础，其次则分别以程朱和阳明为代表来展示理学式的经典体用论，再次集中对船山的新型体用论进行系统的阐明，最后则是综括如上疏释的总结：儒家体用义的本质及船山体用义的特色将由此得到凸显。以下即依次论述。

一、滥觞：宋代之前的体用义

　　在宋代以前，体用并非表述儒家哲思的核心词汇，然其渊源有自。在先秦时期，体与用已经得到广泛的应用，且有时这两者会成对出现，如《荀子·富国》即有云："万物同宇而异体，无宜而有用"。然通观整个先秦的文献，学者大抵以有形之物为体，以各种行为、动作为用。如《论语》言"四体不勤、五谷不分"、《孟子·公孙丑上》言"人之有是四端也，犹其有四体也"、《易》之"文言"与"系辞上"言"正位居体"与"神无方而易无体"、《荀子·劝学》言"布乎四体"，所指的都是形体。但在先秦时期，体字也已经在无形的层次上使用，如孟子就区分了大体、小体：小体是指与物相交的感性身体，而大体则是指心之官则思的心体，此虚灵不昧之心体是无形的。又《礼记·礼运》有云："仁者，义之本也，顺之体也"，此"体"似亦超越具象的形体而达于本体的层次。《荀子·解蔽》亦有云："夫道者，体常而尽变，一隅不足以举之"，此处的体亦蕴含无形本体的含义。然总先秦两汉而言，体的用法虽有渐趋形而上的态势，但远谈不上后世本体论意义上的体用论。

　　至魏晋时期，士林玄风大畅，以清谈、玄远之论为尚。在此期间，有无论、本末论、迹本论等成为思想界的核心话题，而本体论意义上的体用论思潮就此开启。其中最显著的代表是王弼，其注《道德经》三十八章有云："万物虽贵，以无为用，不能舍无以为体也。舍无以为体，则失其为大矣，所以失道而后德也。"① 此即以万物为有，然万物之有之用是以无为基础的，只有奠基在无之中万物才能成其有、成其用，体在此中已兼具有无之义。又王弼《大衍义》有云："演天地之数，所赖者五十也。其用四十有九，则其一不用也。不用而用以之通，非数而数以之成，斯易之太极也。四十有九，数之极也。夫无不可无明，必因于有，故常于有物之极，必明其所由之宗也。"② 此处王弼以所用之四十九为有、为万物之衍用，以不用之一为无、为太极，所用之四十九通过不用之一以成其有、成其用，不用之一则借所用之四十九显其宗极之地位。此中义趣与此上所言完全相通，所揭示的无非是有无玄同之道，本体论意义上的体用论已略具雏形。但须指出：王弼以无为本、以有为末，有无虽玄同为一，但从根本而言，无具有优先性和超越性，有则是某种陷落，在此体用一源式的体用论尚未完全成型。

真正使体用成为哲思的核心词汇并加以定型的是南北朝以来的佛学运动。对此，汤用彤先生曾指出："魏晋以讫南北朝，中华学术界异说繁兴，争论杂出，其表面上虽非常复杂，但其所争论实不离体用观念。"③ 自此之后，体用就成为哲学的中心词汇，遍及佛学的论述之中，在中国化的佛学宗派中占据枢纽地位。不论是承自印度佛学的空、有二宗，还是在中土大放异彩的真常宗，无不奉"体用不二"以为圭臬。如空宗大论《中论·四谛品》有云："因缘所生法，我说即是空，亦为是假名，亦是中道义"、"以有空义故，一切法得成，若无空义者，一切则不成"，此以空为体，以缘生为用，而缘生即空、空即缘生，这就形成了空宗的体用不二学说。有宗建立阿赖耶识以为根源并有三性（遍计所执性、依他起性、圆成实性）之说，但《成唯识论》卷八有云："三种自性皆不远离心心所法。谓心心所及所变现，众缘生故，如幻事等，非有似有，诳惑愚夫，一切皆名依他起性。愚夫于此横执我法、有无、一异、俱不俱等，如空花等，性相都无，一切皆名遍计所执。依他起上，彼所妄执我法俱空，此空所显识等真性，名圆成实。是故此三不离心等。"此即以心、心所法统摄众缘所生之万象而归本于依他起性，执著缘生而迷依他起性即成遍计所执性，空其缘生而识依他起之真性即成圆成实性，故此依他起性与心、心所之缘生仍是体用不二。至于真常宗一系，不论是《大乘起信论》还是华严宗，更是将体用论发挥到了极致。事实上，华严宗用"四法界"、"十玄门"、"六相圆融"等说所阐明的"法界缘起"，其实就是"全体大用"、"不变随缘，随缘不变"意义上的体用论，而摄用归体、依体起用、体用自在、体用双融等说法也都来自华严诸大师。形式上的体用圆融义在华严宗可谓达到了极致，天台宗和禅宗乃至后来理学诸家的体用论，在形式上皆不能外此矩矱。事实上，正是佛学的讨论提供了理学中体用论探讨的大背景④，本文不惜篇幅以对其略作介绍的意义正在于此。但正如牟宗三先生所指出的：佛家意义的体用论是虚体虚

---

① 楼宇烈：《王弼集校释》，中华书局 1980 年版，第 94 页。
② 楼宇烈：《王弼集校释》，中华书局 1980 年版，第 547~548 页。
③ 汤用彤：《汉魏两晋南北朝佛教史》，北京大学出版社 1997 年版，第 234 页。
④ 参见张晓剑：《华严宗的体用论及其对理学体用论的开启》，《学术月刊》2008 年第 40 卷。

用，并非实体实用意义上的体用论①；正是此虚实之辨，界定了儒家与佛家体用论的真实差异。

二、体用一源：程朱之体用义

宋明理学对体用的经典论说可追溯至伊川的"体用一源，显微无间"，此言出自《易传序》："至微者理也，至著者象也。体用一源，显微无间。"② 伊川于此以理为体为微，以象为用为显，理与象的关系是一源而无间；此虽是论卦义与卦象之关系，却可推至普遍的理事关系。伊川在《二程遗书·二十五》中就有如下的说法："至显者莫如事，至微者莫如理。而事理一致，微显一源。"③ 此处伊川即以理为微为体，以事为显为用，其关系仍旧是一源而无间。但如何才能恰当地领会此"体用一源，显微无间"呢？朱子学宗伊川，对此有明确的解释，我们可借此对其加以阐明。朱子于《太极图说解》中有云：

> 若夫所谓体用一源者，程子之言盖已密矣。其曰"体用一源"者，以至微之理言之，则冲漠无朕，而万象昭然已具也。其曰"显微无间"者，以至著之象言之，则即事即物，而此理无乎不在也。言理则先体而后用，盖举体而用之理已具，是所以为一源也。言事则先显而后微，盖即事而理之体可见，是所以为无间也。然则所谓一源者，是岂漫无精粗先后之可言哉？况既曰体立而后用行，则亦不嫌于先有此而后有彼矣。④

朱子于此指出："体用一源"指的是万象昭然具于冲漠无朕的至微之理中，"显微无间"则指的是无形之理即事物之至著之象而在。自理上言，举体而用之理已具；自事上言，即事而理之体可见。但体用、理事之间虽一源无间，却有精粗先后可言，理为精为先，事为粗为后。此即相应于朱子的理气不离不杂学说，而体用之关系也是不离不杂的：体用虽不离，但体自是体，用自是用，绝不可混漫其际。故其于《文集·答何书京》（卷四十）、《太极图说解》中有云：

> "体用一源"者，自理而观，则理为体、象为用，而理中有象，是一源也。"显微无间"者，自象而观，则象为显、理为微，而象中有理，是无间也……且既曰有理而后有象，则理象便非一物。故伊川但言其一源与无间耳。其实体用显微之分则不能无也。⑤
>
> 太极，形而上之道也；阴阳，形而下之器也。是以自其著者而观之，则动静不同

---

① 参见牟宗三：《心体与性体》第一册（附录：《佛家体用义之衡定》），台湾正中书局 1987 年版。

② 程颐：《周易程氏传》，王孝鱼点校，中华书局 2011 年版，第 1 页。

③ 程颢、程颐：《二程集》，王孝鱼点校，中华书局 1981 年版，第 323 页。

④ 朱熹：《朱子全书》第十三册，上海古籍出版社、安徽教育出版社 2002 年版，第 78 页。

⑤ 朱熹：《朱子全书》第二十二册，上海古籍出版社、安徽教育出版社 2002 年版，第 1841 页。

时，阴阳不同位，而太极无不在焉。自其微者而观之，则冲漠无朕，而动静阴阳之理，已悉具于其中矣。虽然，推之于前，而不见其始之合；引之于后，而不见其终之离也。①

此处的第一段引文与此上所言道理完全相同。在第二段引文中，如果用太极来替换理、体，用阴阳来替换象、事、用，则其所讲道理仍与此前完全一致。且在此处，朱子又从形而上、形而下的比照结构中对此道理加以深化，太极、理及体是形而上者，阴阳、象、事、用是形而下者，形而上与形而下的关系仍旧是不离不杂，一源无间是言其不离，而形上形下即是言其不杂。通过引用朱子的这一疏解，程朱的体用论模式就得到了展现：体用之确切关系乃是不离不杂的。

但朱子对体用的用法实际上比上述所言要复杂得多，我们可在《朱子语类》中略举几例以见其用法之复杂：

> 道者，兼体用，该隐费而言也。
> 问道之体用。曰："假如耳便是体，听便是用。目是体，见是用。"
> 心有体用。未发之前是心之体，已发之际乃心之用。
> 以心之德而专言之，则未发是体，已发是用；以爱之理而偏言之，则仁便是体，恻隐是用。
> 体是这个道理，用是他用处。如耳听目视，自然如此，是理也。开眼看物，着耳听声，便是用。②

于此可见，体用的说法可在道、心、心之德、爱之理、耳听目视等诸多层面上使用，陈荣捷先生甚至归纳出了朱子对体用的六种用法。由此可见，不能简单地将太极、理视为体，而将阴阳、事、象视为用。实际上，体用在朱子那里的用法虽然复杂，却可以从两个层面上加以规约：亦即形而上、形而下层面。朱子于《文集·答吕子约》（卷四十八）有云：

> 阴阳也，君臣父子也，皆事物也，人之所行也，形而下者也，万象纷罗者也。是数者，各有当然之理，即所谓道也，当行之路也，形而上者也，冲漠之无朕者也。若以形而上者言之，则冲漠者固为体，而其发于事物之间者为之用。若以形而下者言之，则事物又为体，而其理之发见者为之用。不可概谓形而上者为道之体，"天下之达道五"为道之用也。③

此段引文明确地指出：体用可从形而上、形而下两个层面来讲。自形而上者言之，则以冲漠之理为体，以"发于事物"为用；自形而下者言之，则以显著之事物为体，以"理之

---

① 朱熹：《朱子全书》第十三册，上海古籍出版社、安徽教育出版社2002年版，第72~73页。
② 朱熹：《朱子语类》，《朱子全书》第十四册，上海古籍出版社、安徽教育出版社2002年版，第236、116、225、693、239页。
③ 朱熹：《朱子全书》第二十二册，上海古籍出版社、安徽教育出版社2002年版，第2226页。

发见"为用；此即为朱子的"相与为体"说。但即便是此相与为体说，形上形下的不离不杂关系依然如旧，不可将其混淆，亦即体用似可在形上形下层面互换，但无论何种层面，体用之间都必须保持其分际不紊乱。

此上的体用义并不能凸显儒家的本真立场，盖其对体用之内容并未作出规定。朱子之体用虽有多重用法，但他对本体仍有所偏好，因为儒家的立场正在本体上体现出来。对此，朱子在《文集·答林德久》（卷六十一）中有云：

> 盖如吾儒之言，则性之本体，便只是仁义礼智之实。如老佛之言，则先有个虚空底性，后方旋生此四者出来。不然，亦说性是一个空虚底物，里面包得四者。今人却为不曾晓得自家道理，只见得它说得熟，故如此不能无疑。又才见说四者为性之体，便疑实有此四块之物磊块其间，皆是错看了也。①

朱子于此指出：吾儒所言的本体即是性体、即是仁义礼智之实，此为人所受于天之理。此理真实无妄，并非某种从空虚当中生出来的无本之物，此说正是为了辟佛。此理虽真实无妄却无有形体，故不能将其视为"四块之物磊块其间"，此说是破凡俗之见。可见朱子所谓的本体是实理，太极之理至诚无息、真实无妄，但此理却要在用上才有著摸处。故朱子于该文中又云："不是本体中原来有此，如何用处发得此物出来。但本体无著摸处，故只可于用处看，便省力耳。"要之，程朱之体用可有多重用法，其核心要义在乎不离不杂，其关系可统摄在形上/形下的格局之中；在道体、性体的意义上来讲，体即为真实无妄之太极、理（具有仁义礼智之道德特性），用即为"理之发见"，此理是根源、是宗极、是实体，此为程朱对体用之真实内容的规定。实际上，朱子的理气论、心统性情（性体情用、心兼体用）诸说也都可以统摄在此体用论、形上形下格局之中。

三、即体即用：阳明之体用义

在宋明理学的大传统中，还有心学版本的体用论，此即为阳明所代表的"即体即用"说。虽然阳明对体用论着墨不多，其所着重探讨的问题是知行合一、致良知等，但这些问题都可统摄在"即体即用"的体用义之下。阳明继承了伊川、朱子的体用一源说，并对其有如下的展示：

> 不可谓"未发之中"常人俱有。盖"体用一源"，有是体即有是用，有"未发之中"，即有"发而皆中节之和"。今人未能有"发而皆中节之和"，须知是他"未发之中"亦未能全得。
> 侃问："先儒以心之静为体，心之动为用，如何？"先生曰："心不可以动静为体用。动静时也，即体而言用在体，即用而言体在用，是谓体用一源。若说静可以见其体，动可以见其用，却不妨。"②

---

① 朱熹：《朱子全书》第二十三册，上海古籍出版社、安徽教育出版社 2002 年版，第 2935 页。
② 王守仁：《王阳明全集》，吴光等编校，上海古籍出版社 2012 年版，第 20、36 页。

在第一段引文，阳明以中和问题来讲明体用一源之理：有未发之中体，自然有发而皆中节之和用，此即所谓"有是体即有是用"。体与用原不可分做两截，有是体必有是用，有是用必有是体，即体即用、即用即体而血脉贯通，更不分别。第二段引文则从心之动静来讲体用一源：阳明以为心体贯乎体用，不可以动静分体用，因为动静只是时，而心之体用却无时不在。确切地讲，体与用的关系是"即体而言用在体，即用而言体在用"，体与用完全是相即不离的关系。与程朱体用不离不杂的关系相对比，阳明的"即体即用"说似乎强调体用不离的一面，但问题并非如此简单，此后的论述将对此作出阐明。

在如上的"体用一源"说之外，阳明还有所谓的"本来体用"之说，亦即在原本、自然层次上的即体即用说。此体作为心之本体，本来就是天理之所从出，此"寂然不动"之心体本具有"感而遂通"之大用。对此，阳明有云：

> 心之本体即是天理，天理只是一个，更有何可思虑得？天理原自寂然不动，原自感而遂通。学者用功，虽千思万虑，只是要复他本来体用而已，不是以私意去安排思索出来。故明道云："君子之学，莫若廓然而大公，物来而顺应。"
>
> 性无不善，故知无不良，良知即是未发之中，即是廓然大公、寂然不动之本体，人人之所同具者也。但不能不昏蔽于物欲，故须学以去其昏蔽，然于良知之本体，初不能有加损于毫末也。知无不良，而中寂大公未能全者，是昏蔽之未尽去而存之未纯耳。体即良知之体，用即良知之用，宁复有超然于体用之外者乎？①

阳明于第一段引文中指出：心体的本来体用就是天理自身，作为天理心体"原自寂然不动，原自感而遂通"。寂然不动者是心之体，感而遂通者是心之用；用者用此体，体者体此用，体用自然血脉贯通而用不着费私意去安排思索，此即为心体廓然大公、物来顺应的本来体用。在第二段引文中，阳明更用良知之说来对此本来体用加以阐明：此良知本体即是未发之中、即是廓然大公而寂然不动的本体，只要去除物欲、私意之蔽，此良知本体自然有感而遂通、物来顺应之大用。所以本来体用无非就是良知之体用，亦即良知的本来体段，而所谓的致良知学说亦不能超然于体用之外，此即将"即体即用"说与"致良知"说贯通起来，此两者所揭示的无非是同一个道理，但从言异路耳，阳明的"知行本体"之说亦可作同解。

最后，对于阳明来说，此体此用既是理，也是心，说到极处更不分别精粗、先后、形上形下，通体只是此良知之直贯与流行，万物皆备、际天幡地。阳明对"博学反约"说（博约说）的阐释正可为此作注：

> 理，一而已矣；心，一而已矣。故圣人无二教，而学者无二学。博文以约礼，格物以致其良知，一也。故先后之说，后儒支缪之见也。夫礼也者，天理也。天命之性具于吾心，其浑然全体之中，而条理节目森然毕具，是故谓之天理。天理之条理谓之礼。是礼也，其发见于外，则有五常百行、酬酢变化、语默动静、升降周旋、隆杀厚

———

① 王守仁：《王阳明全集》，吴光等编校，上海古籍出版社 2012 年版，第 65~66、71 页。

薄之属。宣之于言而成章，措之于为而成行，书之于册而成训，炳然蔚然，其条理节目之繁，至于不可穷诘，是皆所谓文也。是文也者，礼之见于外者也。礼也者，文之存于中者也。文，显而可见之礼也；礼，微而难见之文也。是所谓体用一源而显微无间者也。①

阳明于此以心理为一，以博文约礼为一，以格物致知为一，反对所谓的先后之说。其训礼为天理之条理，此天理具于吾心而发为万事；训文为条理节目之繁，凡所著见于外者皆文也。此以礼为体，以文为用；然文即显而可见之礼，礼即微而难见之文，礼文本属一体、不可截作两片，此即为从博文约礼角度展示的"即体即用"说，是阳明对"体用一源、显微无间"的终极性展示。此心此理、此体此用，在阳明这里当然也是真实无妄、至诚不息的。与程朱的体用论相较，阳明虽然也以天理为体，但此体地真正落实则在心体上，程朱对心体似未着如此笔墨。阳明所展示的可谓是心体层面上最圆融无碍的体用义。牟宗三曾如此形容陆象山的学问："象山……纯是孟子学，只是一心之朗现，一心之申展，一心之遍润。"② 这也完全可用在阳明身上，阳明之体用无非就是一心之朗现、申展与遍润。又牟宗三先生曾以佛家所讲的体用为"虚系无碍"的虚体虚用，并指出："要想……转出实体所生、实理所贯之实理实事之性体因果（意志因果）之实体用，于圆融无碍之相资相待而实不相资相待转出客观的、存有论的实体创生、贯通为一之实相资相待，则必须正视这真实心之'自律、自给普遍法则，以指导吾人之行为，使吾人之行为成为普遍法则所贯之实事'这一内在道德性之挺立方可能。此即是儒家之着眼点。"③ 这段话虽亦可用于程朱，但用在陆王处最合适。

四、相与为体：船山之体用义

理学之外，船山亦有其独特的体用论。体字在船山的著作中至少有两种不同的含义，亦即所谓的本体与定体（端体）。本体与定体的说法，出现在《读四书大全说》卷十中，其文云：

> 孟子斩截说个"善"，是推究根原语。善且是继之者，若论性，只唤做性便足也。性里面自有仁、义、礼、智、信之五常，与天之元、亨、利、贞同体，不与恶作对。故说善，且不如说诚。唯其诚，是以善；诚于天，是以善于人。惟其善，斯以有其诚。天善之，故人能诚之。所有者诚也，有所有者善也。则孟子言善，且以可见者言。可见者，可以尽性之定体，而未能即以显性之本体。④

船山于此用《周易·系辞》中的"继善成性"来解释孟子的性善说：孟子所讲的善是推

① 王守仁：《王阳明全集》，吴光等编校，上海古籍出版社 2012 年版，第 297 页。
② 牟宗三：《心体与性体》第一册，台湾正中书局 1987 年版，第 47 页。
③ 牟宗三：《心体与性体》第一册，台湾正中书局 1987 年版，第 647 页。
④ 王夫之：《读四书大全说》卷十，《船山全书》第六册，岳麓书社 1991 年版，第 1051 页。

究根源语，亦即性的根源就在于继之之善。其实善和性还颇不相同，要谈论性的话可以直接称之为性，性里面只有仁、义、礼、智、信这五常，与天之元、亨、利、贞四德同体，是至善无恶的。所以船山认为与其说善，不如说诚。天道惟其诚，所以善于人；天道善于人，所以人能够诚之，故善有其诚。由此，孟子以善言性，是以可见者来表征性。但善作为可见者，只可以传达出性之定体，却不足以显出性之本体。从此段引文来看，船山所谓的定体即是可见者，而本体则是通乎可见不可见而为一者，故可见者不足以尽之。

《读四书大全说》卷五有云：

> "与道为体"一"与"字，有相与之义。凡言"体"，皆函一"用"字在。体可见，用不可见；川流可见，道不可见；则川流为道之体，而道以善川流之用。此一义也。必有体而后有用，唯有道而后有川流，非有川流而后有道，则道为川流之体，而川流以显道之用。此亦一义也。①

船山于此段引文中指出"与"有相与之义，此中就已经透露出船山体用不二、相与为体的思想。在接下来的文字中，船山明确地指出体有二义：（1）凡是言体，其中必然含有用，其中体是可见的形体，而用则隐于形体之中而不可见。以川流来说即是川流之体可见，而道以善川流之用则不可见。此第一义的体是形体义，或端体义，亦即一端之体。（2）任何用都必然依据于体，有体而后有用，所以要先有道体然后才会有川流，非先有川流而后才有道体。如此则道体实为川流之本体，而川流只是此道体一端之用。此第二义的体即是本体义，通于道之全体。其中，端体是可见者，有形体可见；本体则贯乎端体之中而为其根本，可见者皆其体而不限于可见者，船山此论与此前朱子对体用的分疏有相类似处。

根据以上论述，体在船山著作中可以归纳出三种含义：本体、定体和端体。其中，本体即是指那真实无妄的本原之体②，而本原之体必然通于整体意义上的道之全体，亦即贯乎可见、不可见或通显、隐而为一，可见之一端不足以尽之。定体即是指一定之体，是可见者、有所限定者；而端体则是指一端之体，亦是可见者，且有形体义。由此，定体和端体其实是一致的，形体即是有所限定者，而定体之定必然附着在形体上。一定即是一端，一端即是一定，二者在内涵上是同一的。由此可知，端体或定体实际上是作为全体之本体的发用，任何发用都存乎具体的时位，所以都是全体之一端。但是任何端体又在根源上通于道之全体，所以本体和端体之间不可截然分离，而是相与为体：亦即端体与道为体。

此"相与为体"说是船山体用论之特色，之前的思想家很少强调此类说法，而船山对此的强调在其著作中随处可见。相与为体从真正意义上展示了体用不二的源始统一，以下即结合船山著作中的具体文本对此进行论述。

《周易外传》卷五有云：

> 是故性情相需者也，始终相成者也，体用相函者也。性以发情，情以充性；始以

---

① 王夫之：《读四书大全说》卷五，《船山全书》第六册，岳麓书社 1991 年版，第 734 页。
② 本体在船山著作中含义即是指本原、真实无妄之体，文烦不具引。

肇终，终以集始。体以致用，用以备体……六者异撰而同有，同有而无不至。至，则极，无不至，则太极矣。①

夫易，天人之合用也。天成乎天，地成乎地，人成乎人，不相易者也；天之所以天，地之所以地，人之所以人，不相离者也。易之则无体，离之则无用。用此以为体，体此以为用。所以然者，彻乎天地与人，惟此而已矣。②

同书卷三有云：

故道以阴阳为体，阴阳以道为体，相与为体，终无有虚悬孤致之道。③

在第一段引文中，船山提出性情、始终、体用六者异撰而同有，同有而无所不用其极，故统一于太极全体之中。实际上，此六者中，前四者都可以归结为体用：始终者，体与用之始终，除却这体与用，别无所谓始终。性情者，人道之体用也，性为体、情为用，性以发情是体以成用，情以充性是即用以成体。而对于体用，船山则明确地指出：体与用是相函的关系，体者所以致用，用者所以备体，如此则体之外无所谓用、用之外亦无所谓体，体用不二亦明矣。在第二条引文中，船山视《周易》为天人之合用：天有天之体，地有地之体，人有人之体，三者之体不相易。天有天之所以为用，地有地之所以为用，人有人之所以为用，三者之用不相离。相易则无体，相离则无用，而用者即用此以为体，体者即体此以为用，彻乎天地与人，惟此而已矣。天、地、人各自有体，此体是定体、端体之义；天、地、人又合而成用，此用是本体之用（亦即道体之用）。定体之间相互有别，而在本体之用上则合而为一。此合而为一者即是道体自身之流行，彻乎天地与人，无非此道体至诚无妄之流行。端体以道体而成其体，道体运乎端体以成其用，体用合辙、天人一贯，斯为《周易》之大义。如此，则体用不二之义亦明矣。第三条引文则明确揭示出"相与为体"的思想：道以阴阳为体，而阴阳又以道为体，此二者相与为体，天地之间从来就没有所谓的孤悬孤致之道。道与阴阳，密切交融、不可分割，其实则理气浑凝之太极而已矣。凡此天地之间之物，无不相与为体、相与为用，体用一如而道有其实、气有其实。

在《读四书大全说》中，船山对此体用不二的思想亦极为强调，此书卷一有云：

体用元不可分作两截。④

同书卷七亦有云：

凡言体用，初非二致。有是体则必有是用，有是用必固有是体，是言体而用固

---

① 王夫之：《周易外传》卷五，《船山全书》第一册，岳麓书社 1988 年版，第 1023 页。
② 王夫之：《周易外传》卷五，《船山全书》第一册，岳麓书社 1988 年版，第 1023 页。
③ 王夫之：《周易外传》卷三，《船山全书》第一册，岳麓书社 1988 年版，第 903 页。
④ 王夫之：《读四书大全说》卷一，《船山全书》第六册，岳麓书社 1991 年版，第 420 页。

在，言用而体固存矣。①

同书卷八又云：

> 若将体用分作两截，即非性之德矣……仁义，性之德也。性之德者，天德也，其有可析言之体用乎？当其有体，用已现；及其用之，无非体。盖用者用其体，而即以此体为用也。故曰"天地絪缊，万物化生"，天地之絪缊，而万物之化生即于此也。学者须如此穷理，乃可于性命道德上体认本色风光，一切俗情妄见，将作比拟不得。②

船山于第一条引文中明确指出：体用原来就不可分作两截，它们在本源上是统一的。于第二条引文重新强调了这一观点：所有言及体用之处，都不能将此二者分开。有是体就必然有是用，而有是用则必然有是体。言体则用固在其中，言用则体固存于其中。第三条引文则从性之德上来讲体用之不二：如果体用可以分成两截，那么此体用就不是性之德了。性之德乃是天德，天德之中则无所谓可截然分析的体用。当其有体的时候，用已经呈现；而其所用者，无非此性德之体，体用一如而不可截然相分。乃至天道本身，亦是如此。《周易》讲"天地絪缊，万物化生"，是说即此天地絪缊之体而万物化生之大用生焉，离开此絪缊之体，万物无从化生；而离开此万物化生之大用，别无絪缊之体可得。所以船山总结说：学者穷体用一源之理，必要到此程度方可，如此才能见得性命道德上的本色风光，其他一切俗情妄计，都未曾领会此体用一源之意。此即是船山体用不二、相与为体的思想。

且在其体用论中，船山更强调用，此即所谓"大纲在用"：船山反对消用以归体的思想，也不大支持由用见体的主张。船山虽然以体为本、以用为末，但本大末也不小，本末原自一贯，不可妄分大小。所以他主张即用以成体，乾乾自惕、继天不息，此即所谓即用以成体，乃是圣功之极致。船山于《读四书大全说》卷三中明确提出"大纲在用"的思想，其文云：

> 《中庸》一部书，大纲在用上说。即有言体者，亦用之体也。乃至言天，亦言天之用；即言天体，亦天用之体。大率圣贤言天，必不舍用，与后儒所谓"太虚"者不同。若未有用之体，则不可言"诚者天之道"矣。舍此化育流行之外，别问窅窅空空之太虚，虽未尝有妄，而亦无所谓诚。佛、老二家，都向那畔去说，所以尽着钻研，只是捏谎。③

船山于此明确指出：《中庸》这篇著作的大纲是在用上说，即便有的时候言及体，也是言用之体；乃至言天的时候，也是言天之用，天体亦即天用之体。在船山看来，古圣先

① 王夫之：《读四书大全说》卷七，《船山全书》第六册，岳麓书社1991年版，第865页。
② 王夫之：《读四书大全说》卷八，《船山全书》第六册，岳麓书社1991年版，第894~895页。
③ 王夫之：《读四书大全说》卷三，《船山全书》第六册，岳麓书社1991年版，第529页。

贤谈论天的时候，都不离开用，与后儒用"太虚"来说天者不同①。如果有所谓无用之天体，那就根本谈不上什么"诚者天之道"。天道之所诚，即是此化育之流行，除此之外，别无所谓至诚之天体。只谈论窅窅空空之太虚，虽不会有妄，但也绝对说不上诚。在船山看来，佛、老二家就是脱离开此用之诚而别去寻觅一个虚空之体，所以尽管努力钻研，所言所述皆是捏谎。其实，在船山看来，不仅《中庸》，全部"四书""五经"的大纲都是在用上说，人道之尊严、人极之立就在此大用之中。要之，在船山这里，道体与端体有分，但从根本上则是"相与为体"，并且用在此中占据极为关键的地位，此即为船山之体用义。

五、结语：儒家体用义之衡定

综合此上的论述可知：与佛道的虚体虚用相较，儒家讲究实体实用的体用论可分三种形态，亦即程朱的"体用一源"说、陆王的"即用即体"说以及船山的"相与为体"说。(1) 程朱的"体用一源"说：程子首先提出"体用一源、显微无间"的说法，朱子继承其说并加以详细阐明。于朱子，体用亦有多重用法（形上、形下的两层互换），但其核心要义在于体与用不离不杂，其关系可统摄在形上/形下的格局之中。在道体、性体上来讲，体即为真实无妄之太极、理（仁义礼智之实体），用即为"理之发见"，此理是根源、是宗极、是实体，此为程朱对体用之真实内容的规定。(2) 阳明的"即用即体"说：与程朱体用不离不杂的关系相对比，阳明的"即体即用"说似乎强调体用相即不离之特性。但这只是表面现象，关键区分在心与理的相即问题：在程朱那里，心不能即是理，而在阳明这里心之本体及其发用即是理。阳明虽然也以实体实用的天理为体，但此体的真正落实则在心体之上，阳明所展示的可谓是心体层面上最圆融无碍的体用义。(3) 船山的"相与为体"说：就体用之用法言，船山道体、端体之分颇近于朱熹；就体用之圆融相即而言，船山之"相与为体"颇近于阳明之"即体即用"，而与程朱的体用不离不杂相距较远。但从根本上而言，船山与理学颇有距离：程朱与陆王虽有重理、重心（心理相不相即）的问题，但都有些摄用归体、由本贯末的意思在，且阳明重在心体上言此体用，而船山则在天人回环、交尽的大视野中来论体用，且在此中体与用相与为体用、相与为主辅，更不可谈论什么摄用归体、由本贯末，甚至船山还大力强调用的地位，提出了"大纲在用"的主张。

此上三种儒家式的体用论，当然各有其立论之依据。就根本主张而言，三家都坚持"体用一源，显微无间"的说法，并且都在实体实用、道德行为的润泽与自我成就的层次上来强调此体用的真实无妄、至诚无息，正是在此点上，三家都体现了儒者之矩镬。但三家之间仍有较大的差别：程朱强调理之超越性、强调理对现实的引导性和规范性（故强调不离不杂）；阳明则强调心之本体原本就是天理之所从出（故强调即体即用）；而船山则以气为本，从天人回环、交尽的角度展示了一种"相与为体"的体用论（故强调大纲在用）。在船山这里，天理的超越性与人心的主动义、自律义都统摄在"相与为体"的回

① 用"太虚"来说天的代表，其实就是船山极为尊崇的横渠，但船山自己偶尔也采用"太虚"的说法。不过，船山必要将其根源放在气上来说，《张子正蒙注》中对"太虚"的解释即是如此。

环结构中。在这个意义上，船山的体用论具有更加博厚深广的视野，它可以将程朱和阳明之说加以调适并将其涵化在自身之中。此即为本文对儒家体用义的约略展示与衡定。

（作者单位：武汉大学中国传统文化研究中心）

试析先秦儒家哲学的宗教特质[*]

□　朱小明

　　长期以来，儒家给人的印象好像只是关注世俗的政治、伦理、道德等人道的层面，而不注重超越的天道层面。学者也总是偏重于讨论儒家重人事轻鬼神、重实用轻思辨的实践理性的一面。从明末清初来华传教士的争论开始，关于儒家是否宗教这个问题，学术界长期以来争论不休，这关系到对于宗教本身的定义问题。然而，如果说儒学具有宗教性，则较少持有异议。过去，中国古代在西方学术界眼中似乎是一个没有经过童年梦幻期和英雄史诗期的文明形态，好像它一登上历史舞台上便是一个理性而人文的"成年人"。这种观点是片面的，它忽视了人文主义的历史源泉，也割裂了人文主义和宗教、神学之间的联系。孔汉思先生是对的，他认为中国古代有一个"儿童时期"，一个"充满梦幻、英雄的神话时代"。他指出，中国古代社会具有明显的宗教特质，追溯五千年前的历史，人们的日常生活之中渗透着如萨满教、占卜术、祖先崇拜等超越精神生活，一切社会生活都围绕着宗教而运转。①中国文明是一种连续的文明，而不是一种断层的文明。人类进入文明社会以来，与原始宗教有一种割不断理还乱的关系，并对人类生活的方方面面产生了深远影响。

一、何为宗教？

　　何为宗教这个问题历来争论不休。按照西方宗教学家马克斯·缪勒（Friedrich Max Müller，1823—1900 年）的观点，"宗教是一种内心的本能，或气质，它不独立地、不借助感觉和理性，能使人领悟在不同名称和各种伪装下的无限"②。从中国文化的语境来看，宗教概念有着与之相似的解释。关于"宗"，《说文解字》曰："宗者，尊祖庙也，从宀从示。"这里的"示"，是"天垂象见吉凶所以示人"之义，表示人们对于祖先、神灵的敬畏。关于"教"，《说文解字》曰："教者，上所施下所效也"，侧重对天道的效法和道德

　　* 本文为 2015 年孔学堂课题招标研究重大项目："当代道德观构建与传统美德转化研究"（课题批准号：kxtzd201503）；贵州省教育厅高等学校人文社会科学研究基地项目（项目编号：JD2014007）阶段性研究成果。

　　① ［瑞士］孔汉思：《世界宗教寻踪》，杨煦生等译，三联书店 2007 年版，第 129 页。
　　② ［英］缪勒：《宗教的起源与发展》，金泽译，人民出版社 1989 年版，第 15 页。

的教化。从"宗"与"教"二字的解释中可以发现我国古代有着重视宗教的文化传统，同时也可以看出古代宗教的两大显著特征：一是祖先崇拜和上天崇拜的联系；二是对于道德教化的侧重。从宗教本身来看，任何宗教都有一个神圣因素，这种神圣因素与世俗相区别，并在世俗中显现自身。对儒家而言，这种神圣性就存在于超越的天道之中。孔孟儒家富涵人文精神，但这种人文主义不排除宗教精神，是一种开放的人文精神，是一种在天道投射下的人文精神，儒家的宗教精神可在祭天、敬天、畏天的宗教情怀中，在礼的起源和践行中，在以身殉道、舍生取义的精神气概中充分地体现出来。

再者，从"儒"字的解释来看，《说文解字》曰："儒，术士之称"，《汉书·艺文志》云："儒家者流，盖出于司徒之官，助人君顺阴阳、明教化者也。"章太炎先生在《国故论衡·原儒》中写道："需者云上于天，而儒亦知天文，识旱涝……灵星舞子吁嗟以求雨者，谓之儒。"他认为，"儒"在中国古文字中本来是写作"需"的，而"需"在古代指的是求雨的巫觋。从中可以看出先秦儒者的宗教出身。胡适先生也在《说儒》中指出，"儒"——原是"殷商的教士"。后来随着社会大动荡，他们逐渐失去了昔日的尊贵地位，以"治丧相礼"为业。因此可见，孔孟儒家具有一定的宗教信仰是必然的。正是对于天道的绝对信念成为儒家道德实现的终极依托和动力之源。不可否认，自殷周以至春秋战国，中国文化在神性色彩的淡化和人文色彩的显著中实现了人文化的转向，天的概念也随之呈现出义理化、道德化和天命化的趋势。周人"忧患意识"和"人文精神"的跃动凸显出人的积极性和自觉性。人们关注的重心也从鬼神、祭祀移向道德主体的努力，道德、理性、实践和政治的精神对于世界愈加重要。我们虽然可以说，殷周之变到先秦时期，经历了巫术宗教——祭祀宗教——礼乐教化的演变过程，但是这并不能说明，以孔孟思想为代表的先秦儒学中缺少了超越的宗教因素。其实，正是基于对天道、天命的追求和遥契才使儒家走向了人的自由。因此可以说，虽然孔孟儒学对于天的言说与基督教对于上帝的言说有着根本的差别，但是，二者却都指向了一种超越而客观的绝对精神，这种绝对精神也意味着人类精神的终极关切。

二、孔子的宗教情怀

孔子作为传统儒学的先行者，他对于儒家传统的发展演变乃至于中国文化的宗教性格都起到了至关重要的作用。"未知生，焉知死"（《论语·先进》）、"子不语怪、力、乱、神"（《论语·述而》）、"未能事人，焉能事鬼"（《论语·先进》）、"敬鬼神而远之"（《论语·雍也》）等内容常常成为众矢之的。墨家就以"执无鬼而学祭礼，是犹无客而学客礼也。是犹无鱼而为鱼罟也"（《墨子·公孟》）讽刺儒家。以往学术界也据此认为孔子缺少宗教信仰。如胡适先生就从"祭神如神在"指出，孔子的"如"写尽了宗教的心理学，鬼神只是儒家自己造出来加以崇拜的对象。[1]郭沫若先生也认为孔子至少是一位怀疑论者，他对实际和政治的浓厚兴趣使其对于鬼神只是采取了形式上的敬而远之，表现出孔子世俗的聪明。[2]其实，从孔子思想的整体理路来看，孔子绝非仅仅只是一个人文主义者，

---

[1] 胡适：《中国哲学史大纲》，上海古籍出版社 1997 年版，第 95 页。
[2] 郭沫若：《十批判书》，人民出版社 1954 年版，第 90 页。

更重要的是，他也同样拥有浓郁的宗教情怀，是一个敬天知命的虔信者。孔子重视祭祀，通过其"尔爱其养，我爱其礼"（《论语·八佾》）一语便可以发现孔子对于古代祭祀之礼的保留与认同，"斋、战、疾"是他所关心的几件大事。孔子的宗教情感也体现在他对于祖先的祭祀和崇拜中，他坚持对于父母"生，事之以礼；死，葬之以礼，祭之以礼"（《论语·为政》）的孝道原则。"吾祷之久已"（《论语·述而》）、"获罪于天，无所祷也"（《论语·八佾》）等思想也体现了孔子的宗教思想。更为重要的是，孔子始终对于天道怀有一种敬畏之心和崇拜之情，"君子三畏，畏天命、畏大人、畏圣人之言"（《论语·季氏》）便分别显示了孔子对于超越天道、世俗政治和道德理想的敬畏感。正是对于天道的这种敬畏和"天生德于予"的道德使命感使孔子能够表现出"朝问道，夕死可矣"（《论语·里仁》）和"志士仁人，无求生以害仁，有杀身以成仁"（《论语·卫灵公》）的宗教热情和殉道精神。

孔子之所以被世人误解，主要缘于孔子对于古代宗教形态所给予的人文、理性转化。如牟钟鉴先生所言："孔子对宗传统教的改良主义态度。既不完全抛弃宗教，又要对传统宗教中许多重要观念进行人文主义的解释。"[1]孔子对于宗教始终抱有一种俗世、人文、理性、冷静、实用、功用主义的理解。孔子之所以"不语怪力乱神"，不是对于鬼神的不信，而是采取了一种谨慎的存而不论的态度。之所以"敬鬼神而远之"，关键在于"务民之义"，将宗教生活的重心从对天道本身的崇拜转移到人道本身的努力中来。孔子对于天道的并非不崇敬，对于鬼神未尝不信，对于死亡也不是漠然视之，但是在天道与人道、事鬼与事人、事死与事生之间，孔子毅然选择了后者，在道德的追求中始终以现实的人道作为关注的中心，他重视人道胜于天道、关注事人胜于事鬼、强调事生重于事死，将一切宗教仪式和情感都放在了理性的天平上来衡量。孔子对于鬼神、祖先的祭祀，并不单是一种报本反始的宗教心态，更重要的是，这种祭祀的礼仪对于维持家庭伦理和社会秩序亦可以起到重要的调节作用，这使得先秦儒家的宗教更多地表现为一种神道设教的特色，即所谓"慎终追远，民德归厚矣"（《论语·学而》）。因为，宗教的一大社会功能就在于它能够在一定的历史条件下，通过确立神灵的权威来保证世俗道德的神圣性与尊严性，使人能够把世俗道德抬高到一种宗教的超越高度，从而有利于社会的稳定安宁和政治的和谐有序。

三、子思的天人之道

继孔子之后，思孟学派也发扬了孔子的道德、人文的宗教精神，以"诚"连接天人，通过心性之学的建构将天道与人道更为紧密地联系在一切。荀子在《非十二子篇》中指责思孟学派道："其僻违而无类，幽隐而无说"。荀子之所以这样兴师问罪，并非空穴来风。在《中庸》文本来看，多次将至诚之道与祭祀、鬼神与祯祥等内容杂糅在一起，确实让重视逻辑和思辨的人看来有一种神秘莫测的感觉。如"子曰：鬼神之为德，其盛矣乎！""洋洋乎！如在其上，如在其左右"、"国家将兴，必有祯祥；国家将亡，必有妖孽；见乎蓍龟，动乎四体"等。这同时也从另一个侧面反映了思孟学派对于天道观的发挥。萧公权先生指出："然仲尼既为宋后，或则未尽弃殷人尊神之教。《中庸》如果系子思所

---

① 牟钟鉴、张践行：《中国宗教通史》，社会科学文献出版社1997年版，第170页。

作，则其中鬼神诸说，纵非孔门'心法'，亦或为祖孙家学。孟子大唱天命，其思想亦于此近古。"①从中我们可以看出先秦儒学天道观中的神学特质。

四、孟子的宗教精神

与孔子相比，孟子的宗教信仰更是有增无减，如萧公权先生所言："夫'子罕言命'，不语怪神，于敬天之中，略寓存疑之态度。孟子则宗教之信仰较深。观荀子讥斥五行幽隐之说，以子思孟子并举，即可想见。"②孟子的道德自觉、救世使命、生死超越都是其宗教性的集中体现。与孔子相仿，孟子也主张保留古代的祭祀。孟子曰："西子蒙不洁，则人人皆掩鼻而过之。虽有恶人，齐戒沐浴，则可以祀上帝。"（《孟子·离娄下》）孟子也以"使之主祭而百神享之，是天受之"（《孟子·万章上》）为三代禅让制找到了超越的天道依据。孟子在与白圭的辩论中也指出，"大貉小貉"因为"无城郭、宫室、宗庙、祭祀之礼，无诸侯币帛饔飧，无百官有司"（《孟子·告子下》），所以其税收二十取一足矣，但"中国"作为礼仪之邦应该保留这些祭祀之礼，否则背离了尧舜之道。孟子认为，"礼"的宗教性，其理论的意义不仅仅在于"斋明盛服，非礼不动"（《中庸》）的外在仪式，也不仅仅在于社会交往的规范原则和价值标准，更在于它有超越性的内在牵引和终极天道的神圣感召。没有这种超越的感召，人的自我救赎是不可能完成的。最重要的是，孟子也像孔子一样，始终对天道怀有敬畏和信赖之心，始终以弘扬道义作为自己终极的道德使命。正是如此，所以孟子能够自觉地回应上天对他的宗教使命和道德召唤，坚持"道义至上"的原则，无论富贵还是贫贱、无论通达还是困顿，都能够坚持那份道德的信念。也正是如此，所以孟子能够以"尽其道而死"为正命，始终坚持"士穷不失义，达不离道"的道德操守，甚至表现出"舍生取义"（《孟子·告子上》）、"以身殉道"（《孟子·尽心上》）的超越情怀。从中可见，孟子的终极追求中蕴含着天命的根据和宗教的性格，其超越生死的精神是对天道的冥悟。一方面天道、人道贯通，天命性情相系，但其属世的关怀中仍有超越的天道作为其最后的终极关怀。

孟子作为先秦儒家人文思想的代表人物，其宗教思想中也体现出宗教精神与人文精神的整合。如前所言，孟子之天比起孔子之天，更加内化为人的心性之中，使人能够通过"反求诸己"、"反身而诚"的存养扩充功夫自觉地领悟天道，并逐渐达到尽心知性知天的天人契合之境。因此，孟子宗教思想的重点，也不只是关注天道本身，而是强调天道对于人道的启示作用和教化意义以及人道通过自身的道德努力对于天道的弘扬，是一种心性教化的宗教，这种教化与孟子的仁政、王道的政治理念和内圣外王的道德理想有着密切的关系。当齐宣王与孟子谈论是否毁掉明堂的时候，孟子对曰："夫明堂者，王者之堂也。王欲行王政，则勿毁之矣。"（《孟子·梁惠王下》）所谓明堂——原有"明政教化之堂"的意思，明堂原是周天子东巡接见诸侯的地方，也是周天子进行政治教化、祭祀奖罚的地方，在当时具有重要的宗教意义和精神义涵。战国之时，周天子有名无实，不复巡守，诸侯又不能居之，因此，便有人建议齐宣王将其毁掉。但在孟子看来，虽然周天子地位已日

---

① 萧公权：《中国政治思想史》（上册），商务印书馆 2011 年版，第 122 页。
② 萧公权：《中国政治思想史》（上册），商务印书馆 2011 年版，第 107 页。

落西山，但是，明堂对于政治的教化仍有其积极的象征作用。如果连明堂都不复存在的话，人们便连这种精神象征也失去了。如果齐宣王能够接纳孟子的谏言，施行仁政、王道、与民同乐的话，他就可以重建周天子昔日的荣耀，光明正大地居之其中施行德教。从"不毁明堂"的故事中可以发现孟子宗教思想中神道设教的政治教化功能。

自商代以来，"宾于帝"的观念便使子姓远祖与上帝之间就有纠缠不清的联系，甚至将其等同于神的化身。①对于古人而言，昊天上帝作为宇宙的主宰，通过祖先与世间联系，从而形成了天帝崇拜与祖先崇拜的合一，"万物本乎天，人本乎祖"（《礼记·郊特牲》），这种天道与人道合为一体的做法便赋予了儒学宗教性以人文精神和道德象征的含义。从某种意义上，祖先崇拜是中国宗教观的主要内涵，孝道是儒学宗教的主要形式。在传统的丧葬形式中，体现了古代人们追求天人沟通和溯本追源的宗教情感。更有学者从宗教学的角度解读了儒学的祖先崇拜，如牟钟鉴先生所言："祖先崇拜是在鬼魂崇拜的基础上，由生殖崇拜的传宗接代意识，加上图腾崇拜的氏族寻根意识和后期的男性家族观念，而逐步形成并发展起来的。"②他进而指出，祖先崇拜可以用"慎终追远"来概括。对于祖先的丧葬和祭祀活动，一方面为要颂扬先祖的丰功伟绩，表达了一种报本反始的寻根意识；另一方面也表露出古人原始质朴的宗教情感，相信祖先死后仍然扮演着家庭成员的角色，继续与后世子孙保持联系，并通过某种神通的方式护佑或荫泽后世子孙，从而成为跨越生死、超越天人的神灵代表。祖先崇拜为特色的宗教形式，在古代宗法血亲的家庭结构中，对于家族团结、社会稳定都起到了积极的社会作用，并深刻地影响着中国文化的民俗礼仪和精神生活。祖先崇拜经过孔子等先哲的改造和发展，逐渐融入了理性、道德和伦理的精神。孟子也继承这种祖先崇拜的宗教形式。他继承了曾子的"生，事之以礼；死，葬之以礼，祭之以礼"的孝道观，反对墨家的节葬，主张厚葬其亲，认为真正的君子乃是"不以天下俭其亲"（《孟子·公孙丑下》），甚至以事亲从兄视为仁义的根本所在。从而，更多地将祖先崇拜与道德教化功能联系在一起，这可以在《孟子·滕文公上》关于滕文公居丧的故事中体现出来。滕文公在居丧问题的处理上听取了孟子的建议，并起到了很好的教化作用。"百官族人可谓曰知。及至葬，四方来观之，颜色之戚，哭泣之哀，吊者大悦。"这与"慎终追远，民德归厚"的思想以及道德政治的思想是一脉相承的。

虽然孟子思想中表现出一定的宗教性特质，但是总体而言，孟子并不是一个宗教学家，他并不为上帝存在的本体论问题绞尽脑汁，不为灵魂如何得救而诚惶诚恐，也不为某一宗教信念而狂迷，他的宗教性始终站在理性而冷静的人文基础之上，这同时也赋予了他的宗教观念中实用主义、功利主义的成分。孟子说道："诸侯危社稷，则变置。牺牲既成，粢盛既洁，祭祀以时，然而旱干水溢，则变置社稷。"（《孟子·尽心下》）朱熹《集注》解释道："祭祀不失礼，而土谷之神不能为民御灾捍患，则毁其坛壝而更置之，亦年不顺成，八蜡不通之意，是社稷虽重于君而轻于民也。"③孟子的意思是，社稷之神应该为人民谋取福利，保佑人民福寿安康，如果祭祀有礼，社稷却不履行其护佑职能的，就应该将之变置。也即是说，社稷之神应该听命于人，而不是人听命、顺从于社稷之神。这种思

① 张光直：《中国青铜时代》，三联书店1983年版，第304～305页。

② 牟钟鉴、张践行：《中国宗教通史》，社会科学文献出版社1997年版，第47页。

③ 朱熹：《四书章句集注》，中华书局2011年版，第344页。

想虽然在某种程度上还留有原始宗教的影子，但是这种宗教没有希腊神话中酒神的狂迷，也没有基督宗教中的灵肉冲突，而是将二者融合于实用理性之中，体现了儒学中体用不二、灵肉合一的人文宗教特质。

五、儒学是不是宗教？

从孔孟的宗教思想中，我们可以看到先秦儒家思想的丰富性和深刻性，集宗教、哲学与政治的整合性。天道始终是孔孟心性教化的终极出发点和超越指向。可以说，儒学既重视人类生命的终极关切，也关注人们的生命不朽等宗教问题，是一种道德化的宗教形态。长期以来，学术界对于儒学的宗教性认识不足，认为儒家不是宗教。从蔡元培的"美育代替宗教"、陈独秀的"以科学代替宗教"、梁漱溟的"以道德、伦理代宗教"到冯友兰的"以哲学代宗教"，对于宗教的排斥和抵触不绝于耳。这很大程度上源自学术界对于宗教的误解。受到孔德（Isidore Marie Auguste François Xavier Comte，1798—1857 年）所谓"神学—形上学—科学"的三段论的影响，人们往往将宗教与迷信、封建、落后相提并论，甚至混为一谈。随着中西文化的不断交流，人们的思想才逐渐开放，从对宗教的排斥发展到对于宗教的认可乃至积极肯定。在国内学术界，出现了一批为儒教"正名"的学者，以任继愈、李申的"儒教是教"论，蒋庆的"儒教重建"论以及康晓光的"国家儒教"论为代表。在我国香港、台湾地区，与熊十力等第一代新儒家学者不以宗教指称儒学不同，也与徐复观先生反对形而上学的倾向不同，第二代新儒家学者对于儒家的宗教性有了新的改观。如刘述先先生所言："当代新儒家的一大贡献就是指出了儒家的宗教意涵，既然吾道自足，可以安身立命，那就是一种终极关怀。"[1]特别是牟宗三、唐君毅等人真正体会到宗教对于儒学的深层意蕴和超越价值。面对西方学者对于儒学缺少超越层面的指责，他们竭力为儒学的宗教性辩护。如其在《为中国文化敬告世界人士宣言》中所言，儒学虽然不具备基督教那样的宗教模式，但是儒学仍然不失为一种宗教向度的道德宗教，有其独特的宗教性。现代新儒家所言的儒学特殊的宗教性，就是指儒学即道德即超越，即人文即宗教、即人道即天道的宗教特质，这与天人合一、体用不分、性命一源的思想是一脉相承的。牟宗三先生认为，儒教的宗教意识和宗教精神完全渗透在人道的道德实践和道德认识中，其重点在于如何在人道中体现天道，"其真实意义则在于个人有限的生命中取得一无限而圆满之意义"[2]。他借此将儒家的宗教称之为"成德之教"，或者"道德的宗教"、"即宗教即道德"。唐君毅先生也指出，儒家中国哲学、道德与政治，都与原始敬天的精神有密切的关系，儒学宗教性的独特性即在于"融宗教于人文，合天人之道而知其同为仁道"[3]。他根据儒学中天人同德、以人承天、人性即天命的特点指出儒学是一种"人文宗教"。同时，杜维明先生作为第三代新儒家的代表，也秉承了牟、唐二人对于儒教的观点，同时他也将儒学宗教性的认识放到比较文明的格局之中予以考虑。他指出："强调儒家人文精神的宗教性，无非是要阐明儒家的人生哲学虽然入世，但却有向往天道

① 刘述先：《全球伦理与宗教对话》，河北人民出版社 2006 年版，第 124 页。
② 牟宗三：《心体与性体》（上册），上海古籍出版社 1999 年版，第 5 页。
③ 唐君毅：《中国文化之精神价值》，江苏教育出版社 2006 年版，第 38 页。

的维度。"①需要指出的是，如任继愈、李申等人直接将儒学看做儒教不同，现代新儒家并没有直接将儒学视为一种宗教，而只是强调了儒学的宗教性。这主要基于将儒教与以基督教为典型的制度化宗教相区别的考虑。其中或许还有强调儒教相对于基督教的"圆融性"与"独特性"的优越感在其中。

从现代新儒家对于儒学宗教性的再发现，我们可以发现孔孟为代表的儒家宗教性的显著标志在于"即高明而道中庸"的特殊品格。虽然儒学以人文精神为中心，但仍以天人合一的宗教境界为终极理想。它在凡庸中体现神圣，在人道中彰显天道，在道德中追求超越，在入世中涵摄出世。它既是道德、伦理的，也是宗教、神圣的。诚然保留了天道超越性和神圣性的统御，但并没有发展出系统的宗教系统。更多是将天道贯注于人道的内在心性之中，在人的道德生活中体现天道之诚。诚然追求天道的超越，却缺少对于灵魂不朽的渴望，而是在"立德、立言、立功"中追求人道的"三不朽"。诚然有人穷呼天的依赖感，但并没有探求一种奥秘的启示，而是在反躬自省中回到自身的道德努力和自我境界的提升，在道德主体的道德心性中去感悟其对天道的精诚信仰。与基督教为代表的典型宗教比较而言，儒学宗教性的显著特征在于道德性与宗教性的融合。它既含有教化的意义，同时又拥有宗教的内涵，它始终坚持从道德主体的精神操练处去追求天道的精神，在中庸中体现高明，在世俗中表现神圣，在人道中体证天道，既不脱离日用常行，又富有宗教的神圣性和使命感。我们可以将其称之为人文的宗教。以韦伯为代表的西方哲学界长期以来对儒学的宗教性存在误解，如韦伯曾言，中国语言中没有与宗教对应的专门名词，有的只是教义、礼等无宗教性质的约定俗成，他从儒教与佛教的对比中指出，儒学仅仅是"人间的俗人伦理"，是"一部对受过教育的世俗人的政治准则与社会礼仪规则的大法典"。②因此，面对西方哲学家对于儒学宗教性的否认，我们应该认为，不应该以基督教等制度化的宗教为参照狭义地定义宗教，而是从宗教的内在精神中去解读宗教。我们大可以说，宗教性是儒学超越精神的必然指向，或者说，按照广义的精神性的宗教定义而言，儒学也可称之为一种宗教。儒家在天道与人道的关系中，虽然在实践中将重心落在了现实的人道中，然而，从根本上而言，天道对于人道而言依然具有本体论的优先性。从以上的论述中我们也可以总结出：儒学宗教性的双重特质，一方面，儒学作为心性教化之教，能够在法天则天、圣人立教的基础上，通过心性修养在人伦日常生活中起到化民成俗的教化作用；另一方面，儒学作为宗教之教，亦能以天道为超越依托，在成圣成贤、生命不朽、超越生死方面起到典型宗教所具有的作用。虽然今天没有祭天大典等公众的祭祀活动，但在精神内涵的深处，天道的超越性从来没有在儒学中失落过，儒学的宗教性也是一个不容怀疑的事实。

六、儒家宗教哲学的特质

与基督教为代表的西方宗教不同，儒学的宗教性表现出与西方宗教不同的特质。首先，传统儒学表现为多神的崇拜或者某种泛神论的思想，除了对于至高无上的天道的崇拜以外，还有自然崇拜、祖先崇拜、圣贤崇拜等多种形式的崇拜。其次，传统儒学的宗教观

---

① 郭齐勇、郑文龙编：《杜维明文集》（第三卷），武汉出版社 2002 年版，第 460、374 页。

② ［德］韦伯：《儒教与道教》，王容芬译，商务印书馆 1995 年版，第 203 页。

与政治有着密不可分的联系，儒学的心性教化和圣贤崇拜往往扩大到政治的领域，圣王崇拜本身就是政治、道德与宗教的融合。再次，对于现实世界的认知而言，儒学宗教观关心的重点在于现实的道德、伦理，家国天下的伦理结构均是以此世人生的道德关切为首要目标，不期望纯粹灵魂的救赎，而是以道德的救赎作为人类生命永恒的盼望。无论是对于天的崇拜还是其他自然、祖先的崇拜，都指向这个生活的世界与现实的人生。"未知生焉知死"，是儒家这种道德宗教的集中体现。李泽厚先生将儒学的这种宗教观定义为"一个世界"的宗教观，他认为，儒学这种"一个世界"的宗教观的形成与远古黄河流域优越的自然环境以及中国巫术的过早理性化有着密切的关系。①韦伯也基于基督教的神学维度去批判儒学，他指出："儒教也没有任何伦理的先验寄留，没有超凡的神的诫命同被造物现世之间的任何紧张关系，没有对来世目标的任何向往，没有任何原罪概念。"②此外，传统儒学的宗教观表现为一种理性的特质。长期以来，儒学以"重人事轻鬼神"、"不语怪力乱神"为标准形成了某种实用理性或者实践理性的特征，从而避免了非理性的狂迷或盲目性服从。对于儒学而言，一切都应该服务于现实的需要与人的德性与幸福，一切都应该用理性的标尺去衡量。

七、结语：道德的救赎与自我发现

总而言之，我们可以将儒学概括为一种以人为中心的宗教，其宗教主旨在于"人能弘道"，其宗教体验在于"自我的发现"。因此，一切天地神灵都是为了人以及人的道德与幸福为基本出发点，人的救赎不是一种来世的、灵魂的救赎，而是一种道德的救赎，这种救赎的力量就源自于人类自身的善性以及由此而来的自我修养和政治作为。对于儒学宗教学的特质，我们应该予以客观而整体的评价，更应该在与基督教等宗教的相互对话与会通中实现自我的提升与转化，因为传统哲学的资源与负担是一根而发的。对于儒学而言，对于心性道德的发挥虽然是其优势，但它可以从基督教的独一神论中学到信仰的纯粹性，避免信仰的过度世俗化和功利性；可以从基督教两个世界的思想中借鉴其超越历史的眼光，以一种彼岸的视野审视现实本身，防止人类历史的自我封闭；也可以从基督教的启示和奥秘的宗教中，看到人类理性的局限与限制，并发现人类理性之外的灵性领域或者超越于理性的"优雅精神"。可以说，宗教与人文是一种水乳交融的关系，正如沈清松先生所言："失去了人文精神，宗教将失去其内在的动力根源；同样，若失去了宗教精神，亦将使人文精神无以完整。"不论是伊利亚德（Mircea Eliad）的"宗教是一种人类学的常数"、希克的"人本性的第五维度"、还是蒂利希的"宗教是人类精神的深层"，都表明了宗教的重要性，可以说宗教是一切哲学理论的摇篮，是一切思想观念的母体。宗教作为文化的内核，它为人的社会生活提供了基本的信仰依托、价值规范以及道德准则。它所拥有的超越性、神圣性与形而上性为正确认识人与神圣者之间的关系提供了终极的参照。如蒂利希所言："宗教赋予人类精神的所有机能以要旨、终极意义、判断力和创造的勇气。"③

---

① 李泽厚：《中国古代思想史论》，三联书店 2009 年版，第 66~67 页。
② ［德］韦伯：《儒教与道教》，王容芬译，商务印书馆 1995 年版，第 281 页。
③ ［美］蒂利希：《文化神学》，陈新权、王平译，工人出版社 1988 年版，第 9 页。

在宗教思想进一步普及化与深入化的今天，我们无需对宗教问题躲躲闪闪，应该看到宗教和信仰对于道德的神圣动力以及宗教对于文明的重要影响，因为，真正伟大的文明必须建构在伟大的信仰根基之上，一个不会"仰望星空"的民族迟早也会失去生机与活力。

（作者单位：贵州大学阳明学院）

论王阳明早年经历及其思想形成

□ 焦 堃

　　关于王阳明心学或所谓"阳明学",迄今为止中国、日本及欧美等地区的研究成果可谓汗牛充栋。这些研究绝大部分都属所谓"思想史"范畴,关注的对象主要在于阳明学思想的内容、结构、性质,及其与前后思想诸要素之间的关系。伴随对思想的讨论而展开的,则有对思想家生平行实的考察,其中尤以对王阳明生平的研究开展最早、最为详细。最近的代表性作品,在我国有董平《王阳明的生活世界》①,在日本有冈田武彦《王陽明大伝:生涯と思想》②,美国方面则有杜维明《青年王阳明:行动中的儒家思想》③ 等。需指出的是,至今为止绝大多数对于王阳明生平活动的叙述,均遵从下文提及的《阳明先生年谱》等王阳明门人弟子所撰传记资料的内容框架,并未明确意识到这些资料对王阳明的人物形象进行了部分操作和歪曲,尤其是在记述王阳明流放龙场之前的早年经历时更是如此。而王阳明的思想形成过程与其早老年入仕后的政治经历密不可分,因而若不对记述其早年政治活动的资料进行考证、辩驳,便无法正确把握阳明学思想的形成过程。本文即意图通过对王阳明早年的政治经历进行更为具体详细的考察,来进一步阐明现实因素在其思想形成过程中所扮演的角色,及其思想的现实政治意义。

一、关于王阳明入仕之后的文学活动及交游情况

　　如同余英时先生在其《宋明理学与政治文化》④ 一书中的论述所示,包括阳明学在内的宋明理学之发生、流行,与当时的政治局面和士大夫阶层的政治参与密不可分。而在同书第六章《明代理学与政治文化发微》中,余先生更是对王阳明创立阳明学的前因后果作了细致分析,揭示出了王阳明个人政治遭遇与其思想转变之间密不可分的关系。限于篇幅,余先生在此章之中未能涉及王阳明至龙场悟道为止之政治活动的方方面面,也未能对当时明廷政局的前后变迁进行详细追踪。但经其所论,在阳明学研究中探讨历史环境和

---

　　① 董平:《王阳明的生活世界》,中国人民大学出版社 2009 年版。
　　② [日] 冈田武彦:《王陽明大伝:生涯と思想》(《王阳明大传:生涯与思想》),日本明德出版社 2002—2003 年版。
　　③ [美] 杜维明:《青年王阳明:行动中的儒家思想》,朱志方译,三联书店 2013 年版。
　　④ [美] 余英时:《宋明理学与政治文化》,吉林出版集团有限责任公司 2008 年版。

历史脉络的重要性已然明确无疑。近年又有学者循此余先生所阐发的思路，对时代背景下王阳明政治生涯之中的具体经历进行更为细致的考察，并讨论王阳明在此经历下的思想架构情况，如台湾学者杨正显所著《一心运时务：正德时期（1506—1521）的王阳明》①一书等。但对于王阳明在正德以前的早年政治经历，学界仍缺乏集中探讨。所幸近年以来，对于《阳明先生年谱》等资料的性质问题，中外学者已有所察觉，而对王阳明文集中未收诗文及其他相关史料的搜集、考证工作，亦使得突破传统叙述、进一步还原王阳明早年经历的真相成为可能。

据王阳明弟子钱德洪等人所撰之《阳明先生年谱》，王阳明在龙场经历所谓"大悟"之后确立起阳明学思想乃是在明武宗正德三年春，其时王阳明三十六岁②，可谓刚刚步入壮年。而王阳明考中进士并入仕是在孝宗弘治十二年，时年二十七岁，由此时到正德三年为止，尚可算入其青年时期。这段时期中，王阳明的思想尚未成熟，因而存留至今的反映其这一时期思想状况的资料并不多，这自不待言；而关于其在这一时期的活动状况，特别是政治活动状况，亦有不甚明了之处。这不仅因为此时的王阳明名位未显，亦未成为学术宗师，因而周围对其活动状况的关注远不及中年以后，而且因为如同下文所述，其弟子与同志后来对其在这一时期的活动多有掩饰之故。余英时先生论及王阳明在龙场的思想转变，主要以其在正德初参与朝中文臣的反刘瑾运动而遭受廷杖并被流放一事为背景，对于此前王阳明的政治活动状况并无多少触及。而本文首先要做的，就是对王阳明从入仕起到正德初的活动情况进行考察，以便更为全面地论述其早年经历与其思想形成之间的关系。

至今为止，在论及王阳明生平时，使用最多的史料当属上文所提及的《阳明先生年谱》。此书本为嘉靖四十三年所刊单行本，后来收入隆庆、万历年间刊行的王阳明文集《王文成公全书》之中③。如台湾学者杨正显所论，《王文成公全书》的出版，乃是为争取王阳明从祀孔庙所做的工作之一，而书中所收的《阳明先生年谱》亦为此而进行了相当多的修改④。近年出版的各种《王阳明全集》大多以所谓隆庆六年谢廷杰应天府刊本为底本。其中，由吴光、钱明、董平、姚延福编校，浙江古籍出版社于2011年出版的《王阳明全集（新编本）》（简称《全集（新编本）》）可谓是王阳明文集编纂工作的集大成。该书最大的特色，在于除收录《王文成先生全书》的内容并进行考校外，还收入了至出版时为止由中日等国学者所搜集、考订的《王文成先生全书》未收语录、诗文、书信及相关资料，是当今从事王阳明及其思想研究之学者在文献工作方面努力的结晶，为学界提供了极大的便利。本文所参照的史料，包括《阳明先生年谱》在内，凡是该书中所

———————————

① 杨正显：《一心运时务：正德时期（1506—1521）的王阳明》，台湾花木兰文化出版社2010年版。

② 王阳明生于明宪宗成化八年（1472年），年谱中记载其当年为三十七岁，但本文依据现代的习惯，以周岁计算。

③ 据朱鸿林先生考证，一般所说隆庆二年郭朝宾杭州刊本与隆庆六年谢廷杰应天府刊本《王文成公全书》，其刊行年当分别为隆庆六年及万历元年，而编者均为谢廷杰。参见朱鸿林：《〈王文成公全书〉刊行与王阳明从祀争议的意义》，《中国近世儒学实质的思辨与习学》，北京大学出版社2005年版，第312~333页。

④ 参见杨正显：《王阳明〈年谱〉与从祀孔庙之研究》，《汉学研究》2011年第29卷第1期，第153~187页。

收的，均首先依照该书。而本文所引《阳明先生年谱》内容，因在两个版本中无本质性异同，故对文字上的细微差异不一一加以说明。此外为行文方便，下文中将该书略称为《年谱》。

上文已提及《王文成公全书》中的《年谱》为有利于王阳明从祀孔庙，在内容上有所修改。而实际上，《年谱》自成书之时起，便在内容上有诸多问题。首先，书成时距王阳明离世已经过三十多年，对于其生平事迹的记载难免有不确切之处。更重要的是，该书为钱德洪等王门弟子所编审，即使没有王阳明从祀孔庙一事作为背景，也必然以彰显其师生平事业为目的，因而对于相关事实甚或有隐瞒、粉饰及歪曲之举。例如日本学者永富青地曾利用王阳明另一弟子邹守益所编《王阳明先生图谱》，以及《弘治十二年进士登科录》等资料，对《年谱》中的诸多谬误有所订正①。这其中既有将王阳明中进士时的名次二甲第六名误为二甲第七名这样的事实性错误，也有将王阳明之父王华的话归于塾师这样的曲笔，更有甚者，刻意隐瞒了少年时代的王阳明与其父关系不洽一事。由于目前为止对于王阳明生平的研究大多主要依据《年谱》，故而要对王阳明青年时代的政治活动进行详细探究，首先就必须参照其他史料中的记载，对《年谱》中所载诸行实进行核对、考订和补充。

《年谱》中记载王阳明自弘治十二年入仕至正德元年下狱这段期间的活动殊为简略，仅有督造威宁伯王越坟墓、疏陈边务、江北录囚并访异人、告病回家又复出、主考山东乡试以及授徒讲学并与湛若水定交数事，记述多较简短。其中关于王阳明这一时期在京中的交游状况，除了与理学家湛若水的交往外，仅有弘治十五年八月条中云：

> 先是五月复命，京中旧游俱以才名相驰骋，学古诗文。先生叹曰："吾焉能以有限精神，为无用之虚文也！"遂告病归越。②

至于"京中旧游"为何人，并无一语言及。然而这些"京中旧游"并非不可考，年谱对其略而不提，实是有意为之。弄清王阳明与这些"旧游"的交往状况，对探究其青年时期的活动，以及当时其在政治上的立场和心态都至关重要。

曾与王阳明讲学、后又拜王为师的黄绾在为王阳明所作的行状中提道：

> 己未登进士，观政工部。与太原乔宇，广信汪俊，河南李梦阳、何景明，姑苏顾璘、徐祯卿，山东边贡诸公，以才名争驰骋，学古诗文。③

————————————

① 参见［日］永富青地：《陽明学研究における文献学の意義——〈王文成公全書〉所收の〈年譜〉への挑戦》（《文献学在阳明学研究中的意义——对〈王文成公全书〉所收〈年谱〉的挑战》），［日］大泽显浩编著：《東アジア書誌学への招待》（《前往东亚目录学的邀请》）第二卷，东方书店 2011 年版，第 123~146 页。

② 王守仁：《王阳明全集（新编本）》卷三十二《年谱一》，吴光、钱明、董平、姚延福编校，浙江古籍出版社 2011 年版，第 1231 页。

③ 王守仁：《王阳明全集（新编本）》卷三十七《阳明先生行状》，吴光、钱明、董平、姚延福编校，浙江古籍出版社 2011 年版，第 1425 页。

其中记其与乔宇、汪俊、李梦阳、何景明、顾璘、徐祯卿、边贡等人一起"学古诗文"。据此看来，年谱中所云"京中旧游"便当是指这些人。黄绾所列的这些人是明代"文学复古运动"的佼佼者，其中李梦阳、何景明二人更是这一文学运动的领袖。王阳明入仕时，正值文学复古运动大行其道，而李梦阳等这一运动的倡导者大多在京为官的时期，"学古诗文"一语，表明王阳明在入仕之后，立刻便开始与李梦阳等人交游，参与到这一文学运动中来。而李梦阳所记当时与其唱和诸人中，亦有王阳明在内：

> 诗倡和莫盛于弘治。盖其时古学渐兴，士彬彬乎盛矣，此一运会也。余时承乏郎署，所与倡和，则扬州储静夫、赵叔鸣，无锡钱世恩、陈嘉言、秦国声，太原乔希大，宜兴杭氏兄弟，郴李贻教、何子元，慈溪杨名父，余姚王伯安，济南边庭实。其后又有丹阳殷文济，苏州都玄敬、徐昌谷，信阳何仲默。其在南都，则顾华玉、朱升之其尤也。诸在翰林者，以人众不叙。①

虽然王阳明参与文学复古运动一事已为文学史家所注意②，不过今日在叙述明代文学复古运动时，一般并不将王阳明作为代表人物之一。然而这并不意味着王阳明当时对这一运动的参与程度不深。实际上，王阳明绝非只是出于同僚之谊，与李梦阳等在闲暇之时偶有唱和而已，而是对此投入了极大的热情和精力。黄绾行状中已云其与李梦阳等人争"才名"，而王阳明的高足弟子王畿亦云：

> 弘正间，京师倡为词章之学，李何擅其宗。阳明先师结为诗社，更有唱和，风动一时。③

据此，王阳明曾与李、何等人结成诗社，可见其关系相当密切，而其唱和之作在当时亦颇有影响。另据王世贞《凤洲笔记》中的王阳明传记云：

> 又六载，始擢进士上第，补刑部主事，非其好也。日从李梦阳辈为诗文，务出奇句相颉胜，多不理司事。④

此处记载王阳明入仕之后即热衷于与李梦阳等人诗文往还，将精力都投入到诗文创作中，以致对本职工作漠不关心。而《年谱》丝毫不曾言及王阳明与李梦阳等人的交往，其中所记王阳明入仕之后所从事的多为政治实务，与以上史料中的形象大相径庭。据上引种种

---

① 李梦阳：《空同集》卷五十九《朝正倡和诗跋》，景印《文渊阁四库全书》第 1262 册，第 543~544 页。（本文所引景印《文渊阁四库全书》皆为台湾"商务印书馆"1982—1986 年版，以下出注不再交代版本信息）

② 如廖可斌便将王阳明算作复古派的一员，参见廖可斌：《明代文学复古运动研究》，上海古籍出版社 1994 年版，第 67、71、86 页。

③ 王畿：《王畿集》卷十六《曾舜征别言》，吴震编校整理，凤凰出版社 2007 年版，第 459 页。

④ 王世贞：《凤洲笔记》卷十四，《四库全书存目丛书》集部第 114 册，齐鲁书社 1997 年版，第 639 页。

资料判断，必是《年谱》故意隐瞒王阳明入仕后的文学活动无疑。

那么《年谱》为什么要这样做呢？这可以从王阳明自己所留下的资料中找到线索。首先，《全集（新编本）》卷二十五中收有王阳明为自己早年的文学同道徐祯卿所作的《徐昌国墓志》，其中叙徐祯卿最初与李梦阳、何景明等"砥砺于辞章"，却不曾言及自己，可见王阳明亦讳言自己年轻时的文学经历。其次，上文所引王畿之文中，将王阳明入仕后所热衷的诗文创作称为"词章之学"。而我们在现在所存留的王阳明作品中，可以找到不少对于"词章"及"词章之学"的批判。这其中比较有代表性的，有《传习录》中卷所收《与顾东桥书》中的以下表现：

> 三代之衰，王道熄而霸术猖。孔孟既没，圣学晦而邪说横。……于是乎有训诂之学，而传之以为名；有记诵之学，而言之以为博；有词章之学，而侈之以为丽。……圣人之学日远日晦，而功利之习愈趋愈下。……相矜以知，相轧以势，相争以利，相高以技能，相取以声誉。①

这段文字中，王阳明将所谓"训诂之学"、"记诵之学"与"词章之学"都作为"圣学"的对立物痛加贬斥，认为这些学问都是猎取"势"、"利"和"声誉"的工具，使得孔孟的"圣学"不彰，而"功利之习"却愈演愈烈。据《年谱》，该信作于嘉靖四年五月，距王阳明离世只有三年多的时间，反映的无疑是其晚年已经成熟的思想。而此信写给的顾东桥即顾璘，亦是王阳明早年参与文学复古运动时的同道之一②。由此看来，王阳明信中所云"词章之学"，其含义必然包括了自己与顾璘曾热衷过的文学复古运动。而由此处亦可知，王阳明至其晚年，对自己年轻时参与文学复古运动一事，已持完全否定的看法，因而由王门弟子所编纂的《年谱》讳言其师早年的文学活动，便在情理之中了。

至于王阳明的思想为什么会发生这样大的转变，这正是本文想要探究的问题之一，盖因王阳明之否定"词章之学"，绝非只是由自身思想理论出发所推导出的结论，而是与其本人的经历密切相关。要分析王阳明思想发生变化的过程，仍需从对《年谱》记载的辩证开始。

前引《年谱》弘治十五年八月条中云，在这一年的五月份，王阳明就已将李梦阳等人所从事的诗文视为"无用之虚文"并告病返乡。《年谱》于此后记王阳明在居乡期悟到佛、道之非及"爱亲本性"，遂又回京复职③，并于弘治十八年开始授徒讲学，与湛若水"共以倡明圣学为事"④。根据这些记载，似乎王阳明在弘治十五年五月份就已放弃诗文创作并脱离文学复古运动，而此后不久便完全转到儒家立场上来，成为一名纯粹的道学家。一些现代的研究亦持《年谱》在时期划分上的这一立场，如杜维明《青年王阳明：

---

① 王守仁：《王阳明全集（新编本）》卷二《与顾东桥书》，吴光、钱明、董平、姚延福编校，浙江古籍出版社 2011 年版，第 60~61 页。

② 参见前引黄绾《阳明先生行状》文及李梦阳《空同集》文。

③ 王守仁：《王阳明全集（新编本）》卷三十二《年谱一》，吴光、钱明、董平、姚延福编校，浙江古籍出版社 2011 年版，第 1231 页。

④ 王守仁：《王阳明全集（新编本）》卷三十二《年谱一》，吴光、钱明、董平、姚延福编校，浙江古籍出版社 2011 年版，第 1232 页。

行动中的儒家思想》便认为王阳明应当是在此时发现其朋友们"为了自己的私利从事文学竞争"①，而"从迷梦中醒来"②。但王世贞却在记述王阳明告病归乡期间的活动时说道：

> 寻谢病归阳明山中读书，益泛博，文益高。然好谈神仙玄怪，踪迹诡谲，时人未之识也。③

此处记述，又与《年谱》大为相左。据王世贞所言，王阳明在归乡期间非但没有放弃文学创作，反而"文益高"，且接下来述其爱好"神仙玄怪"，并未言及其摒弃佛老、皈依儒学之事。王世贞虽对王阳明较为同情，对其思想亦评价较高④，却并非王门中人，且其史学注重批评考证，史学著述中又以本朝史最为重要⑤，因而其对王阳明的记述应比成于王门弟子之手的《年谱》更为客观。根据王世贞的记述，至少可以得出王阳明在告病归乡之后并未放弃文学的结论。

并且王阳明在还朝之后，仍然同李梦阳等人保持着交往。关于此点，李梦阳在其文集《空同集》中所记之一事可作为证明：

> 初，诏下恳切，梦阳读，既退而感泣。已，叹曰："真诏哉！"于是密撰此奏，盖体统利害事。草具，袖而过边博士。会王主事守仁来，王遽目予袖而曰："有物乎？有，必谏草耳。"予为此，即妻子未之知，不知王何从而疑之也。乃出其草示二子。王曰："疏入，必重祸。"又曰："为若筮，可乎？""然，晦翁行之矣。"于是出而上马并行，诣王氏，筮，得"田获三狐，得黄矢，贞吉"。王曰："行哉！此忠直之由也。"⑥

此处所记，乃是弘治十八年李梦阳上疏弹劾孝宗张皇后之弟张鹤龄一事，其经过可见于《空同集》卷三十九《上孝宗皇帝书稿·秘录附》及《明史》卷二八六《李梦阳传》、《明史纪事本末》卷四十二《弘治君臣》等处，此处不加详述。需注意的是据李梦阳自己所记，其疏完成后，李梦阳携疏至边贡处，会王阳明亦前来并询问此事，且为其卜筮，并据卜筮结果而支持其上疏。此事牵涉外戚，非同小可，李梦阳之上疏亦属"密撰"，而王阳明竟能得知此事并参与其中，足见此时其与李梦阳之关系仍极为密切，并且记述中出现

① ［美］杜维明：《青年王阳明：行动中的儒家思想》，朱志方译，三联书店2013年版，第25页。
② ［美］杜维明：《青年王阳明：行动中的儒家思想》，朱志方译，三联书店2013年版，第25页。
③ 王世贞：《凤洲笔记》卷十四，《四库全书存目丛书》集部第114册，齐鲁书社1997年版，第639页。
④ 王世贞曾评价王阳明云"吾时时见守仁乡人及其兵行地者，道守仁智不可测如神云。高鸟尽、良弓藏，虽得保首领，乃弗克终有爵土迨子孙也。呜呼，悲哉！其为说固未尽合朱氏，然亦洒然可喜，所自得深矣"（王世贞：《凤洲笔记》卷十四，《四库全书存目丛书》集部第114册，齐鲁书社1997年版，第643页），由此可见其对王阳明的态度。
⑤ 关于王世贞之史学，可参见孙卫国：《王世贞史学研究》，人民文学出版社2006年版。
⑥ 李梦阳：《空同集》卷三十九《上孝宗皇帝书稿·秘录附》，景印《文渊阁四库全书》第1262册，第354页。

的另一人物"边博士",即时任太常博士的边贡亦是文学复古运动的代表人物,王阳明入仕后的文学同道之一①。由此可知,在弘治十八年时,王阳明与李梦阳等文学之士的关系仍是相当密切的。

此事不见于王阳明自己及其弟子的记载中,而《年谱》记王阳明弘治十八年的活动,只有授徒讲学以及与湛若水定交一事,给人的印象是王阳明在此年便已专心于道学活动了。且《年谱》在本年的记录中云:

> 学者溺于词章记诵,不复知有身心之学。先生首倡言之,使人先立必为圣贤之志。②

是以王阳明此时已经在理论上明确否定"词章之学"。而湛若水为王阳明所作墓志铭中亦云:

> 初溺于任侠之习;再溺于骑射之习;三溺于辞章之习;四溺于神仙之习;五溺于佛氏之习;正德丙寅,始归正于圣贤之学。③

是以王阳明在"归正于圣贤之学"以前抛弃了佛、道两教,而摒弃"辞章之习"尚在抛弃佛、道之前,正与《年谱》中所记前后顺序相同,与《年谱》所持乃是同一立场。只是湛若水并未将王阳明"归正"的时间定为弘治十八年,而是"正德丙寅",即次年的正德元年。但从以上考证来看,这些说法颇为可疑。根据王世贞的记述,王阳明并没有像《年谱》所说的那么早便抛弃了"词章之学",而他在弘治十八年时依然与李梦阳等人保持着相当密切的交往,且参与了李梦阳发起的弹劾张鹤龄一事,并未一心专注于讲学活动。弘治十八年的事件显示出他与李梦阳、边贡这些曾经的文学同道当时在政治立场上也是一致的,而此事对探究其在龙场之后的思想变化颇为重要。

二、作为李东阳门人集团之一员

正德元年冬,王阳明因在朝臣反对宦官刘瑾等"八虎"的运动中疏救同僚而触怒刘瑾,下锦衣卫狱并遭受廷杖,随后贬为贵州龙场驿丞④。此次朝臣群起攻击刘瑾等人,最初乃是起于李梦阳的推动。《明史》卷一八六《韩文传》记此事云:

> 是时青宫旧奄刘瑾等八人号"八虎",日导帝狗马鹰兔、歌舞角抵,不亲万几。文每退朝,对僚属语及,辄泣下。郎中李梦阳进曰:"公大臣,义共国休戚,徒泣何为!谏官疏劾诸奄,执政持甚力。公诚及此时率大臣固争,去八虎易易耳。"文将须

---

① 参见前引黄绾《阳明先生行状》文及李梦阳《空同集》文。

② 王守仁:《王阳明全集(新编本)》卷三十二《年谱一》,吴光、钱明、董平、姚延福编校,浙江古籍出版社 2011 年版,第 1232 页。

③ 王守仁:《王阳明全集(新编本)》卷三十七《阳明先生墓志铭》,吴光、钱明、董平、姚延福编校,浙江古籍出版社 2011 年版,第 1409 页。

④ 年谱中记此事在正德元年二月,实则为十二月之误,参见董平:《王阳明的生活世界》,中国人民大学出版社 2009 年版,第 23 页。

昂肩，毅然改容曰："善！纵事勿济，吾年足死矣，不死不足报国。"即偕诸大臣伏
阙上疏。①

户部尚书韩文带领众大臣上疏后，得到刘健等内阁大臣以及司礼监太监王岳等支持，
打倒刘瑾等人的计划一度接近成功。然而因为有人将消息泄露给刘瑾等，使其连夜赴武宗
处哭诉，导致武宗改变心意，将司礼监、东厂等交给刘瑾一党掌管，参与此次运动的大臣
及宦官均遭到刘瑾等人反扑和残酷打击。关于事件的详细经过，可参看《明史》卷一八
六《韩文传》及《明史纪事本末》卷四十三《刘瑾用事》等处记载。曾在正德年间任兵
部尚书的王琼在所著笔记《双溪杂记》中述及此事时云：

> 后李梦阳草疏，急欲杀刘瑾等，而谋虑不审。……且草疏者李梦阳，一部属官
> 耳。而诸司英明杰士，平昔以文章气节取重于世者，翕然和之。韩文亦素与东阳交
> 厚，在名士之流。梦阳所作诗，甚为东阳所赏鉴，故文不敢少迟梦阳之奏，而九卿大
> 臣景从文后，亦不敢略出商量万全之策。皆气节之盛，使人不敢致思也。②

文中将此次攻击刘瑾之败因归于李梦阳急于诛杀刘瑾等人却"谋虑不审"，而户部尚书韩
文等以"文章气节"著称者皆不加深思熟虑而追随李梦阳。而王琼又称出现这种情况的
原因在于李梦阳之诗作甚为当时的阁臣李东阳所欣赏，以致与李东阳交厚的韩文不敢拖延
弹劾刘瑾一事。

《双溪杂记》的此处记载，在陈洪谟所著《继世纪闻》卷一中亦有几乎相同的文字。
王琼生于陈洪谟之前，而死于陈洪谟之后，未知是谁本于谁。李贽《续藏书》卷十一
《内阁辅臣二·太师李文正公》中引用了《双溪杂记》中的这段文字而未提及《继世纪
闻》，或许《双溪杂记》之记载前出，本文以下亦主要依据《双溪杂记》之文展开论述。

弹劾刘瑾之事起时，内阁共有三名成员，刘健居首，其次便是李东阳，最后为谢迁。
此三人长期居于内阁，又是孝宗托孤之臣，自然政治影响力巨大。而其中的李东阳在明代
文学史上亦为巨擘，是所谓"茶陵派"领袖，当时著名文士多游于其门。《明史》卷二八
六《李梦阳传》云：

> 弘治时，宰相李东阳主文柄，天下翕然宗之。③

可见李东阳其时实为文坛盟主。何良俊《四友斋丛说》中云：

> 李文正当国时，每日朝罢，则门生群集其家，皆海内名流。其坐上常满，殆无虚
> 日。谈文讲艺，绝口不及势利，其文章亦足领袖一时。④

---

① 张廷玉等：《明史》卷一八六《韩文传》，中华书局1974年版，第4915页。
② 王琼：《双溪杂记》，《王琼集》，单锦珩辑校，山西人民出版社1991年版，第25页。
③ 张廷玉等：《明史》卷二八六《李梦阳传》，中华书局1974年版，第7348页。
④ 何良俊：《四友斋丛说》卷八，中华书局1959年版，第67页。

而钱谦益《列朝诗集》丙集卷五中亦云:

> 右录石熊峰、罗圭峰等六公之诗,皆长沙之门人也。华亭何良俊曰:李西涯在弘
> 正间主张风雅,一时名士如邵二泉、储柴墟、汪石潭、钱鹤滩、顾东山、陆俨山、何
> 燕泉皆出其门。……鹤滩者,华亭钱福与谦,与成都杨慎用修皆以举子授业长
> 沙。……他如乔庄简宇、林贞肃俊、张文定邦奇、孙文简承恩、吴文肃俨,名硕相
> 望,不可胜记。①

由此皆可看出,当时围绕着李东阳,有一个数量相当庞大的门人集团。

在此须指出的是,李梦阳与王阳明都曾是李东阳门人集团的成员。李梦阳于弘治六年考中进士,而李东阳担任当年的会试主考官②,因而两者之间是名正言顺的座师、门生关系,此种关系在明代官场中极为重要③。弘治十五年李梦阳之父卒,李东阳在为其所作墓表中特别表扬李梦阳"以文学发首解,登甲科,砥砺名行,表然见郎署"④。正德元年二月李梦阳为送别友人徐祯卿所作诗中写道"我师崛起杨与李,力挽一发回千钧"⑤,此处的"李"正是指李东阳。而当年六月正值李东阳之六十大寿,李梦阳为此作长诗《少傅西涯相公六十寿诗三十八韵》⑥以贺。虽然有研究认为此诗中未谈及李东阳在诗方面的成就,提及李东阳之文的也只有一句,说明李梦阳此时"已完全扬弃李东阳及茶陵派的诗文风格"⑦,但至少在政治上,李梦阳此时无疑仍为李东阳之门下士,此点从上引《双溪杂记》文中亦可得到印证⑧。

---

① 钱谦益撰集:《列朝诗集》丙集卷五,许逸民、林淑敏点校,中华书局 2007 年版,第 3035 页。
② 参见张德信:《明代职官年表》,黄山书社 2009 年版,第 4047 页。
③ 关于明代的座师与门生关系,参见郭培贵:《明代科举中的座主、门生关系及其政治影响》,《中国史研究》2012 年第 4 期,第 175~190 页。
④ 李东阳:《李东阳集》第三卷卷十六《大明周王府封邱王教授赠承德郎户部主事李君墓表》,周寅宾点校,岳麓书社 1985 年版,第 231 页。
⑤ 李梦阳:《空同集》卷二十《徐子将适湖湘余实恋恋难别走笔长句述一代文人之盛兼寓祝望焉耳》,景印《文渊阁四库全书》第 1262 册,第 154~155 页。
⑥ 李梦阳:《空同集》卷二十八《少傅西涯相公六十寿诗三十八韵》,景印《文渊阁四库全书》第 1262 册,第 238 页。
⑦ 廖可斌:《明代文学复古运动研究》,上海古籍出版社 1994 年版,第 74 页。
⑧ 何良俊《四友斋丛说》卷十五中有"李西涯长于诗文,力主以斯文为己任。后进有文者,如江石潭、邵二泉、钱鹤滩、顾东江、储柴墟、何燕泉辈,皆出其门。独李空同、康浒西、何大复、徐昌谷自立门户,不为其所牢笼,而诸人在仕路亦遂偃蹇不达"一段,是以李梦阳、康海、何景明等复古派文士因不为李东阳所笼络而在政治上受挫。不过李梦阳等人为李东阳所压抑,多是在正德元年弹劾刘瑾事件之后。此前复古派虽在文学风格上对李东阳有所不满,但在政治上仍多居于李东阳羽翼之下。当时李东阳门下的文学之士均为中央的年轻官员,入仕后任职于翰林院及各部署时日尚浅者。而李东阳作为内阁成员,不仅在诗文创作上,且在仕途上亦对这些后进积极予以奖掖,是完全可能的。此处所引《四友斋丛说》文以及下引《双溪杂记》文正说明年轻的文学之士因入李东阳门下而得以仕途顺遂。就以李梦阳来说,其在正德元年三十三岁时便升任五品京官的户部郎中,在一部之中仅次于尚书、侍郎,至少到此时为止不可谓仕途不顺。关于复古派与李东阳的关系,可参见廖可斌:《明代文学复古运动研究》,上海古籍出版社 1994 年版,第 52~54、72~76 页。

至于王阳明，其在入仕之后亦置身李东阳之门下，且与李东阳关系甚密。此事《年谱》无一语触及，历来也很少得到注意，因而有必要略加考证。《年谱》中述及李东阳仅有一处，即弘治六年王阳明会试落第后，李东阳曾特来安慰：

> 明年春，会试下第，缙绅知者咸来慰谕。宰相李西涯戏曰："汝今岁不第，来科必为状元，试作来科状元赋。"先生悬笔立就。①

说明早在此时王阳明即已与李东阳相识。李东阳于英宗天顺八年中进士，并被选为庶吉士而入翰林院，弘治八年入阁，故此条中云"宰相"乃是以后来之地位称之。而王阳明之父王华于宪宗成化十七年考中状元并授翰林院编修，后于弘治十五年升至翰林学士。故而李东阳与王华久在同一衙门供事，且李东阳之资历要比王华老得多。王阳明在成化十八年十岁时便被父亲带往北京居住，因而其得以结识李东阳是相当自然的事情。且从以上《年谱》的记载来看，李东阳对王阳明的文才评价颇高。而六年之后的弘治十二年王阳明考中进士时，李东阳又任会试主考官②，故而两者之间为座师、门生关系是毫无疑问的。入仕之后，王阳明与李东阳之间的关系亦相当密切，此点有其诗作可证。《全集（新编本）》卷四十二中收有王阳明佚诗《坠马行》一首，其中有云：

> 我昔北关初使归，匹马远随边檄飞。……疲骡历块误一蹶，啼鸟咲人行不得。伏枕兼旬不下庭，扶携稚子或能行。……西涯先生真缪爱，感此慰问勤拳情。入门下马坐则坐，往往东来须一过。词林义气薄云汉，高义谁云在曹佐。③

据束景南先生考证，此诗乃是王阳明于弘治十二年尚在工部观政时，因从边境视察归来时坠马而作，且是和李东阳坠马诗韵④，由此可知王阳明曾与李东阳有所唱和。诗中云"西涯先生真缪爱，感此慰问勤拳情。入门下马坐则坐，往往东来须一过"，可知王阳明坠马后，李东阳时时至其家中探望，令王阳明十分感激。值得注意的是最后两句"词林义气薄云汉，高义谁云在曹佐"。"词林"乃是明人对翰林院的习称。李东阳在当时已入内阁，不过明代内阁在法律上隶属于翰林院，且内阁成员大多为翰林院出身，李东阳亦是如此。王阳明虽然在殿试后未被选入翰林院，而是身居"曹佐"，但这两句诗却显示出其当时对身为阁臣的座师李东阳十分倾倒。

前引《双溪杂记》文认为正德元年朝臣群起攻击刘瑾一事之所以失败，乃是因为李梦阳思虑不周而操之过急，韩文等又因为李东阳之关系而盲目追从。在叙及此事之前，同

---

① 王守仁等：《王阳明全集（新编本）》卷三十二《年谱一》，吴光、钱明、董平、姚延福编校，浙江古籍出版社 2011 年版，第 1229 页。

② 参见张德信：《明代职官年表》，黄山书社 2009 年版，第 4049 页。

③ 王守仁等：《王阳明全集（新编本）》卷四十二《坠马行》，吴光、钱明、董平、姚延福编校，浙江古籍出版社 2011 年版，第 1696 页。

④ 参见束景南：《阳明佚文辑考编年》，上海古籍出版社 2012 年版，第 55～62 页。此诗本为王阳明手书横卷，为日本阳明学会会员加藤八重磨在大正（1912—1926）年间访问绍兴时购得，后收入蓬累轩编《姚江杂纂》中。

书中曾针对李东阳评论道：

> 河南洛阳刘建，自官翰林，潜心理学，不事华藻，立心亦端正。李东阳同时在阁，以诗文气节援引名流，私植朋党。①

又云：

> 东阳以神童举，与敏政齐名，然专以诗名延引后进。海内名士多出其门，往往破常格，不次擢用，寝成党比之风，而不能迪知忧询，举用真才实学。当时有识之士私相讲论，以为数年后东阳柄用，引进一番诗文之徒，必误苍生，尚名矫激，世变将起。②

后一段引文，在《继世纪闻》中亦有大略相同的记述。李东阳之积极接引文士、门徒众多，在此被视为是"私植朋党"，且其延引后进时，除"诗文"之外还以"气节"而取人，以致这些"诗文之徒"被时人视作"尚名矫激"。接下来述及正德初年之事，即批评李梦阳、韩文等因"气节之盛"而轻举妄动，致使朝臣遭受重大打击。

李梦阳正如《双溪杂记》所说，在当时以气节而闻名。前文中已提及其在弘治十八年时弹劾外戚一事，而其生平颇多此种对抗权贵之举，万斯同《明史》卷三八八《李梦阳传》即云：

> 梦阳故高才负气，又以屡抗权贵，有盛名。③

而何乔远《名山藏》卷九十中云：

> 梦阳更以气节，奕奕诸郎间。④

关于其他门人，钱谦益在《列朝诗集》丙集卷五中亦云：

> 熊峰以下诸公，直道劲节，抗议论而犯权幸，砥柱永陵之朝，皆长沙所取之人才也。⑤

可知《双溪杂记》所言，确是有根据的。而如前所述，王阳明曾与边贡一起参与李梦阳

---

① 王琼：《双溪杂记》，《王琼集》，单锦珩辑校，山西人民出版社1991年版，第19页。
② 王琼：《双溪杂记》，《王琼集》，单锦珩辑校，山西人民出版社1991年版，第25页。
③ 万斯同：《明史》卷三八八《李梦阳传》，上海古籍出版社2008年版，第167页。
④ 何乔远：《名山藏》卷九十《文苑记·李梦阳》，张德信、商传、王熹点校，福建人民出版社2010年版，第2615页。
⑤ 钱谦益撰集：《列朝诗集》丙集卷五，许逸民、林淑敏点校，中华书局2007年版，第3036页。

弹劾外戚一事，而正德初王阳明又参与攻击刘瑾，可见同是李东阳之门人，其当时在政治上的心态亦与李梦阳有类似之处。关于此点，尚可以其参与攻击刘瑾事件后的一段逸事作为旁证。据叶权《贤博编》记载：

> 先师柴后愚公，阳明先生弟子也。尝言先生疏救戴给事时，尚书公方宦京师。章既上，侍食于尚书公。公觉其色有异，知必言事，虑祸及己，逐出之。方及门，刘瑾已令锦衣官校捕去矣。①

由此可知王阳明对自己上疏一事，甚至未告知其同时在朝为官的父亲王华，而王华在察觉此事之后，当即便将王阳明从家中逐出。王华对刘瑾素无好感，且最后亦是因不肯与刘瑾合作而被迫致仕②，但其却没有加入到正德元年朝臣攻击刘瑾的行动中，并不像王阳明等人那样执著于凸显自身的"气节"。

三、早年政治活动与思想形成之关系

据《年谱》所记，王阳明因触怒刘瑾而下狱后，于正德三年春到达贬所贵州龙场，并在此处"中夜大悟格物致知之旨"③，确立起了阳明学思想的基调。此事极为有名，在此不需详述。需强调的是，余英时先生在前述《宋明理学与政治文化》一书中论及此次顿悟，很明确地指出其乃是由王阳明对自己政治遭遇的反思所触发。余先生对此进行论证的根据之一，乃是王阳明顿悟之后所作的《五经臆说》中残存至今的几条，其中一条论《易经》之"遁"卦有云：

> 遁，阴渐长而阳退遁也。象言得此卦者，能遁而退避，则亨。……盖君子犹在于位，而其朋尚盛；小人新进，势犹不敌，尚知顺应于君子，而未敢肆其恶，故几微。君子虽已知其可遁之时，然势尚可为，则又未忍决然舍去而必于遁，且欲与时消息，尽力匡扶，以行其道。则虽当遁之时，而亦有可亨之道也。虽有可亨之道，然终从阴长之时，小人之朋日渐以盛。苟一裁之以正，则小人将无所容而大肆其恶，是将以救敝，而反速之乱矣。故君子又当委曲周旋，修败补罅，积小防微，以阴扶正道，使不至于速乱。④

---

① 叶权：《贤博编》，凌毅点校，中华书局1987年版，第16页。

② 关于王华生平大概，可参见王守仁等：《王阳明全集（新编本）》卷三十七《海日先生墓志铭》，吴光、钱明、董平、姚延福编校，浙江古籍出版社2011年版，第1402~1408页。

③ 王守仁等：《王阳明全集（新编本）》卷三十二《年谱一》，吴光、钱明、董平、姚延福编校，浙江古籍出版社2011年版，第1234页。

④ 王守仁等：《王阳明全集（新编本）》卷二十六《五经臆说十三条》，吴光、钱明、董平、姚延福编校，浙江古籍出版社2011年版，第1027页。按《五经臆说》为王阳明在龙场顿悟后所作，据钱德洪所说，书稿后为王阳明所焚毁，王阳明死后钱德洪在遗稿中找出数条。《王文成公全书》虽以《五经臆说十三条》之名将其收录，但有关《易经》之"晋"卦的一条被分为了两条，故《王阳明全集（新编本）》中实为十二条。

余先生谓此条为王阳明"夫子自道，责备自己在'当遁之时'而冒进，使'小人'（刘瑾）得以'大肆其虐，是将以救敝而反速之乱'"①。而上文已分析过，王阳明之冒进，实是其身为李东阳门下的"诗文气节"之徒，平日"尚名矫激"的结果，故而此条不但责备自己，亦是对好友李梦阳等人做法的否定。另一条论"晋"卦云：

> 盖当进身之始，德业未著，忠诚未显，上之人岂能遽相孚信？使其以上之未信，而遂汲汲于求知，则将有失身枉道之耻，怀愤用智之非，而悔咎之来必矣。②

对此，余先生亦谓是对自身行为的反省，而笔者则以为此条与上一条一样，不但针对自己，同时亦针对李梦阳等"诗文气节"之徒，即王阳明责备自己与李梦阳等在"德业未著"、"忠诚未显"的情况下"汲汲于求知"，结果招来"悔咎"。结合前文分析，"汲汲于求知"当是指在"诗文"及"气节"两方面扬名以求为"上之人"所知。而所谓"上之人"，首先自然包括李东阳在内，其次则应有下文所说推崇气节的内阁首辅刘健，以及天子孝宗。弘治年间"诗文气节"之流行，除了阁臣李东阳及刘健的因素以外，其更大的政治背景则应在于孝宗的态度。对于复古派的文学，孝宗应当是十分喜爱的。如文学复古派的代表之一康海，便是因其文章受到孝宗欣赏而被钦点为状元：

> 壬戌进士第一，除翰林院修撰。是时孝宗皇帝拔奇抡才，右文兴治，厌一时为文之陋，思得真才雅士。见先生策，谓辅臣曰："我明百五十年，无此文体，是可以变今追古矣。"遂列置第一，而天下传诵则效，文体为之一变。③

而在政治上，孝宗是明代历史上少有的较为开明的君主，比较能接纳朝臣的意见。据《明史》卷二八六《李梦阳传》记载，弘治十八年李梦阳上疏弹劾外戚张鹤龄后，孝宗虽一时将其下狱，但后来还是不顾来自皇后方面的压力而将李梦阳释放，并且严厉斥责了张鹤龄。且当左右之人提议杖责李梦阳时，孝宗又对大臣说：

> 吾宁杀直臣，快左右心乎？④

以致后来李梦阳路遇张鹤龄时以马棰击落其两颗牙齿，而张鹤龄竟不敢计较。由此看来，李梦阳确实是因其"气节"而为孝宗所知。不过不幸的是孝宗此后很快便去世，而继位的武宗荒淫无道，与其父孝宗截然不同，以致李梦阳再度攻击天子身旁的权贵时，带来的

---

① ［美］余英时：《宋明理学与政治文化》，吉林出版集团有限责任公司2008年版，第178页。
② 王守仁等：《王阳明全集（新编本）》卷二十六《五经臆说十三条》，吴光、钱明、董平、姚延福编校，浙江古籍出版社2011年版，第1027~1028页。
③ 焦竑编：《焦太史编辑国朝献征录》卷二十一《翰林院修撰康公海行状》，《四库全书存目丛书》史部第101册，齐鲁书社1997年版，第102页。
④ 张廷玉等：《明史》卷二八六《李梦阳传》，中华书局1974年版，第7346~7347页。

却是与孝宗时完全相反的结果。

关于王阳明在龙场的思想转变，余英时先生称其此时之"'悟'起于具体的、切身的人生问题"①，可谓射中正鹄。只是王阳明所反思的不仅有因疏救同僚而遭刘瑾迫害一事，更应包括早年生涯中汲汲于"诗文气节"的经历，否则其后来不会有思想、行动上的种种转变。前文中已言及王阳明后来转而否定"词章之学"一事。其将"词章之学"贬斥为猎取"势"、"利"及"声誉"之工具，便意味着对自己早年文学活动的彻底否定。而关于"气节"，亦可在王阳明后来所留下的资料中找到否定性的发言。如其在嘉靖四年所作《题梦槎奇游诗卷》中说：

> 林君汝桓之名，吾闻之盖久。然皆以为聪明特达者也，文章气节者也。今年夏，闻君以直言被谪，果信其为文章气节者矣。……呜呼，君盖知学者也，志于道德者也，宁可专以文章气节称之。②

对于因"直言被谪"的林汝桓，王阳明认为其乃是"志于道德者"，不可仅以"文章气节"称之，是以"道德"高于"气节"。而在次年写给弟子南大吉的信中更是说道：

> 四方之士，吾见亦多矣，未有如关中之盛者也。然自横渠之后，此学不讲，或亦与四方无异矣。自此关中之士有所振发兴起，进其文艺于道德之归，变其气节为圣贤之学，将必自吾元善昆季始也。③

是明确认为"气节"不合于"圣贤之学"。余英时先生论王阳明在"顿悟以后对于朝政大体出之于缄默"④，曾作《谏迎佛疏》意欲谏止武宗迎藏僧却最终未上，亦阻止弟子向朝廷献策，这些均体现了其思想的转变。盖对于王阳明来说，其早年从事于"诗文"与"气节"皆有"汲汲于求知"之一面，混杂有对个人名声及地位之追求。以此"尚名矫激"之心理状态从事，正如其自己在《五经臆说》中所云，"悔咎之来必矣"。

前引《五经臆说》文中有关于"遁"卦之一条，而《传习录》下卷中亦有以下关于"遁"的一条：

> 诸君只要常常怀个遁世无闷，不见是而无闷之心，依此良知忍耐做去。不管人非笑，不管人毁谤，不管人荣辱。任他功夫有进有退，我只是这致良知的主宰不息，久久自然有得力处，一切外事亦自能不动。⑤

① ［美］余英时：《宋明理学与政治文化》，吉林出版集团有限责任公司2008年版，第183页。
② 王守仁等：《王阳明全集（新编本）》卷二十四《题梦槎奇游诗卷》，吴光、钱明、董平、姚延福编校，浙江古籍出版社2011年版，第969页。
③ 王守仁等：《王阳明全集（新编本）》卷六《答南元善》之一，吴光、钱明、董平、姚延福编校，浙江古籍出版社2011年版，第225页。写作年代据《年谱》。
④ ［美］余英时：《宋明理学与政治文化》，吉林出版集团有限责任公司2008年版，第185页。
⑤ 王守仁等：《王阳明全集（新编本）》卷三《语录三》，吴光、钱明、董平、姚延福编校，浙江古籍出版社2011年版，第111页。

其中"遁世无闷"一语本出自《易经》之"乾"卦。王阳明在此处论"致良知",谓需"不见是而无闷",不管"非笑"、"毁谤",只依良知行事,这段议论有助于我们理解其思想之形成。众所周知,阳明学以"心即理"为基本立场,认为"心外无理",所要做者只是致心中之良知。王阳明、李梦阳等早年着意于"气节",在一般人看来未必不合于"理"。盖因对于"气节",作为明代官学的程朱理学一贯持肯定态度。《近思录》卷十中记张载之语云:

> 在古气节之士,冒死以有为,于义未必中,然非有志概者莫能。况吾于义理已明,何为不为?①

《朱子语类》卷三十五中记朱熹之语云:

> 东坡议论虽不能无偏颇,其气节直是有高人处。②

而朱熹所作之《衢州江山县学景行堂记》中亦云:

> 江山县学故有三贤堂……熹考其状,既知五君子之学行气节,真足以风厉当世,而兴起后来。③

至于明代,程朱一派的大儒薛瑄曾云:

> 士无气节,则国势奄奄以就尽,西汉之季是也。④

又云:

> 士之气节,全在上之人奖激,则气节盛。苟乐软熟之士而恶刚正之人,则人务容身,而气节消矣。⑤

对于"气节"更是推崇。薛瑄在隆庆年间得以从祀孔庙,在明代理学中地位甚高;更重要的是,前文中提及的弘治年间内阁首辅刘健少时曾与薛瑄弟子阎禹锡等人交游,所传习

---

① 朱熹、吕祖谦编,叶采集解:《近思录》卷十,严佐之导读,程水龙整理,上海古籍出版社 2010 年版,第 303 页。
② 黎靖德编:《朱子语类》卷三十五,王星贤点校,中华书局 1986 年版,第 923 页。
③ 朱熹:《晦庵先生朱文公文集》卷七十九《衢州江山县学景行堂记》,《朱子全书》第二十四册,上海古籍出版社、安徽教育出版社 2010 年版,第 3774 页。
④ 薛瑄:《读书录》卷七,山东友谊书社 1991 年版,第 395 页。
⑤ 薛瑄:《读书录》卷七,山东友谊书社 1991 年版,第 395 页。

的乃是薛瑄之学①。王阳明在确立起自己的思想之前曾潜心于朱学，虽未有所得，但处于当时的学术、政治氛围之下，尊崇"气节"乃是极为自然之举。如群臣弹劾刘瑾那样与恶势力正面抗争的做法，虽然可能会徒然无功甚至危及性命，却会因其所显示的"气节"而在道德上得到肯定并受到世间的称誉。然而王阳明却因其亲身经历而悟到此种做法行不通。若按其顿悟之后的思想原则行事，可能只会受到世间的"非笑"、"毁谤"。这一点在嘉靖初年的"大礼议"事件中表现得尤为明显，但此处不能详论，当另文加以探讨。如果得不到既有意识形态和周围舆论的肯定、评价，那王阳明还能到哪里去为自己的行动原则寻找根据呢？自然只能到自己的"心"中去寻找了。《传习录》下卷中有一条云：

> 先生曰："圣贤非无功业气节。但其循着这天理，则便是道，不可以事功气节名矣。"②

可见一般道德观念所肯定的"气节"在王阳明那里，已为心中之"天理"所取代。而王阳明之能够经由龙场顿悟实现这样的思想转变，并非只是哲学思索的结果，而是与其早年的经历分不开的。

四、余　　论

经以上考证，我们已可以对王阳明在入仕之后至触怒刘瑾而下狱为止的活动情况有新的了解，而本文所述的王阳明早年经历可以说为《年谱》所刻意隐瞒。《年谱》记王阳明在这一时期的活动，着意突出其从事于政治实务，以及摒弃文学、佛道而归于道学之形象，但实际上，王阳明在这一时期虽亦从事于道学，但其精神状态之主体，当是与李梦阳等较为接近的所谓"诗文气节"之徒。王阳明后来经龙场之悟确立起阳明学思想，正是以遭受打击后对自己早年这段经历的深刻反思为契机的。此事虽然王阳明以及为其作年谱的弟子等皆讳言之，但阳明后学中还是有人提及。如在《明儒学案》中被列入《泰州学案》的耿定向便曾在信中说道：

> 看阳明那豪杰，往时自负有文章、有气节，可以名世矣。到了龙场，便才晓得都没用了，只此能视能听能言这些子良知，便是一生倚靠的灵丹耳。③

此段话正可引以为本文所述观点之证。

最后还想对前引《五经臆说》中关于"晋"卦的一条稍加议论。在此前所引此条文

---

①　《明史》中云"健少端重，与同邑阎禹锡、白良辅游，得河东薛瑄之传"（张廷玉等：《明史》卷一八一《刘健传》，中华书局1974年版，第4810页），《明儒学案》卷七中则有薛瑄、阎禹锡二人之学案。

②　王守仁等：《王阳明全集（新编本）》卷三《语录三》，吴光、钱明、董平、姚延福编校，浙江古籍出版社2011年版，第105页。

③　耿定向：《耿天台先生文集》卷五《与陶左山》之一，《四库全书存目丛书》集部第131册，齐鲁书社1997年版，第125～126页。

之前，尚有一段云：

> 初阴居下，当进之始，上与四应，有晋如之象。然四意方自求进，不暇与初为援，故又有见摧之象。当此之时，苟能以正自守，则可以获吉。①

如依余先生之说以"初"为王阳明自身，或将"初"视作王阳明、李梦阳等"诗文气节"之徒，则笔者以为"四"很有可能意指李东阳。笔者作出此推测，乃是以正德元年朝臣攻击刘瑾事件中以及后来李东阳之作为为依据。据上文所引《明史》之《韩文传》，李梦阳在怂恿韩文弹劾刘瑾时说"谏官疏劾诸奄，执政持甚力"，这显是因当时的内阁大臣刘健、李东阳和谢迁三人反对刘瑾等人的举动而受到刺激。而在此前，刘、李、谢三人已屡次上疏请求诛刘瑾等八人：

> 六月辛酉，雷震郊坛禁门、太庙脊兽、奉天殿鸱吻，大学士刘健、谢迁、李东阳闻帝与八人戏亡度，连疏请诛……语甚切直，不报。②

又据李梦阳《空同集》卷四十《代劾宦官状疏·秘录附》中所记，韩文在李梦阳向其建议率群臣请愿后的第二天去询问内阁三人的意见，得到同意后乃命李梦阳作疏：

> 翌日早朝，韩公密叩三老，三老许之。而倡诸大臣，诸大臣又无不踊跃喜者。韩公乃大喜，退而召梦阳，令具草。③

由此可见对于此次事件，李东阳当初亦起到了相当的推动作用。然而当疏入以后，武宗派司礼监宦官前来内阁商议如何处置刘瑾等人时，刘健、谢迁二人一如既往，态度坚决，唯独李东阳立场暧昧。《明武宗实录》言其"辞颇缓"④，《明史纪事本末》记其"稍缄默"⑤，而《空同集》则径云其"未开口"⑥。以故在武宗最终选择任用刘瑾等人之后，刘健、谢迁被迫去位还乡，韩文以下皆遭受残酷打击报复，而李东阳却得以留任，并且成为内阁首辅。《双溪杂记》中甚至记载将群臣弹劾的消息泄露给刘瑾者乃是李东阳。虽然亦有资料称泄露消息之人乃是当时的吏部尚书焦芳⑦，但《继世纪闻》卷一中云：

---

① 王守仁等：《王阳明全集（新编本）》卷二十六《五经臆说十三条》，吴光、钱明、董平、姚延福编校，浙江古籍出版社 2011 年版，第 1027 页。
② 谷应泰：《明史纪事本末》卷四十三《刘瑾用事》，中华书局 1977 年版，第 629 页。
③ 李梦阳：《空同集》卷四十，景印《文渊阁四库全书》第 1262 册，第 357 页。
④ 《明武宗实录》卷十八正德元年十月己未条，"中央研究院"历史语言研究所，1962 年，第 545 页。
⑤ 谷应泰：《明史纪事本末》卷四十三《刘瑾用事》，中华书局 1977 年版，第 632 页。
⑥ 李梦阳：《空同集》卷四十《代劾宦官状疏·秘录附》，景印《文渊阁四库全书》第 1262 册，第 358 页。
⑦ 如《明武宗实录》便是如此，参见《明武宗实录》卷十八正德元年十月戊午条，"中央研究院"历史语言研究所，1962 年，第 544 页。

　　　　上不得已允之，会天晚，待明旦发旨，捕瑾等下狱。左右有以其事密告瑾者，瑾
　　素与李阁老东阳有旧，重其诗文，密以韩文等所劾询之东阳，得其大略。瑾等惊觉，
　　遂趋至御前，俯伏哀号。①

据此，则亦有可能是焦芳先以群臣弹劾一事通知刘瑾，随后刘瑾又从李东阳处得知弹劾的
具体内容。且《双溪杂记》及《继世纪闻》二书均指李东阳曾为刘瑾所建的玄真观作碑
文，而据王鏊《震泽长语》卷上云：

　　　　刘瑾虽擅权，然不甚识文义，徒利口耳。中外奏疏处分，亦未尝不送内阁，但秉
　　笔者自为观望，本至，先问此事当云何，彼事当云何，皆逆探瑾意为之。有事体大
　　者，令堂后官至河下问之，然后下笔。故瑾益肆。②

由此可见李东阳后来居内阁期间阿顺刘瑾之状。李东阳的此等作为，在当时就已经遭到激
烈非难。刘健、谢迁被迫致仕后，李东阳为其设宴送行，席间感慨落泪，被刘健当场斥责
道：

　　　　何用今日哭为！使当日出一语，则与我辈同去耳。③

对此李东阳"无以应"。此外，李东阳之门生罗玘曾上书责李东阳并请削门籍④，而崔铣
亦在为罗玘文集所作后序中云：

　　　　往西涯公处刘瑾、张永之际，不可言臣节矣。⑤

在刘瑾被诛后，李东阳甚至为此受到弹劾：

　　　　及瑾诛，御史张芹劾称"当瑾擅权乱政之时，东阳礼貌过于卑屈，词旨极其称
　　赞，贪位慕禄，不顾名节"等语，人颇然之。⑥

上引王阳明论"晋"卦之文以"初"，即第一爻为"当进之始，上与四应"，却又云第四
爻"意方自求进，不暇与初为援"。若以第一爻为王阳明自身，则第四爻之所为，与前述
李东阳之事迹相当符合。盖李东阳在王阳明入仕至正德元年朝臣弹劾刘瑾之间的这段时间

①　陈洪谟：《继世纪闻》卷一，中华书局 1985 年版，第 71 页。
②　王鏊：《震泽长语》卷上，景印《文渊阁四库全书》第 867 册，第 204 页。
③　谷应泰：《明史纪事本末》卷四十三《刘瑾用事》，中华书局 1977 年版，第 632 页。
④　罗玘：《圭峰集》卷二十一《寄西涯先生书》，景印《文渊阁四库全书》第 1259 册，第 285 页。
⑤　黄宗羲编：《明文海》卷二三六《删圭峰集题后》，中华书局 1987 年版，第 2431 页。
⑥　陈洪谟：《继世纪闻》卷一，中华书局 1985 年版，第 74 页。

内，位于天子及内阁首辅之下，正合"四"之地位。其身为王阳明、李梦阳等人之座师，又乐于提携新进门人，正是在这些门人之"当进之始"与其相"应"。然而在正德初年，当李梦阳及王阳明等因参与弹劾刘瑾运动而付出惨重代价时，李东阳却变节保身，并登上高位，正是"方自求进，不暇与初为援"。而如果李东阳将群臣弹劾的内容泄露给刘瑾一事属实，则其又是导致王阳明与李梦阳等人"见摧"的直接原因之一了。王阳明结束流放生活复归中央之后，各种资料中均无其再与李东阳交往的痕迹，而上引其与李东阳之间的唱和诗并未被收入《王文成公全书》，且书中亦无其他王阳明与李东阳之间的往来诗作及书信等文字。《年谱》中叙及李东阳，只有前述在王阳明落第时前来探望并称赞其文才一处，此外再无触及。凡此种种，均说明了王阳明后来对待李东阳之态度①。而这也说明《年谱》及《王文成公全书》等资料，均是站在王阳明后来的态度和立场上刻意编纂的，在使用时有相当大的考辨余地。此外据钱德洪所说，王阳明在写成《五经臆说》一书后不以示人，后来又将其焚毁②。偶然存留至今的几条，如余先生所云均涉及政治秩序的问题，且有以上所分析的可被理解为是在影射现实人物之处，由此大概可以想见原书的整体面貌，而这可能正是王阳明毁掉此书的原因。

（作者单位：武汉大学历史学院）

---

① 关于此事，亦可参见杨正显：《一心运时务：正德时期（1506—1521）的王阳明》，台湾花木兰文化出版社 2010 年版，第 48~49 页。

② 王守仁等：《王阳明全集（新编本）》卷二十六《五经臆说十三条》钱德洪序，吴光、钱明、董平、姚延福编校，浙江古籍出版社 2011 年版，第 1023~1024 页。

经学与文献考释

《汉书·艺文志》"东方朔二十篇"考辨*

□　孙振田

一、研究综述

《汉书·艺文志》（下称《汉志》）诸子略杂家类著录有"东方朔二十篇"一种，而且，关于东方朔的作品，全部的《汉志》只著录有这一种。然则，其一，这"二十篇"是不是东方朔全部的作品？其二，这"二十篇"究竟又是指哪些呢？学者们对之展开了探讨，大致可以分为两种情况：

（一）"二十篇"就是东方朔的全部作品

如徐宗文先生即持此论，至于"二十篇"具体之所包，则为：《公车上书》《谏除上林苑》《化民有道对》《上书陈计》《答客难》《非有先生论》《封泰山》《责和氏璧》《皇太子生禖》《屏风》《殿上柏柱》《平乐观赋猎》《八言诗》（上）《八言诗》（下）《七言诗》（上）《七言诗》（下）《从公孙弘借车》《据地歌》《诫子诗》《临终谏天子》。所依据的材料则主要为《史记·东方朔传》（褚少孙补撰，下称褚《传》）与《汉书·东方朔传》（下称班《传》）以及扬雄《法言》等。其中，《据地歌》《临终谏天子》二种为据褚《传》而来，其余则或据班《传》，或兼据褚《传》与班《传》，或兼据褚《传》与扬雄《法言》。对于褚《传》，主要是依据其文本所涉及而辑录，对于班《传》，则主要依据《传》文所提及、传文"……其余有《封泰山》《责和氏璧》《皇太子生禖》《屏风》《殿上柏柱》《平乐观赋猎》，《八言》《七言》上下，《从公孙弘借车》。凡刘向所录朔书具是矣，世所传他事皆非也"云云及颜师古所做之相关注释等而辑录。①

* 本文为国家社科基金项目："《汉书·艺文志》注解长编及研究"（编号：11XTQ013）、国家社科基金重大招标项目："中外《史记》文学研究资料整理与研究"（编号：13&ZD111）及教育部社科基金项目："中国著名目录学家个案研究——姚振宗目录学研究"（编号：09YJC870026）、第二批陕西高校人文英才计划的阶段性研究成果。

① 徐宗文：《东方朔作品小考》，《汕头大学学报》（人文社会科学版）1991 年第 3 期。

（二）"二十篇"并非东方朔的全部作品

1. "二十篇"仅指班《传》所言朔所上之《上书陈农战强国计》（徐宗文先生拟为《上书陈计》）

如清末目录学大家姚振宗即持此论："其上书陈农战数万言者，即《艺文志》杂家东方朔二十篇也。"① 依据主要为班《传》"久之，上书陈农战强国之计"云云。

至于东方朔另外的作品，姚振宗则认为另有撰集，而此撰集则没有被著录进《汉志》之中。如所撰《汉书艺文志拾补》（简称《拾补》）诗赋略拾补、著录有汉太中大夫《东方朔集》二卷一种，按云："《传》言刘向所录，此又引其言，必是《叙录》中语，知是《集》为刘中垒所编辑，在《七略》之外者也。"② 以刘向于《汉志》"东方朔二十篇"之外另编撰有《东方朔集》二卷，且没有被著录进刘歆《七略》及班固《汉志》之中。而东方朔另外的作品就收录在这二卷之中，"《传》言"云云所要说明的就是这一点。拾补、著录的直接依据为《隋书·经籍志》《旧唐书·经籍志》《新唐书·艺文志》均著录有《东方朔集》二卷。"《传》言"，是指班《传》"凡刘向所录朔书具是矣。世所传他事皆非也"云云，"此又引其言"，则是指班《传》赞"刘向言……故令后世多传闻者"云云，"《叙录》"，是指刘向《别录》中"东方朔二十篇"之"书录"。《拾补》蓍龟类另著录有东方朔《射覆经》一卷，拾补、著录的依据主要有二：（1）班《传》"上尝使诸数家射覆……舍人不胜痛，呼謈"及班《传》赞"朔之诙谐，逢占射覆，其事浮浅，行于众庶，童儿牧竖莫不眩耀。而后世好事者因取奇言怪语附着之朔，故详录焉"云云；（2）郑樵《通志·艺文略》五行类射覆家著录有东方朔《射覆经》一卷。姚振宗并按云："本传又云'凡刘向所录朔书具是矣，世所传他事皆非也'，颜注谓'他事如《别传》及《俗用五时行用》之书皆非其实'。今按本传载其射覆二事，则实有其事，非《五行时日》等比，亦非奇言怪语附着于朔之比，当时必有其书，故班氏得著录于史。又云'复使射他物，连中'，是班氏所见尚不止此，余皆略之也"③，认为《射覆经》之外尚有《传》所未载的东方朔关于射覆的著作。

姚振宗又于《汉书艺文志拾补》"东方朔二十篇"条按云："本传言'上书陈农战强国之计，辞数万言'者，意此'二十篇'之书。褚少孙称'上书用三千奏牍'，意亦即是此书……本传又言刘向所录朔书，有《客难》《非有先生论》……皆其杂诗文，则本志所不载者也。"④ "褚少孙称"，是指褚少孙在所撰《东方朔传》中的记述。至于《汉志》为什么不载《答客难》等"杂诗文"，姚振宗则没有指出。又于所辑《七略别录佚文》中

---

① 姚振宗：《汉书艺文志拾补》，《二十五史补编》本，开明书店 1936 年版，第 57 页。
② 姚振宗：《汉书艺文志拾补》，《二十五史补编》本，开明书店 1936 年版，第 57 页。
③ 姚振宗：《汉书艺文志拾补》，《二十五史补编》本，开明书店 1936 年版，第 79~80 页。
④ 姚振宗：《汉书艺文志拾补》，《二十五史补编》本，开明书店 1936 年版，第 110 页。姚振宗又于同书"《大杂赋》三十四篇"条按云："此十家以《大杂赋》居末……《志》无东方朔赋，意即在此十家杂赋之中。"然此论实难成立，《汉志》杂赋主要是指那些作者、时代等均无考的赋作，东方朔赋既然作者可考，当然不可能被收录于杂赋类中。详参拙撰《〈汉志·诗赋略〉杂赋类研究》，《国学学刊》2011 年第 2 期。张舜徽先生引姚振宗"意即在此十家杂赋之中"之论没有异议，详参张舜徽：《张舜徽集·汉书艺文志通释》，华中师范大学出版社 2004 年版，第 365 页。

将据班《传》所辑得的佚文"朔之文辞……凡刘向所录朔书具是也"云云系于"东方朔二十篇"条下，按云："此所载难、论之书，而诗赋略中无东方朔，无可类附，故系于此。"所谓"无可类附"，亦是指"东方朔二十篇"只包括《上书陈农战强国计》，不包括《答客难》等另外的著作。又按云："《楚辞》十六卷，亦刘中垒所录，有东方朔《七谏》，此亦不具"①，指出东方朔尚有《七谏》也没有被收录进"东方朔二十篇"之中。

2. 这"二十篇"并不包括《上书陈农战强国计》在内，而是东方朔另外作品的结集，但又非东方朔另外全部作品的结集，而只是这些作品的选集

持此论者，如笔者好友李江峰先生明确指出：《汉志》诸子略著录的东方朔二十篇"不是东方朔'陈农战强国之计'的上书，而是东方朔的作品集，但这 20 篇并不是东方朔全部作品的结集；在某种意义上说，只是东方朔作品的选集"。至于这"二十篇"具体之所包，李先生并没有予以指出，但对于其所未收的作品，则指出有如下几种：(1)《七谏》，据《楚辞》而认定；(2)《临终见天子》，据褚《传》而认定；(3)《据地歌》，据褚《传》而认定；(4)《诫子诗》，据扬雄《法言》、班《传》而认定；(5)《骂鬼》，据王延寿《梦赋序》及刘勰《文心雕龙·祝盟》而认定。除这五种外，李先生又指出，东方朔当还有一些谐隐类的作品不为"二十篇"所收。② 李先生于东方朔研究用力甚深，"二十篇"为东方朔作品的选集之论为《汉志》"东方朔二十篇"及东方朔作品研究具有标志性意义的成果。③

二、褚《传》与班《传》之比较、考析

前人研究作出了有益的尝试，不无创获。但笔者还是认为，关于《汉志》"东方朔二十篇"仍有可以讨论之处，相关论断尚需修正，相关问题也需要进一步明晰。

（一）褚《传》不可径直作为考证《汉志》"东方朔二十篇"的有效凭证

褚少孙在谈到其《东方朔传》（包括另外几篇记载滑稽人物的传记在内）的撰写情况

① 姚振宗：《七略别录佚文》，邓骏捷校补，澳门大学出版中心 2007 年版，第 56 页。
② 李江峰：《〈汉书·艺文志〉"东方朔二十篇"考论》，《古籍整理研究学刊》2006 年第 4 期。
③ 其他如余嘉锡先生认为"二十篇"是东方朔之"文集"："如《东方朔书》之类，乃全与文集相等。篇目具在，可复案也"，"故其时诸家著述，有篇目可考者，如东方朔、徐乐、庄安等，乃全类后世之文集"。其中所收录，则有东方朔之赋、诗、书、设论、论等。不过，余先生并未指出"文集"是否收录了东方朔的全部作品，也未能列出"二十篇"的详细篇目，并交代究竟是据褚《传》还是班《传》而"复按"及其原因等。余先生也未能对相关的文献问题进行深入的考证。详参余嘉锡：《余嘉锡说文献学·古书通例》，上海古籍出版社 2001 年版，第 219、208、213、214 页。除以上外，也有不少研究并不以"东方朔二十篇"为切入点，而只是对东方朔的作品进行勾稽与认定。仅以较近的研究者为例，如胡春润认为东方朔的作品远在 20 篇之上，达 30 篇之多（详参所撰《东方朔研究》，武汉大学 2005 年硕士论文，第 27 页），陈祥谦先生也认为东方朔的作品并不只有 20 篇（详参所撰《〈东方朔集〉考辨》，《图书情报工作》2011 年第 15 期）。关于东方朔作品更为详细的研究情况，另参李江峰：《东方朔作品考》及《东方朔研究述评》二文，分载《古典文献研究》第八辑（凤凰出版社 2006 年版）、《广西师范学院学报》（哲学社会科学版）2006 年第 3 期。

时云:"臣幸得以经术为郎,而好读外家传语。窃不逊让,复作故事滑稽之语六章,编之于左。可以览观扬意,以示后世好事者读之,以游心骇耳。"① 内中的"外家传语",其指向无外乎以下二种:(1)针对司马迁所撰《滑稽列传》而言;(2)针对其撰写《东方朔传》等的材料来源而言。而无论是哪一种,均可据以推知此褚《传》之内容可能存在着不实之处,不可以直接作为考证东方朔作品的凭证。关于"外家传语":(1)"而好读外家传语"之"而"表明,褚少孙正将"外家传语"与"经术"相对而言,知其所谓的"外家传语"当为那些异于经书的可信度较低的书籍——特别是"传语"一词,带有明显的未经证实的意味。既为"传"语,则在一定程度上就与"传说"的含义相接近。又据"好事者"、"游心骇耳"云云,可知即使在褚少孙本人看来,这些"滑稽之语六章"也与严肃的人物传记有所不同,并不是可以尽信无疑的;(2)褚《传》在谈到东方朔的学术及阅读取向时云:"以好古传书,爱经术,多所博观外家之语。"② 同样将"外家之语"与"经术"相对应。司马贞《索隐》:"东方朔亦多博观外家之语,则外家非止经史,即传记、杂说之书。"③ 以东方朔的读书特点为旁证,将褚少孙所好读之"外家传语"解为"传记、杂说"。即以此解释为准的,至少就"杂说"来看,"外家传语"也与严肃的正史之作有着明显的区别,带有难以凭据的色彩。"外家传语"与"外家之语",其意相同。无论是褚少孙自言撰写《东方朔传》的情况,还是交代东方朔本人的学术及阅读取向,均特别强调了"外家传语"或"外家之语",并均与"经术"相对,可见所谓的"外家传语"或"外家之语"必有其特别之处,亦即在时人看来,这些书籍无关紧要,为通常人所不读,至于内中之原因,则显然是因为其属于闲书一类,主要供人娱乐消遣(褚少孙所自云之"游心骇耳"),可信度也存在着一定的问题。这也就是说,这一类书籍或本即因娱乐而起,那么,其内容上的捏造附会以至于不实等也就不言而喻了④。

又,王充《论衡·书虚》云:"夫世间传书诸子之语,多欲立奇造异,作惊目之论,以骇世俗之人;为谲诡之书,以著殊异之名。"⑤《感虚》云:"儒者传书言:'尧之时十日并出,万物燋枯。尧上射十日,九日去,一日常出。'此言虚也。"⑥ 这里的"传书"与"传语"虽不可等同,但既然"传书"可以"立奇造异,作惊目之论",那么,"传语"当然也可以"立奇造异,作惊目之论"了。《论衡·语增》更是多处直接使用"传语"一词,并对其内容表示怀疑,直陈其内容有虚夸而不可尽信之处。如云:"传语曰:

---

① 司马迁:《史记》(点校本二十四史修订本),中华书局 2014 年版,第 3892 页。

② 司马迁:《史记》(点校本二十四史修订本),中华书局 2014 年版,第 3893 页。

③ 司马迁:《史记》(点校本二十四史修订本),中华书局 2014 年版,第 3892 页。

④ 关于"外家传语",余嘉锡先生云:"外者对内言之,古人重其所学,则谓之内。褚先生先通鲁诗,又以治春秋高第为郎,故以经术为内,以诸子传记为外也。此外家传语,即为太史公列传耳。"(余嘉锡:《太史公书亡篇考》,《余嘉锡论学杂著》,中华书局 1963 年版,第 96 页)辛德勇先生则云:"褚少孙述东方朔行事,云其'多所博观外家之语';他自己虽补续《史记》多篇,而独于《滑稽列传》中称'好读外家传语',并云因此而续补'滑稽之语',以令后世'游心骇耳';这说明所谓'外家传语'必与奇闻逸事相关联,其词语或可耸人听闻,其事项却未必尽属史实……褚少孙所记尚且如此,足见其所依据的'外家传语'绝非信史,只能是流传于街头巷尾的齐东野语。"(辛德勇:《漳水十二渠始创者辨析·论"西门说"之不足信据》,《历史的空间与空间的历史》,北京师范大学出版社 2005 年版,第 8~9 页)两相比较,以辛说为合理。

⑤ 张宗祥校注,郑绍昌标点:《论衡校注》,上海古籍出版社 2013 年版,第 79 页。

⑥ 张宗祥校注,郑绍昌标点:《论衡校注》,上海古籍出版社 2013 年版,第 106 页。

'圣人忧世深，思事勤，愁扰精神，感动形体，故称尧若腊，舜若腒，桀、纣之君，垂腴尺余。'夫言圣人忧世念人，身体羸恶，不能身体肥泽，可也。言尧、舜若腊与腒，桀、纣垂腴尺余，增之也。"① 即便充分持以谨慎的态度，不妄加怀疑，以今之眼光看，所谓"若腊"、"若腒"、"垂腴尺余"云云，也都只能是虚构与夸饰之辞，不可尽信。王充距褚少孙尚未为远，故此"传语"与"外家传语"之"传语"意当相近。这些表明，所谓"外家传语"，确有其不可相信之处，亦即据"外家传语"所撰的褚《传》的确不可作为径直考证《汉志》"东方朔二十篇"的有效凭证。

（二） 班《传》是考证东方朔作品唯一可靠的文献依据

与褚《传》的"游心骇耳"不同，班《传》实具有对东方朔之事、之作进行辨伪存真的性质。这在传文中有明确的表述，材料有二：（1）班《传》："朔之文辞，此二篇（指《答客难》《非有先生论》）最善。其余有《封泰山》《责和氏璧》及《皇太子生禖》《屏风》《殿上柏柱》《平乐观赋猎》，《八言》《七言》上下，《从公孙弘借车》。凡刘向所录朔书具是矣。世所传他事皆非也。"② 既较为详细、具体地列出东方朔的作品，复又强调说明"世所传他事皆非也"，则其对东方朔之作进行辨伪存真的意图显然。"向所录朔书"，是指刘向《别录》中对东方朔作品的记载；（2）班《传》赞："刘向言少时数问长老贤人通于事及朔时者，皆曰朔口谐倡辩，不能持论，喜为庸人诵说，故令后世多传闻者。而扬雄亦以为朔言不纯师，行不纯德，其流风遗书蔑如也。然朔名过实者，以其诙达多端，不名一行，应谐似优，不穷似智，正谏似直，秽德似隐……朔之诙谐，逢占射覆，其事浮浅，行于众庶，童儿牧竖莫不眩耀。而后世好事者因取奇言怪语附着之朔，故详录焉。"③ 这段话，尤其是"而后世好事者因取奇言怪语附着之朔，故详录焉"云云，所体现出的对东方朔存真辨伪的性质更为明显。"详录"的目的，正是为了存真去伪，祛除附着于东方朔身上的不实之处。所以要对东方朔进行存真祛伪，无非是为了还原一个真实的东方朔，既将东方朔的作品还归东方朔，又祛除附着在其身上的虚假传说。据班《传》赞"刘向言"云云尤其"刘向所录朔书具是矣。世所传他事皆非也"，及班《传》的具体内容，可以判断，班《传》主要即据刘向《别录》及东方朔之作诸如《答客难》《非有先生论》等撰写而来④，而刘向《别录》中关于东方朔的"书录"显然又有着鲜明的

---

① 张宗祥校注，郑绍昌标点：《论衡校注》，上海古籍出版社 2013 年版，第 156 页。

② 班固：《汉书》，中华书局 2007 年版，第 659 页。

③ 班固：《汉书》，中华书局 2007 年版，第 659 页。

④ 余嘉锡先生论云："又《别录》于诸书皆考作者之行事，论书中之指意，未尝以空言臧否人物，即其论贾谊、东方朔，亦皆就事实立言，故为班固所称引。"（余嘉锡：《余嘉锡说文献学·目录学发微》，上海古籍出版社 2001 年版，第 56 页）以《汉书·东方朔传》引用了刘向《别录》中的东方朔"书录"。王利器先生亦引《汉书·贾谊传》赞《董仲舒传》赞之"刘向称"及《东方朔传》之"刘向言"云云，按云："三传俱见《史记》，但《汉书》皆视之为缜密，今由'传赞'以推，或班氏别采《录》《略》以补苴之，盖今所见向、歆父子校上书序，皆详述撰人行事也。其《楚元王传》，《汉书》亦较《史记》为详密，疑亦采向、歆父子自序之词"（《文史》第 21 辑，中华书局 1983 年版，第 11 页），也认为《汉书·东方朔传》引用了刘向《别录》中的东方朔"书录"。这是能够成立的。当然，在撰写《东方朔传》的过程中，班固或不免又有所考察，然其较刘向不大可能增加新的内容。"凡刘向所录朔书具是矣"及班《传》赞中刘向"数问长老贤人通于事及朔时者"云云，也表明班固确实没有增加新的内容。

特点，即相关信息已经过了刘向的鉴别、辨伪：班《传》赞所谓刘向"少时数问长老贤人通于事及朔时者"云云是东方朔之事经过了鉴别与辨伪之明证，而所谓"向所录朔书具是矣。世所传他事皆非也"则为东方朔之作经过了鉴别与辨伪之明证。"向所录朔书具是矣。世所传他事皆非也"必为据刘向《别录》而来，既鉴别与辨伪其作，复鉴别与辨伪其事，符合情理。重要的是，刘向本身就是大规模的图书整理者，完全具备这样的条件。刘向所以要"问诸故老"，对东方朔的事迹进行调查、核实，正是因为有关东方朔的传说、传闻等在当时即已广为流传，存在着虚夸与附会。正是从班《传》具有对东方朔进行辨伪存真的性质的角度，且其材料又主要来自刘向《别录》，而刘向《别录》又经过了鉴别与辨伪，故我们说班《传》是考证《汉志》"东方朔二十篇"唯一有效的文献依据。

事实上，如果将班、褚二《传》进行对比，不难发现以下两点：（1）班《传》于褚《传》没有引用。我们知道，汉武帝以前的历史，《汉书》于《史记》多所引用，不少基本上是原文照抄。而班《传》于褚《传》却显然并非如此，没有对之加以借鉴与采用。将褚《传》与班《传》进行比较，可知，除关于《答客难》事基本相同外（褚《传》重在记《答客难》之事，班《传》虽亦以《答客难》之事为切入，但又以载文为重点。褚《传》将《答客难》视为东方朔所实际经历之事而叙述，班《传》则明确指出所谓的《答客难》为自拟答客而作文），两者并无相同之处。即便关于《答客难》之相同，更多的也只是史实上的客观相同，而非专门的采用。褚少孙较班固为早，因此，作为史家的班固必然看到过其所撰的《东方朔传》，然却没有加以引用——据研究，班固确曾见到过褚少孙所补之《史记》（包括《东方朔传》在内），并且有所采用，所采文字占褚补文字的25%~30%①，这足以说明，班固对于褚《传》内容的可靠性是心存怀疑的②。虽然班《传》主要为依据刘向《别录》，但这并不影响其对于褚《传》的采纳。（2）涉及同样的事情，班《传》与褚《传》又有着较大的不同。例如，同样是记述东方朔初入长安，褚《传》云"至公车上书，凡用三千奏牍"，而班《传》则云东方朔上书陈述自己的成长历程，所谓"臣朔少失父母，长养兄嫂"云云，且班《传》也提到了东方朔"待诏公车"，但却又根本没有提及其上书"三千奏牍"之事。再如同样是诏赐食肉，褚《传》为"时诏赐之食于前。饭已，尽怀其余肉持去，衣尽污"云云，而班《传》则为"诏赐从官肉。大官丞日宴不来，朔独拔剑割肉……既怀肉去"云云，一为"怀其余肉"，一为"拔剑割肉"，截然不同，恐非仅仅是写作手段所能解释的。班《传》于褚《传》不加采用，以及二者在关键问题上的不同，尤其是班《传》又明云"世所传他事皆非也"、"故详录也"（班《传》赞），也清楚地表明，班《传》在引用刘向《别录》的同时，于褚《传》有着

---

① 详参顿文聪：《褚少孙研究三题》，《渭南师范学院学报》2014年第10期。据范晔《后汉书·班彪传》，班彪曾撰《〈史记〉后传》数十篇，起因是诸"好事者"所"续"之《史记》"多鄙俗，不足以踵继其书（《史记》）"，而章怀注"好事者"则又有褚少孙在（范晔等：《后汉书》，中华书局1965年版，第1324~1325页）；班固撰《汉书》又为继其父之业，且《汉书·儒林传·王式传》中亦明确述及褚少孙师事王式、应博士弟子选之事——知班固于褚少孙之材料必有了解，合此二者而观之，以班固曾见过褚少孙之补作，并且有所参考，能够成立。

② 考虑到班固于褚补整体上采用较少的客观情况，则其不引褚《传》或并无特殊之深意，而只是普遍的做法。果如此，则必须深究"普遍"背后的原因，即之前的"好事者"包括褚少孙在内所"续"之《史记》"多鄙俗，不足以踵继其书"（参前注释），而此则直接证明褚少孙《东方朔传》的内容并不可靠，不可以作为考证《汉志》"东方朔二十篇"的依据。

明确的辩证色彩。如果说，对于世所传的关于东方朔的"传语"的确需要加以辨伪存真的话，而对于已经进入史书的或者说已经形成为文本的关于东方朔的"传语"，显然就更具有辩证的必要了。我们甚至难以否定，班固《汉书》所以为东方朔立传不是因褚《传》而起。

班《传》对于褚《传》的辩证色彩，愈加说明，只有班《传》才是考证东方朔作品的唯一可靠文献。这也就意味着，考察《汉志》"东方朔二十篇"有关问题，只能而且必须以班《传》为出发点。上述徐宗文先生等，据褚《传》而考证《汉志》"东方朔二十篇"，考定东方朔撰有诸如《公车上书》《据地歌》《临终谏天子》等，显失稳妥。凡据褚《传》考证东方朔作品，均需谨慎从事，注意到其中可能存在着不实的内容，否则出现不妥甚至失误在所难免。

三、东方朔作品考辨

（一）据班《传》进行东方朔作品考辨概述

1. 班《传》已涵盖及交代了东方朔全部的作品

据班《传》在指出东方朔作品之最善者《答客难》《非有先生论》外，另详列《封泰山》《责和氏璧》《皇太子生禖》《屏风》《殿上柏柱》《平乐观赋猎》《八言》（上）《八言》（下）《七言》（上）《七言》（下）《从公孙弘借车》，并紧接着明确指出"凡刘向所录朔书具是矣。世所传他事皆非也"，则关于东方朔的作品，班《传》已作了全部交代。否则，既明云"凡刘向所录朔书具是矣。世所传他事皆非也"，于东方朔之作品便不必如此详细地列出。再据班《传》赞"朔之诙谐，逢占射覆，其事肤浅，行于众庶，童儿牧竖莫不眩耀。而后世好事者因取奇言怪语附着之朔，故详录也"云云，同样可以得出班《传》于东方朔的作品已作了全部交代的结论。"故详录焉"云云，既于全部"赞"文同时也是全部传文的末尾出之，则必定是在从整体上交代《东方朔传》的写作思路，也就是所"详录"的内容不仅包括东方朔之事，亦必然包括东方朔之作在内。"朔之诙谐"，当然也可以是针对东方朔之作而言的，传文既称《上书陈农战强国计》"颇复诙谐"，又据《诫子诗》等评价东方朔为"滑稽之雄"，即其明证。而后世好事者所附着于朔者，除"其事"外，当然也可以有"其作"。既要对东方朔存真辨伪，就必须包括对其作品的存真辨伪在内，而如果不采取"详录"的做法——对东方朔之作亦一一详载，显然也无法达到对其作存真辨伪的目的。

在《汉书》中，对相关传主的著作情况进行交代，除《东方朔传》外，其他如《贾谊传》："凡所著述五十八篇，掇其切于世事者著于传云。"① 明确指出贾谊著述的篇目数量，以及所采用者只是其中的一部分。再如《董仲舒传》："仲舒所著，皆明经术之意，及上梳条教，凡百二十三篇。而说《春秋》事得失，《闻举》《玉杯》《蕃露》《清明》《竹林》之属，复数十篇，十余万言，皆传于后世。掇其切当世施朝廷者著于篇。"② 对

---

① 班固：《汉书》，中华书局 2007 年版，第 496 页。
② 班固：《汉书》，中华书局 2007 年版，第 570~571 页。

"仲舒所著"，虽没有交代具体的篇目，然明确指出为"凡百二十三篇"，交代了其总的篇数；对于"说《春秋》事得失"，虽然没有详细列出具体的篇目，然明确以"之属"称之，同时并指出有"数十篇"、"十余万言"，亦即大致指出实际的数量远非《闻举》《玉杯》等五种。特别是最后"掇其切当世施朝廷者著于篇"云云，明确指出《传》文中所采用者只是一部分。《司马相如传》："相如它所著，若《遗平陵侯书》《与五公子相难》《草木书篇》，不采，采其尤著公卿者云。"① 这里虽然列出了司马相如的作品，但同时又以"若"称之，并明确指出《传》文所采用的只是"尤著公卿者"，意所采用的只是司马相如的部分作品。而在班《传》中，在列出东方朔的作品《封泰山》《责和氏璧》等时，既没有使用"之属"及"若"这样的字眼，也没有明确指出所采用及所列出的只是东方朔作品的一部分，故可知所采用及列出的就是东方朔全部的作品。

2. 班《传》所及之东方朔的作品与《汉志》"东方朔二十篇"之间存在着完整的对应关系

毋庸置疑，既然班《传》是据刘向《别录》而来，而《别录》出于存真辨伪的需要又详载了东方朔之事、之作，其中的东方朔之作又必然为依据《汉志》所载的"东方朔二十篇"而撰写（班固《汉志》为据刘歆《七略》而编撰，刘歆《七略》则又以刘向《别录》为蓝本），是则班《传》在东方朔之作这点上与《汉志》"东方朔二十篇"之间也就存在着完整的对应关系——亦即据班《传》考察《汉志》"东方朔二十篇"是完全能够成立的。既然班《传》涵盖及交代了东方朔的全部作品，《汉志》"东方朔二十篇"又与之存在着完整的对应关系，则衡之后世的概念，"东方朔二十篇"就当视为收录了东方朔全部作品的全集，如果非要称之为别集不可，则也是收录了全部作品的别集。即此而言，上述姚振宗以《汉志》"东方朔二十篇"仅为《上书陈农战强国计》，其余作品另有撰集，包括射覆类等在内不为《汉志》所著录，及认为"东方朔二十篇"仅为东方朔作品之选集，之外另有《骂鬼》（包括《临终见天子》）等，恐均为未周，难以成立。② 姚振

———————————

① 班固：《汉书》，中华书局 2007 年版，第 585 页。

② 核东方朔撰有《骂鬼》之书的材料，如王延寿《梦赋序》："臣弱冠尝夜寝，见鬼物，与臣战。遂得东方朔与臣作《骂鬼》之书，臣遂作赋一篇叙梦。"（范文澜：《文心雕龙注》，人民文学出版社 1962 年版，第 184 页）东方朔远在王延寿之前，故可知《序》所谓东方朔为王延寿作《骂鬼》必为假托之语——而此恰好反映出东方朔不可能撰有《骂鬼》之书，否则，王延寿就不会假托东方朔为其撰《骂鬼》之作。东方朔既已有《骂鬼》，倘仍假托东方朔，既无趣味，亦无意义。即此可推断，假定确曾有题名东方朔的《骂鬼》之作，也必为在王延寿之后所假托。至于刘勰《文心雕龙·祝盟》"东方朔有《骂鬼》之书，于是后之谴咒，务于善骂"云云，则不排除是据其时所存在的伪托东方朔的《骂鬼》而言之，或者干脆不过就是误引王延寿《梦赋序》而已。《文心雕龙》称引不乏"失准"之处，如其《史传篇》论《史记》云："故本纪以述皇王，列传以总侯伯，八书以辅政体，十表以谱年爵，虽殊古式，而得事序焉。"（范文澜：《文心雕龙注》，人民文学出版社 1962 年版，第 284 页）其中的"列传以总侯伯"即失于精确，《史记》中"总侯伯"者为世家而非列传，列传所记者为卿士而非侯伯。《史传篇》"而其实录无隐……叔皮论之详矣"云云同样存在着不精确之处，所谓"叔皮之论"即范晔《后汉书·班彪传》所载班彪"斟酌前史而讥正得失"的"略论"中并无关于"实录无隐"的内容（详可参拙撰《〈文心雕龙·史传〉"实录无隐"注释辨疑》一文，《经学文献研究集刊》第十三辑，上海书店 2015 年版）。这种"失准"更多的是由没有核对原始文献所导致的。在不核对原始文献的情况下，将本为伪托的《骂鬼》当做东方朔之"真品"而加以引用，并不令人意外。

宗因"无可类附"之无奈而不得不将所谓的《别录》佚文"朔之文辞……凡刘向所录朔书具是也"系于"东方朔二十篇"之下，亦为不妥。若"朔之文辞"云云果为《别录》之佚文，则系于"东方朔二十篇"之下正为得其所。

明乎以上，以班《传》为依据，就可以考证出，《汉志》"东方朔二十篇"所收录的东方朔的作品大致如下：《谏除上林苑》《化民有道对》《上书陈农战强国计》《答客难》《非有先生论》《封泰山》《责和氏璧》《皇太子生禖》《屏风》《殿上柏柱》《平乐观赋猎》《八言》（上）《八言》（下）《七言》（上）《七言》（下）《从公孙弘借车》《诫子诗》。其中，《谏除上林苑》《化民有道对》因其篇幅相对较长，可以独立成篇，具备被视为作品的条件，故当以作品视之，计入"二十篇"之内。《上书陈农战强国计》当然也应包括在"二十篇"之内，《传》既言"自讼独不得大官，欲求试用。其言专商鞅、韩非之语也，指意放荡，颇复诙谐，辞数万言"①，可见刘向或者包括班固在内于《上书陈农战强国计》极为熟悉，亦即《上书陈农战强国计》作为著作层面的文本是确实存在的。至于《诫子诗》，虽然《传》文"其余"云云并没有如《封泰山》《责和氏璧》等亦予列出，但也应计入"二十篇"之内。《传》文所以没有与《封泰山》《责和氏璧》等一并列出，大概与《谏除上林苑》《答客难》《非有先生论》相同，《传》既已予以引用，故不再列出，以免重复。这些就是东方朔作品的全部，也就是《汉志》"东方朔二十篇"所包含的全部作品。需要补充的是，在据班《传》考证东方朔的作品时，必须将相关之事与其作分开，不能混为一谈。而上述如姚振宗显然没有注意到这一点，例如据班《传》考定东方朔撰有《射覆经》一卷，即为如此。班《传》虽然述及东方朔之"射覆"，然其当归入东方朔之事中去，不当作为东方朔之作而予以认定。除"射覆"外，其他可以归为东方朔之事的也应与其作分开，不能据以认定东方朔有相关的作品。这些东方朔之事，当为刘向亲自采访而来，或者据其他材料搜罗而来。姚振宗所据之郑樵《通志·艺文略》所载的东方朔《射覆经》一卷，当为后人所伪托。

（二）具体问题辨析

1. 数量上与"二十篇"存在着不合

据班《传》而辑录的东方朔的作品，其总数似乎只有 17 篇，与"二十篇"不合，那么，既然班《传》中已经囊括了东方朔的全部作品，这又是怎么回事呢？这是因为其中的《上书陈农战强国计》当为多篇而非一篇的缘故。考《汉志》，《七略》在对相关的书籍进行著录时，即使将不同的书籍作为一个条目而著录，对其篇数也只是整体上统一著录，而不再分别交代相关书籍的称名及其篇数。如儒家类著录有"刘向所序六十七篇"，具体包括《新序》《说苑》《世说》《列女传颂图》四种，"六十七篇"即是这四种篇数的总和。《汉志》的著录也是如此，如班固所新入之"扬雄所序三十八篇"，即包括扬雄《太玄》《法言》《乐》《箴》四种，"三十八篇"即这四种篇数之总和。再如《汉志》道家类著录有"太公二百三十七篇"一种，内中包括《谋》八十一篇、《言》七十一篇、《兵》八十五篇三种著作，"二百三十七篇"即这三种篇数之总和。据班《传》，东方朔

---

① 班固：《汉书》，中华书局 2007 年版，第 656 页。

所上之"陈农战强国之计"书既有"数万言",则分为多篇完全可能,也是很有必要的。《传》既云"专商鞅、韩非之语",则其立论定多基于商鞅、韩非,而《汉志》著录《商君》有二十九篇,《韩子》有五十五篇,既为"二十九篇"、"五十五篇",则知商鞅、韩非之论当以不同的专题展开,然则据之而立论的东方朔《上书陈农战强国计》也当以不同的专题而展开,并分为若干篇。"数万言"之巨,也决定了其必非为一篇,而是多篇。是则《答客难》等既然已经有了16篇,则"陈农战强国之计"的就当为4篇,合之而为"二十篇"之数。至于班固没有如注"刘向所序"、"扬雄所序"等,对"东方朔二十篇"也进行注释,指出各自的篇数,当是因为仅有《上书陈农战强国计》为多篇,而其余均为1篇,若一一注出必过于繁冗的缘故。此外,如诗赋略所著录的"屈原赋二十五篇"(参《汉志·诗赋略》),其中如《九歌》《九章》等也是多篇,而班固同样不予注明(另详参下文相关注释)。

2. "杂诗文"如《答客难》等赋作、诗作等没有被著录于诗赋略之赋类、诗类而是与《上书陈农战强国计》等编为一体著录于杂家类

首先,是由《上书陈农战强国计》所决定的。《上书陈农战强国计》只能著录于诸子略,而不可能著录于其他诸如六艺、诗赋等略之中。又因为《上书陈农战强国计》虽"专商鞅、韩非之语",但其思想等却又不局限于法家,而是夹杂有其他诸子学派的思想,颇具有"兼儒、墨,合名、法"的特点,且又"指意放荡,颇复诙谐",故而著录于杂家类中。《上书陈农战强国计》是"东方朔二十篇"被著录于杂家类的根本原因。其次,刘向出于对东方朔之事、之作辨伪存真的需要,必须将东方朔的全部作品集中在一起,以与所撰之东方朔"书录"相对应。也可以这样理解,出于存真辨伪的需要,刘向需要在"书录"中对东方朔之事、之作一一详载与说明,而"书录"又只能根据东方朔之事、之作而撰写,这也就要求举凡东方朔的作品必须集中在一起——唯有如此,才能为更好地撰写"书录"提供前提与基础,在这种情况下,东方朔另外的作品如《答客难》《非有先生论》等也就必然与《上书陈农战强国计》合编在一起了。另一方面,当《答客难》《非有先生论》等与《上书陈农战强国计》编撰在一起的时候,再对它们进行著录,便可能只是著录于一处而非分著于多处,即本不应著录于杂家类的赋作、诗作等便也被著录进了杂家类中。《汉志》另外的著录,就存在着一些看似不应该著录于某类的书籍事实上却著录进了该类之中的情况,如儒家类所著录的《扬雄所序》三十八篇,班固注云:"《太玄》十九,《法言》十三,《乐》四,《箴》二。"① 如果仅从文体来看,其中的"《箴》二"似即不当著录于儒家类,而当著录于诗赋略之赋类之中。这表明,在《汉志》那里,将"杂诗文"诸如《答客难》等赋作、诗作著录于杂家类中并不成为问题。至于所以将《上书陈农战强国计》及另外的著作一并著录于杂家类而非诗赋略中,固然不排除《上书陈农战强国计》本身就有"数万言"之巨,分量亦为不小,当是为了更好地突出东方朔的思想等特点的缘故。

---

① 班固:《汉书》,中华书局 2007 年版,第 333 页。

3. 关于《七谏》的相关问题

首先，《七谏》确当认定为东方朔的作品，这点王逸《楚辞章句》"《七谏》者，东方朔之所作也"① 已说得非常明白，无可怀疑；其次，《七谏》确实没有被收录于"东方朔二十篇"之中。考班《传》并无关于《七谏》的内容，则由班《传》追溯至刘向《别录》，可知《别录》中亦无关于《七谏》之记载。再由《别录》而至《汉志》"东方朔二十篇"，又可知"二十篇"中同样不包括《七谏》在内。另据班《传》所及之东方朔作品已有 17 篇（这里假设《上书陈农战强国计》仅为一篇），再加上《七谏》的七篇，总数为 24 篇，超过了二十篇，故也可知《七谏》确实没有被收录进"东方朔二十篇"之中②。至于为何没有收录，则当是因为《七谏》本身为代屈原立言之作的缘故。据力之先生研究，《楚辞》中的非屈原作品均为站在屈原的立场上代屈原立言③，即如果从内容上来看，这些非屈原作品事实上可以被视为屈原本人的作品，而非原作者的作品。以《七谏》为例，其既然为代屈原立言，就可以不再被视为东方朔的作品，而被视为屈原的作品。如此一来，其就会被编集入《楚辞》，而不再被收录入"东方朔二十篇"之中。当然，也不排除因为代屈原立言、被视为了屈原的作品而不能被收入"二十篇"，故而才编集入了《楚辞》之中。或许，刘向既然已将屈原的作品编为"屈原赋二十五篇"（参《汉志·诗赋略》），却仍然要编集《楚辞》一书，将代屈原立言的非屈原作品囊括其中，正是因为这些代屈原立言的作品的缘故。"屈原"之作，自然应该与屈原之作《离骚》等二十五篇编集在一起。将这些"屈原"的作品与原作者的另外的作品编集在一起，以作者为单位进行著录，且著录时又是以原作者之人名为著录之题名（详参《汉志·诗赋略》），无疑会造成混乱与不便。④ 总之，《七谏》作为东方朔的作品没有被收入"二十篇"之中，是有着解释的空间与余地的，与"二十篇"已经包括的东方朔全部的作品的观点并不存在着不可调和的矛盾。

综括以上，本文的结论是：褚《传》不可以径直作为考证《汉志》"东方朔二十篇"的凭证；班《传》是考证东方朔作品的唯一可靠的文献依据。班《传》涵盖及交代了东方朔全部的作品；班《传》所及之东方朔的作品与《汉志》"东方朔二十篇"之间存在着完整的对应关系。《汉志》"东方朔二十篇"就是东方朔的全部作品；"二十篇"具体所包则为：《谏除上林苑》《化民有道对》《上书陈农战强国计》《答客难》《非有先生论》

---

① 洪兴祖：《楚辞补注》，白化文等点校，中华书局 1983 年版，第 235 页。

② 《汉志》著录屈原的作品为"屈原赋二十五篇"（班固：《汉书》，中华书局 2007 年版，第 339 页），而这"二十五篇"，实际上是将《九歌》作为十二篇、《九章》作为九篇而统计，依此类推，假设《七谏》被收入了"东方朔二十篇"之中，则就当按照七篇而统计。

③ 力之：《从〈楚辞〉成书之体例看其各非屈原作品之旨》，《四川大学学报》（哲学社会科学版）2000 年第 2 期。

④ 即此来看，凡《楚辞》所录之非屈原作品，《汉志》均应未予著录，即：作者是屈原或景差"疑不能明"的《大招》，诗赋略没有著录；贾谊《惜誓》未收录于"贾谊赋七篇"之中；淮南小山之《招隐士》未收录于"淮南王群臣赋四十四篇"之中；严忌《哀时命》未收录于"庄夫子赋二十四篇"之中；王褒《九怀》未收录于"王褒赋十六篇"之中；刘向《九叹》未收录于"刘向赋三十三篇"之中。

《封泰山》《责和氏璧》《皇太子生禖》《屏风》《殿上柏柱》《平乐观赋猎》《八言》（上）《八言》（下）《七言》（上）《七言》（下）《从公孙弘借车》《诫子诗》，其中，《上书陈农战强国计》为多篇而非一篇。东方朔的"杂诗文"诸如赋作、诗作等之所以与《上书陈农战强国计》编在一起并被著录于杂家类中，是出于对东方朔存真辨伪的需要。《七谏》是东方朔的作品无疑，之所以没有被收录进"二十篇"，是因为其为代屈原立言之作，故被视为屈原的作品而收录入了《楚辞》之中。

（作者单位：西安工业大学人文学院、陕西师范大学文学院）

汉代经学章句发展说略

□ 骆瑞鹤

汉代儒家经学的主要表现形式之一是章句与章句之学。章句将经文分为篇、章、句、字，由字至篇依次说解。其主要内容包括解释文字，界定名物，说明制度，疏通文句，总结章指，发挥经义。学者在有关汉代学术的著述中，多论及章句，具有启发意义。唯已有论述，某些方面似仍不够理想，今试以官立章句为主重为之说。

一、章句的起源与形成

《说文·音部》："章，乐竟为一章。从音，从十，十，数之终也。"章字本义为音乐中完整的一段，转用于篇籍，指有完整意思的一段文字。《说文·丿部》："丨，钩识也。从反丿。读若捕鸟罬。"徐铉居月切。声转为曲，又转为句。句包括词义句和音节句，不一定句意完整①。汉王充《论衡·正说》："夫经之有篇也，犹有章句也。有章句，犹有文字也。文字有意以立句，句有数以连章。章有体以成篇，篇则章句之大者也。"② 南朝梁刘勰《文心雕龙·章句》："夫人之立言，因字而生句，积句而成章，积章而成篇。篇之彪炳，章无疵也；章之明靡，句无玷也；句之清英，字不妄也。"③ 王充提篇、章、句、字，是就说解意义而言；刘勰提字、句、章、篇，是就丽辞而言。刘勰所说，亦当源于经解。两家之说互为补充，可以帮助我们全面理解释经章句的构成。章句是将典籍分析为字词、句、章、篇，并依次说解的一种文献体式。章句最初用于儒家经典，后扩展用于其他典籍。宋沈括《补笔谈》："古人谓章句之学，谓分章摘句，则今之疏义是也。"④ 清洪颐煊《读书丛录》卷二二《五经章句》："诸儒章句，唯赵歧《孟子章指》传于今。敷衍文义，其大指如今之乡塾讲章。"⑤ 以疏义、讲章当古之章句，就著作之说解性质而言，大

---

① 参见黄侃：《文心雕龙札记·章句第三十四》，上海古籍出版社 2000 年版，第 128~129 页。

② 王充：《论衡》，《诸子集成》本，中华书局 1954 年版，第 270 页。

③ 王利器：《文心雕龙校证》，上海古籍出版社 1980 年版，第 219 页。

④ 沈括：《补笔谈》，排印《学津讨原》本，《丛书集成初编》第 283 册，中华书局 1985 年，第 5 页。

⑤ 洪颐煊：《读书丛录》，影印清道光二年刻本，《续修四库全书》第 1157 册，第 761 页。歧当作岐。(本文所引《续修四库全书》皆为上海古籍出版社 1996—2003 年版，以下出注不再交代版本信息)

略可从。唯古之章句与后世疏义、讲章，义例各异，二者又不能等同。

专门以儒家经典为解释对象的章句，出现甚早。何时有章句，学者说法各不同，或说先秦，或说西汉后期。《后汉书·徐防传》防上疏有云："臣闻《诗》、《书》、《礼》、《乐》，定自孔子；发明章句，始于子夏。"① 发明章句，谓明确经文章句。徐防此说，当是据《毛诗序》，《毛诗》为古文，相传其序为子夏始作。《豳风·东山序》："《东山》，周公东征也。周公东征，三年而归。劳归士大夫，美之，故作是诗也。一章言其完也，二章言其思也，三章言其室家之望女也，四章乐男女之得及时也。"② 序文明确将诗辞分为四章，故徐防或据以为说。又黄侃《文心雕龙札记·章句第三十四》："《学记》曰：'古之教者，一年视离经辨志。'郑曰：'离经，断句绝也。'详《记》文所述学制，郑皆以《周礼》说之，是则古之教者，谓周代也。其时考校已以离析经理断绝章句为最初要务，尔则章句之学，其来久矣。""子夏序《诗》，于《东山》篇分别四章之义，明文炳然，然则毛公故言所分章句，皆子夏传之也。"③ 毛公故言，谓汉人所传《毛诗》旧本，见《周南·关雎》、《大雅·思齐》、《大雅·行苇》。按《礼记·学记》之离经辨志，《左传》述《诗》之某篇某章，《东山序》之分章，只是分别章次句子，并无书面说解，说解都是口传，如《公羊》、《穀梁》之例。真正意义的经学章句，是一种解释性文献，即不仅要离析章句字词，还必须著于竹帛。这样的章句，作为经解体式之一，汉代方有。唐陆德明《经典释文》卷一《序录·注解传述人》："诗者，所以言志，吟咏性情，以讽其上者也……是以孔子最先删录，既取周诗，上兼商颂，凡三百一十一篇，以授子夏，子夏遂作序焉。口以相传，未有章句。"④ 谓子夏所传未有章句，应符合事实。汉初，学者继承了先秦人的经解体式如传、记之类，而又有故、解故、解诂、训、故训、训故、说、章句等（故，《汉书》作故，《后汉书》作诂），都是说解之名。《诗·周南·关雎》"《关雎》五章，章四句。故言三章，一章四句，二章章八句"，孔颖达疏："《六艺论》云'未有若今传、训、章句'，明为传、训以来，始辨章句"⑤，则章句的出现在传、训之后。

钱穆《两汉博士家法考》一二《家法与章句》："汉儒经传有章句，其事亦晚起，盖在昭、宣以下。""五经博士置自武帝，而博士分家起于宣帝。则诸经章句之完成，亦当在宣帝之后矣。"⑥ 其言"昭、宣以下"，当即"宣帝之后"。王葆玹在《今古文经学新论》第一章中认为："章句是在汉宣帝时兴起的一种著作形式……夏侯建及施、孟、梁丘、尹等人都是从汉宣帝时才进入学界与政界，可见章句形式在汉宣帝时才开始出现"⑦，谓章句至宣帝时方有，而以夏侯建、施（雠）、孟（喜）、梁丘（贺）、尹（更始）等作章句为准，自可成立。但若再考章句之始作，则似有可议。

诚如钱穆所说，五经博士置自武帝，而博士分家起于宣帝。但章句作者，不一定是博士，因此以博士分家为章句之始不妥。武帝建元五年（前 136 年）置立五经博士，至昭

---

① 范晔等：《后汉书》，中华书局 1965 年版，第 1500 页。

② 孔颖达：《毛诗正义》，影印清阮元校刻《十三经注疏》，中华书局 1980 年版，第 395 页。

③ 黄侃：《文心雕龙札记》，上海古籍出版社 2000 年版，第 130 页。标点有改动。

④ 陆德明：《经典释文》，影印清通志堂刻本，中华书局 1980 年版，第 9 页。

⑤ 孔颖达：《毛诗正义》，影印清阮元校刻《十三经注疏》，中华书局 1980 年版，第 274 页。

⑥ 钱穆：《两汉经学今古文平议》，商务印书馆 2001 年版，第 223~224 页。

⑦ 王葆玹：《今古文经学新论》，中国社会科学出版社 2004 年版，第 47~48 页。

帝崩（前74年），六十多年间，任博士的人数难晓，其可考者二十人左右，如孔延年、孔安国等①。但此二十人左右，必非当时博士人数之全部。文帝、景帝、武帝、昭帝四朝，儒学学者众多。《史记·儒林列传》："及窦太后崩，武安侯田蚡为丞相，绌黄老、刑名百家之言，延文学儒者数百人。"②此所记为武帝初时之事。文学儒者，谓研究儒家典籍的学者。其后朝廷独尊儒术，则儒学者人数必又数倍于此。学者既众，学有成就者谅亦不少。学者之研究与讲学，可能撰作章句，在已有传注的基础上开启新的书面说解体式。

《后汉书·徐防传》防上疏又云："汉承乱秦，经典废绝，本文略存，或无章句。收拾缺遗，建立明经，博征儒术，开置太学"③，言"或无章句"，则是或有章句，乃在武帝以前。汉李固《祀胡毋先生教》："自宣尼没，七十子亡，经义乖散，秦复火之。然胡毋子都禀天淳和，沉沦大道，深演圣人之旨，始为《春秋》制造章句。是故严、颜有所祖述微效，后生得以光启，斯所谓法施于人者也。"④按《汉书·儒林传》，胡毋生字子都，齐人，治《公羊春秋》，为景帝博士，与董仲舒同业，公孙弘师。据李固所说，则景帝时已有章句。

《汉书·夏侯胜传》："胜从父子建字长卿，自师事胜及欧阳高，左右采获。又从五经诸儒问与《尚书》相出入者，牵引以次章句，具文饰说。胜非之曰：'建所谓章句小儒，破碎大道。'建亦非胜为学疏略，难以应敌。建卒自颛门名经，为议郎、博士，至太子少傅。"⑤夏侯胜，武帝至宣帝时人。胜之非建，不知在何时，疑在昭帝时至宣帝初。胜既非建为"章句小儒"，则章句及章句之学早已有之，不待宣帝时乃有。

《汉书·儒林传》谓丁宽"作《易说》三万言，训故举大谊而已，今小章句是也"⑥。宽为文、景时人。班固指其《易说》为小章句，应是当时学者的共识。汉人所著某经某说，可能是章句的一种，与丁宽《易说》一律。葛志毅直以为"章句又即说"⑦，不无理由。《汉书·艺文志》所载诸经古注，有"某书说"十多种，其《论语》类之《鲁安昌侯说》，《张禹传》称《论语章句》。《夏侯胜传》："胜复为长信少府，迁太子太傅。受诏撰《尚书》、《论语说》，赐黄金百斤。"《尚书》、《论语说》，谓《尚书说》、《论语说》。"《论语说》"下颜师古注："解说其意，若今义疏也。"⑧《后汉书·孔奋传》："奋晚有子嘉，官至城门校尉，作《左氏说》云。"李贤注："说，犹今之疏也。"⑨《艺文志》之《书》类有"大小夏侯《章句》各二十九卷"，则《夏侯胜传》所谓"《尚书说》"，疑

① 参见张金吾：《两汉五经博士考》卷三，影印清道光十五年刻本，《续修四库全书》第179册，第370~384页。
② 司马迁：《史记》，中华书局1959年版，第3118页。
③ 范晔等：《后汉书》，中华书局1965年版，第1500页。
④ 许敬宗等：《文馆词林》（残本）卷六九九，影印《适园丛书》本，《续修四库全书》第1582册，第551页。
⑤ 班固：《汉书》，中华书局1962年版，第3159页。从父子，《儒林传》作"从兄子"。
⑥ 班固：《汉书》，中华书局1962年版，第3597~3598页。
⑦ 葛志毅：《两汉经学与今文章句》，《学习与探索》1993年第5期，第132页。葛文又以为"所谓'传'亦是章句的一种形式"，今不从。
⑧ 班固：《汉书》，中华书局1962年版，第3159页。
⑨ 范晔等：《后汉书》，中华书局1965年版，第1099页。

即夏侯胜《尚书章句》。

晋常璩《华阳国志》卷三《蜀志》："孝文帝末年，以庐江文翁为蜀守……翁乃立学，选吏子弟就学。遣隽士张叔等十八人东诣博士受七经，还以教授。""孝武帝皆征入叔为博士。叔明天文灾异，始作《春秋章句》，官至侍中、扬州刺史。"① 又卷十《先贤士女总赞》："张宽字叔文，成都人也。蜀承秦后，质文刻野。太守文翁遣宽诣博士，东受七经，还以教授……作《春秋章句》十五万言。"② 卷三之"叔"、卷十之"叔文"为一人，即张宽。常璩所述，当有根据。《汉书·文翁传》："文翁，庐江舒人也。少好学，通《春秋》，以郡县吏察举。景帝末，为蜀郡守，仁爱好教化。见蜀地辟陋，有蛮夷风，文翁欲诱进之，乃选郡县小吏开敏有材者张叔等十余人亲自饬厉，遣诣京师，受业博士，或学律令。减省少府用度，买刀布蜀物，赍计吏以遗博士。"③ 唐虞世南《北堂书钞》卷五八："《益部耆旧传》云：'蜀郡张宽，字叔文。汉武帝时为待中，从祀甘泉……'"④ 又见徐坚《初学记》卷十二引陈寿《益部耆旧传》。⑤ 然则张宽为景、武时人，始为小吏，后学成，官至侍中、扬州刺史，其《春秋章句》当作于武帝时。

宋洪适《隶释》卷十二《执金吾丞武荣碑》："君讳荣，字含和，治《鲁诗经》韦君章句。"⑥ 韦君，韦贤、韦玄成父子。其章句始作于韦贤，而贤为汉初申公再传弟子，见《汉书·儒林传》。又《汉书》本传："贤为人质朴少欲，笃志于学，兼通《礼》、《尚书》，以《诗》教授，号称邹鲁大儒。征为博士，给事中，进授昭帝《诗》……昭帝崩，无嗣，大将军霍光与公卿共尊立孝宣帝。帝初即位，以尊立孝宣帝，贤以与谋议，安宗庙，赐爵关内侯。""本始三年，代蔡义为丞相，封扶阳侯，食邑七百户。时贤七十余。为相五岁，地节三年，以老病乞骸骨，赐黄金百斤，罢归，加赐弟一区。丞相致仕，自贤始。年八十二，薨，谥曰节侯。"⑦ 韦贤寿八十二，若以宣帝地节三年（前 67 年）薨，则生于景帝九年（中元二年，前 148 年）。武帝时，韦贤已负盛名，故征为博士，给事中，进授昭帝《诗》，其章句自当作于武帝时。

章句的出现，有两点值得注意。其一是章句为今文学学者先作。张宽所为《春秋章句》，《春秋》当为《公羊春秋》，其时《穀梁》未立，《左氏》未显。清姚振宗《汉书艺文志拾补》卷一《六艺略第一》："按《汉儒林传》无张宽，其学不知主何家。考景、武之世，京师博士业唯《春秋公羊》一家。若《左氏》，唯河间王国始立博士。《穀梁》

① 常璩：《华阳国志》，排印《函海》本，《丛书集成初编》第 3187 册，中华书局 1985 年，第 31 页。

② 常璩：《华阳国志》，排印《函海》本，《丛书集成初编》第 3188 册，中华书局 1985 年，第 130 页。

③ 班固：《汉书》，中华书局 1962 年版，第 3625 页。

④ 虞世南：《北堂书钞》，影印清光绪十四年南海孔氏校刻本，《续修四库全书》第 1212 册，第 272 页。

⑤ 徐坚：《初学记》，中华书局 1962 年版，第 281 页。

⑥ 洪适：《隶释》，影印清同治十年洪氏晦木斋刻本，中华书局 2003 年版，第 139 页。

⑦ 班固：《汉书》，中华书局 1962 年版，第 3101、3197 页。

至宣帝时始立。由是推寻，大抵主《公羊》家。"① 文翁所通之《春秋》，亦当为《公羊春秋》。其二是章句由字词到篇章依次说解，尤重经义阐发，不再是训诂通而已。较之稍早的传、训，章句在当时应是经典说解的一个进步。章句形成之时，作为经典研究、说解与传授新的体式，极具发展潜力，因而至宣帝以后获得了长足发展。宣帝以前章句的撰作，合已有的经典传记、故训，以及师弟间的口耳授受，为宣帝、元帝、成帝时章句之学的兴盛奠定了坚实的基础。

二、章句的兴盛与师法的确立

两汉经学章句的兴盛，应数宣、元、成、哀四朝，约七十年。这一时期，章句的兴盛，是基于朝廷治国平天下政策的调整，以及对经学的积极引导，其具体表现则为章句的撰作日益繁富，章句的篇幅更加厚重。

汉武帝在位五十余年，文治武功，可得而言。文则表彰六经，独尊儒术，武则征讨不庭，大启土宇，《汉书·武帝纪》及《叙传下》有总结。但武帝武功实远过文治，同时也带来了严重问题。《汉书·夏侯胜传》载宣帝即位初夏侯胜评云："武帝虽有攘四夷、广土斥境之功，然多杀士众，竭民财力，奢泰亡度，天下虚耗，百姓流离，物故者半。蝗虫大起，赤地数千里，或人民相食，畜积至今未复。"② 宣帝或有惩于此，于是在尽力维护武帝大一统成果的同时，注重文治。宣帝文治的主要措施之一是在昭帝朝的基础上进一步扩充太学，以凝聚学者，取得学界支持。扩充太学，重要举措之一是增置五经博士，增加博士弟子员。

博士之置，《汉书·儒林传》赞谓武帝时，"《书》唯有欧阳，《礼》后，《易》杨，《春秋》公羊而已。至孝宣世，复立大、小夏侯《尚书》，大、小戴《礼》，施、孟、梁丘《易》，《穀梁春秋》"③。此未数《诗》，《诗》自是齐、鲁、韩三家。《书》欧阳，《礼》后，《易》杨，《春秋》公羊，《诗》三家；又《礼》庆氏（见《艺文志》），这应是武帝至宣帝初的博士家数格局。宣帝复立大、小夏侯《尚书》以下八家，共得十六家。其中之《孟氏易》，是否立于宣帝时，学者尚存疑义。清胡秉虔《汉西京博士考》卷一："《儒林传》明云'上闻喜改师法，遂不用'，又云'梁丘贺荐譬，诏拜为博士'。宣帝时《易》惟有施氏，而《孟易》之立博士不知何时，大概在宣帝以后。"④ 皮锡瑞《经学历史·经学昌明时代》："乃明知孟喜改师法，不用，后又为立博士，此何说也？"⑤ 并是怀疑宣帝之立《孟氏易》。考《汉书·儒林传》："喜举孝廉为郎，曲台署长，病免，为丞相掾。博士缺，众人荐喜。上闻喜改师法。遂不用喜。喜授同郡白光少子、沛翟牧子兄，皆

① 姚振宗：《汉书艺文志拾补》，影印民国《师石山房丛书》本，《续修四库全书》第914册，第136页。
② 班固：《汉书》，中华书局1962年版，第3158页。
③ 班固：《汉书》，中华书局1962年版，第3620~3621页。
④ 胡秉虔：《汉西京博士考》，排印《艺海珠尘》本，《丛书集成初编》第3325册，中华书局1985年版，第9页。
⑤ 皮锡瑞：《经学历史》，影印清光绪三十二年思贤书局刻本，《续修四库全书》第179册，第392页。

为博士，繇是有翟、孟、白之学。" "京房受《易》梁人焦延寿。延寿云尝从孟喜问《易》。会喜死，房以为延寿《易》即孟氏学，翟牧、白生不肯，皆曰非也。至成帝时，刘向校书，考《易》说，以为诸《易》家说皆祖田何、杨叔、丁将军，大谊略同，唯京氏为异，党焦延寿独得隐士之说，托之孟氏，不与相同。"① 是孟氏各家俱祖田何等，唯京氏不同。京氏学于焦延寿，而延寿自谓曾问《易》于孟喜，或独得孟氏所谓隐士之说。清宋翔凤《过庭录》卷一《易孟氏为古文》条云： "案向在成帝世见博士白生等所传《孟氏易》不异梁丘诸家，遂以京氏为依托。其实孟氏有二学，一则明章句，传白生等，列学官为博士者也；一则言阴阳，传赵宾、焦延寿，不为博士，故曰隐士，言其学隐蔽不著，非其姓名隐也。"② 其说可从。孟喜本人不为博士是实，但其章句之学则立于学官，故与施氏、梁丘氏《易》并列，立于学官在宣帝时无疑。至于《穀梁春秋》立为博士，宣帝为之准备了十多年，《汉书·儒林传》有详叙。元帝时，又增立《京氏易》。《后汉书·章帝纪》建初三年诏： "孝宣皇帝以为去圣久远，学不厌博，故遂立大、小夏侯《尚书》，后又立《京氏易》。"③ 似《京氏易》宣帝所立。但考《汉书·儒林传》赞云： "至元帝世，复立《京氏易》。"④ 又《艺文志》言《易》学： "讫于宣、元，有施、孟、梁丘、京氏列于学官，而民间有费、高二家之说。"《汉书·儒林传》赞明言元帝时立《京氏易》，不与施、孟、梁丘同列；《艺文志》则是合叙，乃以施、孟、梁丘属之宣帝时，京氏属之元帝时。今从《汉书》。宣帝时，尚无《京氏易》师法。

在增加经学家数的同时，博士人数、博士弟子员亦有增加。武帝立五经博士，不知员额多少，而一经一人，一经不止一家者如《诗》齐、鲁、韩，则又各家一人。钱穆以为 "五经博士，初不限于一家一人"， "而博士员数，不限于五"⑤，以博士员数不限于五，其说有据，但谓一家不限一人，则可商榷。《汉书·百官公卿表》： "奉常，秦官。掌宗庙礼仪，有丞。景帝中六年，更名太常……武帝建元五年，初置五经博士。宣帝黄龙元年，稍增员十二人。"⑥ "增员十二人"，谓在原来基础上增其员额至十二人，不烦别解。五经中各家置一人，共十二人。至魏、晋时，官立博士虽家法多寡不同，但仍是承袭汉制，在所立各家中每家置一博士，见《宋书·百官志上》。详《汉书·百官公卿表》，武帝以后之博士，有泛称、专称之别。泛称则泛指太常博士，专称则专指五经博士，即五经博士之外尚有备顾问、助传经的其他博士；其备顾问、助传经的其他博士，亦必须为今文学经师。所有博士，皆属之太常。专门的五经博士，有时也称太常博士，因为五经博士为太常博士的代表。宣帝黄龙元年，定五经博士员额为十二人。上述宣帝时官立家法十六家，至黄龙时可能又有调整，为十二家，故博士员额十二人。十二家虽未能的指，但一家一博士则可知。元帝时既增《京氏易》，则元帝以后不止十二家，博士不只十二人。其博士弟子员，武帝时五十人，昭帝时增至一百人，宣帝末增至二百人。元帝时定为一千人；成帝末

---

① 班固：《汉书》，中华书局 1962 年版，第 3599、3601 页。子兄，师古曰： "兄读曰况。"
② 宋翔凤：《过庭录》，影印清咸丰三年浮溪精舍刻本，《续修四库全书》第 1157 册，第 416 页。
③ 范晔等：《后汉书》，中华书局 1965 年版，第 137~138 页。
④ 班固：《汉书》，中华书局 1962 年版，第 3621 页。
⑤ 钱穆：《两汉经学今古文平议》，商务印书馆 2001 年版，第 207、210 页。
⑥ 班固：《汉书》，中华书局 1962 年版，第 726 页。

一度增至三千人，后恢复为一千人。博士弟子员皆由太常亲选，财政由国家负担。此外从武帝时开始，地方官有责任选拔优秀青年至太常，受业如弟子，财政由地方负担，如文翁选张叔等十余人，遣诣京师受业。参见《汉书·儒林传》①。地方所选之士无员额规定，则武帝时在太学学习的弟子不止五十人，元帝、成帝时亦不止一千人。

朝廷的重视和引导，太学规模扩充，结果是不仅集聚了武帝以来健在的学者，又培养了大批后进，其优秀者称为大师，人数极多。《汉书·儒林传》赞所谓武帝至平帝时"大师众至千余人"②。千余经学大师，多属宣、元、成、哀四朝。据《汉书·儒林传》、明朱睦《授经图》、清万斯同《儒林宗派》、唐晏《两汉三国学案》等，这一时期的经师，今可考者仍得一百四十人左右。这些经师，当在班固所称大师之列。经师辈出，促进了章句撰作的兴盛。章句的兴盛，首先表现为章句数量的增多。当时以"章句"为名的经注，《汉书·艺文志》之《周易》类有施氏、孟氏、梁丘氏三家章句，《隋书·经籍志》有《周易》京房章句；《艺文志》之《尚书》类有欧阳章句、大夏侯章句、小夏侯章句；《春秋》类有《公羊章句》、《穀梁章句》。《汉书·儒林传》列诸经授受，多言"繇（由）是有某某之学"，如述《易》，云"繇是《易》有施、孟、梁丘之学"，"繇是施家有张、彭之学"等，凡述数十人，其学并当有章句。刘向等整理群书，于经学章句只整理稍早而最著名者，当前的撰作不在整理之列，故《别录》不载，而班固《艺文志》仍之，故史文阙略。清姚振宗《汉书艺文志拾补》卷一补充著录，有《尚书欧阳朱氏章句》（朱普），《尚书小夏侯张氏章句》（张山拊），《鲁诗韦君章句》（韦贤、韦玄成），《鲁诗许氏章句》（许晏），《齐诗伏氏章句》（伏理），《韩诗薛夫子章句》（薛方丘），《礼小戴记桥氏章句》（桥仁），刘歆《春秋左氏传章句》（此为第一种古文学章句，详本文下文），尹更始《春秋穀梁传章句》，凡九种③，但仍不能充分反映当时实际。

章句的兴盛，其次表现为篇幅较以往大为增加，而不再是小章句。如桓谭《新论》："秦近君能说，'尧典'篇目两字之说至十余万言，但说'曰若稽古'三万言。"④《汉书·儒林传》："恭增师法至百万言。"⑤当时章句之所以如此之繁，可能主要是文字解说与义理发挥。关于说字，《汉书·艺文志》："后世经传既已乖离，博学者又不思多闻阙疑之义，而务碎义逃难，便辞巧说，破坏形体；说五字之文，至于二三万言。""破坏形体"下颜师古注："苟为僻碎之义，以避它人之攻难者，故为便辞巧说，以析破文字之形体也。"⑥《楚元王传》附刘歆移书太常博士："往者，缀学之士不思废绝之阙，苟因陋就寡，分文析字，烦言碎辞，学者罢老且不能究其一艺。"⑦这些都是指经师说字的情况。

① 班固：《汉书》，中华书局 1962 年版，第 3593~3596 页。
② 班固：《汉书》，中华书局 1962 年版，第 3620 页。
③ 参见姚振宗：《汉书艺文志拾补》，影印民国铅印《师石山房丛书》本，《续修四库全书》第914 册，第 124~137 页。
④ 《汉书·艺文志》颜师古注引桓谭《新论》云，见班固：《汉书》，中华书局 1962 年版，第1724 页。
⑤ 班固：《汉书》，中华书局 1962 年版，第 3605 页。
⑥ 班固：《汉书》，中华书局 1962 年版，第 1723、1724 页。
⑦ 班固：《汉书》，中华书局 1962 年版，第 1970 页。

许慎《说文解字叙》"诸生竞说字解经谊"①，"诸生"，当即诸先生 。汉时言先生，或只作"生"，或只作"先"，见清周寿昌《汉书注校补》卷三三《丽陆朱刘叔孙传》"先何言之谀也"条、卷三六《爰盎晁错传》"张恢生"条②。诸先生竞相说字解经，也是就宣帝以来今文学章句而言的。当时章句好以隶书、俗字解说文字，以此释经，形成了古代文字学中的义理派。关于义理，当时章句以说字解经，也是一种义理，另外有脱离说字之法的义理发挥，主要说以天地、阴阳、五行、道德、灾异、时政、传说等。如《书·梓材》："肆亦见厥君事，戕败人，宥。王启监，厥乱为民。""宥"下传："听讼折狱，当务从宽恕，故往治民，亦当见其为君之事。察民以过，误残败人者，当宽宥之。"又"民"下传："言王者开置监官，其治为民，不可不勉。"③《论衡·效力》："《梓材》曰：'强人有王开贤，厥率化民。'此言贤人亦壮强于礼义，故能开贤，其率化民。化民须礼义，礼义须文章。行有余力，则以学文。能学文，有力之验也。"④ 此为今文说，说以政教德艺。又《正说》："或说《尚书》二十九篇者，法北斗七宿也。四七二十八篇；其一曰斗矣，故二十九。"⑤ 此亦当为《尚书》今文说，而说以天道。《汉书·五行志》多引京房《易传》，京氏学派的章句必有相似内容。至《白虎通义》，则经过诸儒讨论，应是取章句中之稍合理者著于篇。

章句的兴盛，表明章句的撰作已很成熟，于是形成了各家的师法。《汉书·艺文志》所谓《易》施、孟、梁丘、京氏，落实到文献，指《周易》各家文本及其章句（或称"说"），余各经类同。各家经文大同小异，而章句则说解不同。各家章句自有条例，如何休《春秋公羊传解诂序》："往者略依胡毋生条例，多得其正。"徐彦疏："胡毋生虽以《公羊》经传授董氏，犹自别作条例，故何氏取之以通《公羊》也。"⑥ 条例又称义理，如刘歆引《左氏传》解《春秋》，有章句、有义理。条例是说解的原则和要义，如《春秋公羊传》徐彦疏引《春秋说》云"《春秋》设三科九旨"⑦，即其事。条例有成文者，有不成文而蕴含于章句中者，后来又发展成为一种经说专著。反映在本家章句中的说解原则和要义，是为师法或说家法。《后汉书·儒林传》序云诸儒"各以家法教授"⑧，谓各家在教授弟子时，遵循本家的说解原则和要义，不与他家相乱。家法又称师法，师法与家法所指无二。皮锡瑞《经学历史·经学极盛时代》："前汉重师法，后汉重家法。先有师法，而后能成一家之言。师法者，溯其源；家法者，衍其流也……然师法别出家法，而家法又各分颛家。如干既分枝，枝又分枝，枝叶繁滋，浸失其本；又如子既生孙，孙又生孙，云

---

① 许慎：《说文解字》，影印清同治十二年陈昌治刻本，中华书局1963年版，第315页。
② 周寿昌：《汉书注校补》，影印清光绪十年刻本，《续修四库全书》第267册，第672、687页。
③ 孔颖达：《尚书正义》，影印清阮元校刻《十三经注疏》，中华书局1980年版，第208页。
④ 王充：《论衡》，《诸子集成》本，中华书局1954年版，第127页。参见段玉裁：《古文尚书撰异》卷十八，影印《经韵楼丛书》本，《续修四库全书》第46册，第220页。
⑤ 王充：《论衡》，《诸子集成》本，中华书局1954年版，第270页。
⑥ 徐彦：《春秋公羊传疏》，影印清阮元校刻《十三经注疏》，中华书局1980年版，第2191页。
⑦ 徐彦：《春秋公羊传疏》，影印清阮元校刻《十三经注疏》，中华书局1980年版，第2195页。
⑧ 范晔等：《后汉书》，中华书局1965年版，第2545页。

衩旷远，渐忘其祖。是末师而非往古，用后说而舍先传；微言大义之乖，即自源远末分始矣"①，谓师法、家法不同，先有师法，而后有家法，家法从师法分出，而家法之后又分出家法，如干之有枝，如子之分孙。后人皆依皮氏为说。今按皮说未见其当。师法即家法，家法即师法。就师弟授受而言，则谓之师法；就派别而言，则谓之家法。西汉时，经师各以其师之说教授，故言师法；后汉时，章句已经改定，所立十四家博士皆依本家之义教授，故多称家法。具体教授时，在不违反本家文本及说解条例的前提下，经师亦可自作讲章，形成新的章句，而师法或家法不变。如桓荣从朱普习《欧阳尚书》，减其章句，子郁又复删省（详下文），虽各有章句文本，但并非弃《欧阳尚书》师法而别立家法。《后汉书·樊英传》：英习《京氏易》，安帝时征为博士，"著《易章句》，世名樊氏学"②。樊英虽新作章句，名樊氏学，但仍为京氏师法，属《京氏易》家法。清王鸣盛《十七史商榷》卷二七《汉书二十一·师法》以为"（师法）又称家法，谓守其一家之法，即师法也"③，所说甚是。这一时期形成并最后确定的各家师法，并为今文学，此后至东汉一直沿用。

三、章句的修订与调整

自西汉平帝至东汉章帝时，朝廷对章句的政策和举措有如下三个方面：一是对章句进行了修订；二是曾置立古文学而用其章句；三是重新确立章句家法。

宣、元、成、哀时期，章句有数十万言至百万言者，颇有耐于修习与博学，正如《汉书·艺文志》所说："故幼童而守一艺，白首而后能言；安其所习，毁所不见，终以自蔽。此学者之大患也。"④《论衡》之《程材》、《谢短》、《效力》、《别通》、《书解》诸篇，亦批评专守章句的经师与弟子，只知章句，不通历史与政事。章句篇幅过于繁重，明显地具有反作用，必须简省。简省章句，始于西汉平帝王莽当政时。《后汉书·章帝纪》建初三年（78年）诏曰："中元元年诏书，五经章句烦多，议欲减省。至永平元年，长水校尉儵奏言，先帝大业，当以时施行。欲使诸儒共正经义，颇令学者得以自助。"⑤所说中元，为光武帝建武中元，其诏书佚。据章帝此诏，知光武帝以来，朝廷都重视简省章句的工作。《后汉书·伏恭传》："初，父黯章句繁多，恭乃省减浮辞，定为二十万言。"⑥伏恭，两汉间人，《齐诗》经师。又《后汉书·桓荣传》附桓郁："初，荣（桓荣）受朱普学章句四十万言，浮辞繁长，及荣入授显宗，减为二十三万言。郁复删省，定成十二万言。由是有桓君大、小太常章句。"⑦朱普、桓荣父子，《欧阳尚书》经师。

---

① 皮锡瑞：《经学历史》，影印清光绪三十二年思贤书局刻本，《续修四库全书》第179册，第399页。按《尔雅·释亲》："子之子为孙，孙之子为曾孙，曾孙之子为玄孙，玄孙之子为来孙，来孙之子为晜孙，晜孙之子为仍孙，仍孙之子为云孙。"

② 范晔等：《后汉书》，中华书局1965年版，第2724页。

③ 王鸣盛：《十七史商榷》，台湾大化书局1984年版，第228页。

④ 班固：《汉书》，中华书局1962年版，第1723页。

⑤ 范晔等：《后汉书》，中华书局1965年版，第138页。儵，樊儵。

⑥ 范晔等：《后汉书》，中华书局1965年版，第2571页。

⑦ 范晔等：《后汉书》，中华书局1965年版，第1256页。

桓荣以经授明帝，桓郁以经授章帝。又《后汉书·杨终传》："著《春秋外传》十二篇，改定章句十五万言。"① 杨终，《公羊春秋》经师，改定章句在章帝朝。此后和帝至顺帝时，仍有章句简省之事。如张霸省《严氏公羊春秋》樊儵章句，张奂省《欧阳尚书》牟氏章句。② 简省章句，涉及立于学官的五经各派，有朝廷的命令，也有各家经师的自觉。由此推测，其不列于学官的各派，只在民间传授者，或不一定简省。简省后章句的字数，在二十万言左右，官学章句应有检查。《论衡·效力》："王莽之时，省五经章句皆为二十万。博士弟子郭路夜定旧说，死于烛下，精思不任，绝脉气灭也。"③ 可见章句简省之事，督责甚严。

古文学置立博士，其事发轫于刘歆，成于王莽。所立为《左氏春秋》、《毛诗》、《逸礼》、《古文尚书》、《周官》、《乐经》。《汉书·楚元王传》附刘歆："及歆亲近，欲建立《左氏春秋》及《毛诗》、《逸礼》、《古文尚书》，皆列于学官。哀帝令歆与五经博士讲论其义，诸博士或不肯置对。"颜师古注："并不与歆意同，故不肯立其学也。置对，置辞以对也。"《汉书·儒林传》赞："平帝时，又立《左氏春秋》、《毛诗》、《逸礼》、《古文尚书》。"《逸礼》，是当时《礼》十七篇（即《仪礼》）以外的古礼经文，见《汉书·艺文志》④、《礼记正义》卷一"礼记"下孔颖达正义引郑玄《六艺论》⑤。此外有《周官》，《汉书·艺文志》著录为《周官经》，即《周礼》。荀悦《汉纪》卷二五《孝成纪二》："其《礼古经》五十六篇，出于鲁壁中，犹未能备。歆以《周官经》六篇为周礼，王莽时，歆奏以为礼经，置博士。"⑥ 《周官》置博士，不审在于何年。陆德明《经典释文》卷一《序录·注解传述人》述《周礼》云："王莽时，刘歆为国师，始建立《周官经》，以为周礼。"⑦ 考《汉书·王莽传中》始建国元年："又按金匮，辅臣皆封拜……少阿、羲和、京兆尹、红休侯刘歆为国师，嘉新公"⑧，则所立博士，当在王莽正式代汉以后。《周官》之外，又有《乐经》。《汉书·王莽传上》平帝元始四年："是岁，莽奏起明堂、辟雍、灵台，为学者筑舍万区，作市、常满仓，制度甚盛。立《乐经》。益博士员，经各五人。"⑨ 《乐经》，当时学者阳城衡所作。王充《论衡·对作》："阳成子张作《乐》，扬子云造《玄》。二经发于台下，读于阙掖，卓绝惊耳。"⑩ 其人姓阳城（或作成），名衡，字子张，蜀郡人。⑪ 是哀帝时欲立古文学博士，未成；平帝时王莽当政，始立之。莽立古

① 范晔等：《后汉书》，中华书局 1965 年版，第 1601 页。
② 详《东观汉记》卷十九《张霸传》，《后汉书·张霸传》、《后汉书·张奂传》。
③ 王充：《论衡》，《诸子集成》本，中华书局 1954 年版，第 128 页。二十万，谓二十万言。
④ 班固：《汉书》，中华书局 1962 年版，第 1709、1710 页。
⑤ 孔颖：《礼记正义》，影印清阮元校刻《十三经注疏》，中华书局 1980 年版，第 1229 页。
⑥ 荀悦：《汉纪》，景印《文渊阁四库全书》第 303 册，第 430 页。（本文所引景印《文渊阁四库全书》皆为台湾"商务印书馆"1982—1986 年版，以下出注不再交代版本信息）
⑦ 陆德明：《经典释文》，影印清通志堂刻本，中华书局 1980 年版，第 11 页。
⑧ 班固：《汉书》，中华书局 1962 年版，第 4100 页。
⑨ 班固：《汉书》，中华书局 1962 年版，第 4069 页。
⑩ 王充：《论衡》，《诸子集成》本，中华书局 1954 年版，第 281 页。
⑪ 参见姚振宗：《汉书艺文志拾补》卷一"《元始乐经》"条，影印民国《师石山房丛书》本，《续修四库全书》第 914 册，第 133 页。

文，既是托古改制，以备代汉的需要，同时也为笼络古文学者。新莽朝短，所立古文学博士时间亦不长。《汉纪》卷二五《孝成纪二》："平帝时，立《左氏春秋》、《毛诗》、《逸礼》、《古文尚书》，后复皆废。"① 后复皆废，应废于新莽末年。王莽在立古文学的同时，为照顾今文学，又增设博士员，即所谓"益博士员，经各五人"。其博士弟子亦有增加。《汉书·儒林传》述博士弟子云："平帝时，王莽秉政，增元士之子得受业如弟子，勿以为员。"② 即元士之子得诣太学受业如弟子，无需选拔。元士，王莽依古制将官员重新定级，分等级为公（包括诸侯王）、卿、大夫、士，大夫又分上中下三等，士又分庶士、下士、中士、命士、元士五等，凡八十一元士。③ 元士之子得受业如弟子，实元士及元士以上之子得受业如弟子，这是一个数量庞大的人群。《后汉书·翟酺传》酺上言："而孝宣论六经于石渠，学者滋盛，弟子万数。"李贤注："元帝时诏无置弟子员，以广学者，故言以万数也。"④ 无置弟子员，是指"勿以为员"的情况；万数，谓近万。《三国志·魏书·王朗传》裴松之注引《魏名臣奏》载王朗节省奏，批评西京时朝廷浪费事实，中有"内宫美人数至近千，学官博士〔弟子〕七千余人"⑤ 语。清胡秉虔《汉西京博士考》卷一引《王朗传》裴注后云："此云七千余人，盖在平帝即位、王莽秉政时。"⑥ 东汉后期，太学诸生至三万余人。⑦

置立古文经学博士，教授弟子，需要有章句的支持。古文学置立前后的章句，今所知者甚少，只有尹更始、刘歆、郑兴所作者。据《汉书·儒林传》，知尹更始同为《穀梁春秋》、《左氏传》专家。宣帝甘露元年（前53年），朝廷组织讲议《公羊》、《穀梁》同异，两家各出五人，尹更始以是蔡千秋弟子，在讲议中为《穀梁》家五人之首。⑧ 后世传有尹更始《春秋穀梁章句》。⑨ 而《汉书·儒林传》云："尹更始为谏大夫、长乐户将，又受《左氏传》，取其变理合者以为章句，传子咸及翟方进、琅邪房凤。"⑩ 则尹更始治《左氏传》，亦撰有章句。宋王应麟《玉海》卷四二《艺文八·汉五经章句》："《儒林传》：尹更始《左氏章句》。"⑪ 清朱筠《笥河文集》卷五《劝学编序》："汝南尹更始为《左氏传章句》。"⑫ 王、朱对《汉书·儒林传》的理解是正确的。尹更始所作，应是朱筠

---

① 荀悦：《汉纪》，景印《文渊阁四库全书》第303册，第431页。

② 班固：《汉书》，中华书局1962年版，第3596页。

③ 见班固：《汉书》，中华书局1962年版，第4103页。

④ 范晔等：《后汉书》，中华书局1965年版，第1606页。

⑤ 陈寿：《三国志》，中华书局1982年版，第410页。

⑥ 胡秉虔：《汉西京博士考》，排印《艺海珠尘》本，《丛书集成初编》第3325册，中华书局1985年，第3页。

⑦ 见《后汉书·党锢传序》、《太平御览》卷四六五引袁山松《后汉书》。

⑧ 班固：《汉书》，中华书局1962年版，第3618页。《穀梁》家五人为议郎尹更始、待诏刘向、待诏周庆、待诏丁姓、中郎王亥，《公羊》家五人为博士严彭祖、侍郎申挽、侍郎伊推、侍郎宋显、侍郎许广。

⑨ 见《隋书·经籍志》原注、《旧唐书·经籍志》、《新唐书·艺文志》。

⑩ 班固：《汉书》，中华书局1962年版，第3618页。

⑪ 王应麟：《玉海》，景印《文渊阁四库全书》第944册，第161页。

⑫ 朱筠：《笥河文集》，影印清嘉庆二十年椒华吟舫刻本，《续修四库全书》第1440册，第190页。

说的《左氏传章句》。其书于《左氏传》未取全文，只"取其变理合者"，变通说理合于经义者；合于经义，指合于《穀梁春秋》经义。尹氏《左氏传章句》，是历史上研究《左氏传》的第一种章句，而之前只有贾谊训诂。

《汉书·楚元王传》附刘歆："及歆校秘书，见《古文春秋》、《左氏传》，歆大好之。时丞相史尹咸以能治《左氏》，与歆共校经传。歆略从咸及丞相翟方进受，质问大义。初，《左氏传》多古字古言，学者传训故而已。及歆治《左氏》，引传文以解经，转相发明，由是章句、义理备焉。"① 刘歆所作，是引《左氏传》以解释《古文春秋》，其书宜为《春秋左氏章句》②。刘歆的章句，在历史首次以《左氏传》文来解释《春秋》，而之前学者只用《公》、《穀》二传。清刘逢禄《左氏春秋考证》卷二："《儒林传》：'《穀梁》议郎尹更始又受《左氏传》，取其变理合者以为章句，传子咸及翟方进、琅邪房凤。'证曰：《歆传》以章句出于歆是也；尹更始先为章句之说，当是歆所援而托之。"③ 其说又见《春秋公羊释例后录》卷四。④ 章太炎《春秋左传读叙录》驳曰："尹更始名不重于子骏，若欲援托，何若援托己父？"⑤ 按章驳是。尹更始章句为解《左氏传》，刘歆章句为解《古文春秋》，刘逢禄未加深考，其说谬误。

《后汉书·郑兴传》："郑兴字少赣，河南开封人也。少学《公羊春秋》。晚善《左氏传》，遂积精深思，通达其旨，同学者皆师之。天凤中，将门人从刘歆讲正大义。歆美兴才，使撰条例、章句、传诂及校《三统历》。"⑥ 天凤，新莽年号。讲正大义，李贤注云："《左氏》义也。"传诂，或作"训诂"，义同，指以说字词为主的解诂。"条例、章句、传诂"六字，各家读法不一，今从清余萧客读，以为郑兴作《春秋左氏条例》、《春秋左氏章句》、《春秋左氏传诂》⑦。郑兴承刘歆之意作章句，是在古文学置立之后，更有条例、训诂，各自成书。

四、章句的稳定与再发展

从光武帝至东汉末，是官立章句的稳定阶段。这一时期章句与章句之学呈现相对稳定的局面，是基于官立博士家数之比较稳定。《后汉书·光武帝纪上》建武五年："初起太

① 班固：《汉书》，中华书局 1962 年版，第 1967 页。
② 姚振宗：《汉书艺文志拾补》卷一定刘歆书名为《春秋左氏传章句》，但据《汉书·艺文志》，"《公羊章句》"、"《穀梁章句》"，例皆不加"传"字。
③ 刘逢禄：《左氏春秋考证》，影印清咸丰十年学海堂《皇清经解》补刻本，《续修四库全书》第 125 册，第 253 页。
④ 刘逢禄：《春秋公羊释例后录》，影印清嘉庆间养一斋刻本，《续修四库全书》第 129 册，第 616 页。
⑤ 章太炎：《春秋左传读叙录》，《续修四库全书》第 128 册，第 526 页，影印民国间浙江省立图书馆刻《章氏丛书》本。
⑥ 范晔等：《后汉书》，中华书局 1965 年版，第 1217 页。
⑦ 余萧客：《古经解钩沉》卷一上《序录·古经解姓氏书目》列有郑兴"《春秋条例》（《后汉书》三十六）"，则是"条例"、"章句"、"传诂"分读。

学……幸太学，赐博士弟子各有差。"①《后汉书·朱浮传》浮于建武七年上疏有云："夫太学者，礼义之宫，教化所由兴也。陛下尊敬先圣，垂意古典，宫室未饰，干戈未休，而先建太学，进立横舍，比日车驾亲临观飨，将以弘时雍之化，显勉进之功也。"②《后汉书·翟酺传》酺上言："光武初兴，愍其荒废，起太学博士舍、内外讲堂、诸生横巷，为海内所集。"③ 其，谓儒学。太学既是行礼之所，又是讲学之所。建武五年起太学，并比日亲临观飨，表明光武帝注重文教与学术，其时隗纯、公孙述等皆未曾平定。太学的建立，亦表明西汉以来的经学研究与授受得以恢复，而其中心已从长安移至洛阳。在此基础上，朝廷重新选定了官立的五经博士家法，共十四家，即《易》四：施，孟，梁丘，京氏；《尚书》三：欧阳，大、小夏侯氏；《诗》三：鲁，齐，韩氏；《礼》二：大、小戴氏；《春秋》二：《公羊》严、颜氏。详《后汉书·徐防传》李贤注引《汉官》、《后汉书·儒林传序》、《百官志二》④。《后汉书》原文，《徐防传》就博士家法而言，《儒林列传》序与《百官志》则就博士员额而言。就家法而言，诸文所列一致。十四家法都是今文学，为西汉时所立。光武帝曾一度立《左氏春秋》，以李封为博士，封卒后复废，不再立⑤，如此以至汉末，因而东汉之官立经学章句是比较稳定的。

东汉时期，太学不断扩充。朝廷官立经学所立家法虽为今文学，而皇帝如章帝等又好古文学，支持古文学研究。在这样的背景下，章句与章句之学获得进一步发展，出现很多新的作品，包括对旧有文本之删定者。东汉学者所撰经学章句，数量不详，今所知者二十余种，略依时代先后列目如次：伏黯《改定齐诗章句》，伏恭《减定齐诗章句》（并见陆玑《毛诗草木鸟兽虫鱼疏》卷下、《后汉书·伏恭传》），牟长《尚书章句》（《后汉书·牟长传》。《尚书》为欧阳氏），锺兴《定严氏春秋章句》（《后汉书·锺兴传》），景鸾《诗解文句》（《后汉书·景鸾传》。《诗》为《齐诗》），景鸾《月令章句》（《华阳国志》卷十下，《后汉书·景鸾传》），薛汉《韩诗章句》（《后汉书·薛汉传》），曹充《庆氏礼章句》（《后汉书·曹褒传》），袁太伯《易章句》（《论衡·案书》。家法未详），桓荣《桓君大太常章句》，桓郁《桓君小太常章句》（并见《后汉书·桓荣传》。《尚书》为欧阳氏），樊鯈《删定严氏春秋章句》（《后汉书·樊宏传》），杜抚《韩诗章句》（《后汉书·杜抚传》），张匡《韩诗章句》（《后汉书·赵晔传》），郑众《春秋左氏章句》（《经典释文》⑥），贾逵《春秋左氏长经章句》（《隋书·经籍志》），张霸《减定严氏春秋章句》（《后汉书·张霸传》），樊英《易章句》（《后汉书·樊英传》。《易》为京氏），冯君《严氏春秋章句》（《隶续》卷三《严欣碑》），冯颢《易章句》（《华阳国志》卷十中。家法未详），张奂《减定牟氏章句》（《后汉书·张奂传》），卢植《尚书章句》（《后汉书·

---

① 范晔等：《后汉书》，中华书局1965年版，第40页。
② 范晔等：《后汉书》，中华书局1965年版，第1144页。"横舍"下李贤注："横，学也。或作黉，义亦同。"
③ 范晔等：《后汉书》，中华书局1965年版，第1606页。
④ 范晔等：《后汉书》，中华书局1965年版，第1501、2545、3572页。
⑤ 详范晔等：《后汉书》，中华书局1965年版，第1233页。
⑥ 陆德明《经典释文》卷一《序录·注解传述人》："大司农郑众作左氏条例章句"，所作当为二书，读为"《左氏条例》、《章句》"，即《春秋左氏条例》、《春秋左氏章句》。

卢植传》、《续汉书》①。《尚书》为古文），蔡邕《月令章句》（《后汉书·蔡邕传》）。其中，景鸾之《诗解文句》，清朱彝尊《经义考》卷一〇一《诗（四）》作"景氏（鸾）《齐诗解》"，侯康《补后汉书艺文志》卷一亦作"景鸾《齐诗解》"，今从姚振宗说。《后汉书·景鸾传》："（景鸾）作《易说》及《诗解文句》；兼取《河》、《洛》，以类相从，名为《交集》。又撰《礼》内外记，号曰《礼略》。又抄风角杂书，列其占验，作《兴道》一篇，及作《月令章句》。凡所著述，五十余万言。"又《华阳国志》卷十下："（景鸾）乃撰《礼略》、《河洛交集》、风角杂书、《月令章句》，凡五十万言。"又《册府元龟》卷六〇五："（景鸾）作《易说》及《诗解文句》，及作《月令章句》。"以《华阳国志》文校《后汉书》，知《交集》即《河洛交集》，"文句"二字应属上读；《册府元龟》当是节录《后汉书》文，亦作"诗解文句"②。以上所列章句，遍及五经，有今文，有古文。这些新撰章句，有行用于太学及太子教学者，如桓荣《大太常章句》；有行用于民间传授者，如杜抚《韩诗章句》；有经师自为研究者，如卢植《尚书章句》。东汉时修订的西汉旧有章句，以及新撰章句，仍以今文学为多。

这时今文学的章句，还有一个突出的特点，即说经引入了谶纬内容。谶纬，图谶与纬书，起于西汉成帝、哀帝时。③ 东汉经说用谶纬，史不绝书。如《东观汉记》卷一《光武帝纪》建武六年："当此之时，贼檄日以百数，忧不可胜，帝犹以余闲讲经艺，发图谶。"又卷二《明帝纪》永平二年："帝尤垂意经学，删定拟议，稽合图谶，封师太常桓荣为关内侯，亲自制作《五行章句》。"④《后汉书·张衡传》："初，光武善谶，及显宗、肃宗，因祖述焉。自中兴之后，儒者争学图纬，兼复附以妖言。"⑤ 妖言，指怪诞的传闻。是东汉时，从皇帝到一般学者，都普遍讲论谶纬，这必然影响到章句的撰作与授受。《后汉书·樊鯈传》："永平元年，拜长水校尉，与公卿杂定郊祠礼仪，以谶记正五经异说。"⑥ 又《贾逵传》章帝时逵奏言："至光武皇帝，奋独见之明，兴立《左氏》、《穀梁》，会二家先师不晓图谶，故令中道而废。"⑦ 又《后汉书·沛献王辅传》："辅矜严有法度，好经书，善说《京氏易》、《孝经》、《论语》传及图谶，作《五经论》，时号之曰《沛王通论》。"⑧ 又《后汉书·薛汉传》："薛汉字公子，淮阳人也。世习《韩诗》，父子以章句著名。汉少传父业，尤善说灾异谶纬，教授常数百人"⑨，谓薛汉以《韩诗章句》教授，多说灾异谶纬。《三国志·吴书·虞翻传》"又为《老子》、《论语》、《国语》训注，皆传于世"，裴松之注："《翻别传》曰：翻初立《易注》，奏上曰：臣闻六经之始，

---

① 文见《三国志·魏书·卢毓传》注引。陈寿：《三国志》，中华书局1982年版，第650页。

② 参见姚振宗：《后汉艺文志》卷一，影印《适园丛书》本，《续修四库全书》第914册，第203页。

③ 此从汉张衡说，衡说见《后汉书》本传。范晔等：《后汉书》，中华书局1965年版，第1912页。

④ 刘珍等：《东观汉记》，景印《文渊阁四库全书》第370册，第74、80页。

⑤ 范晔等：《后汉书》，中华书局1965年版，第1911页。

⑥ 范晔等：《后汉书》，中华书局1965年版，第1122页。

⑦ 范晔等：《后汉书》，中华书局1965年版，第1237页。

⑧ 范晔等：《后汉书》，中华书局1965年版，第1427页。沛王刘辅，光武帝子。

⑨ 范晔等：《后汉书》，中华书局1965年版，第2573页。

莫大阴阳……前人通讲,多玩章句,虽有秘说,于经疏阔……"① 前人即汉人,秘说即谶纬秘记。《隋书·经籍志》:"起王莽好符命,光武以图谶兴,遂盛行于世。汉时,又诏东平王苍正五经章句,皆命从谶。俗儒趋时,益为其学,篇卷第目,转加增广。言五经者,皆凭谶为说。"② 王莽代汉、刘秀称帝,都充分利用谶纬,或使人新造。皇帝出于政权稳定的需要,偏好谶纬,则官定章句必与谶纬相结合,并影响到民间。《文心雕龙·正纬》云:"至于光武之世,笃信斯术,风化所靡,学者比肩。沛献集纬以通经,曹褒撰谶以定礼,乖道谬典,亦已甚矣。"③ 是为实录。

五、章句的流衍与衰亡

章句作为一种讲章性质的说解,较之传统传、训,更方便传授与学习。今文学章句的发展兴盛,也给古文学以启发,古文学经解也用章句的形式,其事始于刘歆。至东汉晚期,卢植仍作《尚书章句》,可见章句形式对古文学的影响。东汉时,官立家法相对稳定,学者在这一框架之下,自可根据需要造作新的章句,因此东汉的经学章句应远比西汉多。汉应劭《风俗通义序》:"缀文之士,杂袭龙鳞,训注说难,转相陵高,积如丘山,可谓繁富者矣。"④ "训注说难",自包括章句在内,于此可见东汉经学章句之繁富。经学章句的发展,影响所及,说解经书以外的典籍,也借用章句的形式,这是汉代经学章句的一种流变。用章句形式来说解五经以外的典籍,东汉始多见,这可能是东汉的经学章句比西汉更为成熟的缘故。汉时不属五经的章句,今所知者涉及诸子、《离骚》、政书、五行与秘记。

诸子:有《论语》、《孝经》、《孟子》、《老子》。西汉张禹(子文)始作《论语章句》⑤,《艺文志》中著录为《鲁安昌侯说》,何晏《论语集解叙》称《张侯论》。东汉包咸、周氏又各有《论语章句》。⑥ 其后郑玄仍以《鲁论》为主,整齐各家而为之注,于是《论语》有定本。《后汉书·徐防传》和帝永元十四年防上疏:"五经各取上第六人,《论语》不宜射策。"李贤注:"《东观记》防上疏曰:'试《论语》本文章句,但通度,勿以射策……'"⑦ 当时所用《论语章句》,应是包咸本。西汉有某氏《孝经章句》。《东观汉记》卷三《顺帝纪》:"(顺帝)始入小学,诵《孝经章句》。"⑧《后汉书·儒林传》序谓明帝永平时,"自期门羽林之士,悉令通《孝经章句》"⑨。又《后汉书·樊宏传》附樊

① 陈寿:《三国志》,中华书局1982年版,第1322页。
② 魏徵等:《隋书》,中华书局1973年版,第941页。
③ 王利器:《文心雕龙校证》,上海古籍出版社1980年版,第21页。
④ 应劭:《风俗通义》,影印元刻本,上海古籍出版社1990年版,第3页。
⑤ 见班固:《汉书·张禹传》,中华书局1962年版,第3352页。
⑥ 见何晏《论语集解叙》、《后汉书·包咸传》、陆德明《经典释文》卷一《序录》。周氏,《释文》云"不详何人"。
⑦ 范晔等:《后汉书》,中华书局1965年版,第1500~1501页。
⑧ 刘珍等:《东观汉记》,景印《文渊阁四库全书》第370册,第87页。
⑨ 范晔等:《后汉书》,中华书局1965年版,第2546页。

准上疏："期门羽林介胄之士，悉通《孝经》。"① 《后汉书·荀淑传》附荀爽："故汉制，使天下诵《孝经》，选吏举孝廉。"② 其《孝经》实《孝经章句》。《汉书·艺文志》之《孝经》类，有《长孙氏说》等五种"说"，此"说"即章句。明帝时教授的《孝经章句》及顺帝所诵《孝经章句》，疑是西汉经师所作。《孝经》与《论语》在西汉为传记，至东汉已有经的名分，见《后汉书·张纯传》"乃案七经谶、明堂图"李贤注、《后汉书·樊英传》"《河》、《洛》七纬"李贤注③；以其地位仅次于五经，需要传授，故有官用章句。《孟子章句》始作于东汉前期程曾。④ 东汉后期高诱曾"正《孟子章句》"⑤，而所"正"之《孟子章句》，应为程曾书。稍后赵岐又作《孟子章句》，即今所传者。刘熙亦注《孟子》，但不作章句名，详清周广业《孟子四考》卷三《古注考》。《老子章句》为西汉晚期安丘望之所作。《后汉书·耿弇传》："父况，字侠游，以明经为郎，与王莽从弟伋共学《老子》于安丘先生。"李贤注："嵇康《圣贤高士传》曰'安丘望之字仲都，京兆长陵人。少持《老子经》，恬净不求进宦，号曰安丘丈人。成帝闻，欲见之，望之辞不肯见，为巫医于人间'也。"⑥ 又见《太平御览》卷五〇八引皇甫士安《高士传》。⑦ 其人姓安丘，《经典释文》卷一《序录·注解传述人》作"毋丘"⑧，《隋书·经籍志》作"册丘"⑨。今传有题汉河上公《老子章句》，实非汉人所作，已详《四库全书总目》。

《离骚》：《离骚章句》出现于东汉。汉人始注《离骚》者为淮南王刘安，其后班固、贾逵、王逸各有章句。《汉书·淮南王安传》："初，安入朝，献所作《内篇》，新出，上爱秘之，使为《离骚传》。旦受诏，日食时上。""《离骚传》"下颜师古注："传，谓解说之，若《毛诗传》。"⑩ 王逸《离骚经章句叙》："至于孝武帝，恢廓道训，使淮南王安作《离骚经章句》，则大义粲然……逮至刘向典校经书，分为十六卷。孝章即位，深弘道艺，而班固、贾逵复以所见改易前疑，各作《离骚经章句》，其余十五卷，阙而不说。又以壮为状，义多乖异，事不要括。今臣复以所识所知，稽之旧章，合之经传，作十六卷章句。虽未能究其微妙，然大指之趣，略可见矣。"⑪ 宋洪兴祖补注引班孟坚《序》云："淮南王安叙《离骚传》。"⑫ 淮南王安书名《离骚传》，班固、贾逵书皆名《离骚经章句》，三人并只说《离骚》一篇。王逸作章句，始注全刘向所定楚辞十六卷（篇），并附以逸自作之《九思》一卷（篇）。逸之章句，作于安帝时，见《后汉书》本传。王念孙《读书杂志》以为《汉书》之"《离骚传》"当作"离骚傅"傅与赋通，引《汉纪》、高

① 范晔等：《后汉书》，中华书局 1965 年版，第 1126 页。
② 范晔等：《后汉书》，中华书局 1965 年版，第 2051 页。
③ 范晔等：《后汉书》，中华书局 1965 年版，第 1196、2721~2722 页。
④ 见范晔等：《后汉书》，中华书局 1965 年版，第 2581 页。
⑤ 《〈吕氏春秋〉卷首高诱序》，《吕氏春秋》，《诸子集成》本，中华书局 1954 年版，第 2 页。
⑥ 范晔等：《后汉书》，中华书局 1965 年版，第 703 页。
⑦ 李昉等：《太平御览》，影印宋刻本，中华书局 1960 年版，第 2315 页。皇甫士安，晋皇甫谧。
⑧ 陆德明：《经典释文》，影印清通志堂刻本，中华书局 1980 年版，第 16 页。
⑨ 魏徵等：《隋书》，中华书局 1973 年版，第 1000 页。
⑩ 班固：《汉书》，中华书局 1962 年版，第 2145 页。
⑪ 洪兴祖：《楚辞补注》，中华书局 1983 年版，第 48 页。
⑫ 洪兴祖：《楚辞补注》，中华书局 1983 年版，第 49 页。

诱《淮南鸿烈解叙》、《太平御览》为证。① 今不从王氏说。汉人言诗赋，未有作"傅"字之例。淮南王安所作不为章句，王逸述为章句，而合班固所序，则《汉书》原本自作《离骚传》。

政书：有礼制与律令。曹褒撰《汉礼章句》。《后汉书·曹褒传》："章和元年正月，乃召褒诣嘉德门，令小黄门持班固所上叔孙通《汉仪》十二篇，敕褒曰：'此制散略，多不合经，今宜依礼条正，使可施行。于南宫、东观尽心集作。'褒既受命，乃次序礼事，依准旧典，杂以五经、谶记之文，撰次天子至于庶人冠婚吉凶终始制度，以为百五十篇，写以二尺四寸简。其年十二月奏上。帝以众论难一，故但纳之，不复令有司平奏。会帝崩，和帝即位，褒乃为作章句。帝遂以新礼二篇冠，擢褒监羽林左骑。"② 章和，汉章帝年号，为章帝晚年所用。和帝以新礼二篇冠，言和帝加冠时，以曹褒所撰新仪为据。和帝十岁即位，时窦太后临朝；十三岁加冠，仪用新礼，载袁宏《后汉纪》卷十三《和帝纪》。律令类书，东汉叔孙宣等各有说解律文的章句。《晋书·刑法志》：曹魏时尚积有汉时律令凡九百六卷，"后人生意，各为章句。叔孙宣、郭令卿、马融、郑玄诸儒章句十有余家，家数十万言……天子于是下诏，但用郑氏章句，不得杂用余家"③。叔孙宣、郭令卿无考，当为东汉前期人。各家章句，都是《汉律章句》。又《后汉书·应劭传》："（应劭）又删定律令为《汉仪》，建安元年乃奏之。"其奏书有云："臣累世受恩，荣祚丰衍。窃不自揆，贪少云补，辄撰具《律本章句》、《尚书旧事》、《廷尉板令》、《决事比例》、《司徒都目》、《五曹诏书》及《春秋断狱》，凡二百五十篇。"④ 是应劭在汉末曾整理过汉代律令，总其书为《汉仪》，其中包括《律本章句》。

五行与秘记：五行类有汉明帝《五行章句》。《东观汉记》卷二《明帝纪》永平二年，谓明帝"亲自制作《五行章句》"，卷十一《樊准传》亦载之。《后汉书·桓荣传》附桓郁："帝自制《五家要说章句》，令郁校定于宣明殿，以侍中监虎贲中郎将。""宣明殿"下李贤注："华峤书曰'帝自制《五行章句》'，此言五家，即谓五行之家也……《东观记》曰：'上谓郁曰：卿经及先师，致复文雅。其冬，上亲于辟雍，自讲所制《五行章句》，已，复令郁说一篇……'"⑤ 此一书而二名。桓荣、桓郁父子分别授明帝、章帝《欧阳尚书》，而《尚书》论五行。疑明帝此书，是以《欧阳尚书》五行说为本，加其他古说以成文，再分篇章作出说解。秘记实谶纬之属，有东汉杨统《家法章句》。《后汉书·杨厚传》："杨厚字仲桓，广汉新都人也。祖父春卿，善图谶学，为公孙述将。汉兵平蜀，春卿自杀。临命戒子统曰：'吾绨袠中有先祖所传秘记，为汉家用，尔其修之。'统感父遗言，服阕，辞家从犍为周循学习先法，又就同郡郑伯山受《河》、《洛》书及天文推步之术……统作《家法章句》及《内谶》二卷解说，位至光禄大夫，为国三老。"⑥ 清钱大昭《后汉书辨疑》卷六《杨厚传》："统作《家法章句》：家法，即杨春卿绨袠中

---

① 王念孙：《读书杂志》，影印王氏家刻本，江苏古籍出版社 2000 年版，第 296 页。
② 范晔等：《后汉书》，中华书局 1965 年版，第 1203 页。
③ 房玄龄等：《晋书》，中华书局 1974 年版，第 923 页。天子，指魏文帝。
④ 范晔等：《后汉书》，中华书局 1965 年版，第 1612、1613 页。
⑤ 范晔等：《后汉书》，中华书局 1965 年版，第 1254～1255 页。
⑥ 范晔等：《后汉书》，中华书局 1965 年版，第 1047 页。

先祖所传秘记也。"① 是家法指其家传秘记。姚振宗《后汉艺文志》卷一："按《家法章句》者，犹言别自名家也。"② 其说非。后汉重图谶，杨统为家传秘记作章句并说解《内谶》，当是为教授后学。薛汉少传父业，尤善说灾异谶纬，教授常数百人，樊英以图纬教授，皆此类。

东汉十四家家法章句，以及在此基础上删定的、新撰的重要章句，朝廷应有所保存，并组织校勘。《后汉书·安帝纪》永初四年："诏谒者刘珍及五经博士，校定东观五经、诸子、传记、百家艺术，整齐脱误，是正文字。"③ 事又见《后汉书·和熹邓皇后纪》、《后汉书·蔡伦传》、《后汉书·刘珍传》。④ 其时邓太后临朝，主其事者为邓太后，而使蔡伦具体督责。这是一次大规模的校勘，所校"五经"，应包括上述重要章句，故《后汉书·蔡伦传》有云"各雠校家法"。《后汉书·伏湛传》："（顺帝）永和元年，诏无忌与议郎黄景校定中书五经、诸子百家、艺术。"⑤ 无忌，伏无忌。《后汉书·卢植传》：熹平四年始立太学石经，植拜庐江太守，"岁余，复征拜议郎，与谏议大夫马日磾、议郎蔡邕、杨彪、韩说等并在东观校中书五经、记传，补续《汉记》"⑥。当时京师太学诸生三万余人，若加上州郡学，学生不知多少。经师皆以章句教授，学生传钞，经文必多谬误，必须校勘。⑦

东汉最后一次校勘和整理章句，是献帝时刘表在荆州组织的。《后汉书·刘表传》："遂起立学校，博求儒术。綦母闿、宋忠等撰立五经章句，谓之后定。"⑧ 《三国志·魏书·刘表传》裴松之注引《英雄记》说同。⑨ 按刘表使宋忠（史或作宋衷）等撰五经章句，完成后谓之后定，即《五经章句后定》。此五经章句，是各经章句的合纂，其主要依据当为十四家家法，是卢植、蔡邕等校中书五经的继续，故云后定。所谓"撰立五经章句"，撰，谓编定。《三国志·魏书·王朗传》附王肃："（肃）为《尚书》、《诗》、《论语》、三礼、《左氏》解，及撰定父朗所作《易传》，皆列于学官。"⑩ 《文选·魏文帝〈与吴质书〉》："顷撰其遗文，都为一集。"李善注："《广雅》曰：'撰，定也'"⑪ "其"谓徐幹、陈琳等。是"撰"为编定之义，包括整齐、校勘、删简文字，而不是重作。《五经章句》传至唐初者，只有《周易章句》十卷，但著录混乱。《经典释文》卷一《序录·注解传述人》："（《周易》）刘表章句五卷。"原注："字景升，山阳高平人，后汉

① 钱大昭：《后汉书辨疑》，影印清槜李沈氏刻本，《续修四库全书》第272册，第35页。
② 姚振宗：《后汉艺文志》，影印《适园丛书》本，《续修四库全书》第914册，第256页。
③ 范晔等：《后汉书》，中华书局1965年版，第215页。
④ 范晔等：《后汉书》，中华书局1965年版，第424、2617、2513页。《后汉书·蔡伦传》作元初四年，元初当作永初。
⑤ 范晔等：《后汉书》，中华书局1965年版，第898页。
⑥ 范晔等：《后汉书》，中华书局1965年版，第2117页。
⑦ 汉人注经，原是经、注各自为书。马融注《周礼》，欲省学者两读，故具载本文。详《毛诗正义》卷一"郑氏笺"下孔颖达说，参见清胡培翚《研六室文钞》卷二《周易分传附经考》。
⑧ 范晔等：《后汉书》，中华书局1965年版，第3412页。
⑨ 陈寿：《三国志》，中华书局1982年版，第212页。
⑩ 陈寿：《三国志》，中华书局1982年版，第419页。
⑪ 萧统编：《文选》，影印清胡克家校刻本，中华书局1977年版，第591页。

镇南将军、荆州牧、南城侯。《中经簿录》云：'注《易》十卷。'《七录》云：'九卷，录一卷。'"又："宋衷注九卷。"原注："字仲子，南阳章陵人，后汉荆州五等从事。《七志》、《七录》云十卷。"①《隋书·经籍志》："《周易》五卷。"原注："汉荆州牧刘表章句。梁有汉荆州五业从事宋忠注《周易》十卷，亡。"②《旧唐书·经籍志》："(《周易》) 又五卷，刘表注……又十卷，宋衷注。"③《新唐书·艺文志》："(《周易》) 刘表注五卷……宋忠注十卷。"④ 刘表、宋衷书疑本一书，并为《五经章句》之一种，或署刘表，或署宋衷，遂为二书；署刘表者或有缺略或被改编，因而又为五卷。蔡邕《蔡中郎集》卷六《刘镇南碑》："深愍末学远本离实，乃令诸儒改定五经章句，删划浮辞，艾除烦重。"⑤ 所述当切合实际。蔡邕与刘表同时，在碑文中详叙刘表文治武功，而不及刘表在使人改定五经章句外又自作《周易章句》一书。

汉代经学章句，大体亡于曹魏至东晋，唯薛氏《韩诗章句》至赵宋时乃亡。汉代经学章句的亡佚，原因是多方面的。其一，汉代经学章句，无论是官立的还是私授的，都是汉代政治文化制度的组成部分。汉既灭亡，其经学章句亦失去其存在基础。其二，汉代经学章句，主要是今文学的，其中多有谶纬内容，官立的与私授的都如此，迎合了当时的政治，但违反了实事求是的文献解释理念，不利于经典传授。其三，古文学的冲击与古今文学的合流，促使了章句的衰亡。汉代古文学经师须先习今文学章句，而今文学学者不一定习古文。今古文学的融合由古文学者完成，实际上是学术上古文学兼并了今文学，今文学的章句再无发展前途。其四，许多章句，只是行于一时，不久即被别的章句取代。有的章句，只在某一地域流传，无重大影响，甚至有的章句撰成后，并没有在社会上流传。

汉代经学章句与章句之学，是汉代历史文化的重要现象。经学章句从兴起至消亡，贯穿了汉代的大部分年代。从经学章句的发展脉络看，章句以今文学为主，流风所及，古文学及其他典籍说解也用了章句的形式。汉代经学章句特别是今文学章句，在一定程度上起到了维系汉代政治思想稳定和发展的作用。经师在章句的授受和研究中，对哲学、语言文学、社会学、科学技术等亦有发明与贡献。汉代经学章句的衰亡，是历史的选择，也有它自身的原因。

(作者单位：武汉大学文学院)

---

① 陆德明：《经典释文》，影印清通志堂刻本，中华书局 1980 年版，第 6 页。
② 魏徵等：《隋书》，中华书局 1973 年版，第 909 页。
③ 刘昫等：《旧唐书》，中华书局 1975 年版，第 1967 页。
④ 欧阳修等：《新唐书》，中华书局 1975 年，第 1424 页。
⑤ 蔡邕：《蔡中郎集》，景印《文渊阁四库全书》第 1063 册，第 214 页。

从王弼《老子注》看经典与诠释的互动共建*

□ 周光庆

刘笑敢先生在《诠释与定向》一书中指出："中国古代哲学的发展是以哲学经典的全面的再诠释为主要形式和动力的"；"中国的哲学诠释传统的典型形式是以经典诠释的方式进行哲学体系的建构或重构，这一方式包含着'客观'地诠释经典的'原义'和建立诠释者自身的哲学体系的内在矛盾和紧张"。即如王弼和郭象，"虽然采取了逐章注释的方式诠释古代经典，但是并没有受到原有经典的束缚，反而是以注经、说经的形式提出了许多新的哲学概念和命题，这一方面可能造成对原有经典的'本义'的曲解或歪曲，但另一方面也可能给原有的哲学经典赋予了新的生命和时代性"①。其见解是很有代表性和启发性的。然而，这里却有一个重要问题被突出出来了：中国古代哲人学者以经典诠释的方式进行哲学体系的重构时，又是如何解决"客观"地诠释经典的"原义"与建立诠释者之哲学体系的内在矛盾和紧张的呢？又是如何既给原有的哲学经典赋予新的生命和时代性，还能避免造成对原有经典的'本义'的曲解呢？如果不能正确解决并回答这一重要问题，不但难以正确评价王弼、郭象的哲学成就，而且难以正确认识作为中国古代哲学的发展之主要形式和动力的中国哲学诠释传统，甚至难以正确总结中国古代哲学的发展规律与民族特色。

在这一重要问题的促动下，笔者考察了王弼的代表作《老子注》，初步有所发现：正是因为有了哲学经典召唤力量和诠释学人哲学追求的激励，诠释（包括诠释者和诠释活动）与经典（包括经典作家和经典文本）形成了多种方式的互动与共建，这才较好地解决了上述重要问题。尝试论述如下，以请教广大学者。

一、《老子》的召唤力量与王弼的哲学追求

王弼在曹魏正始年间之所以勇于选取哲学经典《老子》进行创造性的诠释，首先是

---

* 本文系 2013 年度国家社会科学基金一般项目："中国古代哲学经典五种基本诠释方法论形成发展与历史效应研究"（项目编号：13BZX037）的阶段性研究成果。

① 刘笑敢：《诠释与定向》，商务印书馆 2009 年版，第 31、38、43 页。

因为他在特定的时代背景下被《老子》跨时代的特异精神和召唤力量所吸引。而中国哲学经典《老子》，究竟具有何种跨时代的特异精神和召唤力量、何以能够吸引王弼这样的天才哲学家呢？这是本文必须首先探讨的。

众所周知，老子生活的春秋时代末期，正是中国古代社会结构趋于重大变革的年代，正是中国式"哲学突破"开始发生的年代。在这个年代以前，中国学术总汇是以诗、书、礼、乐为主要载体的"王官之学"，它宣传和推行"天命神学"，而关注的中心则是人生问题、社会问题和政治问题。而中国式的"哲学突破"，从根本上说，就是对于"王官之学"的突破，对于人类处境之宇宙的本质形成了一种理性的认识，进而对于人类处境的本身及其基本意义有了新的解释。正是在这个"哲学突破"开始发生的年代里，老子"执古之道，以御今之有"，观"变"而思"常"，率先建构起了以"道"为中心观念的哲学思想，反过来促进了"哲学突破"的发展。

老子率先建构起来的"道"：或指人生的行为准则；或指事物的发展规律；但是最为根本的却是指称形而上的天人本体，而且具有"无"与"有"的双重特性。它既如《老子》二十五章所描述的，"有物混成，先天地生。寂兮寥兮，独立而不改，周行而不殆，可以为天下母。吾不知其名，强字之曰'道'"①；又如《老子》四十二章、四十章所概括的，"道生一，一生二，二生三，三生万物"，"天下万物生于有，有生于无"。老子的"道"论，率先打破了以"天"为最高主宰的观念，淘汰了"天"的人格神意义，并由人生论延展到社会论和政治论，由社会论和政治论延展到宇宙论，然后又站立于宇宙论的高度把握人的存在，从而追求无为的政治、和谐的社会、返璞归真的人生，到处跃动着贵无贵柔的辩证法。能在"哲学突破"开始之时就这样别开新生面，建构起这样的"道"论，这就在中国哲学史上具有开创的意义，从而使得老子哲学具有不同凡响的特异精神和召唤力量。

正如张岱年先生指出的："老子的道论是中国哲学本体论的开始"，"老庄的本体论是（中国）后代本体论思想的理论源泉"，"在中国哲学本体论的发展过程中，道家学说居于主导地位"。② 而且特别值得关注的是，老子还援引自己建构的"道"，作为人类进行历史自我理解的普遍性参照框架，由此激发出人的生命智慧和生存艺术。为此，他能最早敏锐地观察到文化的进步也有造成人性异化的一面，因而提出自然主义的法则，力图以回归自然的方式来克服可怕的人性异化现象，并且进而主张自然无为、贵柔尚弱、谦下不争、欲取姑与、功遂身退、自得自适，以达到"天长地久"的崇高境界(《老子》第七章)。所有这些都是如此与众不同，既显现出哲学的高度，又洋溢着生命的智慧，也是老子哲学的精神特异之处和召唤力量所在。

老子与孔子为同一时代的哲学家，并有过相会和交流，③ 但是他们之间的思想观念差异却非常之大。如果说，老子偏重对于天人本体问题和人与自然关系的思考，由此建立了

---

① 陈鼓应注译：《老子今注今译》，商务印书馆2003年版，第169页。本文凡引用老子语，皆见此书，以下不另注。

② 张岱年：《道家在中国哲学史上的地位》，《道家文化研究》第六辑，上海古籍出版社1995年版。

③ 见司马迁《史记》之《孔子世家》、《老子韩非列传》的记载。

他的本体论和宇宙论；那么，孔子则偏重对于人与人之关系的探讨，由此建立了他的伦理哲学。如果说，老子以自然主义为基本取向，注重天然的真朴之性和内心的宁静和谐，有如庄子所言，是主张"不当时命而大穷乎天下，则根深宁极而待"①；那么，孔子则以人文主义为基本取向，注重道德的完善和人格的提升，强调积极进取而投身社会"知其不可而为之"。然而，无论对于全民族全社会还是对于士君子个体而言，老子的哲学思想与孔子的哲学思想又是可以乃至必然会互补共济的。对此，李泽厚先生之《美的历程》和许多学者的相关论著已有充分的论述。事实上，纵观中国古代思想文化的发展历程，儒道互补共济以共建中华文化精神，尤其是道家思想对儒家思想的调节、纠正和补救，也早已是一条贯穿始终的主线，特别是在战国时期、魏晋时期和宋明时期更为显著。高明的道家学者和儒家学者，对此大多怀有一种清醒的认识，持有一种积极的态度。应该说，这还是老子哲学的精神特异之处和召唤力量所在。

与众不同，老子哲学思想的生命智慧流动在《老子》的字里行间，转化成了《老子》的表达艺术。老子深知："道可道，非常道；名可名，非常名"；"多言数（速）穷"，"正言若反"。因此，他对于如何"道""常道"、如何讲述天人本体、如何传递生命智慧，进行了认真的探讨，从而造就了富有个性特征的表达艺术和富于诗性特征的《老子》文本，从而强化了其哲学的特异精神和召唤力量。限于篇幅，这里仅就其隐喻的运用作些论述。正如现代哲学家比宾·英德伽所论证的："隐喻中的比较为一切认知的根本"。②而早在 2500 年前，老子就已经使隐喻中的比较成为他认识"道"、传播"道"的根本。例如：

> 有物混成，先天地生。寂兮寥兮，独立不改，周行而不殆，可以为天下母。吾不知其名，强字之曰"道"，强为之名曰"大"。（第二十五章）
>
> 视之不见，名曰"夷"；听之不闻，名曰"希"；搏之不得，名曰"微"。此三者不可致诘，故混而为一。（第十四章）
>
> "谷""神"不死，是谓"玄牝"。玄牝之门，是谓天地根。（第六章）

老子体悟到的天人本体：无色，无味，无声，无形，它是虚空的，它是变化莫测的，它是永不消亡的，它像微妙的母性生育天地万物，它像深远的道路引导天地万物，它像无边的大海吞吐天地万物；而且，它的诸多特性又是"不可致诘"、"混而为一"的。那么，对于这样的天人本体，究竟应该如何表述、如何使人领悟呢？老子创造和运用了一系列的奇特隐喻：天人本体既然无色，就称之为"夷"；既然无声，就称之为"希"；既然无形，就称之为"微"；既然虚空，就称之为"谷"；既然变化莫测，就称之为"神"；既然永不消亡，就称之为"神"；既然像微妙的母性，就称之为"玄牝"；既然像深远的道路，就称之为"道"；既然像无边的大海，就称之为"大"。这里的每一个名称，虽然不能表述天人本体的全部特性，却能使人在比较中领悟到它的某一特性，进而引发相关的联想。譬如，当人们得知"谷"这一名称就能想象到，原来天人本体是像山谷那样虚空的；并

---

① 陈鼓应注译：《庄子今注今译》，中华书局 1983 年版，第 405 页。
② 转引自张沛：《隐喻的生命》，北京大学出版社 2004 年版，第 215 页。

有可能联想到老子是否发出了空谷足音？当人们得知"道"这一名称就能想象到，原来天人本体是像大道那样引导天地万物之运动的；并有可能联想到自己也应该沿着这条大道向前行进。就这样，老子通过隐喻表述了难以表述的天人本体，读者与老子在隐喻中引发了共鸣，并且溢出一种富有哲学意味的亲和感，于是欣欣然回应老子的哲学召唤。这就是老子式的哲学隐喻，它以其奇妙的艺术魅力，强化了老子哲学的特异精神和召唤力量，具有永久的生命价值。

再如《老子》第五章有云："天地不仁，以万物为刍狗；圣人不仁，以百姓为刍狗。"初读起来，似乎有些触目惊心之感；但是细细读来，又觉得真乃至理名言！元代学者吴澄《道德真经注》解释得好："刍狗，缚草为狗之形，祷雨所用也。既祷则弃之，无复有顾惜之意。天地无心于爱物，而任其自生自成；圣人无心于爱民，而任其自作自息——故以刍狗为喻。"① 原来，老子所要昭示的乃是：天地不是人格神，它们总是任万物自生自成；圣人不是救世主，他们总是任百姓自作自息。人类要想生存发展，只能激励自己的主体意识，沿着大"道"的启迪而逐步前行！如此深邃的人生至理，如此特异的哲学精神，竟然全都蕴含在两句话中一个"刍狗"的隐喻之中，引人去感悟，任人去联想，召唤人怀着一种哲学的亲和感去追随老子作进一步的探讨，不能不使人折服。

尽管经历了汉代的"独尊儒术"运动，但是老子哲学的特异精神和召唤力量仍然没有消褪；到了汉末魏晋时期，风云际会，其光芒更是愈来愈夺人眼目。斯时也："匹夫抗愤，处士横议"，"由是户异议，人殊论，论无常检，事无定价"（曹丕《典论》），儒家经学思潮失去了所依附的主体而走向衰落，社会批判思潮涌现于历史舞台，人们的思想与学术获得了一次解放，以庄园经济为背景的士族学人之间，开始形成了一种相对平等、自由聚谈的社会关系，而且身处大乱之世更向往大治社会的人们，往往又特别希求有一个清静无为、与民休息的过程。在这样的时代背景下，许多哲人学者为挽救危局而挣脱旧的框架，努力从《周易》《老子》《庄子》等经典中汲取营养以创造新的思想文化，有如刘勰在《文心雕龙·论说篇》中总结的："魏之初霸，术兼名法；傅嘏、王粲，校练名理。迄至正始，务欲守文；何晏之徒，始盛玄论。于是聃、周当路，与尼父争涂矣"。② 即以其代表人物何晏而论，他背景特殊，学养深厚，统合学人编著《论语集解》，力图将玄学的创新之根植于经学的传统之上。而哲学天才王弼，则自觉继承前辈事业，进一步努力探求新方法以创建新哲学。

诸多历史记载表明，王弼"幼而察惠"，"性好弘理"，"通辩能言"，尽管出身士族名门，却早在十五岁左右，就对政治事务、世俗功名表现出了一种漠不关心的态度和"雅非所长"的特性，却与老子性灵相通，自觉选择以"言天人之际"亦即哲学研究为事业，立志找到一种新的经典诠释方法和理论建构方法，使经典与现实相结合，使本体与现象相结合，以构筑一个出于其类、拔乎其萃的哲学体系，为当时的社会提供一种新的内圣外王之道。而这种志向，是深深植根于他的一种基本认识："虽古今不同，时移俗易，故（固）莫不由乎此以成其治也。故可执古之道以御今之有。上古虽远，其道存焉，故虽在

─────────────────

① 转引自陈鼓应注译：《老子今注今译》，中华书局 1983 年版，第 94 页。

② 范文澜注：《文心雕龙注》，人民文学出版社 1958 年版，第 327 页。

今可以知古始也"（《老子注》第十四章注文①）。由于具有这样的认识与志向，由于其哲学研究具有显著的创新性和适时性，所以王弼的哲学努力很快得到了众多哲人学者的认可："于时何晏为吏部尚书，甚奇弼，叹之曰：'仲尼称后生可畏，若斯人者，可与言天人之际乎'"；"淮南人刘陶善论纵横，为当时所称，每与弼语，尝屈弼。弼天才卓出，当其所得，莫能夺也"（何劭《王弼传》）。可是，王弼在诸多经典中何以就格外对《老子》情有独钟呢？其《老子指略》有云：

> 然则，《老子》之文，欲辩而诘者，则失其旨也；欲名而责者，则违其义也。故其大归也，论太始之原以明自然之性，演幽冥之极以定惑罔之迷。因而不为，损而不施；崇本以息末，守母以存子；贱夫巧术，为在未有；无责于人，必求诸己。此其大要也。而法者尚乎齐同，而刑以检之；名者尚乎定真，而言以正之；儒者尚乎全爱，而誉以进之；墨者尚乎俭啬，而矫以立之；杂者尚乎众美，而总以行之。夫刑以检物，巧伪必生；名以定物，理恕必失；誉以进物，争尚必起；矫以立物，乖违必作；杂以行物，秽乱必兴。斯皆用其子而弃其母。
>
> 故古今通，终始同；执古可以御今，证今可以知古始；此所谓"常"也。②

可见王弼认为，当时的法家、名家、儒家、墨家、杂家学者都各有所得，也各有所失，问题在于"斯皆用其子而弃其母"；只有老子及其道家学者，能做到"论太始之原以明自然之性"，能做到"崇本以息末，守母以存子"，一方面是从本体到现象，同时又从现象回归本体，如此形而上之，如此循环往复，终于超越各家哲学和当下社会，把握住了那"先天地生"并且具有"无"与"有"双重特性的"道"。而且，由于"古今通，终始同；执古可以御今，证今可以知古始"，这就使得老子哲学思想在当时的情况下，能够最为适应社会、契合人心，因而值得深深信奉，必须予以创造性诠释。此外，王弼还对《老子》的文本特征有独到的见解，所以《老子指略》又云：

> 又其为文也，举终以证始，本始以尽终；开而弗达，导而弗牵。寻而后既其义，推而后尽其理。善发事始以首其论，明夫会归以终其文。故使同趣而感发者，莫不美其兴言之始，因而演焉；异旨而独构者，莫不说其会归之征，以为证焉。夫途虽殊，必同其归；虑虽百，必均其致。而举夫归致以明至理，故使触类而思者，莫不欣其思之所应，以为得其义焉。

仔细体会不难想到："善发事始以首其论，明夫会归以终其文"，善于揭示事物之根源以作为论述的开始，能够抓住事物之要领以推出其结论，这不正是《老子》的论证方法吗？"开而弗达，导而弗牵"，注重启发而不直接端出结论，耐心引导而不逼使立刻接受，这不正是《老子》的教人方法吗？"故使触类而思者，莫不欣其思之所应"，使那些

---

① 见楼宇烈校释：《王弼集校释》，中华书局1980年版，第32页。以下王弼《老子注》注文，皆依楼宇烈《王弼集校释》之校改，不另注。
② 见楼宇烈校释：《王弼集校释》，中华书局1980年版，第195、196页。

受到触发和启示的学人莫不欣欣然焕发主体精神而予以积极回应，这不正是《老子》的召唤力量吗？"故使同趣而感发者，莫不美其兴言之始，因而演焉；异旨而独构者，莫不说其会归之征，以为证焉"，使观点相同相近的人受到感发而自觉去作进一步的探讨，使观点相左相异的人接受其宗旨而甘愿引为参照，这不正是《老子》的哲学效应吗？可知王弼对于《老子》的文本特征的见解，不仅是独到的，而且是深刻的，无论在当时的哲学领域还是在中国的哲学诠释史上，都具有很大的启示性。为此，他更加虔诚地诠释了《老子》，决心以此为当时建构起一种新的内圣外王之道。

回顾以上历史事实，我们不难看到，"古今通，终始同"，老子哲学的特异精神和召唤力量，少年王弼的气质素养和哲学追求，从魏至晋的时代精神和理论需求，尽管跨越了时代，却是如此相协乃至契合，他们之间在诠释过程中的互动与共建，显然是有其适时的动力、合理的基础乃至某种必然性的。

二、诠释与经典互动共建的基本方式

王弼诠释与经典《老子》在诠释过程中的互动与共建，终于具有了适时的动力和合理的基础乃至某种必然性。然而，即使如此，但是如果不能找到正确而又适用的具体方式，那么互动与共建也还是只能半途而废，年长于王弼的何晏就留下了深刻的教训。王弼对此高度警惕，因而一直在探索与创造，终于建构起了"证今知古"、"崇本息末"、"辩名言理"、"推尽其理"、"触类而思"五种基本方式，以此开展互动与共建，最终取得了《老子》诠释的巨大成功。

1. "证今知古"

王弼曾在《老子指略》里以兴奋的语气特别讲道：

> 故古今通，终始同；执古可以御今，证今可以知古始；此所谓"常"也。

他是在强调，中华民族建立起来的社会与文化，既有其发展性，也有其继承性，"故古今通，终始同"，因而老子建构的"道"也就具有跨越古今的历史意义。所以，要想创造性地诠释《老子》，首先就必须坚信"上古虽远，其道存焉，故虽在今可以知古始也"（《老子》第十四章注），然后就必须在"证今知古"方式的引导下走好诠释创新之路。从王弼的诠释理论和《老子注》的实践来看，作为诠释方法论的"证今以知古始"可作如下理解：其"证"，既是证验，也是证发；其"今"，既是社会现实的"今"，也是诠释语境的"今"；其"证今"，既是立足"今"进行"证"，也是援引"今"以为"证"；其"知古始"，就是认知宇宙原始之"道"，就是把握老子所建构的"道"，并将其运用于现实之中。因此，"证今以知古始"，实质上是立足社会现实的"今"、诠释语境的"今"，联系社会现实的实际、释者思想的实际，促成诠释（包括诠释者和诠释活动）与经典（包括经典作家和经典文本）的互动、共建，实现认知宇宙原始之"道"、阐发老子建构之"道"并将其运用于社会现实的最高目标。这就是经典诠释之"常"亦即"总规律"。显然，在王弼看来，"证今可以知古始"，乃是认识发展的总规律，乃是经典诠释的总原则，认知方法和诠释方法就在其中。例如：

> 《老子》第四十九章：圣人在天下歙歙焉，为天下浑其心；百姓皆注其耳目，圣人皆孩之。
>
> 王弼注：若乃多其法网，烦其刑罚，塞其径路，攻其幽宅，则万物失其自然，百姓丧其手足，鸟乱于上，鱼乱于下。是以圣人之于天下歙歙焉，心无所主也。为天下浑心焉，意无所适莫也。无所察焉，百姓何避；无所求焉，百姓何应。无避无应，则莫不用其情矣。人无为舍其所能，而为其所不能；舍其所长，而为其所短。如此，则言者言其所知，行者行其所能，百姓各皆注其耳目焉，吾皆孩之而已。

这里，老子依据"无心"、"无为"的原理，提出了"圣人在天下歙歙焉（收敛主观成见）"的主张；而王弼则运用"证今以知古"的方法，阐发了它的深刻意蕴，树立了"人无为舍其所能，而为其所不能；舍其所长，而为其所短"的政治理想。而所谓"多其法网，烦其刑罚，塞其径路，攻其幽宅，则万物失其自然，百姓丧其手足"云云，正是王弼对于"今"之社会现实的有力概括和深刻批判，正是他立足"今"进行"证"、援引"今"以为"证"的路径，正是他以曹魏名法政治之"今"来"证"老子"无心"、"无为"之"古始"的成果。经过他的"证"，老子"圣人在天下歙歙焉"的主张，得到了深刻的诠释、自然的延伸和合理的运用，并且滋生出新的政治理想，使人读到此处总会生发出一段"思古之幽情"。

2. "崇本息末"

王弼在《老子指略》里又曾以高屋建瓴的态势指出：

> 《老子》之书，其几乎可一言而蔽之。噫！崇本息末而已矣。观其所由，寻其所归，言不远宗，事不失主。文虽五千，贯之者一；义虽广瞻，众则同类。解其一言而蔽之，则无幽而不识；每事各为意，则虽辩而愈惑。

王弼是在告诫，《老子》之书，"言不远宗，事不失主"，"文虽五千，贯之者一"，"其几乎可一言而蔽之"，乃"崇本息末而已矣"；那么诠释《老子》，也就应该师事老子而运用好"崇本息末"的方法。应该如何认识这一哲学经典诠释方法的意义呢？这就要从何晏说起：何晏率先明确地提出了一种不同于汉代神学目的论和元气自然论的本体论，这是中国哲学史上的一件大事。然而，他却未能看到本体与现象是如何相互联结的。结果，"当他谈论本体时，却遗落了现象；当他谈论现象时，又丢掉了本体"①。而王弼，正是有鉴于此，所以努力建构起了这一"崇本以息末"的诠释方法论：其"崇"，就是推崇、突出；其"息"就是生长、生发；其"本"就是"道"，就是本体；其"末"就是"事"，就是现象。王弼的"崇本以息末"不同于汉末学者王符《潜夫论·务本》所提倡的"崇本抑末"，它强调在诠释过程中不去"每事各为意，虽辩而愈惑"，而是从现实出

---

① 余敦康：《何晏王弼玄学新探》，方志出版社 2007 年版，第 94 页。

发，突出本体而生发现象，突出"道"以统帅"事"，既从本体到达现象，又从现象回归本体，"解其一言而蔽之"。只有这样，才能避免"虽辩而愈惑"，并且获得相应的诠释自由，达到"无幽而不识"的诠释胜境。譬如：

> 《老子》第二十九章：将欲取天下而为之，吾见其不得已。天下神器，不可为也。为者败之，执者失之。故物或行或随，或歔或吹，或强或羸，或挫或隳。是以圣人去甚，去奢，去泰。
>
> 王弼注：神，无形无方也。器，合成也。无形以合，故谓之神器也。万物以自然为性，故可因而不可为也，可通而不可执也。物有常性，而造为之，故必败也。物有往来，而执之，故必失矣。凡此诸或，言物事逆顺反复，不施为执割也。圣人达自然之性，畅万物之情，故因而不为，顺而不施。除其所以迷，去其所以惑，故心不乱而物性自得之也。

在这一章里，老子所要彰显的"本"与"道"，就是政治上的"无为"。所以王弼在诠释中大力突出"无为"，并且将其发展为"因而不为，顺而不施"，使之能以全新命题的形式与现实政治结合起来，形成新的可供人们选择的"内圣外王"之道。与此同时，他还依据原文的理论逻辑，阐发出何以必须"无为"的深刻道理："万物以自然为性，故可因而不可为也，可通而不可执也。物有常性，而造为之，故必败也。物有往来，而执之，故必失矣"。而这一番道理，既蕴含在老子的原文之中，又得力于王弼的发掘和创造，并且包含着在玄学理论中发挥过巨大作用的"以自然为性"的重要命题；应该说，它是王弼立足"今"、援引"今"而与老子互动共建的产物。至于原文"或行或随，或歔或吹，或强或羸"云云，他则不去"每事各为意"，仅以"凡此诸或"一句轻轻带过，由此而获得了诠释自由。在本注里，我们看到了"崇本以息末"之诠释方法的成功范例。

3. "辩名言理"

在《老子指略》中，王弼从《老子》文本的实际出发，特别分析了名称的来源、性质与运用："名也者，定彼者也；称也者，从谓者也。名生乎彼，称出乎我。……名号生乎形状，称谓出乎涉求。名号不虚生，称谓不虚出。故名号则大失其旨，称谓则未尽其极。"以此为根据，他提出了与经典互动而"辩名以言理"的诠释方法，并且指出："夫不能辩名，则不可与言理；不能定名，则不可与论实也"。为的正是从这一角度"崇本以息末"。

按照王弼的见解："名"（名号）是以分类的方式界定事物的，是以事物的显著特征为依据而命名的，它在约定俗成过程中表达了民族人对于特定事物的共同认识，是在社会群体中通行的语词；"称"（称谓）是以言说的方式表达言说者对于事物之独特体验的，它在运用过程中表现出了言说者与特定事物之间的关联，是在特定语境中出现的语词。同一个语词，如果作为语言词汇的一分子而在社会群体中通行，可以叫做"名"；如果作为个人思想载体而在特定语境中出现，可以叫做"称"。"名"（名号）有着较多的客观色彩，"称"（称谓）则有较多的主观色彩。当人们面对经典文本的某个语词时就应该辨析明白：它已不是一般的"名"，而是特定的"称"，它固然表达了民族人对于所指事物的共同认识，但更是表达出了言说者对于所指事物之独特体验。人们只有立足"今"的语境，开展与言说者的对话，在辨析中穿透这个语词而发掘出它所表达的言说者对于所指事物之独特体验，在此基础上进行"言理"与"论实"，进而探寻事物变化发展的规律，这才能够真正作出全面正确的诠释。这就是"辩名言理"的诠释方法。

譬如，中华先民早已认识到事物都有其得以生存的根据或条件，于是参照语词"得"而将其命名为"德"，使"得"、"德"构成同源关系，这就表明，"德"这个语词的形成，是以事物都有其得以生存的根据这一显著特征为依据而命名的，表达了中华先民对于这一规律的共同认识，并作为"名"通行于包括老子在内的社会群体之中。然而，在老子的哲学理论中，"德"又有其特殊性，它与"道"结成为一对不可分割的范畴，"道"是万物由以生成之所以，是大化流行的整体，"德"则是一物由以成性并存在之所以，是由整体所得的部分。所以老子强调指出："道生之，德畜之，物形之，势成之。是以万物莫不尊道而贵德"（《老子》第五十一章）。在这一特定语境里，"德"不仅是一般的"名"而更是独特的"称"，它以言说的方式表达了老子对于事物都有其得以生存之根据的独特体验；人们只有结合特定语境与言说者开展互动，透过名称"德"而发掘出称谓"德"所表达的老子的独特体验，然后进行"言理"，才能正确诠释老子的这一思想。所以王弼对它作出的诠释是："物生而后畜，畜而后形，形而后成。何由而生？道也。何得而畜？德也。道者，物之所由也；德者，物之所得也。由之乃得，故不得不尊；失之则害，故不得不贵也"。他的这一诠释，在"辩名言理"中"崇本息末"，其"道者，物之所由也；德者，物之所得也"一句尤为精粹，不仅使人体认到无限整体和由整体所得的部分，而且使人在思想上建构起二者之间的逻辑支点。这就是"辩名言理"的范例。

4. "推尽其理"

在《老子指略》中，王弼又从《老子》文本的实际出发，特别分析了老子对于理论问题的论述方法，并且以此为依据而很有针对性地提出了相应的诠释方法："又其为文也，举终以证始，本始以尽终；开而弗达，导而弗牵。寻而后既其义，推而后尽其理"。这里提出"寻而后既其义，推而后尽其理"的诠释方法，同样为的是从这一角度"证今以知古"、"崇本以息末"。

根据王弼的分析：老子对于理论问题的论述，善于揭示事物之根源，作为论述的开始，擅长抓住事物之要领，以便暗示出结论；注重启发而不直接端出结论，耐心引导而不逼使立刻接受；逻辑推理的过程隐含在话语深处，引而不发，耐人寻味。如果想要创造性地诠释这样的文本，关键在于立足特定语境，揭示文本隐含的逻辑关系，根据其逻辑关系进行发掘与推论，从而揭示出言说者所暗示的结论，并且进而阐释命题的逻辑含义，然后加以适当的阐发，使之在"今"的语境中得以"尽其理"。这就是包括"寻而后既其义"在内的"推而后尽其理"的诠释方法。譬如：

《老子》第十一章：三十辐共一毂，当其无，有车之用。埏（抟）埴以为器，当其无，有器之用。凿户牖以为室，当其无，有室之用。故有之以为利，无之以为用。

王弼注：毂所以能统三十辐者，无也。以其无能受物之故，故能以寡统众也。车、埴、壁所以成三者，而皆以无为用也。言有之所以为利，皆赖无以为用也。

在这一章里，老子首先抓住事物之要领，列举了毂、埴、户三个极为常见而又非常典型的事例，分析了它们"当其无"而"有车之用"、"有器之用"、"有室之用"的共同性功能特征；然后隐隐地进行归纳、推理，由个别上升到一般，用一个"故"字统领而引出了"有之以为利，无之以为用"的结论，使理论从本体到达现象，又从现象回归本体。而在注释里，王弼首先只对老子所言之"毂"进行了阐发，其方法是结合特定语境，阐释命题的逻辑含义，并沿着老子隐含的逻辑思路将其语意向前推进一步，引出了"以其无能受物之故，故能以寡统众"的初级结论。而这里所谓"以寡统众"，既是经典原文所蕴含的意思，也是王弼与老子共同建构的思想。在此基础上，王弼又以一句"车、埴、壁所以成三者，而皆以无为用也"，使前面引出的初步结论向上升华，转化为"皆以无为用也"的中级结论。在此基础上，王弼又"推而后尽其理"，揭示出"有之所以为利，皆赖无以为用也"的高级结论。而这里所谓"无以为用"，既是经典原文所蕴含的意思，也是王弼与老子共同建构的思想。总览全部注文，我们可以看到"推而后尽其理"的诠释风格。

5. "触类而思"

汉魏之际，随着批判思潮的兴起和深入，士人的思想获得了解放，儒家经学开始衰落，但是远远没有完全失去影响，道家哲学开始复兴却也不能"独尊"，于是，"三玄"亦即《周易》、《老子》、《庄子》和《论语》以其互补共济之势而受到当时哲人学者的普遍尊重与信奉，许多哲人学者纷纷以《易》解《老》、以《老》释《语》、融合《老》《庄》，从而阐发出一些新的思想理论。而王弼则更进一步，在《老子指略》中提出了"触类而思，欣其所应"的哲学经典诠释方法："夫途虽殊，必同其归；虑虽百，必均其致。而举夫归致以明至理，故使触类而思者，莫不欣其思之所应，以为得其义焉"。

应该如何认识这一哲学经典诠释方法的意义呢？从根本上说，春秋战国时期诸子百家的哲学思想，无论怎样争鸣，然而都是在"哲学突破"的进程中"得一察焉以自好"而创立起来的，都是在努力从各自的角度以探究"天人之际"的，都是在从不同的方面洋溢着中国式人文主义精神的。这就是王弼所总结的："夫途虽殊，必同其归；虑虽百，必均其致。"因此在特定的时代背景下，它们之间其实都是可以相互回应、互补共济的，都是可以相互诠释、相互发明的，都是可以使之融合以孕育出新的思想要素的；关键在于运用什么方法才能使之如此。正是针对这一关键性问题，王弼建构起了新的哲学经典诠释方法："使触类而思者，莫不欣其思之所应，以为得其义焉"。这一方法的主要精神在于，就一个特定的议题或命题进行深入思考和广泛联想，会通多家哲学经典，使其中的相关论述相互回应、相互发明、相互融合，从而使特定议题或命题的意蕴更加清晰、更加丰厚，甚至迸发出新的思想理论要素。譬如：

> 《老子》第十九章：绝圣弃智，民利百倍；绝仁弃义，民复孝慈；绝巧弃利，盗贼无有。此三者，以为文不足，故令有所属，见素抱朴，少私寡欲。
> 王弼注：圣智，才之善也；仁义，行之善也；巧利，用之善也。而直云绝弃。文而不足，不令之有所属，无以见其指。故曰此三者以为文而未足，故令之有所属，属

之于素朴寡欲。

《老子》的这一章，从文字上说并不难懂，从理论上说却有值得进一步讨论之处，对此应该如何进行诠释呢？王弼运用的方法是"触类而思"。首先，他就老子论及的"圣智"、"仁义"、"巧利"等命题，起用儒家的思路，在一定程度上肯定了它们各自的功用。其次，他又顺着道家的思路，强调此三者"文而不足，不令之有所属，无以见其指"。就在这样"一分为二"式的论证之中，他将"圣智"、"仁义"、"巧利"的本质与长短全都揭示出来。最后，他再按照原文的逻辑推理引出结论："故令之有所属，属之于素朴寡欲"。而这一结论的意义正是要从根本上解决问题，"唯在使民爱欲不生，不在攻其为邪也"（《老子指略》）。就这样，他是紧扣原文提出的"圣智"、"仁义"、"巧利"、"素朴"、"寡欲"等命题，使儒家、道家的相关论述相互回应、相互发明、相互融合，不仅突出了老子"见素抱朴，少私寡欲"的思想，而且使之在新的社会条件下适当地吸收了儒家思想的营养，增强了理论的丰厚性和实践的可行性。这是真正的"触类而思"，这是创造性的儒道互补与融合。

论述至此还必须强调：王弼《老子注》对于"证今知古"、"崇本息末"、"辩名言理"、"推尽其理"、"触类而思"诸种诠释原则与方法的运用，是各尽其妙而又相互结合的，是自觉为之而又轻松自如的，是致力于互动共建而又不留痕迹的。我们不能不分开论述，更不能不合而观之，以便能有全面的把握。例如：

> 《老子》第二十五章：人法地，地法天，天法道，道法自然。
> 王弼注：法，谓法则也。人不违地，乃得全安，法地也。地不违天，乃得全载，法天也。天不违道，乃得全覆，法道也。道不违自然，乃得其性，法自然也。法自然者，在方而法方，在圆而法圆，于自然无所违也……道法自然，天故资焉。天法于道，地故则焉。地法于天，人故象焉。王所以为主，其主之者一也。

在这里，当然没有必要一一说明何者为"辩名言理"、何者为"推而后尽其理"，等等；但却可以集中论述两点：第一，在春秋末期，老子率先揭示"道法自然"，以"自然"为其哲学精神，可是究竟何谓"自然"，他却引而不发、未尝界定；在正始年间，何晏《无名论》接着申言："夏侯玄曰：'天地以自然运，圣人以自然用。'自然者，道也"，可是仍然未能说明"自然"确指什么。正是王弼，第一个发掘其言外之意，这才明白而又确定地指出："法自然者，在方而法方，在圆而法圆，于自然无所违也"，使人懂得"自然"并非"道"之外别有一物，而是"道"的规定性亦即自然而然，也是事物在没有人为因素作用下的本来状态。放开来看，这里实际包含着两层意思：一是"自然已足"（《老子》第二十章注），二是"万物自相治理"（《老子》第五章注）。而正是从这里，生发出了魏晋时期"自然"与"名教"的大讨论，生发出了"名教本于自然"的著名理论。第二，在本注的最后，王弼强调："王所以为主，其主之者一也"，粗看起来似乎有些突兀，但是仔细分析以后就能明白，它恰恰是本注的精华之一。因为，从理论逻辑上说，它是紧紧承接"人故象焉"一句而来的，而"人故象焉"一句又是"人法地"的变化，所以它的出现是沿着老子原文的理论逻辑而来的，是老子本体论在社会方面的应用与延伸。再说，

"（王）其主之者一也"的"一"正是"自然"，它所强调的乃是王者应该因人物之性而使人物各得其所，而"于自然无所违"，切忌动辄横加干预，这不仅是老子所首肯的，也是当时所需要的内圣外王之道。可见在本注的最后，王弼感应时代的呼唤，沿着老子的理论逻辑，以"自然"为枢纽，提出了一种新的内圣外王之道。显然，这一富有时代气息的内圣外王之道，是王弼与老子在互动中共建的，是诠释与经典在互动中共建的，是王弼哲学诠释学的重要成果。

三、诠释与经典互动共建的主要成果

本着自己的哲学志向，立足于"今"的现实语境，王弼以富有一定创造性和科学性的方式，在诠释进程中开展了与经典《老子》的互动共建，获取了巨大的成果，赢得了崇高的声誉，譬如"钟会论议以校练为家，然每服弼之高致"（何劭《王弼传》）。根据我们的初步认识，其主要思想成果在以下几个方面：

1. 建构"以无为本"的本体论

《老子》第四十章有云："天下万物生于有，有生于无。"一般认为，这是一个宇宙生成论的命题。而王弼对于这个命题作了新的诠释："天下之物，皆以有为生。有之所始，以无为本。将欲全有，必反于无也"。看起来，老子强调"有生于无"，其中应该含有"以无为本"的意思，只是尚未明确，似乎差了那么半步。可是，经过王弼"推而后尽其理"，向前迈进了重要的半步，"有生于无"的命题就转化成了"以无为本"的命题，生成论的命题就转化成了本体论的命题，它所强调的已是：无形无象的本体乃是有形有象的现象产生的根源、存在的根据。于是，"以无为本"的本体论就这样初步建构起来了，并且一鞭先着，成为了魏晋时代贵无论玄学的基本命题，被当时的哲人学者广为接受。接下来，王弼还进一步申述："将欲全有，必反于无也"，这又是使"以无为本"的本体论成为解决各种"有"亦即各种具体问题的依据与方针。于是，"以无为本"的本体论开始走向完全了。

顺着这一方向再往前看：《老子》第四十二章有云："道生一，一生二，二生三，三生万物。万物负阴而抱阳，冲气以为和。"这同样是一个宇宙生成论的命题。而王弼对于这个命题同样作了新的诠释："万物万形，其归一也。何由致一？由于无也……故万物之生，吾知其主，虽有万形，冲气一焉。百姓有心，异国殊风，而王侯得一者主焉。以一为主，一何可舍？"在这里，老子所谓"一生二，二生三，三生万物"，大致相当于"天下万物生于有"；所谓"道生一"，大致相当于"有生于无"。因此，王弼同样将其转化成了"何由致一？由于无也"的命题。于是，生成论的命题就同样转化成了本体论的命题，"以无为本"的本体论就这样逐步充实起来。接下来，王弼又进一步申述："百姓有心，异国殊风，而王侯得一者主焉。以一为主，一何可舍"，这也是使"以无为本"的本体论成为解决各种"有"亦即"百姓有心，异国殊风，而王侯得一者主焉"之政治问题的依据与方针，并且由此生发出一种富有时代气息的"内圣外王之道"。

把握好这一方向再往回看：《老子》第一章有云："无名天地之始，有名万物之母。"无论今人如何标点这两句话，它都是强调"无"是天地的本始，"有"是万物的根源，同样是一个宇宙生成论的命题。而王弼对于这个命题同样作了新的诠释："凡有皆始于无，故未形无名之时，则为万物之始。及其有形有名之时，则长之、育之、亭之、毒之，为其母也"。这就依原文"推而后尽其理"，引出了"凡有皆始于无"本体论的命题，从而使得"以无为本"的本体论更加丰厚。

2. 发展"自然为性"的无为论

就中国哲学的理论建设史而言，王弼在老子的基础上建构起了"以无为本"的本体论，可谓功莫大焉；然而，在曹魏时代的社会危机日益严重的态势下，富有人文关怀的哲人学者们却又在追求一种能够应用于社会实践的本体论。而王弼，感受到了时代的呼唤，体会到了前辈的努力，勇于作进一步的探索，得以发展起"自然为性"的无为论，以此与"以无为本"的本体论相结合，并且依据老子的理论思路将其扩展到人道的领域。请看：

> 《老子》第二十九章：天下神器，不可为也。为者败之，执者失之。
> 王弼注：万物以自然为性，故可因而不可为也，可通而不可执也。物有常性，而造为之，故必败也。物有往来，而执之，故必失矣……圣人达自然之性，畅万物之情，故因而不为，顺而不施。除其所以迷，去其所以惑，故心不乱而物性自得之也。

老子强调："天下"是神圣的，不能强力为之。王弼"推而后尽其理"，揭示其不能强力为之的根本原因在于"万物以自然为性，故可因而不可为也"，并乘势由此发展出"自然为性"的无为论。何谓"万物以自然为性"呢？王弼从多种角度作出了一系列明确的说明："天地任自然，无为无造，万物自相治理"（《老子》第五章注）；"不塞其原，则物自生，何功之有？不禁其性，则物自济，何为之恃？物自长足不吾宰成有德无主"（《老子》第十章注）；"自然已足，益之则忧"（《老子》第二十章注）。综合起来看，所谓"万物以自然为性"就是：天地任自然，无为无造，以无为本，而万物则自生、自济、自足、自相治理，处于自我调节、自我满足、相互依存、相互制约的和谐状态，宇宙整体也就处在一种自组织的进程之中，既不需要任何外来的造作，更不需要任何外来的干预。"万物以自然为性"论与"以无为本"论，就是这样相互结合、相互说明的。

既然"万物以自然为性，故可因而不可为"，那么，面对万物，特别是面对国家的动乱与危机，人们应持一种什么样的态度呢？王弼以解决这一问题为动力，以"以无为本"论和"自然为性"论作根据，进而倡导一种"婴儿不用智，而合自然之智"的思维模式和行为方式(《老子》第二十八章注)，以期借此将"万物以自然为性"的总规律运用于社会实践。而他所谓的"自然之智"，就是"因物自然，不设不施"，就是"因物之性，不以形制物"（《老子》第二十八章注），就是"达自然之性，畅万物之情"，"心不乱而物性自得之也"，就是矫正当时名法之治的种种弊病，它与"万物以自然为性，故可因而不可为也"是一脉相承的，其中蕴含着治国的最高理想。而他的这种"自然之智"论，显然渊源于《老子》第四十八章倡言的"为道日损，损之又损，以至于无为，无为而无不为"，其本质乃是"无为"。

3. 创立"崇本举末"的方法论

关于王弼在诠释进程中创立的"崇本举末"或"崇本息末"方法论，本文前面已多所谈及，只是未能系统论述。而要较为系统地论述这一方法论，必须首先详察其《老子》第三十八章的注文：

> 万物虽贵，以无为用，不能舍无以为体也。舍无以为体，则失其为大矣，所谓失道而后德也。以无为用，则得其母，故能己不劳焉而物无不理。……夫载之以大道，镇之以无名，则物无所尚，志无所营。各任其贞事，用其诚，则仁德厚焉，行义正焉，礼敬清焉。弃其所载，舍其所生，用其成形，役其聪明，仁则尚焉，义则竞焉，礼则争焉。故仁德之厚，非用仁之所能也；行义之正，非用义之所成也；礼敬之清，非用礼之所济也。载之以道，统之以母，故显之而无所尚，彰之而无所竞。用夫无名，故名以笃焉；用夫无形，故形以成焉。守母以存其子，崇本以举其末，则形名俱有而邪不生，大美配天而华不作。故母不可远，本不可失。仁义，母之所生，非可以为母。形器，匠之所成，非可以为匠也。舍其母而用其子，弃其本而适其末，名则有所分，形则有所止。虽极其大，必有不周；虽盛其美，必有患忧。

原来，王弼并不满足于确立起一个孤悬于现象之外的抽象本体，而是想要找到一个与现象紧密联结的无限本体；他并不沉湎于纯粹哲学的探讨，而是想要找到一种建构新的内圣外王之道的理论基础。因此在建构起"以无为本"本体论的同时，又进一步提出了"以无为用"的新命题，强调"万物以自然为性"，不仅"以无为本"，而且也"以无为用"，从而显示出了即体即用的意义。在他看来，就万物而言："体"是根本，可以比喻为"本"，也可以比喻为"母"；"用"是由体而自然生发出来的实践功能，可以比喻为"末"，也可以比喻为"子"；有"体"必有"用"，既不能"舍无以为体"，也不能"舍无以为用"，"有之所以为利，皆赖无以为用也"（《老子》第十一章注）。可是：对于"体"与"用"亦即"本"与"末"、"母"与"子"之间的关系，又应该如何把握呢？况且当时的人们特别是为政者，往往都是迷惑于现象，看不到本体，"舍本以逐末"。这就促使王弼探索到了一种方法论，那就是"守母以存其子，崇本以举其末"。

应该如何认识作为方法论的"崇本以举其末"呢？王弼有过多种提示："母，本也。子，末也。得本以知末，不舍本以逐末也"（《老子》第五十二章注）；"以道治国，崇本以息末。以正（政）治国，立辟以攻末。本不立而末浅，民无所及，故必至于以奇用兵也"（《老子》第五十七章注）。由此我们可以认识到："崇本举末"或"崇本息末"，是"以无为本"本体论的进一步发展和具体的应用，而"以无为本"则是它的理论前提；因此，它不仅是诠释方法论，是思维方法论，是哲学理论建设方法论，同时也是国家社会治理方法论。它鉴于本体为一，现象为多，只有把握了本体之一，才能统率现象之多，故而强调由"用"以见"体"、由"体"以及"用"，全面促使事物协调发展。运用这种方法论，有一个认识前提，那就是"得本以知末"；有一个显著标志，那就是"以道治国"；有一个最低界限，那就是"不舍本以逐末"。如果在政治领域不能真正"崇本举末"，后果必然是"本不立而末浅，民无所及"以致危机四伏。譬如，面对种种社会危机，统治者往往虚伪地高标"仁义"以图挽救；殊不知这实际是舍本逐末的做法，因为"失德而后仁，失仁而后义"，"仁义，母之所生，非可以为母"，"仁德之厚，非用仁之所能也；行义之正，非用义之所成也"。所以，要想挽救危机，决不能"舍其母而用其子，弃其本而适其末"，而应着眼长远，真正"以道治国"，确实做到"我无为而民自化"。

4. 批判"立刑名"的现实政治

曹魏时代国家分裂和社会危机的日益严重，促使一些眼光敏锐、富有人文关怀的哲人学者们，在追求一种能够用诸实践之本体论的同时，还极力从各自的角度批判现实政治，探寻危机根源，呼唤政治革新。王弼就是其中杰出的一位。他将自己哲学批判的矛头首先指向了"立刑名"的现实政治：

> 《老子》第五十八章：其政察察，其民缺缺。
> 王弼注：立刑名，明赏罚，以检奸伪，故曰"其政察察"也。殊类分析，民怀争竞，故曰"其民缺缺"。
> 《老子》第七十二章：民不畏威，则大威至。无狎其所居，无厌其所生。
> 王弼注：清静无为谓之居，谦后不盈谓之生。离其清静，行其躁欲，弃其谦后，任其威权，则物扰而民僻，威不能复制民。民不能堪其威，则上下大溃矣，天诛将至。

赵翼《廿二史劄记》卷七早已指出：曹操"知其雄猜之性，久而自露，而从前之度外用人，特出于矫伪，以济一时之用，所谓以权术相驭也"。因而极力采用综核名实的方法，以营建一个绝对专制的行政系统，由此片面推行名法之治，结果种下了危机的种子。其继位者虽然被迫有所纠正，但却改变不了其政治结构分裂的严重势头。王弼对此有着清醒的认识，所以接过老子的思绪，大力批判这种"立刑名"的现实政治。本来，老子批判的是"其政察察（严苛）"，王弼就结合现实情况将其诠释为"立刑名，明赏罚，以检奸伪"；本来，老子批判的是"其民缺缺（狡黠）"，王弼就着眼现实情况将其诠释为"殊类分析，民怀争竞"；本来，老子批判的是"民不畏威，则大威（祸乱）至"，王弼就融进对于现实社会的感受诠释为"民不能堪其威，则上下大溃矣，天诛将至"。每一种诠释，都是既发掘出了原文深含一隅的意蕴，又寄寓了自己对于"立刑名"政治的严肃批判，并且建构起了富有时代气息的新思想、新理论。

更为值得关注的是，王弼对于"立刑名"现实政治的批判，又绝非仅仅写其体验、抒其愤懑，而是以其哲学理论为根据的，与其政治理想相连接的，因而极有深刻性和启示性。且重温《老子》第四十九章注文中的一段名言：

> 若乃多其法网，烦其刑罚，塞其径路，攻其幽宅，则万物失其自然，百姓丧其手足，鸟乱于上，鱼乱于下。是以圣人之于天下歙歙焉，心无所主也。为天下浑心焉，意无所适莫也。无所察焉，百姓何避；无所求焉，百姓何应。无避无应，则莫不用其情矣。人无为舍其所能，而为其所不能；舍其所长，而为其所短。

面对这"多其法网，烦其刑罚，塞其径路，攻其幽宅"的凌厉批判：我们当然不会忘记王弼"万物以自然为性，故可因而不可为也"的重要理论，这样也就能够看清这些批判之"则万物失其自然"的深厚理论根据；我们当然已经记得老子依据"无心"、"无为"的原理而提出的"圣人在天下歙歙焉"的主张，这样也就能够看清这些批判与王弼建构起来的"人无为舍其所能，而为其所不能，舍其所长，而为其所短"政治理想的内在关联。而一当全面地把握住它们之间这些固有的本质联系，我们对于王弼就"立刑名"现实政治作出的批判，就能形成更为立体、更为深刻的理解。

（作者单位：华中师范大学文学院）

元明清文学与文化

早期南戏的"科介"标记探析

□欧阳江琳

　　动作是构成戏剧的基本要素之一。然而，同为舞台表演的重要艺术手段之一，古代戏曲动作所得到的关注远不如曲唱。早在元代，就已出现第一部曲唱专书——燕南芝庵《唱论》，而直到清代中叶，才有《梨园原》、《审音鉴古录》之类戏曲身段的舞台记录本出现。这大概缘于曲唱有辞文载体，而科介专属艺人能事，故引不起文人的更多兴趣。重曲轻艺之观念，深刻影响了古代戏曲动作资料的保存以及相关研究的展开，尤其对于宋元南戏这样的早期民间戏剧样式，其动作形态更令后人难于探寻。目前，我们所能参考的资料，主要来自早期南戏文本的动作标示。它们既属于编创者对于剧本表演的文字说明，又一定程度地承载了当时舞台的动作形态，如同一个个有意味的符号，传递出南戏动作表演的生动信息。本文即力图通过梳理早期南戏文本的动作标记模式，探析早期南戏动作表演的发展形态。

一、南戏"介"的戏剧本义

　　古代戏曲标记身段动作，有着特殊的行业符号，即"科"与"介"。后人往往并举二者，统概戏曲动作。不过，在早期戏剧之中，"科""介"却不能随意混淆，互相换用。一般来说，元杂剧称"科"，如《元刊杂剧三十种》以"科"为标记；而宋元南戏称"介"，如《永乐大典戏文三种》基本为"介"，只有少量"科"的动作标记。

　　明代曲家徐渭率先注意到两者用法之异。他解释"科"："相见、作揖、进拜、舞蹈、坐跪之类，身之所行，皆谓之科"，概括出"科"所指动作的普遍性。他又解释"介"："今戏文于科处皆作介，盖书坊省文，以科字作介字，非科、介有异也"[1]。也就是说，南戏"介"源自"科"的书坊刊刻的省文，两者含义实际没有什么差别。

　　可是，徐渭所解不具备充分说服力，难以满足后人对"科"、"介"之别原因的追寻。今天学界对此歧说纷纭。关于"科"的起源，王季思怀疑"科范一辞，实源自释道二教之仪式也"[2]，而"介"呢，钱南扬依据《词语汇释》，注"介"云："'价'的省写。

---

① 徐渭：《南词叙录》，中国戏曲研究院编校：《中国古典戏曲论著集成》（第三册），中国戏剧出版社 1959 年版，第 246 页。
② 王实甫：《西厢记》，王季思校注，上海古籍出版社 1963 年版，第 130 页。

估量某种光景之辞，犹云这般或那般，这个样儿或那个样儿"①。洛地以为"介"是"個"的省写，属于南方方言的发音，意仍为这个或那个，代表师父向徒弟传艺时的动作提示习语，② 俞为民也大致持同样看法，并认为杂剧"科"是南戏"个"的音转③。周贻白先后提出两种说法，一种以为"介"由"开"而来，④ 另一种看法又认为"介"是"乔"的省文⑤。康保成则专门撰文，提出新解："'介'最早用于古代仪礼中傧相一类的角色，后用于傀儡戏，再用于南戏。其间经历了从傧相角色名到赞导者之语，再到提示角色动作的变化"⑥。各家说法，各持己证，令人难以定夺。

对于"介"的起源，笔者较偏向于洛地先生的提法，愿稍详述之。首先，南方方言中，"介"与"个"意思相通，都指这个、这么。《张协状元》就有证据。第九出："（末）问我时须说破，当山土地吾亲做。怜伊现身说些介话。"⑦ "介"的含义为"这个"。南戏的"介"皆可解作"这个"动作或"这样"的表演。如《张协状元》第2出"打末着介"，指净做出打末的这个动作。今存南戏中，我们还能发现"介"、"个"混用的情况。《张协状元》第2出"净有个白"、第48出"净丑相踢倒个"，世德堂本《断发记》第2出、第3出也出现"见个"、"进个"、"丑不个"⑧ 的写法。这恐怕不是简单的笔误，可能是当时舞台说明词的实录。

其次，笔者赞同洛地所说"介"是师傅向徒弟传授动作的一种提示习语。不过，需要进一步指出的是，这个提示语不是随处可用，而具有突出与强调表演的作用。

徐扶明曾引用一种说法："介字乃界字之省文，当其读剧本时，于唱曲念白之间，表明其演时态度，以此为界限，唤起其注意也。"⑨ "介"是否来源于"界"，难以确证，但这一说法包含相当合理的成分。在戏剧中，"介"好像一条醒目的界线，起到强调与提示表演的作用。

早期南戏一些"介"的使用，或多或少地揭示了"介"的这一含义。《张协状元》第1出有一段末扮说书人的说唱：

> （白）……使留下金珠饶你命，你还不肯不相饶。（末介）（唱）【绕池游】张叶拜启：念是读书辈，往长安拟欲应举。

---

① 钱南扬校注：《永乐大典戏文三种校注》，中华书局1979年版，第53页。

② 洛地：《词语十二——戏文三种补注》，叶开沅主编：《戏曲论丛》（第二编），兰州大学出版社1989年版，第34页。

③ 俞为民：《南戏通论》，浙江人民出版社2008年版，第26页。

④ 周贻白：《中国戏剧史》（上），中华书局1953年版，第210页。

⑤ 周贻白以为"介"是"乔"的省文。杂剧妆扮动作主要称为"乔"，"乔相扑"、"乔三教"、"乔学堂"、"乔谢神"、"乔亲事"等，《东京梦华录》云"副净色发乔"，也是强调副净乔态装势的身段动作。今长沙班角色们的身段动作还称为"乔"，排练动作称为"牵乔"。周贻白：《湘剧漫谈》，《周贻白戏剧论文选》，湖南人民出版社1982年版，第427页。

⑥ 康保成：《戏曲术语科、介与北剧、南戏之仪式渊源》，《文学遗产》2001年第2期。

⑦ 钱南扬校注：《永乐大典戏文三种校注》，中华书局1979年版，第51页。以下凡引戏文三种原文者，烦不具注。

⑧ 李开先：《李开先集》（中），卜键笺校，文化艺术出版社2004年版，第1045、1046、1048页。

⑨ 徐扶明：《元代杂剧艺术》，上海文艺出版社1981年版，第222页。

这里，"介"省去了动作前缀词，没有具体交代"末"做什么动作。但如果贯穿前后文理解，"末"前面的"白"是用强盗口吻，表明要打劫书生张协，后面的"唱"则转为张协身份，向强盗乞怜。为避免观众混淆人物，"末介"表演一定要突出两者人物身份的转换。这就构成了一个具有区分性的独立表演单元，目的在于唤起观众的注意。

这种情况属于一个角色分扮不同人物，故"介"的分界性质非常突出。如果是多个角色的互动表演，"介"的使用则重在区分前后表演单元，凸显自我的表演区间。《宦门子弟错立身》第 12 出，完颜寿马想让王金榜父亲收留自己，加入杂剧戏班："（末、卜上白）……（见生、旦介）（生借衣介）（说关介）"，三个"介"连用，强调的是三个表演区间。第一个"介"，王金榜父母乍见寿马，表现出大吃一惊的情态动作；第二个"介"，寿马做出向王金榜父母借衣服的动作；第三个"介"，钱南扬推测寿马是在向王父表达收留自己的意思。三个"介"，不同角色通过不同的动作、情态或者语言表演，完成一套连贯的对手戏。如果没有"介"的区分，表演区间就不那么明晰，演员演起来，很容易眉毛胡子一把抓。像第二、三个"介"，均由生角完成，各成一个表演单元，表演起来一定要明明白白，区分清楚，不然情节交代也就含含糊糊了。

康保成援引过不少四川阳戏的例子，很能说明"介"的此种含义。例如，四川巴县接龙阳戏第五坛《领牲》：

> （白）吾神，领牲二郎，来在血气台前，遥看红云坠地，敢不是功曹到此。（介）报下。（介）功曹，手捧何物？（介）法师文牒。（介）披悬未曾？吾神当面一观。功曹。（介）有。（介）土主、药王位前投文未曾？（介）未曾。（介）功曹，前去土主、药王投文，吾神起马就到。（介）谢过菩萨。（介）三军！（介）有。（介）来此何地？（介）来此了愿场中。（介）裂开旗门，吾神赞叹一番。①

这里的"介"均为单用，使人有点不明所指。康保成认为，通段为吾神、功曹两个不同角色的对话，实际揭示了"介"的角色本义。② 笔者以为，"介"在这里更着意凸显的是角色的表演。也就是说，人物必须采取一定的动作言行，才能区分彼此不同的身份。"吾神"要有"吾神"的姿态，"功曹"要有"功曹"的动作，角色定位是通过角色的自我表演区间完成的。

即便是内外场对答的"介"，也需要营造各自的表演区间，形成舞台空间的区别。例如，汲古阁本《白兔记》第 4 出《祭赛》：

> （净扮道士上）官清公吏瘦，神灵庙祝肥。乡间来朝贺，社户保灾非。自家马鸣王庙中提典是也。今年会首，却是前村李大公承赛。昨日已去报知。今日摆下香案，待我请神则个。（念介）奉请东方五千五百五十五个大金刚，都是铜头铜脑铜牙铜齿铜将军，都到庙里吃福鸡嚼福鸡，天尊！（内介）道人，不见下降。自古东方不养西

---

① 胡天成：《四川省重庆市巴县接龙区汉族的接龙阳戏》，台湾施合郑民俗文化基金会，1994 年，第 158 页。

② 康保成：《戏曲术语科、介与北剧、南戏之仪式渊源》，《文学遗产》2001 年第 2 期。

方养，奉请西方五千五百五十五个大金刚，都是铁头铁脑铁牙铁齿铁将军，都到庙里
吃福鸡嚼福鸡，天尊！（内介）为何又不来，道人？我家养家神道在那里。（内介）
请他出来！（马鸣王鬼判上介）。①

三个"内介"，都是指戏房内的场外人员，与在场的"净"角进行对答。"介"的使用，
意在指示这些人员通过一定的表演手段，参与外场演剧。这种方式在一定程度上打通了
内、外场的表演。但是，由于属于戏外的呼应性表演，"内介"实际自成一个独立区间，
而不应混同于在场表演，它的分界性质仍然比较清晰。一般而言，"内介"没有太多动
作，只突出声音的对答，以避免过多干涉场面的表演，混淆观众对舞台空间的划分。

还要指出，南戏的"介"，往往是由一套表演构成，并非专指动作。像上面例举生
"说关子介"，自然不会简单到一个讲说动作，而应该配合了语言内容，否则观众无以明
了寿马到底在表达些什么意思。这样非动作化的"介"，早期南戏还有不少。如《错立
身》第2出，生完颜寿马叫左右请王金榜入府，"（末）厅上一呼，阶下百喏。（介）（生
分付叫去介）（末介）（生唱）……"此处三个"介"的表演单元，钱南扬云："其间当
尚有道白，已被删去。"② 所见十分恰切。生、末之间必须通过言语对话，完成末参见主
人、生分付请旦、末申言辩驳的整个表演，不然下面两段生、末为请王金榜相互争执的对
唱，将无从着落。所以，"介"的表演，并非常说的某个动作或"做出……的样子"，而
是包含了动作、情态、语言在内的表演内容。

综上所述，因南方方言之关系，"介"最初来源于"个"，义项为这个、那个。用在
戏剧表演中，意为"这个"动作或"这个"表演。但，"介"的表演并非随身而动，随
意而行，它是指某个独立的表演单元，具有定位角色身份，区分前后表演段落，凸显自我
表演区间的作用。

二、早期南戏四种科介标记模式

南戏、传奇最常见的科介标记模式为"动作+介"，如"行介"、"见介"、"哭介"
等，表示行走的样子、见面的样子、哭泣的样子……但，这已经是规范化的写法，是经过
了长时间的发展，才如此定型。那么，早期南戏的科介标记是怎样的呢？在《永乐大典
戏文三种》中，我们可以整理出四种科介标记模式。它们既同存于一种剧本，又各有偏
重，显示出南戏"科介"层叠式的演变轨迹。

第一种模式：没有后缀"介"或"科"，直接标出动作或情态。

这种标记模式在《张协状元》中出现频率最高，而《宦门子弟错立身》、《小孙屠》
则极少使用。以《张协状元》第16出为例，科介标记有："笑"、"净笑指末"、"净睁眼
作威"、"净应"、"净偷酒肉有介"、"打丑介"、"丑哭"、"净偷酒"、"末捉"、"净掔鞋
出"、"丑吊身"、"安盘在丑背上、净执杯、丑偷吃，有介"、"丑又偷吃"。这13处科介
标记中，只有3个带后缀"介"的标记，其余均为直接的动作或神态标记。此类用法，

---

① 毛晋编：《六十种曲》（十一），中华书局1982年版，第8页。
② 钱南扬校注：《永乐大典戏文三种校注》，中华书局1979年版，第224页。

全剧俯拾皆是。如第 4 出"丑在内应"、"丑捻末手",第 5 出"末背净立"、"扯末耳",第 8 出"净末相喂"、"打末脑",第 12 出"丑揖"、"旦笑"、"打丑"、"丑扯旦",第 21 出"拽末倒"、"丑坐末背,末叫"、"末起身,丑擸",等等。可以说,它是《张协状元》科介标记的最主要形态。

第二种模式:单用"介"或"有介"。

这种模式,指没有添加任何动作,单独标记一个"介"或"有介"。戏文三种均有使用,使用频率虽不是最高的,却较为常见。

上文已指出,"介"指一段独立的表演单元,既可为一个动作,又可为一套表演,其意在于凸显自我的表演区间。"有介"含义相同,指有这样一个动作或一套表演。不过,"介"或"有介"的单独使用,由于缺乏动作或表演内容的明确指示,使人无从分晓演员到底该怎么演,这个表演区间又包含怎样的具体内容。试举几例:

> (末)开放死眼,介元在这里。(丑)在哪里?(有介)(末)不枉做陈听声。
> ——《张协状元》第 4 出

> (末)都管,舍人唤你。(净介、去介、见介)。(生白)你如今和我去勾栏内打唤王金榜,来书院中与它说话。(净)去不妨,只怕相公得知连累我。(生介)(净)我有言语。(生介)
> ——《宦门子弟错立身》第 2 出

首例中,丑扮的算命先生;可能做出摸索听声的动作。次例中,第一个"生介",可能生拿出主人派头,恐吓净所扮仆人去请王金榜来;第二个"生介",是生让净发言辩解;至于"净介",就很难猜测出具体的表演。尽管我们可以根据上下文,依稀推测某些"介"、"有介"的表演内容,但落实到具体的动作情态,就难以考实了。

对于这种没有限定具体动作的"介"、"有介",清陆贻典元抄本《琵琶记》附录云:"插科处止着'介'字,任人搬演,今人硬作差排,未免死句。"[1]也就是说,演员的动作表演可以自由发挥,不存在固定的规范,只要能够配合曲白,提示观众就可以了。康保成推考这种方式源自傀儡戏的表演:"早期傀儡戏剧本中,凡木偶操纵者的言行均可以'介'提示","早期戏文中'介'的用法可能直接来自傀儡戏"。[2]那么,傀儡戏的"介"是如何表演的呢?现存泉州傀儡戏的抄本中多有"自意亥"的字样,意思是插科打诨。标"自意",指演员可暂时脱离剧情,自创台词,即兴发挥;标"亥",指采取灵活机变的科介动作。[3]

傀儡戏的舞台标记,从一个方面印证了舞台科介自由的表演方式。南戏与傀儡戏关系密切,彼此影响,相互渗透,均有可能从对方表演之中,汲取这种表演方式。据黄少龙《泉州傀儡艺术概述》,福建泉州傀儡戏与早期梨园戏渊源极深。其落笼簿多为南戏剧目,像"织锦回文"、"湘子成道"、"观音修行"、"十朋猜"等,都是明初南戏的传衍本。而

---

① 高明:《琵琶记》,清陆贻典元抄本,《古本戏曲丛刊》初集,古本戏曲丛刊编委会,1954 年。

② 康保成:《戏曲术语科、介与北剧、南戏之仪式渊源》,《文学遗产》2001 年第 2 期。

③ 黄少龙:《泉州傀儡艺术概述》,中国戏剧出版社 1996 年版,第 63 页。

梨园戏的演出脚本，便留有"如意"的舞台说明，亦为"任人搬演"的意思。进一步说，"亥"与"介"的发音很接近，完全有可能发生同韵相转。所以，我们推论，南戏单用"介"、"有介"与傀儡戏标记"亥"、"自意"异曲同工，均指演员可以根据上下文剧情，自由做出相应的表演。

第三种模式：动作+"介"。

这种标记方式，是在角色动作后面，附加一个"介"。由于明确指示了角色的表演内容，我们很清楚科介的具体动作或情态。它最早出现于《张协状元》，如第2出"打末着介"、第8出"净使棒介"等，但使用比例不是太高。到了《宦门子弟错立身》、《小孙屠》，就成为常态了，是南戏最常见的一般体例。

相较《张协状元》，《宦门子弟错立身》、《小孙屠》两剧的科介说明很少有直接标记动作的，转以"动作+介"的模式取代。以"见介"为例。《张协状元》有不少见面的场景，朋友相见、官员相见、女儿见父亲、妻子见丈夫等，但多半没有科介说明，有的即便标了，也没有"介"化。第24出两个朋友见面，"（生白）拜揖！（丑）拜揖！尊兄高姓？"看得出两人在规规矩矩地对揖。第2出也有朋友见面："（末净［口栾］咄出）（净有介白）拜揖！（末）一出来便开放大口，尊兄先行。"净应该做出滑稽的见面动作，引得末的讥讽。再有第12出小二见张协："（旦）小二哥，解元在此，着个拜揖。（丑揖）。"小二出身低微，贫女要他"拜揖"张协。

由于舞台动作遵照了一定的生活礼仪，同为男性的"拜揖"，虽有一定差别，但基本还是相近。在此基础之上，男性作揖，女性万福，幼向长拜，卑向尊跪，生活行为不断固定为统一的舞台表演，"见介"的动作程式逐渐形成。到《小孙屠》一剧，各种相见几乎均统一标注了"见介"或"相见介"。像第2出朋友"相见传问挨介"、第3出朋友"相见行令介"、第5出弟弟见兄长"末见生介"、第8出儿子见母亲"见婆拜介"、第14出晚辈见长辈"末净相见介"，等等，只需一个"见介"的舞台提示，便可指示演员按照各类人物既定的见面程式，完成舞台的科介动作。

还有一种相类似的标记模式：动作+有介，也是具体标明了科介表演的内容。它出现于《张协状元》中，比如第24出"打丑，有介"，指旦做出打丑的动作；第48出"净丑踢，有介"，指净、丑对踢。不过，其使用不如"动作+介"普遍，《宦》、《孙》两剧则难得一见了。

第四种模式：动作+"科"或"科介"。

这种标记模式，也是在具体动作之后，后缀一个"科"或"科介"的术语，表明该角色表演的动作情态。在戏文三种中，它的使用比例最低。《错立身》完全不见，《张协状元》仅1处，《小孙屠》稍多，共计8处，分为第9出"作听科介"，第14出"末净相见科"、"饭科"，第15出"扣门科介"、"生问娘科"、"见净许物科"，第17出"末上计物件科"，第20出有"旦出科介"。这种标记模式的出现，一方面，用元杂剧惯用术语的"科"，部分取代了南戏的"介"，反映出杂剧与南戏科介表演共存互渗的现象；另一方面，它在元代中后期南戏中使用比例较低，说明此时科、介用法尚自有别，不能随意混同。

三、早期南戏科介标记暗含的表演变迁

通过梳理早期南戏剧本中的四种科介标记模式，我们发现此四者层叠架构于同一个剧本之中，《张协状元》《小孙屠》四种科介模式并存，《宦门子弟错立身》出现三种。它们各自代表不同的表演方式，不太可能同时出现，而应先后有序。标记模式的变化，实际暗含了南戏科介表演的变迁。

首先，《张协状元》中直接标记动作的用法最多，显得原始、质朴，演员只需根据舞台提示，做出相应的动作，如打、拉、哭、笑、唉、叫、应等，随意性强，规范性少。不少动作标记，还十分琐碎，具体到某个动作细节、某种发声方式。例如，《张协状元》第12出，丑扮小二哥，送米谷与贫女，见到张协，心中不满，想向贫女表白心事。两人有一场对手戏：

> （丑）我有些好事向你说。（笑）（旦）小二哥，有什事？（丑）我有……（笑）（旦笑）且说。（丑有介）（旦）有什事，如何不说？（丑笑）我要说，又怕你打我。（旦）我不打你，你自说。（丑）我便说。（旦）你说。（丑）我爹和娘要教你与我做老婆。（旦）教你来与我……？（丑）教你来与我做老婆。（旦唾）打脊！不晓事底呆子，来伤触人，打个贫胎！（打丑）（丑叫）好也！保甲，打老公，老婆打老公！（旦）作怪！我嫁你！……（丑唾）丫头儿胎发恁地长，你没我屋中，已饿杀了你！（旦）我去说与你爹娘。（丑扯旦）莫去说，饶我！老婆。

"笑"属情态表演，"唾"、"叫"属发声方式，"打"、"扯"属细节动作。整节戏贯穿了这一连串的科介表演，有的还反复使用，随文而生，反映了早期南戏当场即兴式的表演特点。

由于早期南戏艺人由许多非职业化的乡村演员组成，动作随性，大多配合剧情，点到即可。《张协状元》直接标示动作，就代表了此期南戏的舞台表演，演员演到哪，动作也即兴发挥到哪。但是，"介"的出现，就将这种随身而动的表演，加以提炼，逐渐升华为一种表演程式。

上文指出，"介"的戏剧本义，是一个独立的表演单元。演员到这里，必须强化与突出这段表演，以自成一个表演区间，吸引观众的注意，增强舞台效果。说白了，它就是艺人长期揣摩出来的表演重点。我们看《张协状元》中，"介"往往夹杂在直接动作标记中，说明标记者对两者的使用，心中各有区分。上例"丑有介"，就是意在凸显丑扭捏做作，欲言又止的滑稽表演，它不能与"笑"、"唾"、"打"等即兴发挥的动作混为一谈。

既然"介"所呈现的表演，是南戏艺人精心经营的舞台重点，那么它的使用，好比用最简易的抽象符号，包含最丰富的舞台信息，召唤南戏艺人演到这里，格外用心。所以，"介"的出现，昭示着早期南戏的表演，不仅仅只有随意而行的散漫动作，也具备醒目而富层次的表演重点。试看一例：

> （旦）外郎，你说这话，如今奴家不比在先门户。（净介）你在先借我三锭钞，

不曾还我。（旦）在先钞都还外郎了。（净介）我不曾得。（旦背介）外郎莫是把为名，故意来此。（净介）这睡的是谁？（旦介）是丈夫。（净）怎中？（旦）不妨，醉也。（净介）（旦）外郎，休恋故乡生处好，受恩深处便为家。

——《小孙屠》第 9 出

依照前后的曲白内容，此段四个净"介"的表演大致为：净伸手要钱、净摆手不认账、净伸手指生、净亲昵旦。这一连串动作，表现了男女逗引的情节，是《小孙屠》女主角负心情变、欲图谋夫的动作关钮。"介"的频繁使用，提示着本段表演的重要性，演员务必强调动作或神态的刻画，营造出舞台浓烈驳荡的男女风情。

当然，最初"介"的出现，主要强化表演内容的精彩，对于具体动作要求还比较随意。前文已指出，"介"的表演方式相对自由，主要根据曲文生发，没有一定的身段规范。"介"与"有介"的单用，就说明了这种表演的特点。延至明代南戏，还大量保存了此种既强调表演，具体方式又较为自由的"介"或"有介"。宣德本《刘希必金钗记》第 44 出圆梦："（净白）这等，相公听说。（唱）相公听我诉梦情。（生介）。牡丹过园是你妻房聘人。（生介）。"① 头一个介，生做出倾听诉说的样子；第二个介，生又须对妻房另聘做出惊讶或愤怒的神态动作，以配合净的念白。嘉靖刊本《荔镜记》第 13 出："【风入松】（潮腔）安排桌，扫拼厅。停待阮哑公出来行。（净介）……（哨角又鸣）障好姻缘，都是前世注定。（净介）十种，许远处一阵人来，亲像人送丧年。（净介）。"② 净扮小七，一边扫厅，一边听着外面锣鼓哨角，三个"净介"表现了小七扫地、听声、摹仿送丧的动作。这都是演员根据具体语意、情境，自由凸显表演内容。

然而，与直接用动作标记比较起来，这种"介"或"有介"的单用，显得更为合理。它可以突出表演层次，强化表演重点。尤为重要的是，在授业传习的过程中，艺人们为强化诸如此类的表演重点，会不断自觉提炼表演内容，摸索出一定的表演程式，指示受业者按照这个样子或这种方式演下去。作为统一的提示习语，"介"实际通过师徒的身口传授，简化了行业操作，使南戏表演更加有序，技艺传授也更有职业规范。它仿佛是一种充满意味的舞台符号，开启了南戏科介的程式化历程。

"动作+介"的标记，就是在此基础之上进一步程式化的发展。《张协状元》一剧中，"动作+介"的标记模式也已出现，而且，比起直接动作或"介"的单用，动作指示性更强，已经呈现出一定的表演程式。第 8 出，净扮客商使棒：

（净使棒介）这个山上棒，这个山下棒，这个船上棒，这个水底棒。这个你吃底。（末）什棒？（净）地，地头棒。（末）什罪过！（净）棒来与它使棒，枪来与它刺枪。有路上枪，马上枪，海船上枪。如何使棒？有南棒，南北棒，有大开门，有小开门。贼若来时，我便关了门。（末）且是稳当。（净）棒，更有山东棒，有草棒。

① 《刘希必金钗记》，王季思主编：《全元戏曲》第十一册，人民文学出版社 1999 年版，第 539 页。

② 《荔镜记》，泉州地方戏曲研究社编：《泉州传统戏曲丛书》第一卷，中国戏剧出版社 1999 年版，第 24 页。

我是徽州婺源县祠山广德军枪棒部署,四山五岳刺枪使棒有名人。(末)只怕你说得一丈。(净)我怕谁!

舞台表演上,这套棒法如果一顿乱打,就不好看了。宋杂剧有《闹夹棒爨》,闹棒、斗棒已成舞台的滑稽表演。南戏"使棒介"恐怕是照搬了此类表演程式,舞得有模有样,步骤井然。又如,第48出各级官吏拜访王德用,"净丑相踢倒介"、"净丑踢,有介",舞台表演也不是双方乱踢:

> (丑)那得一年踢气球,尊官记得?(净)相公踢得流星随步转,明月逐人来。记得耆卿踢个左帘,相公踢个右帘,耆卿踢个左拐。(丑)当职踢个右拐。(净丑相踢倒介)

净、丑上演的是一场踢球技艺表演。两宋时期,踢气球即蹴鞠,踢法花式很多,技艺高超,深受百姓喜爱,当时有专门的蹴鞠社——圆社。所以,舞台上净丑相踢,左右开弓,也应是移植了蹴鞠套路,包含了相应的动作程式。

后期南戏的发展,直接动作标记十分少见,"介"或"有介"的单用情况也相应减少,更多转化为"动作+介"的标准模式,这充分反映出南戏科介表演的程式化、规范化。上面以"见介"为例,予以了适当说明。这里再举"开门"科介的例子。

《张协状元》第10出净、丑扮做庙门,旦扮王贫女叫拍门。科介标记为:"打丑背"、"(旦叫)开门"、"重打丑背"、"旦打丑背叫"、"移挂门开",直接标出怎样打门,怎样叫门,门又是如何打开的动作说明。而同为叫开门,《小孙屠》第9出科介标记为:"外扶生,叫开门介"、"旦开门介"、净"叫门介"、"开门",除了最后一个动作为"开门",其他均写作"某动作+介"的形式。演员演到此处,心知肚明,只需按照"叫开门"科介程式走就行了。

我们还可比较不同时期的南戏刊本,审视它们的科介标记的变化。元本《琵琶记》曾保留了不少单用"介"的舞台标记,但到了一些明刊本中,就被大量删改。以万历李卓吾评本为参照:①

元本	李评本
"拐儿贻误"出:(末)待我请相公出来(介)	——请介
"感格坟成"出:【五更传】谩自苦(介)这苦凭谁告?(介)	——作悲介、后删
(旦)(介)呀,怎地这坟台都成了?	——起看介
"丞相教女"出:(外云)把那两个吊起,各打十八。	
(末)领均旨(介)	——末扯打科

元本《琵琶记》中,"介"是演员根据文词,生发动作,表演相对自由。但这些

---

① 李卓吾批评:《李卓吾批评琵琶记》,古本戏曲丛刊初集,古本戏曲丛刊编委会,1954年。

"介"到了李评本中，被请、看、作悲、扯打等"动作+介"的标记形式所取代，这说明演员口眼身手的摆位姿态，已经被"介"化，也就是统一被"这个样子"、"这个动作"化了。其基本格套已成，毋能随意发挥。

最后，谈谈南戏中"科"的标记模式。从《永乐大典戏文三种》的使用情况，我们可以推测，"科"的标记应当出现在元代中后期，反映了元代杂剧表演向南戏的渗透。元杂剧中，"科"的单用情况很少见，一般前缀一个动词，如"把盏科"、"见科"、"悲科"等，具体动作的指示性非常强。冯沅君以为"科"是一种具有规定性的动作程式，"科有动作的含义"，科范"就是行动的规则和范畴"。① 彭松、于平《中国古代舞蹈史纲》认为："'科'是比较一般、正常的动态表演的提示……'介'作为动态表演的提示，是要求其表演得比'科'更漫不经意些。"② 也就是说，杂剧的"科"比"介"的表演，更趋规范化。很多杂剧艺人是以动作程式和规范而闻名，《辍耕录》云："其间副净有散说，有道念，有筋斗，有科泛。教坊色长魏、武、刘三人鼎新编辑。魏长于念诵，武长于筋斗，刘长于科泛。至今乐人皆宗之。"③ 刘即刘耍和，他的科范动作在当时出了名。《宦门子弟错立身》第12出延寿马唱："子这撇末区老赚，我学那刘耍和行踪布迹。"说明刘耍和的走步、行踪步线，丝丝不乱，动作极有规范，深为艺人推崇、仿效。《青楼集》载赛帘秀，双目失明，而走台"其出门入户，布线行针，不差毫发，有目莫之及焉"④。《蓝采和》中，杂剧艺人蓝采和"试看我行针布线，俺在这梁园城一交，却又早二十年"⑤。

既然杂剧的科介动作已比较成熟，规范已具，以"教坊格范"、"梨园师体"为榜样的南戏艺人，自然努力企及，积极仿效，逐步推动了南戏科介的规范化进程。例如，元本《琵琶记》第15出蔡伯喈进殿，生："进入去咱。（介）（唱）【神杖儿】扬尘舞蹈，扬尘舞蹈，遥瞻天表，见龙鳞日耀。"⑥ 这个"介"所指不明，依据曲白，生角应该会做出进宫的动作。到了李评本、汲本等明刊本中，"介"被具体化了，替换为"（末）奏事官播笏三舞蹈"，意为生必须采用"三舞蹈"的表演，进入皇宫。据尚秉和考"拜舞"云：

> 《老学庵笔记》先君言旧制朝参，拜舞而已，后增以喏。按拜舞者，盖既起而舞，以示欢欣舞蹈之义。今戏剧天子升殿，群臣拜起，辄扬臂举足掀袍，作势回旋者是也。喏者唐代有之，朝贺则无，今戏剧拜起而长声唱者是也。⑦

---

① 冯沅君：《古剧说汇·做场考·科泛》，《民国丛书》第二编第69册，上海书店1990年版，第73~77页。

② 彭松、于平：《中国古代舞蹈史纲》，浙江美术学院出版社1991年版，第139页。

③ 陶宗仪：《南村辍耕录》，中华书局1997年版，第306页。

④ 夏庭芝：《青楼集》，《中国古典戏曲论著集成》第二册，中国戏剧出版社1959年版，第25~26页。

⑤ 《蓝采和》，隋树森编：《元曲选外编》第三册，中华书局1959年版，第971页。

⑥ 钱南扬校注：《元本琵琶记校注》，中华书局2009年版，第91页。

⑦ 尚秉和：《历代社会风俗事物考》卷二十四，《民国丛书》第一编第17册，上海书店1989年版，第299页。

这种"既起而舞,以示欢欣舞蹈"的拜舞,专门用于觐拜帝王,亦名"扬尘舞蹈"。它有着专门的礼仪规范,率先为杂剧舞台所吸收,加以艺术化。马致远《青衫泪》第四折,裴兴奴见皇帝,"正旦拜舞科",说明元杂剧"拜舞"已成科范,其步伐的进退、身姿的回旋、动作的反复,皆成一套表演程式。南戏应受杂剧之影响,亦化为己用。

不过,"科"的术语在南戏中大量出现,要延至明中叶之后。不少刻本均"科"、"介"混用,并无区别,像元本《琵琶记》原用"介"处,李卓吾评本、陈继儒评本、汲古阁本很多都改为"科"。笔者以为,这种情况并不是指"介"、"科"具体表演方式有何不同,反而说明,在宋元杂剧科介程式的影响下,明代南戏已经完成科介程式化的过程,南戏也好,传奇也罢,科、介使用比较随意,术语掺杂已成常态。就科介术语的大致分布情况而言,"介"主要使用于南戏艺人的抄本或台本中,而"科"更多出现在坊刻本或文人刻本中,这恐怕是文人崇尚北曲创作,而书坊刊刻亦追步北曲所致。

综上,四种"科介"标记实际反映出南戏科介表演不断程式化、规范化的过程。宋元南戏初期,南戏科介表演总体风格自由灵活,无拘无束,以即兴的生活动作为主。元代中后期,随着南北戏曲的交流,元杂剧的科范对南戏表演起到了积极的影响,促使其逐步脱离完全生活化、自由化的科介,寻求艺术升华。从"介"到"动作+介"、"动作+科"的标记模式的出现,正体现了早期南戏科介朝着程式化动作的舞台方向积极演进的趋势。

(作者单位:江西师范大学中国语言文学博士后流动站)

明代科场案与明代政治

□ 白金杰

　　明代科场案与政治的关联度之高为前代所少有，如明初"南北榜"案催生了南北定额分地取士的政策，体现了帝国统治者在中央集权制度下对各行政区域政治权利相对均衡的考量；明中期数起"辅臣子弟科第案"强调了科举相对公平的原则，体现了君权对内阁"相权"的制约以及对各阶层利益的调控。明末"科场关节案"频发，缠杂着朝堂内部党争等复杂的政治因素。国家大事，由科场可见一斑。本文撮录个案，详其原委，以期揭示明代科场案与明代政治之间的联系。

一、南北并进，公天下之道：洪武三十年"南北榜"与地域均衡

　　明代第一场影响较大的科场案发生在洪武三十年（1397年），史称"南北榜"或"春夏榜"。该案的直接起因是南北取士不均。其始末大致如是：该年三月会试，翰林学士刘三吾、纪善白信蹈为考试官，所录取的宋琮等五十余人都是南方士子。此榜称春榜，也称南榜。该榜引发北方落第士子不平，明太祖也不满录取结果，令侍读张信、侍讲戴彝等十二人再阅落卷，选录其中文理优长者。或曰考官刘三吾与白信蹈至阅卷所，嘱以陋卷进呈。覆阅结果，坚称无一北卷可取。太祖大怒，尽废春榜，并以胡、蓝余党为名，流放刘三吾，先后诛杀考官白信蹈等阅卷儒臣及本榜状元陈□、探花刘士谔等，唯有侍读戴彝、本科榜眼尹昌隆侥幸得赦。该年六月，明太祖亲自于落卷中录取北士六十一人，擢山东韩克忠为状元，此榜为夏榜，也称北榜。

　　引发该案的深层原因广为人知，即明太祖借助科举取士来均衡地方利益，维护中央集权，用以安抚、笼络北部及边夷地区。实际上在该案发生之前，明太祖除了武力布防、分封诸子守边以外，已逐步采取文治教化的手段来增强对这些地区的控制。明太祖所采取的政策如下：一是给予边夷地区同等的乡试权。如洪武五年（1372年）令四川行省开始入明后的首次乡试，洪武二十年（1387年）将云南布政司纳入乡试，给予这些行政区域与其他地区对等的"科举权"，使当地士子有了进入权力阶层的可能，有助于增加帝国向心力。二是洪武十三年（1380年）定南北更调用人之制，其政治用意正如胡适先生所评述的："就是本省的人不能任本省的官吏，而必须派往其他省份服务。有时候江南的人，派到西北去，有时候西北的人派到东南来。这种公道的办法，大家没有理由反对抵制，所以

政府不用靠兵力和其他工具来统治地方，这是考试制度影响的结果"①。三是在边境广立学府，派遣学官。起初重点在北部，后泛及其他边地。据《明太祖实录》所载，洪武八年（1375 年）明太祖提出以教化来善俗、致治，命选国子生分教北方，"近北方丧乱之余，人鲜知学，欲求方闻之士，甚不易得。今太学诸生中，年长学优者，卿宜选取，俾往北方各郡分教。庶使人知务学，贤材可兴"②。洪武十七年（1384 年）明太祖下令在辽东立学校，认为边境立学甚为必要，可以教化边民和武臣子弟。洪武二十年（1387 年）明太祖以北方学校没有名师，命吏部迁南方学官有学行者教之。洪武二十八年（1395 年）明太祖先后于正月、二月、六月、九月分别诏令在陕西行都指挥使司、四川盐井卫军民指挥使司、宁夏卫及其他四卫指挥使司，云南，四川贵、播等边远州县设立儒学。一年之间，明太祖为了加强边远地区的教化，举措频繁。而两年后的"春榜"中无一北士被录，大大悖逆了明太祖希冀以教化怀柔来控制北部、西南诸州的初衷，故"被黜者咸以不公为言"使得"上大怒"不过是"南北榜"案的导火索而已。③

该科取士是否存在不公私情、纳贿关节，并无实据。一是从"春榜"以前数科录取比例来看，北士中式数量原本就远远低于南方举子。洪武三年（1370 年）定的科场程式对乡试分区定额有规定，各省并直隶府州等处，通选五百名为率，各地配额不同。但会试按成绩录取，并未限定分区取士。乡试分区定额已考虑到地域的均衡问题，但首科会试结果即显现出较大的落差。洪武四年会试录取的一百二十人中，浙江士子居首，为三十一人，占总数四分之一，次为江西、福建，各二十余名。山西、山东、河南、北平、广东、广西等均不到十名，湖广无一人中式。此后数科，南人占据大半。至宣德二年，状元始有北人。故"春榜"发生并非偶然。二是落第考生鼓噪不公是常事，未必有所依凭。洪武五年（1372 年），明太祖就曾提出要惩罚谤毁考官的落第举子，语见《明太祖实录》卷七十一，"上谓礼部臣曰：'近代以来，举人不中程式为有司所黜者，多不省己自修，以图再进，往往摭拾主司细故，谤毁以逞私忿，礼让廉耻之风不立。今后有此者罪之'"。④ 明代科场案多有因私忿讪谤而起者，如代宗景泰七年（1456 年）顺天乡试考官刘俨被朝臣弹劾考试不精；英宗天顺元年（1457 年）会试考官遭落第士子作俚诗讪谤；宪宗成化十七年（1481 年）会试考官吴宽因录取乡人赵宽为会元引起议论；世宗嘉靖二十二年（1543 年）会试被南京河南道御史包节奏劾有弊。以上诸案大多并无实据，考官也未获罪。反例也有，孝宗弘治十二年（1499 年）会试，户科给事中程敏政被劾鬻题，已称得上明代中期的科场大案，程敏政、唐寅等四人被鞠下狱，但并未查明实弊，均被释放。程敏政出狱后不久病故，仍被追赠礼部侍郎，比起洪武三十年"南北榜"的酷烈来说已远为缓和。

借乱党之名行诛杀之实，明太祖已多次使用，如洪武十三年（1380 年）左丞相胡惟庸以谋反被诛，韩国公李善长即以追附胡党的大逆罪名被赐死，株连家属七十余人。蓝玉以谋反罪被诛，坐党夷灭者一万五千人。诸多大案，已使明人对明初政治产生心理阴影，

① 胡适：《胡适文集》第 12 册，北京大学出版社 1998 年版，第 506 页。
② 《明太祖实录》卷九十八，洪武八年三月戊辰。
③ 李调元辑：《制义科琐记》卷 1，中华书局 1985 年版，第 19 页。
④ 《明太祖实录》卷七十一，洪武五年正月癸丑。

"南北榜"案亦在阴影之下。清末最后一位探花商衍鎏论及此案，道出了明太祖发动此案的政治动因：

> 明洪武三十年丁丑科会试，考官士子多加诛戮，则非关节，而以太祖一时之怒为之……命刑部拷讯，以三吾、信蹈、司宪三人为蓝党（蓝即蓝玉），张信、王俟华、张谏、严叔载、董贯、黄章、周衡、王揖皆胡党（胡即胡惟庸），三吾以东宫讲官减等戍边，余皆凌迟于市，陈□亦处死……故是科世称春夏榜，亦称南北榜。并无纳贿关节，而用刑如此之重者，则因太祖以北方人士服属于元较久，虑遗民犹有故元之思，颇欲假科名以笼络之。是科所取皆南士，已恶试官之偏。而三吾又言礼闱取士，向无南北之分，大江以南本多佳士，北士自不及南，试官安能枉格相从，亏拔擢人才之旨，覆阅诸臣亦仍不悟太祖之意，所以致有此祸也。自后礼闱取士，每斟酌于南北之间矣。①

不论该案当事人是否与胡、蓝二党有关，单就该案的处罚来说，也是明代科场案中最为酷烈的。

若单从人才选拔的角度来看，本来不应该有地域之分。若从政治维稳角度，又必须做到相对均衡。是唯才是举还是分地取士，早在北宋时期已产生争议。司马光认为京师士子较偏远地区者拥有优势，"朝廷多差考官率皆两制三馆之人，其所好尚，即成风俗。在京举人追趋时好，易知体面，渊源渐染，文采自工"②。因此上《贡院乞逐路取人状》，提议分路取人，避免"京师作妄之人，独得取之"③。欧阳修则在《论逐路取人札子》中提出异议，强调科举考试"无情如造化，至公如权衡"的公平原则，④ 故应"不问东西南北之人，尽聚诸路贡士，混合为一，而惟材是择"⑤。明代"南北榜"案固然是朱元璋借题发挥的产物，但也体现了长期以来社会各阶层对地域公平问题的关注。

洪熙元年（1425年）议分南北卷取士，南士六分、北士四分。分南北取士，除了笼络北人外，还有一个原因是兼顾南北士人的优长。《明仁宗实录》卷九载仁宗语曰："科举之士，须南北兼取。南人虽善文词，而北人厚重，比累科所选，北人仅得什一，非公天下之道。自今科场取士，以十分论，南士取六分，北士取四分。尔等其定议各布政司名数以闻。"⑥ 因仁宗在洪熙元年五月驾崩，该政策未及落实，随后继位的宣宗议定会试分南、北、中三地定额取士。据查继佐《罪惟录》志卷十八《科举志》所载：

> 洪熙元年，宣宗即位。七月，定会试南北中三卷。先是，仁庙拟一科，每百人以六四判南北。是时三分之，姑以百名为率，南北各退五名为中卷，北卷则北直隶、山

① 商衍鎏：《清代科举考试述录》，三联书店1958年版，第290~291页。
② 司马光：《司马温公文集》卷5，中华书局1985年版，第114页。
③ 司马光：《司马温公文集》卷5，中华书局1985年版，第114页。
④ 欧阳修：《欧阳修全集》第4册，李逸安点校，中华书局2001年版，第1716页。
⑤ 欧阳修：《欧阳修全集》第4册，李逸安点校，中华书局2001年版，第1716页。
⑥ 《明仁宗实录》卷九，洪熙元年四月庚戌。

东、河南、山西、陕西；中卷则四川、广西、云南、贵州，及庐、凤二府，徐、滁、和三州；余皆属南卷。①

此后三卷定额微有调整，但大致如是。除分地录取外，考选官员也兼顾南北。

南北榜案后，多有人以此案为先例，或攻讦考官，或求请覆试，并因分地取士产生考生冒籍作弊的现象。从政治角度考量，"南北榜"案使得科举制成为中央政府用来控制、调节地方利益的政治手段，增强了帝国的向心力，维持了国家内部各行政区域之间的相对公平。若单纯从择优录取、人才选拔的角度来批判分地取士，而忽略了科举制的国家管理功能，就不免把问题简单化了。

二、贵胄不可以先寒畯：明中期辅臣子弟科第案

明太祖废除宰相制度后，皇权高度集中。永乐以后，内阁逐渐成为帝王的辅臣，权势日炽。因此，辅臣子弟中式与否，备受朝野关注。如果说，分地取士有地域均衡的政治考量，不得不如此，分阶层取士则违背了社会相对公平的原则，必将激化社会各阶层之间的矛盾，影响社会的稳定。

明代宗景泰七年（1456 年）顺天科场案，即与辅臣子弟相关。此案是洪武三十年"南北榜"案之后的又一大案。该案的直接起因是辅臣因子弟落榜而攻讦考官，求请覆试。此案始末大致如是：该年八月，太常寺少卿兼翰林院侍读刘俨、翰林院编修黄谏主考顺天乡试，大学士陈循之子陈瑛、王文之子王伦应顺天试不中，陈循与王文遂以细故攻讦主考官刘俨、黄谏，并指责二人去取不当，命题有乖，申请以洪武三十年"春榜"为例，覆审中式举子文卷与落榜陈瑛、王伦文卷的优劣，以治考官滥取之罪。覆审发现有优于二子者，有与二子持平者，也有不及二子而中式者。高谷力为刘俨、黄谏开脱，指斥循、文之私。代宗以刘俨虽考试不精，然查无私弊，并未降罪，只是特许陈、王二子参加次年会试。后六科给事中上言弹劾陈循、王文启滥进之风、坏科目之制，请严予惩处，代宗亦赦之。次年英宗复辟，革斥王伦等人，此案遂了。

该案涉案双方均未因此受到惩罚，其根本原因在于一方追求科举的绝对公平，另一方维护科举的相对公平。前者是理想而无法真正实现，若以特权加之，反而破坏了相对公平。

科举体制之下的相对公平，是指考官并无情弊，确实是在唯才是举的前提下，能够不问出身，纯以文字优劣擢拔人才。明代两京乡试、会试主考官一般都是资深翰林、科场魁首，是考官的最优人选。如洪武三十年（1397 年）"春榜"覆阅考官张信为洪武二十七年（1394 年）状元，景泰七年（1456 年）顺天乡试案主考官刘俨为正统七年（1442 年）状元。根据李调元《制义科琐记》卷一"钦赐举人"条记载，刘俨本科所取解元徐泰出身富族，因而被人质疑，"当道奏俨有私，召五经魁士亲试禁中，弥封以示阁臣，覆阅取次。拆封，一与原榜无异，仍赐泰为解元"②。可见刘俨确有主试之能。以翰林之才主持

① 查继佐：《罪惟录》第 2 册，浙江古籍出版社 1986 年版，第 824 页。
② 李调元辑：《制义科琐记》卷 1，中华书局 1985 年版，第 40~41 页。

科场，目的是最大限度地保证择优录取，然而也往往有庸才登第或遗贤在野，这并不一定与私弊有关。《明英宗实录》卷二百六十九录考官刘俨、黄谏的自我辩白，可以为证：

> 臣等入院之初，会同监试等官焚香告天，誓说："若有孤负朝廷委任挟私作弊者，身遭刑戮，子孙灭绝。如此誓词，非特内外执事官吏人等之所共闻，而天地鬼神实所共鉴。设使臣等阳为正大之言，阴为诡诈之行，纵苟逭于国法，亦难逃于阴谴。第恐才识短浅，鉴别未精，或有遗材，若曰徇情作弊，实所不敢。"①

即便考官尽心尽责，却仍然避免不了例外发生。录取结果或多或少都会受到考官的好恶、考生的临场发挥、阅卷限时不能细读等诸多偶然性因素的影响。况且名额有限，只能保证大部分的录取结果是公正的，不能排除少量贤才落榜或不才中式的现象。面对这种情形，落榜考生通常有两种对策，一种是谤讪考官。英宗天顺元年（1457 年）会试，主考官薛文清、吕文懿，俱一时人望，因有大臣子侄登第，士子遂作谤诗，沈德符叹称"是年薛文清为主考，此何等人品学术，尚遭谤讪，下第举子之口，真可畏哉！"② 另一种是以时运不济来自我安慰，以期待下科的时来运转。如英宗天顺四年（1460 年），有落第举子因私忿而讪谤考官者获罪，李贤《天顺日录》中所发的议论，就代表了一种共识："若尔所作文字有疵不中，是尔学力未至，非命也。若尔文字可取而不中，乃命也。不知安命，可谓士乎！"③ 顺天乡试科场案的发生，因为落第考生陈瑛、王伦的父亲陈循、王文均为内阁大学士，所以采取了第三种方式，即直接上疏皇帝，指斥考官刘俨不分美恶，任意批取，致使二子当中而不中，由此提请覆试。从实际考察，已录取的举人中确有不及二子者。以此观之，陈循、王文的要求有合理之处，即纯以文字高下为衡量标准，之前的录取结果确实有失公平。然而，陈循、王文为子诉冤之举并未受到认可，反而大受非议，被认为是以特权破坏了科举的相对公平。六科给事中在弹劾陈循、王文时有一段话，格外值得注意：

> ……盖以贵胄不可以先寒畯也，视今之文卷已黜而欲与举人比者，其得失又何如也？况今岁顺天府应试者一千八百有奇，而中式者才一百三十五人，俨等既称可试未精，则其间遗漏者恐不特伦、瑛二人而已，倘一概援例求进，拒之则情偏，从之则弊起。是循等一举而启滥进之风，坏科目之制矣。比者上天垂戒，灾变迭至，四方多故，水旱相仍。未必不由循等所行乖愫之所致也。今其罪犯已彰，人心共怨。陛下若又待以宽恩，则循等之心愈无忌惮，伏望皇上奋乾纲之独断，彰天讨之至公，逮问循等如律，以为大臣将来之警。④

---

① 《明英宗实录》卷二百六十九，景泰七年八月乙巳。
② 沈德符：《万历野获编》，中华书局 1959 年版，第 375 页。
③ 李贤：《天顺日录》，《丛书集成初编·〈龙兴慈记〉及其他二种》，中华书局 1985 年版，第 58 页。
④ 《明英宗实录》卷二百七十，景泰七年九月庚午。

　　谏议拒绝录用陈瑛、王伦，在于照顾到另外一种公平，即在考官并无情弊的情况下，贵胄子弟与寒门士子应享有同等的"落第权"。否则以贵胄子弟的身份，可以通过父兄提请覆议，从而开启滥进之风，就是对寒门士子的不公平。英宗复辟后取消了王伦、陈瑛的会试资格，后王文被杀，陈循遭戍，虽然不是以此案获罪，但论者或以此为滥进之果报。明武宗正德十年七月，给事中范洵上书言事，第二件就是两京显官子弟需"避嫌疑"，"则高门不得妨寒畯之阶，公道不至为私意所蔽矣"，① 此条被诏可执行。嘉靖十三年乡试，吏部尚书兼兵部尚书汪鋐因子不中式，亦指摘场弊，提出以"南北榜"案为参照，诛杀考官。考官廖道南则以景泰七年顺天科场案为先例，引陈、王及刘俨故事对答，得以脱身。

　　景泰七年顺天科场案是辅臣子弟落第案。明代中晚期，则出现了两起影响较大的辅臣子弟中式案。

　　其一为嘉靖二十三年（1544 年）大学士翟銮二子连捷中式案。銮二子连中乡试，又连中会试，刑科给事中王交、王尧弹劾考官朋私通贿，大坏制科。嘉靖帝的态度十分明确，他严令察院、礼部彻底调查，并勒令将涉案的翟銮父子等七人黜落为民，考官江汝璧等俱下镇抚司逮问，不得回护。处理结果是将会试主考官江汝璧，乡试主考官秦明夏、浦应麒杖责六十，革职闲住；监察御史王珩、沈越降一级调外任；高节及张岳充军，彭谦为民，王一中等仍留供职。

　　其二为万历前期张居正三子中式案。此案的特殊性在于：万历皇帝参与其中，他以科举功名来回馈张居正的辅弼之功，先后擢拔其子张嗣修、张懋修为万历五年（1577 年）榜眼、万历八年（1580 年）状元，另一子张敬修亦得中式。然而张居正死后次年，万历皇帝即开始清算张居正，恰有南京刑科给事中疏论张居正私其三子登第事，万历遂不听覆试之请，褫夺诸子功名。

　　这几起辅臣子弟科第案的处理结果，大致尊重了科场相对公平的原则。然而，如果认为辅臣子弟中式必有私情，则不免失之公允。出于维护科场相对公平的原则，无论贵贱，都不该成为拔擢或黜落的理由。万历十六年（1588 年）顺天乡试科场案就体现了这一考量。

　　该科主考为黄洪宪，辅臣王锡爵子王衡、申时行婿李鸿中式，王衡高登榜首。礼部郎中高桂上疏称李鸿等八人有关节之嫌，附带提到解元王衡素号多才，夺魁未必有弊，但因是辅臣之子，难免惹人嫌猜，"自故相之子先后并进，一时大臣之子遂无有见信于天下者"②。因此提请令王衡与其他涉疑士子一体覆试，以证清白。

　　高桂疏上后，引起辅臣王锡爵及考官的强烈反弹。他们提出取士既然以程文为去留，就不应强调出身富贵与否，而应关注取士的过程是否存在私弊。主考官黄洪宪辩称："谓辅臣王锡爵之子衡不宜居首。夫王衡自幼负奇，天下莫不闻。惟时春秋房考行人邹德泳首取，主考右庶子盛讷先评之，同考官、提调、监试官诸臣共阅，靡不同声称宜第一者。臣因与众定之，将避其势而遂摒其文耶？其一谓势高者录婿，盖谓李鸿也。李鸿乃《书》

　　① 《明武宗实录》卷一百二十七，正德十年七月辛丑。
　　② 《明神宗实录》卷二百七，万历十七年正月庚午。

一房，行人沈璟所取，臣焉能预知为辅臣之婿而戒同考官不取乎？"① 辅臣王锡爵言辞更为激烈："堂堂清朝明主临之于上，而谓在廷无一可信之辅臣，辅臣无一向上之子弟，臣则已矣，臣男亦已矣，独奈何轻朝廷、辱天下之士如此哉！臣窃羞之，窃痛之。古称世臣社稷之卫，即今我朝二百年来大臣子弟彬彬取高科胜仕，当世不以为嫌，何独至臣等必欲尽锢其读书应举之途，流言蜚语，使天下谓老成决贱于少年，委巷决公于朝论，此岂太平景象也？臣窃忧之，窃危之。"②

高桂的弹劾过分关注考生身份，在强调科场公平的同时有矫枉过正之嫌。但黄洪宪、王锡爵的反应过激除了就事论事以外，还与该案背后的政治纠葛相关。此案距离清算张居正不过五年时间。显然，王锡爵等人清楚地意识到万历对张居正独揽朝政的反感，所以王锡爵上疏力陈清白，着意与张居正对比：

> 国柄处居正之地，百官之命尽悬掌握而后可以顺指考官，无不如意也。乃臣碌碌赘员，权势不能及居正万分之一，而臣男中式名次反在居正诸子之前，不知考官媚臣至此，将何以望臣，又将以何德臣哉？臣虽不才，素服先臣清白之训，所生一儿祇今二十九岁，日夜提耳教之，顾诚冀少立身名，粗传弓冶，而不图更以臣官为累也。世语幽幽，何至此极？③

王锡爵提到的"世语幽幽"，体现了言官与辅臣的紧张关系。张居正时期，不但阁权压制君权，而且也钳制言官之口。待王锡爵、申时行等为辅臣后，特以张居正为鉴，言路大开，却又深受其苦。故本案的发生，已不单纯出于对科场公平的维护。《定陵注略》评曰："第王衡春秋名家，实堪冠冕畿士，而不免求诛者，则相公累之也。"④ 直指此案因攻讦王锡爵而起。鉴于万历对张居正子弟登科案及上科顺天乡试冒籍案处分过酷，辅臣王锡爵、考官黄洪宪等不能不严阵以待。而万历对于此科的态度，则与以上两案不同。不仅因为此案查无私弊，而且因为王锡爵具奏申辨后，主动提请覆试，以自证清白。而覆试结果是："所劾举人，仍以衡第一，且无一人黜者。"⑤《明史》称，衡"少有文名，为举首才，自称因被论，遂不复会试。至二十九年，锡爵罢相已久，始举会试第二人，廷试亦第二，授编修"⑥。足见王衡实有才名，而遭遇无稽之谤，直至其父罢官，才再登高第，一洗前辱。该案的主考官黄洪宪、同考官沈璟也因此案牵连而仕途受阻。

鉴于辅臣子弟中式有瓜田李下之嫌，导致考官多有避嫌远祸之虑。至乙未会试，李鸿再度因辅臣之婿的身份险遭黜落。《定陵注略》卷一《科场夤缘》记录了这样一段有趣的文字：

---

① 《明神宗实录》卷二百八，万历十七年二月甲申。
② 《王文肃公奏草》卷三，《四库全书存目丛书》集部第 135 册，齐鲁书社 1997 年版，第 53 页。
③ 《王文肃公奏草》卷三，《四库全书存目丛书》集部第 135 册，齐鲁书社 1997 年版，第 53 页。
④ 文秉：《定陵注略》，《中国野史集成续编》19 册，巴蜀书社 1976 年版，第 628 页。
⑤ 张廷玉等：《明史》，中华书局 1974 年版，第 1703 页。
⑥ 张廷玉等：《明史》，中华书局 1974 年版，第 5754~5755 页。

乙未会试，南昌张位为总裁官，拆号填榜，李鸿中式。本房某请于南昌曰："愿易他卷。"南昌问故，某云徐吴县相公女夫，理应避嫌。南昌曰："信如君言，不但相公子弟不当读书，并相公女夫亦不当读书矣，岂有此理！"监试御史某从旁冷笑，南昌曰："君何笑？"御史曰："相公女夫，岂有中理？"南昌大怒曰："若相公女夫不应中式，则不应入场，罪在监试官，既已入场，则内帘所凭者，文而已矣，怎知是李鸿不是李鸿？"御史曰："请借文事一看。"看毕曰："文字也中不得。"南昌曰："衡文，内帘职也。与外帘无与。"随取鸿卷与各房同考官，请看此卷中得不得，各房俱云文字优通，中得。南昌曰："若有议论，学生一人承当，不以相累。"李遂得填榜，使非南昌者，李被斥必矣。①

该事亦见于《明史·选举志》。若非张位不避嫌疑，李鸿恐怕就此落第。无独有偶，明思宗崇祯四年（1631年）辛未科状元陈于泰是首辅周延儒的表弟。据《枣林杂俎·圣集》载，周延儒在拆卷之前并不知晓，及唱名得知后，"不觉汗出浃背"。② 实际上，两人虽为同县至亲，却颇有宿怨，故陈于泰得魁应无关节。但仍有士子窃议，幸而周延儒并未因此受到追究。王夫之《读通鉴论》卷二十六关注到辅臣科第案的影响，称"公卿贪势位，昵子孙，私姻亚，莫此著明，而其犯群怒也为烈。故张居正之子首胪传，王锡爵之子冠省试，摇群心，起议论，国以不靖，祸亦剧矣"③。

为了笼络大臣，明代对于出身勋贵之家的"官二代"给予了一种科名以外的补偿方式——荫庇政策。这种政策始自建文元年，后成定例。明宪宗成化五年，曾限令恩荫的资格。明武宗正德十一年、十二年间多有恩荫，大学士杨士奇有功累朝，荫及其曾孙。荫庇政策体现出对高官显宦的恩遇，使其心理稍有平衡，从而也使科举取士面向所有士子的公平原则得到较好执行。

以上诸多辅臣子弟科第案可与洪武三十年"南北榜"科场案相对照，"南北榜"案虽然照顾了地域的均衡，却是通过极端的政治手段达成的，是专制皇权干预的结果。辅臣弟子科第案则彰显了特权与公平的矛盾，但是此类科场案的发起，未必尽出于对科场公平的维护，不排除言官借此攻讦元老以博声名，或皇权借此笼络或弹压阁权的政治用心。这些案例表明：从治理国家的角度考量，取士之道的相对公平，对于维持国家的稳定，协调社会各阶层的矛盾，调动庶民入世的积极性等方面，具有重要意义。

三、党同伐异：明末科场关节案

明代中晚期，士风躁竞。大臣与言官相矫相讦，清流与阉党势不两立。科场亦沾染时风。彼时的科场案虽然仍以维护公平为借口，但为仇隙而折腾科场的事件时有发生。科场沦为政治斗争的战场，晚明的政治格局也受到科场的影响。

明代党争始于嘉靖、隆庆年间，称显于万历朝国本之争。万历十三年（1585年）顺

① 文秉：《定陵注略》，《中国野史集成续编》19册，巴蜀书社1976年版，第628页。
② 谈迁：《枣林杂俎》，罗仲辉、胡明校点校，中华书局2006年版，第185页。
③ 王夫之：《读通鉴论》，舒士彦点校，中华书局1975年版，第2069页。

天乡试冒籍案本无关大体，但是此案发生在国本之争的前一年，万历因偏宠郑妃而影响朝政于此已见端倪。故此略志一笔。

该案缘起于有浙人冒通州籍入试，八人考取，其中一人史记纯为翰林院编修史珂之子。冒籍得中者引发落榜的本籍生员张元吉等不满。或称此案并非仅由冒籍而起，实与郑妃相关。《弇山堂别集》云："是举，上虽有意严察科场弊习，然京师颇传其潜出于宫闱。"① 《万历野获编》亦称："说者谓张元吉以资冠京师，与郑贵妃家至戚，又贵妃弟入闱不得荐，故以此修隙。"②

该案处分结果是涉案八名考生削籍为民，其中考官张一桂家的冯诗、章维宁被枷示众。考官张一桂经查委无隐情仍被降职，提学御史董裕谪外，编修史珂任子史记纯冒籍而被革职闲住。疏言"冒籍之当宽，采访之当慎"的御史蔡时鼎被切责调用。③ 因乡谊而使冯、章二子免于冻馁的府尹沈继山亦遭牵连，降俸外调。《万历野获编》称"一时当事者，未免迎合内旨，处分遂尔过酷"④，否则不致如此：

> 夫外省冒籍诚宜禁，若辇毂之下，则四海一家。且祖制，土著百名之外，中三十五名，其三十名胄监，而五名则流寓，及各衙门书算杂流。旧录历历可考，何冒之足云。况前一科会试，鼎甲一人，庶常二人，皆浙人也。何以置不问，而独严于乡试，株连波累至此耶？⑤

联系时政，众人将此事归因于郑氏潜言之故，不无因由。该案发生后的次年二月，郑氏便诞下皇三子朱常洵，随即引发万历朝持续十数年的"国本之争"。万历以怠政消极抵抗，导致言官与辅臣各立门户，一直持续到明末。故《廿二史劄记》有"明之亡不亡于崇祯，而亡于万历"之说，⑥《罪惟录》列传对郑妃亦有"胎党祸"、"党祸几于夺运"的评价。⑦

此后科场案多与党争相涉，三年后的王衡顺天乡试案，万历二十五年焦竑被劾取士文体险诞案，万历三十八年会试宣党汤宾尹越房录取韩敬案，熹宗朝宦官魏忠贤等干涉科场事，论者皆称与政治倾轧或朋党相争有关。最能表现党争、科场案与政治三者密切相关的案例，当属晚明温体仁借科场攻击政敌等案。

崇祯元年（1628 年），诏令会推阁臣，有心入阁的温体仁与周延儒翻出钱谦益浙闱关节案，以朋党之说攻讦有望入选的东林党魁钱谦益，正中崇祯心病。该案原本发生在天启元年（1621 年），并早有定论。考生田千秋误信人言，首场文用俚俗诗"一朝平步上青

---

① 王世贞：《弇山堂别集》，中华书局 1985 年版，第 1594 页。
② 沈德符：《万历野获编》，中华书局 1959 年版，第 418 页。
③ 王世贞：《弇山堂别集》，中华书局 1985 年版，第 1594 页。
④ 沈德符：《万历野获编》，中华书局 1959 年版，第 418 页。
⑤ 沈德符：《万历野获编》，中华书局 1959 年版，第 418 页。
⑥ 赵翼：《廿二史劄记校证》，王树民校证，中华书局 2013 年版，第 838 页。
⑦ 查继佐：《罪惟录》第 2 册，浙江古籍出版社 1986 年版，第 1143 页。

天"分置七义结尾，有涉关节。榜发后，为人告发。主考钱谦益并未涉案，但以失察罚俸三月。温体仁上疏后，多有为钱谦益辩护、指摘温体仁者，反坐实了温体仁论称谦益有党的罪名，导致钱谦益被罢归乡里，崇祯之朝不复起用。温体仁与周延儒成功入阁，崇祯对朝臣结党越发警惕，以致用人不信，国是日非。三年后会试，温体仁故技重施，再度借科场案为由，指使御史袁鲸上疏参劾该科会元有舞弊情事，试图与本科主考——成为首辅的周延儒夺权。幸运的是，崇祯认为会元吴伟业的制义"昌宏博大，足式诡靡"①，争议遂歇。

晚明科场案的内幕，正如直臣黄道周上疏所言，"自辛未春月而后，盛言科场，实非为陛下之科场，不过为仇隙而翻科场，使诸素无仇隙者，无端而陷科场之内，至于科场之源流清浊，屈折难易，实无一言及之"②。

钱谦益案对朝政的影响更为显著。《明季北略》"门户大略"条论及此案，称崇祯清算魏阉后，本欲励精图治，而东林党人人急功名、好议论、积习不改，引发崇祯对朋党的反感。此案发生，改变了崇祯朝原本趋于利好的走向，"及枚卜事起，而钱谦益与周延儒才名相轧，谦益必欲抑延儒使不得上。温体仁乘其隙，疏纠谦益科场旧事，上为震怒，面加诘问。吏垣章允儒愤争甚力，上逮而黜之，谦益亦黜归，党祸再起。而诸臣仍泄泄，不思图实绩以回上意，惟疏攻温、周无虚日。攻愈力而上愈疑，虏入蓟镇，逼都城，上视诸臣无一足恃者"③。引文已有将明亡归因于党争及科场案之意。早在万历十六年顺天乡试科场案时，参与覆试的考官于慎行即已敏锐地提出，"唐时牛、李之党起于对策，成于覆试……由是宗闵、德裕各分朋党，更相倾轧，垂四十年，其机括所发，惟借科场一事以倾之耳。古今事体，大略不远如此"④。王夫之在评价科场案时，则更明确地表达了科场案启朋党之祸、朋党致国亡的观点：

> 贡举者，议论之丛也，小人欲排异己，求可攻之瑕而不得，则必于此焉摘之，以激天下之公怒，而胁人主必不能容。李德裕修其父之夙怨，元稹佐之，以击李宗闵、杨汝士，长庆元年进士榜发，而攻讦以逞，于是朋党争衡，国是大乱，迄于唐亡而后已。近者温体仁之逐钱谦益，夺其枚卜，廷讼日争，边疆不恤，以底于沦胥，盖一辙也。⑤

王夫之将牛李两党借科场发难、兴起党争而致国是大乱的现象，与晚明的温体仁借科场逐钱谦益案相比照，得出古今一辙的结论，代表了许多人的观点。

综上所述，可以说：从政治层面来看，科举追求的是相对公平的原则，无论是分地取士还是不问出身，都体现了这样的一种共识，即科举是擢拔人才的一种方式，更是维护国

---

① 梁章钜：《制艺丛话·试律丛话》，上海书店出版社 2001 年版，第 241~242 页。
② 计六奇：《明季北略》，魏得良、任道斌点校，中华书局 1984 年版，第 128 页。
③ 计六奇：《明季北略》，魏得良、任道斌点校，中华书局 1984 年版，第 691 页。
④ 于慎行：《谷山笔麈》，中华书局 1984 年版，第 95 页。
⑤ 王夫之：《读通鉴论》，舒士彦点校，中华书局 1975 年版，第 2068~2069 页。

家安定的政治手段。当科场案不再以维护公平为目的，成为政治打压、朋党争竞的借口，政治格局就会受到冲击。科举的这种政治功能决定了科场案与政治之间的密切关系。以上论述的宗旨就是对这种关系作出较为清晰的梳理。余者如钻营贿买、怀挟冒籍等弊端虽不胜枚举，但因无关大体，兹不赘述。

（作者单位：福建农林大学文法学院）

试论江盈科的散文观和散文书写策略

□ 熊礼汇

　　江盈科（1553—1605 年）是晚明文学流派公安派的重要成员，其文学建树既表现在理论观念方面，也表现在诗文创作上。其诗其文，艺术特色显著。袁宏道即言："论者或曰：'进之文超逸爽朗，言切而旨远，其为一代才人无疑。诗穷新极变，物无遁情，然中或有一二语近平、近俚、近俳，何也？'余曰：'此进之矫枉之作，以为不如是，不足矫浮泛之敝，而阔时人之目故也。'……进之诗，其为大家无疑矣。"① 又《与江进之书》言："近日作文如吾兄者绝少，《敝箧》之叙，谨严、真实；《锦帆》之叙，流丽、标致，大都以审单、家书之笔，发以真切不浮之意，比今之抵掌秦、汉者，自然不同，所以可贵。"袁中道亦谓其"诗多信心为之，或伤率意，至其佳处，清新绝伦。文尤圆妙"。又谓"中郎所作《锦帆》、《解脱》诸集，皆公为叙，文如披锦，为一时名人所叹"②。从袁氏兄弟的议论可以看出，江进之的创作成就，散文当在诗歌之上。本文所论，即以其散文观和单篇散文的书写策略为议题。

一、江盈科的散文观

　　江盈科并未系统地构建散文理论，只是在即事而言或逞兴作论时，随笔写出对散文相关问题的看法。其言零散，却光彩耀眼，有"碎金"之美。略事归纳，有几点值得注意。
　　一是认为"代各有文，文各有至"，为文当学各代各家散文之长，"不可偏废"。和袁宏道一样，江盈科坚持这种散文发展史观，旨在反对"秦汉派"文必秦汉的拟古主张。其《重刻〈唐文粹〉引》云："言之精者为文。六经之文尚矣，六经而外，**论者率推秦汉**，以其去古未远，有未雕未琢之意。降而唐，见谓不逮汉矣。降而宋，又见谓不逮唐矣。此自世运升降使然，莫可谁何。要之代各有文，文各有至，可互存，不可偏废。"他并不反对一般人所持的宋文不逮唐文、唐文不逮汉文的观点，但以为一个时代有一个时代

----

① 袁宏道：《雪涛阁集序》。
② 袁中道：《江进之传》。

的散文，一个时代散文有一个时代散文最精彩的地方，它们都有相互并存的审美价值，学者不可偏废。又作比喻说："盍观百卉乎？春则桃李，夏则芙蕖，秋则菊，冬则梅，或以艳胜，或以雅胜，或以清澹胜。总之，造化之精气，按时比节泄于草木，各有自然之华。人心之精，泄而为文，无代无之。彼嘐嘐然尊古卑今者，有所独推，有所独抑，亦未达于四时之序与草木之变之理矣，乌可与论文？"还说唐代"其文惟韩、柳列于大家"，其实"三百年间，名流俊硕，各殚其思，各穷其致，抽锦绣于肺肠，吐烟霞于唇吻，盖人不可数计，篇亦难于枚举，则谓二公之外，其文皆可无传，亦大谬妄哉"。并希望能有人"尽取古今文……并而刻之"。直言："彼识不能周览、力不能遍举，而直曰'秦汉'、'秦汉'云尔，此何异守瓶花一枝，而忘千红万紫之无尽藏也？是漆园生之所笑为醯鸡者也。"揶揄、嘲笑，直以"秦汉派"为讥刺对象。

　　一是赞赏先秦、西汉之文，肯定韩、柳"真是能复古者"。江盈科对先秦战国之文倾慕之至，其《雪涛诗评·复古》有谓："六国先秦之文，纵横驰骤，如生龙活蛇，捉摸不得。"而谓两汉之文并非全能承继战国时期文风者，说是"逮至西京，求其不失六国雄浑之其者，惟二贾与晁大夫、司马子长。中间相如《谏猎》，吾丘寿王《禁弓矢议》，严安、徐乐、主父偃上书，皆不失西京本色，惜其篇帙寥寥耳。如公孙弘、董仲舒对策，则已露宋人胚胎。东京之文，惟班叔皮《王命论》有西京遗风。自此之外，如《风俗通》……之类，皆笔气颓靡，殊不足观"。而他"深服"之六朝文仅有嵇康《绝交书》《养生论》二篇。"其他若潘、陆以下，纵使妍秀美丽，毕竟格调纤弱，骨气软脆。如深宫处女，拈针刺绣，芙蓉鸳鸯，色色可人，终不是丈夫气概。"对韩、柳散文复古，则评价极高，说："韩昌黎力追西京，柳柳州相与提挈，真是能复古者。然终唐之世，二家之外，未见比伦。但自复古，不能使人尽还于古。甚矣！古文之难也。"可见，江盈科是赞成散文"复古"的，所复之"古"乃先秦、西汉之"古"，但"复古"方式应如韩、如柳，而不是如二李（梦阳、攀龙）所为。[1] 从他感喟"甚矣！古文之难也"，我们很容易想到后来方苞所说"仆闻自父兄：艺术莫难于古文"[2]，他和方苞及其父兄等人的强烈感受，不单是出于对古代散文发展史的认识，还应包括他们苦心琢磨古文书写艺术的深切体会在内。当然，他们所说的"古文"，并不单指韩、柳新创的古文文体，而是如方苞所说的"周、秦、盛汉、唐、宋大家之古文"[3]。

　　一是为文应当"奇"、"正"相济，不可"正"而"不奇"。江盈科论诗，尝云："古工诗之士，其较有三：有正，有奇，有奇之奇"，认为杜甫诗乃"正而能奇者"，李白诗乃"以奇为奇者"，李贺诗乃"直奇之奇者"。[4] 江氏所言"正"、"奇"、"奇之奇"，涉及诗风特征，而从诗的题材、形象、艺术境界入手言之。他认为为文当有"正"有"奇"，既说："近世论文者辄称复古，贵崇正而讳言奇，然有不奇而可言文者耶？

―――――――――――――――

①　江盈科《雪涛诗评·用今》："本朝论诗，若李崆峒、李于鳞，世谓其有复古之力。然二公者，固有复古之力，亦有泥古之病。彼谓文非秦汉不读，诗非汉、魏、六朝、盛唐不看，故事凡出汉以下者，皆不宜引用。噫！何其所见之隘而过于泥古也耶？"黄仁生辑校：《江盈科集》之《雪涛诗评》，岳麓书社 1997 年版。

②　方苞：《答申谦居书》，《望溪集》卷六。

③　方苞：《进四书文选表》，《望溪集》之《集外文》（二）。

④　江盈科：《解脱集引》，《江盈科集》之《雪涛阁集》卷八。

者，文之脉，理从脉而生息变化，时隐时见，时操时纵，时阖时辟，时阴时阳，时短时长；有自然之奇，然后尽文之态，而极虚明之变。"又说："六经而下，若《左》，若《国》，若《庄》、《列》、《韩非》、司马子长，诸皆极天下之至奇。至奇将尽举而付诸祖龙，而徒取老生、腐儒训诂讲解之语，指而名之曰'此文之纯正者'，而以为轨。有不为豪杰之士所掩口者欤？"还说今日所传唐诗，"应制之诗十不一二，而其触物写景、抚事畅怀之作，十居八九，则亦以其穷心之变而自见其奇。故一段精光闪烁炳朗，如宝在地，其气上耀，虽欲终泯，不可得已"①。"挽世之文，无论其凡，即号称工者，不过剿左、马之皮毛，窃老、佛之土苴，以为能奇与古，而乏深造、自得之趣。"② 江氏所言，有四层意思，即一、为文应提倡"奇"，因为凡文光"正"无"奇"，不能成为文；二、"正"为文脉，文理随文脉而变，必须"有自然之奇"相济，才能"尽文之态，而极虚明（笔者按：指作者之心）之变"（即尽显文章的姿态横生和充分表达作者心思的变化）；三、六经及《左》、《国》、《庄》、《列》、《韩非》和司马迁之文，之所以艺术成就极高，就因为"诸皆极天下之至奇"；四、文之"奇"往往表现为识见之新、之深、之"自得"，如"一段精光闪烁炳朗"，亮人眼目。韩愈论文尚"奇"，所谓"不专一能，怪怪奇奇"（《送穷文》），"其所著……亦时有……奇怪之辞"（《上宰相书》），"文虽奇而不济于用"（《进学解》），其文之奇则表现为命意恢奇、选材怪奇、设想诡奇、用语新奇，要而言之，可谓构思奇特。江氏论文尚"奇"，主要是讲为文当论自己出，新鲜、深刻而极具个性。另外，他讲文当有"奇"，也涉及选材、构思、书写策略、语言修辞等方面的问题，也有主张文风活泼多样的意思。

同袁宏道一样，江盈科既以"性灵说"论诗，亦以"性灵说"论文，论诗论文都贵"真"贱"假"。说为文当"情真语真，句句都从肺腑流出"，而拟古不"古"，"求似人"必"假"。他说："李陵《答苏武书》情真语真，悲壮激烈，千古而下，令人一读一泪。苏长公乃谓齐、梁小儿戏为之，未免英雄欺人。夫此篇，岂但齐、梁人不能为，即索诸长公集中，难轻比拟。""近世李卓吾善看古文字，而乃厌薄嵇中散《绝交》、《养生》二篇，不知何说？此等文字，终晋之世不多见，即终古亦不多见。彼其情真语真，句句都从肺肠流出，自然高古，自然绝特，所以难及。"③ 其论宏道之文，亦云："余观李陵答苏武一书，悲愤激烈，千载而下，读之尚为扼腕。嵇中散《绝交书》，写出懒慢箕踞之态，至今如亲见其人。盖其情真而境实，揭肺肝示人，人之见之，无不感动。中郎诸牍，多者数百言，少者数十言，总之自真情实境流出，与嵇、李下笔异世同符。要之有中郎之胆，有中郎之识，有中郎之才，而后能为此超世绝尘之文。不然，傍他人门户，拾其唾余，拟古愈肖，去古愈远，其视中郎，何啻千里！"④ 又云："尝记一人送文字求正于王阳明，评曰：'某篇似左，某篇似班，某篇似韩、柳。'其人大喜。或以问阳明，阳明曰：'我许其似，正谓其不自做文，而求似人也。譬如童子垂髫，整衣向客，严肃自是可敬。若使童

① 江盈科：《璧纬编序》，《江盈科集》之《雪涛阁集》卷八。
② 江盈科：《明文选盛后序》，《江盈科集》之《雪涛阁集》卷八。"深造、自得之趣"，指自己深入研究、体会到的独特见解。趣，意理。
③ 江盈科：《江盈科集》之《雪涛诗评·雌黄》。
④ 江盈科：《解脱集序二》，《江盈科集》卷八。

子戴假面，挂假须，伛偻咳嗽，俨然老人，人但笑之而已，又何敬焉？'观此，则知似人之文，终非至文。"① 江氏为文尚"真"，概言之是要求文章内容真实，具体说是要有出自性灵的真识见、真感受、真情愫；要说真话，说实话，说自己的话，"犹之奴说耕、婢说绩，言虽朴鄙，要于真切沉痛，谓非从肺肠流出，不可矣"②。值得注意的是，他不但认为为文当如作诗："胸中之奇，蓄极而泄"③，"泄于人心自然之籁"；或谓"王摩诘诗，和平淡泊，发于自然，全是未雕未琢意思。譬如春园花鸟，羽毛声韵，色泽香味，都属天机"④；或谓"要以抒发性情，一洗剿袭之陋，则所谓自鸣其籁者欤"⑤。即"因心为文"，句句话都要出自内心，而且要出得自然，不雕不琢。所谓"摛文必根诸心，不根诸心，文虽工，雕虫耳"⑥；"自写意兴，比之蝉蚓天机可也"⑦；"游于无言之境，时以其天趣所会，发为文词"⑧；"大抵不事椎凿，天趣自流，与字袭句剿者不啻径庭"⑨。所谓天机所显、天趣所会、天趣自流、灵籁（亦可视为人之"天籁"）自鸣，强调的正是文自作者心中自然流出如同种子出土、草木开花一样的天性。这无疑是依据性灵说，对散文功用、题材、风格取向、语言特色以及审美境界等问题所作的解释。其理论意义有三：一是颠覆了韩、柳古文本于儒学的艺术精神，弱化散文干预重大社会问题或议论公共话题的作用，转而以储藏在"人心灵籁"的性灵为文之本，将个人生活或人生感受作为散文的主要内容。二是对散文传统法度说的突破，既强调为文乃"天趣自流"，当然会不拘格套，而法自我生。三是为反对模拟、剿袭或字雕句琢提供理论依据。既然文之真美乃作者"自鸣其籁"、"天机"所显所致，模拟、雕琢自不可取。

此外，江盈科还认为文士能诗、能文，各有其才，兼擅者少。所谓"从古以来，诗有诗人，文有文人。譬如斫琴者不能制笛，刻玉者不能镂金，专擅则独诣，双鹜则两废"，认为诗文体裁不同，所用题材、表达的内容也不一样，不可假借。所谓"诗有诗体，文有文体。余谓为诗者，专用诗料；为文者，专用文料。如制朝衣，须用锦绮；如制衲衣，须用布帛，各无假借"，认为文风走向取决于"笔力（行文之气势）"，而"笔力"取决于"天"。所谓"若夫文，则笔力一定，更难改易。岂其拟古而工，狃时而失？盖有生于古时，而文已不如古人；生于今日，而文直逼古人。此非人之所能也，天也"⑩。又说作制艺文，阐述题旨有"隔靴搔痒，眇乎无关"、"以人搔背，时中时否"、"我自爬搔，举手皆中"三种境界⑪。又以索子串钱为喻，说治学为文既应有"一屋散钱"，又应

———————————————

① 江盈科：《江盈科集》之《雪涛诗评·贵真》。
② 江盈科：《长洲钱谷册引》，《江盈科集》卷八。
③ 江盈科：《五岳游稿引》，《江盈科集》卷八。
④ 江盈科：《江盈科集》之《雪涛诗评·评唐》。何谓"天机"？或解为"天然之机关"、"自然之枢机"，亦可解为"天然机能"或"天性"。
⑤ 江盈科：《李小白诗引》，《江盈科集》卷八。
⑥ 江盈科：《莲山文师去思碑记》，《江盈科集》之《雪涛阁集》卷七。
⑦ 江盈科：《与徐少浦》，《江盈科集》之《雪涛阁集》卷十三。
⑧ 江盈科：《桃花洞天草引》，《江盈科集》卷八。
⑨ 江盈科：《与屠赤水》，《江盈科集》之《雪涛阁集》卷十二。
⑩ 江盈科：《江盈科集》之《雪涛诗评·诗文才别》。
⑪ 江盈科：《吴无竞制艺序》，《江盈科集》之《雪涛阁集》卷八。

有"一条索子"①。还说"凡文由熟乃精，既底于精，又当从精诣熟，精且熟，寸晷中所构，不减闲暇所拟，然而不得隽，未之有也"②。此类见识或作文经验，虽为一得之见，亦可列入江氏的散文观。

研究江氏的散文观，学者们比较看重两点，一是他的"元神活泼说"；一是对寓言、笑话一类通俗文学的重视。说前者重要，直谓江以"元神活泼说"与袁宏道"性灵说"相呼应，或视其为对"性灵"的诠释；说后者重要，直谓其从理论上扩充了性灵散文题材、体裁、功用、风格以及修辞手段的选择范围。这些说法似乎都不太准确。

先说前者。"元神"与"灏气"同为道家术语，指人的命根所在。"元神"，亦可称为人之灵魂。江盈科有谓"皮毛仅存，精已消亡，相天机者遇之，有却走耳"③，其"精"即谓人之精灵、魂魄、精神，也就是作为生命根源的元神。"元神活泼"，说的是人之生命精神本真状态（即未受到"尘俗之虑"或"义理之见"限制）的特性。主要有两点，一是活泼泼的，具有随时"流注"显露的"天机"；一是其"流注"显露，"触景成象"，乃"无意出之，无心造之"，有其天然性、自适性。江氏认为，人之所为皆其"元神所注"。所谓"吾尝睹夫人之身所为流注天下，触景成象，惟是一段元神。元神活泼，则抒为文章，激为气节，泄为名理，竖为勋猷，无之非是"。他提出这一命题，是为了说白、苏乃"元神活泼者"，"其为人""大都其衷洒然，其趣怡然。彼直以世为宇，以身为寄，而以出处、隐见、悲愉、欢戚为阴阳、寒暑、呼吸之运。故见花非花……见丑非丑，大化与俱，造物与游，无处非适，无往非得"。而揭示、阐发袁宗道于白、苏"羹墙相见、梦寐相接……恍焉契合于形骸之外"者，乃作为"元神活泼者""为人"之种种特征，而不限于"抒为文章"之一端④。总之，要说"元神活泼说"与论文有关，最有关系的应是江氏所赞同的"文以气为主"的观点⑤，不可和涉及散文本原论、形式论以及艺术精神、艺术风格取向的性灵说等而言之。

再说后者。江盈科为人幽默风趣，平生喜听、爱谈奇闻趣事。自谓"余平生最喜听奇谈"⑥。又谓"不肖居恒疏懒，耽睡嗜吟，喜清谈"⑦，或谓"性耽谈嗜吟，牢不可改"⑧，"逮于无事，则惟戏谑解颐，手谭（围棋）破闷"⑨。每遇风流谑浪之人，出言时时佐以谑语，则放浪形骸，为之绝倒。正因如此，所以江氏对寓言、笑话、"小说"、"谈

① 江盈科：《经言枝指序》，《江盈科集》之《雪涛阁集》卷八。
② 江盈科：《吴无竞制义序》，《江盈科集》之《雪涛阁集》卷八。
③ 江盈科：《与连德清》，《江盈科集》之《雪涛阁集》卷十三。
④ 江氏此意，亦见于《姑苏大观记》所言："所贵善处士者，游之乎一物未有之初，返之乎万物皆备之境，真有见于空虚一窍，种种色色，如光明宝藏，无物不具。故虽文章如孔、孟乎，然而心之灵籁所自鸣也；勋业如禹、稷，如伊、周乎，然而心之作用所时泄也；独行如曾、史，著节如龙、比乎，然而心之正气所偶触而凝也。"
⑤ 江盈科说："世常有言：'文章以气为主。故观其文气之盛衰，而其人事功之大小，运命之短长，因以概见。'不佞深以为然。"（《祭冯廷谏》，《江盈科集》之《雪涛阁集》卷十一）
⑥ 江盈科：《耳谈引》，《江盈科集》之《雪涛阁集》卷八。
⑦ 江盈科：《与徐司理翰明》，《江盈科集》之《雪涛阁集》卷十二。
⑧ 江盈科：《答王小虞》，《江盈科集》之《雪涛阁集》卷十三。
⑨ 江盈科：《棘寺藏书记》，《江盈科集》之《雪涛阁集》卷七。

言"一类内含谐趣的文字十分喜爱和重视。除谈吐风趣、诙谐，有性喜戏谑的艺术趣味外，从理论上说，他看重此类文字，还与他深刻认识到寓庄于谐、明理喻世的独特功能，和戏谑之言自娱娱人、怡情养性的审美价值有关。如其评论王行父所撰《耳谭》（属于《齐谐》一类的笔记散文，专门记述怪异之事，多俳谐之作），即云："事新而艳，词爽而快。怒，读之则喜；愁，读之则畅。撮其大旨，往往使人警悟，安义命，绝邪萌，风世回俗，所补非小。"① 论张凤翼《谈辂》，说东晋以来清谈遗书，"词约意赅，言近旨远，趣复跃如"。又说"贵谈者，贵其有救于风俗也"②。论谭玉夫《笑林》，则云："人生大块中，百年耳。……终其身处乎利害毁誉之途，无由解脱，庄子所谓一月之间开口而笑者，不能数日。嘻，亦苦矣！""余读之，大都真而雅者十三，赝而俚者十七，间或悖教拂经，不可以训，然其旨归皆足为哄堂、胡卢之助。……至于迂散闲旷、幽忧抑郁之夫，取而读焉，亦自不觉其眉之伸、颐之解，发狂大叫而不能自已。"显然，"使人警悟"、"风世回俗"和使忧郁之人眉开眼笑、开心之至，是他深切体认到的俳谐文字的双重价值。也可以说，具有使人警悟的美学意蕴和使人"一笑谑诸天"③ 的审美情趣，是他对俳谐文字的基本要求。江氏对俳谐文字的重视，尤其是对其功用和审美属性的规范，对扩充公安派性灵文学的内涵、增强其文学意味，无疑有积极作用。若将上述看法纳入其散文观，则有些不妥。因为江氏所看重的那些俳谐文字，多为笑林、谈丛一类笔记体文，其体裁不但和独立单篇散文不同，就是与所谓著述散文也不一样。要说与散文有关，可能主要表现在写作中时时出以微言、浅语和戏谑之言上。因为出于对笑林、谈丛一类文字的喜爱，使他深刻体会到"言有至微，然听而绎之，可为养心之助者"④；"语虽浅，然其喻世切矣"⑤；"虽曰戏谑，然而至理存焉"⑥，故为文乐于佐以谐词谑语。

二、江盈科的散文创作和古文的书写策略

江盈科对公安派的形成、发展卓有贡献，可惜他和袁宏道"商证"诗文之道时已42岁，再过十年就去世了。不然，贡献会更大。他47岁时，自编《雪涛阁集》十四卷（前五卷为诗，后九卷为文）得以刊行。其最有价值的单篇散文，已收入文集之中⑦。当然江盈科著述之有价值者，绝非单篇散文一项。如其《丛谈》、《谈言》、《诗评》、《谐史》、《皇明十六种小传》等，就各有其思想意义和美学价值。其书写策略、修辞手法亦自有特点，而行文生动活泼，言之有味有趣，使人读之，既发人思，又解人颐。但此类文字多为笔记文，各书皆为若干记述同类材料文字之组合，编辑方法略近于《韩非子》之《说林》

① 江盈科：《耳谭引》，《江盈科集》之《雪涛阁集》卷八。
② 江盈科：《谈辂序》，《江盈科集》之《雪涛阁集》卷八。
③ 袁宏道：《哭江进之》，《江盈科集·附录》。
④ 江盈科：《药言》，《江盈科集》之《雪涛阁集》卷十四。
⑤ 江盈科：《心高》，《江盈科集》之《雪涛阁集》卷十四。
⑥ 江盈科：《自做人》，《江盈科集》之《雪涛阁集》卷十四。
⑦ 黄仁生辑校《江盈科集》，除收入《雪涛阁集》外，还收入《雪涛散文辑佚》二卷（增订本较初编本增加诗文十四首）。《辑佚》辑得《诗歌》一卷、《散文》一卷、《雪涛谈丛》一卷、《谈言》一卷、《雪涛诗评》一卷、《闺秀诗评》一卷、《谐史》一卷和《皇明十六种小传》四卷。

或《储说》。纵或其中不乏首尾具备、独立成篇者，有似寓言故事者，有可称为小品者，总体上却是对记述同类内容文字的汇集。和他为之作序、友人们编撰的《杂俎》、《经言枝指》、《谈辂》、《耳谈》、《读史一斑》、《喻言摘粹》、《笑林》等书，属于同一文体，都不是散文集，而是用散体文语句记述同类性质材料的专书。它们既不同于先秦及盛汉时期的著述散文，也不可当做小品文集。故本文所论江氏散文，仅以《雪涛阁集》所收散文（旁及所遗疏、论）为研究对象。

《雪涛阁集》所收散文，都是江氏 47 岁以前的作品。47 岁以前，江氏散文写作实可分为两个阶段。即袁宏道"令吴之日"前，为第一阶段；自宏道"令吴之日"始，为第二阶段。在第一阶段，江盈科为参加郡试、府试、乡试和会试，主要精力用在研习制义上，间或为诗、为文，亦不脱当时李、王主导的复古习气。值得注意的是，他 33 岁（1586 年）首次应礼部试，在京购得屠隆《由拳集》，展读即"津津乎有味其言"，对其诗文"独步一时""私心艳羡"不已。以致十年后，还说："《东门堤》、《鲍叔祠》诸记，高古斩截，即与龙门氏并驱中原，未知鹿死谁手。诸尺牍多而千言，约而数语，如石家珊瑚，十尺固自连城，径寸亦自珍玩，无不令人解颐醉心也者。诗七言绝、七言古，娟秀美好，风度嫣然，翩翩青莲之致；其他五、七言律，大抵不事椎凿，天趣自流，方之古人，直是神情默合，与字袭句剿者不啻径庭。"[1] 屠隆主张诗文复古，但诗情文意都要出自性灵，且不废藻绘之美。所谓"诗本性情，写胸次"[2]。"文者，华也，有根焉，则性灵是也。"[3] 且谓"其文则藻"[4]。所作诗文亦如其言，《四库全书总目提要·〈白榆集〉》即谓其"文章亦才士之绮语……文尤语多藻绘而漫无持择。盖沿王、李之涂饰，而又兼涉三袁之纤挑也"。江盈科深入接触屠隆的诗风、文风，既为他在"治古、今文词，授徒自给"[5] 的教学生涯中找到了诗文写作如何"复古"的榜样，也为他后来欣然接受和宣扬袁宏道的性灵说奠定了基础，因而是一件很重要的事情。事实上，江氏第一阶段所作散文，与屠文类型极为相近，一为采用屠隆式"复古"方式所作与古人"神情默合"的古文，一为类似屠隆、袁宏道"心所欲言，信笔直书"、令人"解颐醉心"的散文。第二阶段，与袁宏道同在吴地倡导性灵文学，扩大公安派的影响，自是特别重要的事情。但此一阶段江氏用力最多的是笔记文写作。所作单篇散文，除堪称"性灵之文"者外，由于"笔力一定，更难改易"，诸多议论文和应用文仍有前一阶段古文的艺术风貌。

可以说，江盈科平生所作散文，主要分为两类：一是受复古思潮影响所作的古文，一是受性灵思潮影响所作的散文。《雪涛阁集》收文 370 多篇，其中"古论"（15 篇）、"记文"（33 篇）、"志传"（13 篇）、"赠文"（19 篇）、"祭文"（31 篇）、"小说"（52 篇），基本上均可称为"古文"。"序文（即序跋）"（41 篇）中的大部分和"尺牍"（169 篇）中的小部分是古文，其余属于受性灵思潮影响而作的散文。就数量言，古文多于所谓性灵

---

① 江盈科：《与屠赤水》，《江盈科集》之《雪涛阁集》卷十二。
② 屠隆：《抱桐集序》，《白榆集》卷二。
③ 屠隆：《文章》，《鸿苞集》卷十七。
④ 屠隆：《自赞》，《白榆集》卷十九。
⑤ 明郑天佐、李征等撰万历四年修、天启三年增补《桃源县志人文志中乡贤》："江盈科，自进之，号渌萝。雅度真心，人伦山斗也。困诸生时不问家人产，嗜读书，治古、今文词，授徒自给，孝养二亲，瞻诸弟。"

散文；其书写特点，则有同有异。

前已言及，和袁宏道一样，江盈科为诸生时，也曾受王、李复古思想的影响，对古文写作下过一番功夫。只是他的复古，不仅复秦、汉之古，还复韩、柳、欧、苏之古；又因他"艳羡"屠隆复古之文的"独步一时"，故其古文书写艺术，取自唐、宋古文者多，亦有出于屠隆古文者。研究其书写策略，似可从如何立意、如何明理、如何抒怀和如何造句四处着眼。

文以理为主，江氏古文立意皆不违儒学之理，因而都有以儒学为理论基础的艺术精神。如其"古论"一组论文，看似议论古人古事，实则论古言今，"为世道计也"①。而立意所归，亦在以儒家思想为主导的"王道"精神和治国之道，以及个人应有的思想修养、价值观和处世原则。但各篇所言之理，皆为作者自得之见。像《用人》谓"必尽去小人，而后天下乃治"，"是乱天下之道"；《理财》谓"余尝反复思之，善行王道、善学孔氏者无他，精于富强之说而已矣"；《变法》谓"法期于便民，不期于先王"；《项羽》谓"项羽之英雄，英雄而过者也。惟其过也，所以足归于无用耳"；《老子》谓"孔子不以老氏为异端，则斥老氏为异者，非善学孔子也"，即为显例。可见其文虽以儒学为本而能灵活运用，立意、持论并不拘守教条，亦不同于一般儒生见识。相反，却斥死守教条或持论迂阔者为"拘儒"、"迂儒"、"腐儒"，且不愿与之为伍，《秦始皇》即谓"不敢挟世儒之见同声而共訾之也"。《变法》直谓"余独怪夫宋之迂儒，凡法之出自先王者，必曰善焉"。

他如记文《宋文丞相庙记》以"人臣之忠，莫大于丞相；而为人臣之所难为，亦莫过于丞相"立骨，《契兰轩记》以"契兰"称美邓君德行高洁，《吉水刘氏厅事记》特以诸刘"进退上下，咸准诸礼"为其"世家风"，《后乐堂记》谓徐公托"兹堂之乐""以寄其忧世之志"，《重建古正觉庵碑》明言"余诵法孔氏，西方之教未窥其藩"。又如诗序《姑苏郑姬诗引》谓郑诗"发乎性情，止乎礼义"；《鲁山蒋公墓志铭》突出蒋公的才、孝、忠、廉；《中丞芝阳刘公予告归省序》勉励刘公"孝始于事亲，终于事君"，《郡丞陈公考成序》谓陈侯"究心圣学，启处嚬笑，必准诸道"，《寿张孺人九十序》以子写母，谓"大孝大慈，萃于张氏一门"，《初三尹致政归楚》为"不佞为世道计，则不能不有感于古道之不可行"；祭文哀悼死者亦从儒家伦理道德角度颂扬其人、忆念其人；《黄淳父文集序》哀叹淳父"仅以布衣死"，《百六诗引》谓丘长孺"假令少自贬抑就约束，封侯事业，可胜道哉"；尺牍于人落第、左迁或得官卑微即深慨其不遇，而以终将及第或将为高官作慰勉语，诸文立意所反映的价值观，都出自儒家文化精神。立意所向，事关散文艺术精神的确立，而艺术精神对文风及表现艺术起有决定性作用。江文立意既以儒家思想为本，其文风及表现艺术自会继承儒家散文艺术传统。再者，立意除对散文书写艺术起有决定性作用外，本身也是一种书写方式。借用江盈科的话说，立意就是为一屋"散钱"找串钱的"索子"，有了"索子"，就会有文章的间架、纲目和具体的编织图案。因而找

---

① 江盈科："凡余所论，为世道计也"（《江盈科集》卷六《古论·用人》）。又《古论·宁夏、朝鲜》云："已往之事，余譊譊然论之不置，盖亦欲将来者以司马为鉴，毋以人之国，侥倖而斫丧其元气。国家元气至于今，日薄一日，可堪腐儒数数斫丧为哉？"《古论·变法》云："故余谓条鞭者，万世无弊之法也。或乃疑其非古，谓将来必变，夫古法可尽泥哉？"

"索子"是在找文章的灵魂、精神,也是在找一种恰当的言说方式。江氏擅长此道,故其文理得而词顺,立意较新而说得透彻、明白、有味。

儒家说理文,短于辨析,长于佐证,一个论点提出后,往往引用众多史实或人事、物象加以证明。韩、柳古文言道明理,也爱博引事例,实证其说。江氏古文说理,实有意采用这一传统手法而有所变化。如其《用人》说"君子""其心纯为君子,然而乘机遭会,戡乱济世,则亦有不得已而出于小人之用心者",即连举"太公之相武王灭纣","周公之诛管蔡","伊尹之放太甲、霍光之非昌邑","子房之背鸿沟、诸葛之取刘璋","狄梁之事女主","韩琦之用空救、王曾之去丁谓"九事为证。《精兵》说用兵"以寡制众、贵精不贵多之验",亦举"信陵君夺兵于晋鄙"、"项羽之起东吴"、"岳武穆郾城之捷"三事为证。《秦始皇》说圣人取善之心,谓"善出于小人、恶人,吾亦取之",即以"猎校之俗,孔子因焉","为富不仁之言……孟氏称焉","锄麑触槐……鬻拳兵谏……左氏赞焉"三事佐证。《法祖疏》《宦寺疏》则均以韩、唐故事,分别说明"法祖"当法祖宗之"善"和纵容宦寺、后患无穷的道理。说理讲证据,而且讲出许多证据,自然有说服力。

受言必有据思维方式的影响,江氏还爱用打比方的办法说明道理,爱用寓言、故事论述道理。打比方者,如《变法》说"法期于便民,不期于先王",则四用比喻以明其理,所谓"琴不必爨下之桐,期于清越;矢不必肃慎之贡,期于铦利;剑期断割,不期于欧冶;镜期于朗彻,不期于秦铸"。《用人》谓"善治天下者,如良医治病,其用药也,有参有苓……有蜈蚣、蛇蝎……若宝参、苓等,弃堇虺等,一旦遇郁结痰窒之症,拱手而待病者之毙耳。故知小人之不可尽去,非必势有所不能,亦以为君子者能善用小人"。则借比方论证其说。《精兵》谓"众鸟累百,一鹰鹗奋翅击之,鸟群空矣;众兔累百,一韩卢张喙搏之,兔群空矣。此精与不精之辨也"。则用二事打比方,说兵"精"与"不精"的区别。《治世莫若爱民论》谓"如爱美姝者,日夕淫狎,至于形骸外瘠,精液内竭,死期将至而犹不悟,非不爱身也,欲蔽之也",则借人事为喻,说统治者欲念炽烈造成民苦民怨的严重性。《秦始皇》谓"盍观诸物类乎?麟之趾,凤之毛,虎之皮,犀之角,并珍于天下,然而麟、凤,圣也;虎、犀,恶也。乃其皮、革、毛、趾得并存于璧府而不见弃者,取其才,略其德也。始皇之法之有当于后世,亦若虎之皮、犀之角而已矣。世儒能訾之,乌能废之?"则借比喻作论,以强化作者之意。

用寓言、故事说理,如《用人》用"仙者瓢"、"丐者瓢"的故事,说小人妄窃君子之作用的可悲;《变法》用"医者"渡江而遇风波,按"古方"遍投荆芥等"止风药"入水以息"船风"的笑话,讥议"执古法以疗今之天下,而不顾其安"者,皆是。用寓言、故事说理,不但见之于江氏的专题论文,还见之于他的记、序、尺牍。其"小说"本取《庄子·外物》"饰小说以干县令"之"小说"含义,意指琐屑浅薄之言,乃作者"安于卑论浅见"者①,说到底都是些小议论文,而用寓言、故事说理或谓即事以明理实为其通用书写方式。

古文家少有单纯的抒情文字,其抒怀、寄慨往往穿插在说理、叙事之中。柳宗元书愤泄怨,虽有与书直言其悲苦者,但更多的是用问对形式,以其"浩浩"写其"戚戚"。欧

---

① 潘之恒:"近之之谈说,猥拾鄙俗咳唾余漓,安于卑论浅见,村竖皆为解颐。"(《四小书》,《江盈科集》附录二《著述序跋提要》)

阳修擅长通过议论、慨叹以见风神，亦爱借用议论、慨叹以抒发感情。江盈科抒怀方式，不同于柳，也不同于欧，大抵其"古论"、"小说"意在警世、愤世、讥世者，多议论、感慨语；"祭文"、"尺牍"凡吐露底衷者，多直抒胸怀语。前者如《古论·将臣》云："成祖提北平之卒八百人，能抗天下之全师；于忠肃、郭定襄当国家一败涂地之日，不难转危而为安，转亡而为存；以今天下之大，四海一家，直委于时势之难为，坐视武备日弛一日，有可以鼓舞豪杰之权而不自用，吾不知其何说也。"即借论前事以致愤世之慨。《小说·催科》云："呜呼，世之为令，但管钱粮完，不管百姓死，何以异于此医也哉？夫医而至于死人，不如听其驼焉之为愈也。"其讥世之慨，即就所引治驼之医"但管人直，那管人死"的故事而发。后者如《祭叶日葵老师》云："某也不肖，少困泥涂，挂角而哦，带经而锄。……忽闻师兮仙逝，心惨结兮忧悄。呜呼，天地有尽兮，师恩无穷；江海易涸兮，我情曷终？"通篇概叙师恩（拔擢、教养、指导）而用抒情诗句表达感恩之心。《祭罗师母文》云："痛吾先母，脱珥延师，无何捐弃，孤鸟谁依？师母见怜，收而抚之。我饥我食，我寒我衣。嗟嗟，母恩如天，师母如母。胡为见背，后先黄土？噫嘻，吾母望我儒生……噫嘻，师母冀我入官……呜呼，终天之恨，昔为吾母，今为师母。欲养不待，愧彼乌哺。"真是如泣如诉，虽写哀忧不离述说往事，总以直言其悲为主。而尺牍《与胡孝廉》等，与人倾吐衷肠，可谓和盘托出，细细道来而语语皆真。

江氏说理引事众多，爱借故事、寓言引申作论，且叙事展开来说；抒怀有托论、即事致慨者，亦有反复叙事以道心曲者。而动辄作比、叙事面面俱到，且形容尽致，不但见于说理、抒怀，而且成为言及一事、一物、一种事理、一种感受、一种境况、一种行为的习惯性做法。

其说理爱借故事作论，如《古论·老子》说"古之至人不可轻议，未窥其涯而轻议之，徒自彰其所诣之浅"，即引"看场"故事作论，云："有三人者，一人聋，一人瞎，一人短，皆往看场。比归，各以其见为评骘。聋者曰：'好关模。'瞎者曰：'好鼓板。'短者曰：'关模、鼓板纵好，无奈人众，苦屁熏耳。'盖聋不习音，瞎不习貌，短人之鼻仅齐众人之股，故各就所见为言，而皆不能窥场之全者也。"其动辄作比，如《用人》以药材比喻君子、小人；《项羽》论项羽、刘邦之异，"请以棋喻"；《湖广岁贡齿录后序》言士人强否，不在年齿，当加强自我修养和保持昂扬精神状态，既以择树"自植"为喻，又"请以马喻"；《明故陈门章淑人墓志铭》说到章氏"勤于相夫"、"敏于课子"，未能享受夫、子之报而亡，即设喻作论以慰，云："不闻举网者乎？渔人之举铁网也，旋放之，旋收之。所得鲂鲔鳢鲔，其值数金已尔。海滨人之举铁网也，父放之，子收之；祖放之，孙收之。所得十尺珊瑚，厥价连成。其收愈迟，其值愈贵。淑人之夫……二子……异时报淑人地下安可量？而奚目前之为拘拘耶？"又如《经言枝指序》云："夫儒者之储学与农之积谷、贾之积资，皆其分内事也。……而狡焉者身如裤虱，腹鲜墨汁，辄谓孔贵一贯，释证无闻，以自盖其固陋，而傲焉蹲踞于博雅君子之上。噫，此何异惰农游贾瓶无半粒，囊乏一钱，饥馁垂死，犹侈然引伯夷之饿、颜氏之空以自解，有不为人笑者乎？"则取喻于事，说理更为明晰，嘲讽尤为尖刻。

其叙事面面俱到，且缕述其事，如《谈兵》云："兵之不可言者，何也？地理之险夷，国势之强弱，举事之顺逆，应敌之缓急，主帅之孰巧孰拙，士卒之孰劲孰脆，粮饷之孰丰孰歉，人心之孰合孰携，杂然纷沓，难可逆料，而又安可以预谈也哉？"即将影响战争胜败的各种因素一一列出。形容尽致，如赠序《初三尹致政归楚》写初君致政还乡之乐，云："自今以往，衡山之云可卧，洞庭之波可渔，桃源之花可食，湘州之菊可餐，一瓢一笠，一杖一卷，何往不逍遥容与，而甘以头上进贤冠为桎梏自苦为耶?"《两君子亭记》写亭"其声宜风，有如鸣泉；宜雨，有如碎玉；宜雪，有如洒珠。夏日之阴如偃盖，秋日之影如披画。烟笼如黛，露压如醉。四时之景，无不可喜"。《灵仙之府碑记》记桃源秦人洞前庭上所见之景："宴坐亭中，四山岚翠，飞堕眉睫，遥望玄宫，出于山杪，隐然如蓬莱之见于海上。又松杉干宵，平畴散渌，每朝日初曦，明月欲上，鹤唳于皋，猿啸于谷，鸣蛙奏乐，山鸟吹笙，发静中之籁，证嚣中之寂，其妙何可胜状?洞之四围，渔歌牧唱，舟语农谈，自相响答。洞之前，坦然周行，负者休焉，行者憩焉，或偶而嬉，或群而游，自适其逝，不啻渔郎踏花、初入桃源时也。"三例行文皆铺陈其事，面面俱到。写景既概言直说，又细加形容，都用到比喻，都是展开来说。其书写方式，明显受到柳宗元、王禹偁、欧阳修的影响。《姑苏蒋氏双节传》写节妇守节之难，言"至于春风入幕，夜月窥闱，仓庚和鸣，络纬悲啼，芳心倏萌，贞性顿隳。又若饥寒痛苦，儿号女哭，卖绣易餐，牵萝补屋，黄金一投，白璧辄汙"，虽以实写为主，却寓情于景，形容尽致。加上多用对句，且自然叶韵，故其文字流丽，诗味浓郁。

古文本以散句单行为主，江氏古文亦然。但其句式安排，却有明显的特点，即在使用散句的同时，所用俳句（即对句）多，排比句多，长句多，句式雷同者或用同一类字的句子多。

对句有以单句作对者，如"勋名藏于府库，图像著于丹青"①；"奋迅激昂之勇于是焉发，冲锋陷阵之能于是焉出"②；"毁誉譬诸聚蚊，得失比于梦鹿"③；"将胸中之锦绣有助而生，令笔底之波澜随处而动"④；"千仞之壑必产乔松，百尺之渊必毓巨鱼"⑤；"躬提十万之虎旅，荡扫百年之丑寇"⑥；"肠断巫山之云，波添湘水之泪"⑦；"目前之荣譬诸朝菌，身后之名垂诸天壤"⑧，皆是。

有以复句作对者，如"曹操有意为文王，人不谓操文王，而谓鬼瞒；司马懿有意拟虞舜，人不谓懿虞舜，而谓狐媚"⑨；"吾以为弦之缓也，排而击之，缓之可使之急矣；水之平衍也，激而行之，平衍者可使之奋激矣"⑩；"鲁阳之戈一奋，空拳之士争为裹血；采薇之魂尚延，控弦之众相顾喘息"⑪；"析而观之，一钱一粟，出自众生，是众生之功德也；合而观之，众钱众粟，募自斋人，是斋人之功德也。非众生，无以慰斋人之愿；非

① 江盈科：《霍光》，《江盈科集》之《雪涛阁集》卷六。
② 江盈科：《苏松武举试录后序》，《江盈科集》之《雪涛阁集》卷八。
③ 江盈科：《小漆园记》，《江盈科集》之《雪涛阁集》卷七。
④ 江盈科：《喻言摘粹引》，《江盈科集》之《雪涛阁集》卷八。
⑤ 江盈科：《郡幕刘君晋秩鸿胪序》，《江盈科集》之《雪涛阁集》卷十。
⑥ 江盈科：《祭凌司马洋山》，《江盈科集》之《雪涛阁集》卷十一。
⑦ 江盈科：《祭鲜博士》，《江盈科集》之《雪涛阁集》卷十一。
⑧ 江盈科：《与顾道行》，《江盈科集》之《雪涛阁集》卷十三。
⑨ 江盈科：《霍光》。
⑩ 江盈科：《将臣》，《江盈科集》之《雪涛阁集》卷六。
⑪ 江盈科：《宋文丞相庙记》，《江盈科集》之《雪涛阁集》卷七。

斋人，无以动众生之施。……取材于林，挹水于海，众人之为功德也易；累丝成帛，聚土成台，斋人之为功德也难"①；"鸿印江沙，沙留鸿爪，鸿不欲也；鹤鸣九皋，皋留鹤韵，鹤不欲也"②；"今夫珠产于渊，千万其颗，而人得缀之以为佩；翠产于林，千万其羽，而人得缉之以为饰"。"网罟不穷千仞之深，则珠有散处泥沙耳，不为人佩也；搜罗不遍千林之广，则翠有散处丛麓耳，不为人饰也"。"如珠斯媚，辉煌焜耀，烂然与明月交映也；如翠斯佳，妍丽姣好，灿然与春云比态也"③；"夫人能解佩来贤，而后相国之令德以有所弼赞而跻于成全；夫人能和丸助勤，而后相国之令嗣以有所涵育而臻于象美"④；"公之未殁也，天下不虑南倭北虏之跋扈，而恃有重臣；公之既亡也，天下不喜鲸波狼烽之恬静，而无阃率"⑤；"百年之木，断在沟中，一遇匠石，青黄而文，清庙是供；长鸣之马，伏在槽枥，一遇孙阳，转盼而眄，天闲攸历"；"天地有尽兮，师恩无穷；江海易涸兮，我情曷终"⑥；"何论黼黻文章，烂云霞而垂琬琰；行将经纶事业，方舟楫而等盐梅"⑦，皆是。江氏行文好用对句，短至一字相对，长至数句乃至成段相对。不过对偶并不十分严格，无论单句作对还是复句作对，皆求大体相对而已。

排比句，如"屯田之由辟而芜也，盐法之变本而折也，军伍者自肃而入于弛也，官吏之自少而趋于冗也"。"于是富者不役，贫者役矣；巧者不役，拙者役矣；豪有力者不役，孱懦善柔者役也"⑧；"如中山之任乐阳，谤书盈箧不问也；如汉宣之任赵充国，岁月迁延不疑也；如唐宪之任李愬，师老财匮不忌也；如我宪庙之任项宗，举朝昌言排沮，不为其所震撼也"⑨；"盲者可使审音，刖者可使守门，腐者可使典宫，瘖者可使司鼓，短者可使洒扫，驼者可使鼗砌"。"枚、马之才也，使典文章；张、赵之能也，使诘奸宄；桑、孔之心计也，使理财赋；卫、霍之兵略也，使管征伐；苏、张之节侠也，使出异域。诸臣受命，如耳任听，如目任视，如手任持，如足任行。文者文，武者武，富者富，强者强，安者安，攘者攘"⑩；"夫室庐丘园，人所恋也，而公捐金募士，破产勤王，曾无吝惜；妻孥，人所暱也，而公糟糠仳离，美人尘土，曾无牵系；子女，人所怜也，而公黄口中陨，白璧委道，曾无内恤；头颅发肤，人所百计图全，而公甘撩虮头、蹈虎喙，惟思掉三寸以回丑虏之听，卷七尺以障滔天之势"⑪；"阐发性命，则蚕丝、牛毛不足为其精也；称引行谊，则兰芬、玉润不足为其洁也；叙述忠孝，则金坚、石烈、绳直、矢急不足为其果与决也；商榷古昔、剖镜世纷，则烛照、龟卜不足为其明彻、辨析也"⑫；

① 江盈科：《建长乐石桥记》，《江盈科集》之《雪涛阁集》卷七。
② 江盈科：《三游稿跋》，《江盈科集》之《雪涛阁集》卷八。
③ 江盈科：《喻言摘粹引》。
④ 江盈科：《寿申少师暨配吴夫人序》，《江盈科集》之《雪涛阁集》卷十。
⑤ 江盈科：《祭凌司马洋山》。
⑥ 江盈科：《祭叶日葵老师》，《江盈科集》之《雪涛阁集》卷十一。
⑦ 江盈科：《祭饶年伯》，《江盈科集》之《雪涛阁集》卷十一。
⑧ 江盈科：《变法》，《江盈科集》之《雪涛阁集》卷六。
⑨ 江盈科：《将臣》。
⑩ 江盈科：《汉武帝》，《江盈科集》之《雪涛阁集》卷六。
⑪ 江盈科：《宋文丞相庙记》。
⑫ 江盈科：《观风录后序》，《江盈科集》之《雪涛阁集》卷八。

"以委蛇调逆鳞，以宽大开密网，以镇静解棼丝政，以包与息沸腾之口"①；"侯之吏才，世所罕睹：悬鱼饮水，不足为其清；烛照、龟卜，不足为其明；刚锋利刃，不足为其断；坚壁高垒，不足为其守"②；"笾豆不受，自标曰廉；尺寸建树，自诧曰能；求疵索瘢，自多曰察"③；"以治钱谷，必能严其出纳，不忍使奸宄侵削民脂，而钱谷登矣；以治兵戎，必能时其简阅，不忍使闾阎困于捍御，而兵戎诘矣；以治礼乐，必能美其教化，不忍使风俗沦于堕窳，而礼乐兴矣"④，皆是。江文单句排比者少，复句排比者多。其热衷于以复句作排比，可能受到韩愈和杜牧（如其《李贺歌诗集序》）的影响。和作对句并不严格遵守对偶原则一样，他作排比句（特别是复句或成段文字构成的排比句）也不力求复句或成段文字处处对偶，有时排比中的末句还有意在顾及前句基本句式的前提下，来一点突破，造成一种别样的美。

长句如"世之徒多其兵者，驱市井之辈，置诸行伍之中，联百万以为群，聚蜂蚁而成队；见戈戟则心掉，闻铳炮则胆慄；进退不知，坐作不谙"⑤；"兹亭据山绝顶，当夫日月涌出，如金丸跃冶，闪烁激射，沉影浮光，变态无极；若乃阴霾雾雨，天水苍茫，上下玄同，如鸿蒙一气，混沌未分；时或长风骤来，惊涛粘天，怒涛拍空，山根摇而欲浮，地势拔而若飞，恍如神鳌扬鬐，岛屿腾跃"⑥；"盖兰之为物，幽而能芳，静而能香；霜雪不摧，荆棘不伤；竹松朋侪，梅菊颉颃；忠臣取以充佩，修士制而为裳；有时贡献彤廷，称大国香，此信非凡卉他植之所能者"⑦；"久益悉其家俗：大较士安诗书，农安畎亩，商贾安贸易，各勤其业，以治其生，至老未尝走公衙，语及官府讼牒，辄掩耳却走"⑧；"其治滕也，四知绝暮夜之金，一钱严父老之馈，车旁留犊，堂上悬鱼，廉矣；猏胥抱不寒之慄，四民沾有脚之春，薄赋省刑，兴学创塾，能矣；二簋自食，不简于祭祀、宴飨之仪，百计勤民，不分于肥家、润身之虑，廉而能、能而廉矣；正经界，均田赋，洗百年偏累之苦，贻万姓永久之安，豪右阴沮而见不摇，权贵明持而气益奋，既臻厥成，四境宴如，可谓真心为民矣"。"噫！廉如侯，能如侯，廉、能交至如侯，心真而神足、气到如侯，所为安滕民者，将永永无斁"⑨；"夫三尺童子，昼而嬉游，当其夜寐，境必入梦，矧五君子禀象纬之精，岳渎之秀，生为名世，没为明神，英爽灵异，御虚乘风，凡三岛十洲，洞天福地，无不之也，无不在也。况兹山，尤其平日赏寄之地，则夫晴坞烟岚，花朝月夜，野芳发而如绣，山泉响而若琴，猿啸鹤鸣，风呼谷应，安知五君子不翩翩焉骖鸾驭虬，相与游戏其间，嗟人民之已非，慨城郭之如故耶"⑩；"夫识商羊、察

①　江盈科：《寿申少师暨配吴夫人序》。
②　江盈科：《郡丞应公六载考绩序》，《江盈科集》之《雪涛阁集》卷十。
③　江盈科：《郡丞陈公烤成序》，《江盈科集》之《雪涛阁集》卷十。
④　江盈科：《廷尉熊年丈考成序》，《江盈科集》之《雪涛阁集》卷十。
⑤　江盈科：《精兵》，《江盈科集》之《雪涛阁集》卷六。
⑥　江盈科：《重建吞海亭碑》，《江盈科集》之《雪涛阁集》卷七。
⑦　江盈科：《契兰亭记》，《江盈科集》之《雪涛阁集》卷七。
⑧　江盈科：《吉水刘氏厅事记》，《江盈科集》之《雪涛阁集》卷七。
⑨　江盈科：《滕令乾所赵侯生祠碑》，《江盈科集》之《雪涛阁集》卷七。
⑩　江盈科：《五贤祠记》，《江盈科集》之《雪涛阁集》卷七。

萍实、辨肃慎之矢、防风之骨，称博者无如孔子，而庄生笑之曰：'丘之于道，其犹醯鸡欤？'"①"若伯起氏者，澹台之洁、徐稚之高、茅容之孝、君平之卖卜、食力合为一人，岂复今人为侣者哉"②；"有如衮职未修，何所补之？民瘼未祛，何所辑之？吏治未熙，何所厘之？边尘未靖，何所荡之"③；"张君之司幕也，若中丞，若直指，若监司，若守，若丞，若倅，若理，罔不人人称君能也；若缙绅，若士，若农，若工，若商贾，又罔不人人颂君能也"④；"其文沛然而出，如黄河东流，九折入海，奔放激怒，不可拦遏也。其飒然而动，如惊飙骤雨，瞬息遍满，无所濡湿也。其雄风劲气，如项羽提兵，鏖战巨鹿，樊哙拥盾，突入鸿门，顿令当者披靡，观者辟易，莫有能婴其锋也"⑤；"君侯忠孝传于奕世，功名藏于府库，山河待以巩固，远夷视为向背，所称国之柱石、邦之屏翰者哉"⑥；"数年以来，天怒叠见：彗出矣，地震矣，山移矣，水血矣，铁星陨矣，木象生矣，两宫三殿灾矣，太庙古树雷且火矣"⑦，皆是。江文句长如此。其长句叙事、论人、说理，求全求细，出言巧于修饰，多用叙述语、说明语、形容语。一句之内，往往于散句之中插入一组对句或几组不同结构的对句，或大体整齐的排比句，或使用同一类字的诸多短句，间或同时纳对句、排比句、同一句式的诸多短句于一句之内。容量之大、长句之长，以致有的尺牍仅用两三个长句即成完篇。

句式雷同者，如"不自知输金之例开，而商贾撤业，边田之垦者荒矣，边民之耕者逃矣，边城之墩堡坏矣，胡骑之南牧者坦然履无人之境矣"⑧。"事功节义，纷而多歧，不讲不谙，有如国是未定，何以镇之？民生未康，何以绥之？边鄙未靖，何以安之？风教未醇，何以培之？礼义、兵戎、钱谷、赋役，何以经纬而调剂之"⑨ 等，即是。其实，上举单句作对句者、复句作对句者，以及诸多排比句，多有句式雷同者。不过，江文句式雷同，有完全雷同者，也有大体雷同即行文句型框架大体相似者。至于众句使用同一类或相同的字，例子亦多。如《相地经序》谓"反是者，必愚，必贱，必贫，必夭"，即是。除用实字实词外，虚字也屡见不鲜，常用的有"也"、"矣"、"者"、"耶"、"而"、"以"等。用"者"字句，如前引四"必"字句上即谓"譬之乎人，秀者慧，清者贵，厚者富，劲者寿"。又如云"各率丁夫，并手偕作，畚者、锸者、筑者、削者、云聚雷动，凡三阅月，堤工告竣"⑩；"每春夏溪、江骤涨，梁辄圮坏，舆者、骑者、擔者、徒者非需舟楫，不免望洋向若之叹"⑪；"而滕民之耕者、樵者、饥者、寒者，与有人无田、有田无力者，

① 江盈科：《刘子威杂俎序》，《江盈科集》之《雪涛阁集》卷八。
② 江盈科：《谈略引》，《江盈科集》之《雪涛阁集》卷八。
③ 江盈科：《观风录后序》，《江盈科集》之《雪涛阁集》卷八。
④ 江盈科：《张司幕擢宰禹城》，《江盈科集》之《雪涛阁集》卷十。
⑤ 江盈科：《祭冯廷谏》，《江盈科集》之《雪涛阁集》卷十一。
⑥ 江盈科：《答西陵侯》，《江盈科集》之《雪涛阁集》卷十三。
⑦ 江盈科：《天怒》，《江盈科集》之《雪涛阁集》卷十四。
⑧ 江盈科：《理财》，《江盈科集》之《雪涛阁集》卷六。
⑨ 江盈科：《应天府重修书院记》，《江盈科集》之《雪涛阁集》卷七。
⑩ 江盈科：《户部谊台董公权关惠政并捐金修堤纪实》，《江盈科集》之《雪涛阁集》卷七。
⑪ 江盈科：《建长乐石桥记》。

皆世世赖之"①；"而行脚比丘，贫者、老者、倦者、疲癃而疾病者，人人如至其家，如飨其亲戚之奉，不丐而足，不募而饱"② 等，皆是。诸例都充分发挥了"壮文势、广文义"的功用。而像《祭冯廷谏》云："嘻！君之死，安知其非形之乍灭、气之偶散耶？安知散者之不终聚，而不为景星，为庆云，为芝、草、麟、凤，与夫名世文章之士耶？"此段实由同用"安知"的两对句构成，后句中三个由"为"字领起的短句又构成大体整齐的"长排"句（"为芝、草"云云，实为"为琼芝、为瑶草、为麟、为凤、为名世文章之士"）。短句自相作对，可谓对中之对，于此亦可见江氏众句用同一类字的灵活性。

江氏行文还惯于用相同或大体相同的句式造句，构成复句排比或单句排比，前者如"纨绔其将，非有如虎如罴之猛也；乌合其士，非有投石超距之雄也；内帑空，邦国空，田野空，非有积仓粮粮之富也"③，即是；后者如"宋人别业之变而为狮林也，狮林之变而为荒烟野草也，又变而为佣保杂作错处之地也，今又复变而为狮林也"④，即是。也爱用相同句式造句绾束多段文字以成段落排比者，如《秦始皇》即以"而足食之利遍天下矣"、"而安枕之利遍天下矣"、"而攘夷之利遍天下矣"、"而书契之利遍天下矣"四句式雷同者，分别为叙说始皇之功而句式有异的四段文字作结，以构成类似段落排比的句式；《邑侯龙川孙公报政序》则以"而里甲便"、"而输税者便"、"而粮长便"、"而比较者便"、"而狱讼者便"、"而茕独便"六句式雷同者，分别为叙说孙公政绩的六段文字作结，以构成有段落排比意味的句式。说江文中的长排类似段落排比、或有段落排比意味，是因为各段文字意思并列而语句长短、结构并不完全相同。江氏好作排比，好以众句用同一类字，说理叙事好详言尽言以求昭晰无疑，明显受到韩愈的影响。但他借若干雷同句式作结的段落构成的排比，造句并不像韩文（如《原毁》）那样严整，在解散骈对方面似乎走得更远。如其《治世莫若爱民论》前幅，先七用"我之……矣，而吾民曾不得（或'不免'）……我能忍乎"句式分七个小段。接着又五用"可谓爱民矣，而犹未也"引出五段文字，且将十五个以"于是"冠首的句子置于五段之内，使得大排比中有小排比。虽然各段之内单句作对较为严密，段与段的偶对却显得松散。

此外，江氏行文还用到顶针句式。或以此句式构成大体整齐的排比句，如《姑苏大观记》云："能自见其心，则所见大；所见大，则虽为先、为圣而必不自足；非不自足，心之本体无可足也。"或以此句式加上散句而成长句，如《三游稿跋》云："公自壮岁投绶归，归而隐，隐而游，游而啸哥、唱和以老，岂偶然哉？"《与李晴原老师》云："要之税多事多，事多人多，人多则弊孔亦多，群耳目以愚一人，虽戴星而出，烛尽而入，茫乎不得所以治长之端绪也。"皆意思连贯而下，文气亦绵远不断。

总之，江盈科受复古思潮影响所作的古文，大不同于秦汉派字面上的摹秦拟汉，而是认真借鉴唐宋古文家如韩愈、柳宗元、杜牧、王禹偁、范仲淹、欧阳修、苏轼等人的书写艺术，作创造性的尝试，因而我们常能在江文中见到他效法韩愈等人古文字法、句法、章法和谋篇布局方式的例子。又由于他有一好藻绘其文的艺术趣味，写作中用不少工夫琢磨

① 江盈科：《滕令乾所赵侯生祠记》。
② 江盈科：《重建古正觉庵碑》，《江盈科集》之《雪涛阁集》卷七。
③ 江盈科：《宁夏、朝鲜》，《江盈科集》之《雪涛阁集》卷六。
④ 江盈科：《敕赐重建狮子林圣恩寺记》，《江盈科集》之《雪涛阁集》卷七。

语句外在形式的美（包括用语雅赡、流丽，句式整齐或错落有致），故其古文的艺术风貌亦与唐宋古文大有区别。反映在句式上，就是对句、排比句、长句和相同句式的大量使用。应当指出的是，唐宋古文家适度使用以散句句式构成的对句、排比句、长句和大体相同或众句用同一类字的句式，对增广文义、壮大气势、显露风神起有不可或缺的作用。江盈科使用上述句式太多、太滥，却使文势疲沓不振、风神彰显乏力，大不利于古文气势美、风神美的创造；好处是能增广文义，便于铺陈其事，细道其理，可以尽藻绘之能事，而得装饰之美。

三、受性灵文学思潮影响所作散文的书写策略

一般来说，所谓性灵散文，和古文最大的不同，是两者艺术精神各有其思想理论基础。首先前者独抒性灵（有与儒学相合者），故不受任何思想理论条条框框的束缚；后者明理载道，惟以儒学为宗。其次是古文法度谨严，篇法、章法、句法、字法皆有讲究；性灵散文则不拘一格，书写方法灵活多变。再次是古文词必己出，用语雅洁、质朴，忌言者多；性灵散文用语惟求新鲜、适意，几无禁忌可言，凡庄、谐、浅、俚、直白、藻饰之语，皆可入文。最后是古文囿于儒家伦理道德观念和审美价值理念，虽然贵有自得之见，总以不违儒学大义为原则。风格中正、和平，即使怒火中烧、不胜其忿，也要抑遏蔽掩，不使自露，因而行文较为拘谨、平实。性灵散文抒发个人的生命感悟和现实生活感受，嬉笑怒骂，畅所欲言，情随笔涌，姿态横生，故其文灵动、飘逸、恣肆、奔放，有味有趣。比较而言，江氏受复古思潮影响创作的古文，说理、叙事径遂直陈者多，且爱引故事，爱作比喻，爱用长句、对句、排比句，详言细道，说得明白、透彻，有异于唐宋古文。受性灵思潮影响创作的散文，其艺术风貌则与一般性灵散文有同有异，而与屠隆、袁宏道的作品较为接近。

前已言及，江氏所谓性灵散文，主要是少量序跋和大量的尺牍之作。序跋本以叙述作者之意为主，冠首为序，附后为跋。江氏序跋不但叙作者之意，亦陈己见，故其说理者多。尺牍问候对方、传递信息、讨论学问、议论世事和个人私事，不一而足。江氏尺牍多是向人倾诉自己的生活感受，披露底衷，情真语真，偏于叙事、抒怀。

序跋《海蠡编序》《璧纬编序》《明文选盛后序》《陆符卿诗集引》《白苏斋册子引》《耳谈引》《五岳游稿引》《李小白诗引》《笑林引》《桃花洞天草序》《重刻唐文粹引》，以及《雪涛阁集自序》《涉江诗序》，皆可视为江氏受性灵思潮影响而作的散文。当然，最优秀的代表作是被袁宏道称为"甚获我心"的《敝箧集序》《锦帆集序》《解脱集引》《解脱集二序》。这些序跋无论叙说文集作者之意，还是叙说江氏见解（或谓介绍诗文特点和加以评论），都会借性灵说立论，或阐述以性灵说为本的文论观，或在评论中灵活运用其文论观。加上作品本身的示范意义，两者都对构建、宣扬公安派的文学主张大有裨益。

江盈科生前，一般人请他作序，他总爱说"恐箬叶笠不堪冠于绮服"①，或谓"只恐

---

① 江盈科：《答顾韦所通政》，《江盈科集》之《雪涛阁集》卷十三。

绮衣绘裳，弁之箬笠"①。此虽为谦词、戏语，却反映出他作序作跋态度的严肃和要求的严格。大抵序跋之作，其见识之高和文采之富总要与所序之书相匹配，故有精光闪烁的自得之见和把文章写得流丽、标致、极具表现力，是作序者的自觉追求。

江氏序跋虽偏于说理，但评论诗文常与知人论世相结合，叙事、抒怀亦在在有之。与其古文作比较，其书写策略有同有异而同者多。如其古文说理，好引古事为证，其《笑林引》则有谓"苏代以土偶止田文之行，淳于以豚蹄加齐宣之璧，曼倩以鹿触之言悟汉武之杀卒，优伶以荫室之说止二世之漆城，此岂非谐语之收功，凡出于正言格论之上者哉"；其古文好借寓言、故事说理，其《海蠡编序》即借童子"窥月于杯"及其"长有知""复见月于杯、于庭盎……"的不同认识，说"道之即一即万，即万即一"之理。其古文说理、叙事、谈感受，好作比喻，其序亦然。除以物喻物外，还爱以物为喻，说明难言之状，《白苏斋册子引》说"元神"显露，"要以无意出之，无心造之，譬诸水焉，升为云，降为雨，流为川，止为渊，总一活泼之妙，随处各足，而水无心"，即是。爱以事喻理。《陆符卿诗集引》言陆诗似陶诗，"直以趣似"，即谓"以趣似者，如湘灵之于帝妃，洛神之于甄后，形骸不具，而神情则固浑然无二矣"。爱以事喻事，上文又谓取陆诗与陶诗"字模句比，以求其所谓似而不可得，此何异相马者不察天机，而拘拘焉求诸牝牡骊黄之内者哉"。他还爱用一种境界比喻一种感受，《五岳游稿引》说焚香朗读王恒叔之诗，即谓"飘飘然，若凭虚御风遍历诸境、飡沆瀣而服霞气者"。而《雪涛阁集自序》写桃源白马雪涛之景，悬水冲击，变态万状，"如鹭，如鲤，如奔马，如骇蚪，如撒珠，如沸汤"，更是用博喻手法写景。其古文叙事好面面俱到，缕述其事，其《五岳游稿引》说王氏游踪遍及"诸国""名区胜地"，即列出十个"国"名和十七个地名；《桃花洞天草引》中"缕述""洞天之景"，则细道春夏秋冬之景和作者友人盘桓其中的游乐活动，可谓描写形容，无一遗漏。

又其古文爱用对句、排比句、长句和众句使用同一类（或相同）的字，其序亦不例外。用对句者，如《笑林引》谓"沙弥不栉，世不废夫梳掠；刖者不履，世不废夫鞋鞮"。用排比句者，如《雪涛阁集自序》谓"故性好弈，虽终日输棋，不废弈也；性好赌，虽终日输钱，不废赌也；性好酒色，虽醉欲死、瘦欲死，不废酒与色也"；《重刻唐文粹引》谓"抽锦绣于肺肠，吐烟霞于唇吻"。用长句者，如《璧纬编序》言《编》中所收之文"洋洋乎，洒洒乎，纤乎，渊微乎，浛瀁乎，各臻其妙，兼总其极，而我之奇观备矣"；《五岳游稿引》言王恒叔游山水而为诗为文，"就中阴晴、明晦、雨雪、霜露之变，与夫林峦、洞壑、泉石、崖谷，峭拔险怪，杳冥而绝特，以至神仙、释老灵踪、幻迹，下而及于一禽、一兽、一草、一卉之类，有触吾目、感吾兴，盖皆描写形容，俨然如画，遂以成帙，好奇者业已刻而传之"，皆是。句式相同者，如《白苏斋册子引》谓"见华非华，见色非色，见诟非诟，见丑非丑"；"迫而动，感而应；无象起象，无用致用"，其对句皆为句式相同者。《涉江诗序》谓"历浔阳，陟匡庐，登玄岳，经武昌、齐安、郢中诸山川郡国"，不但数短句句式大体相同，且为数句用同一类字之例。至于数句用到同一字，则有《重刻唐文粹引》所言"春则桃李，夏则芙蕖，秋则菊，冬则梅，或以艳胜，或以雅胜，或以清澹胜"，可为显例。

---

① 江盈科：《答文三楚》，《江盈科集》之《雪涛阁集》卷十三。

　　其实，江氏古文常用的句式，在序跋中都能见到，即使用得很少的顶针句式，序中亦有其例。《李小白诗引》即有谓"性不能酒，顾喜酒，饮少辄醉，醉辄歌，歌辄随意兴所到，诠次成诗"。为何他受性灵思潮影响所作的序跋，其书写方法与其古文"书法"如此相同呢？原因可能有二：一是研习唐宋古文和接受屠隆影响在先，早已形成藻绘其文的艺术趣味和书写方法，并认为这种趣味和方法极具表现力和有利于创造散文的文学美，加上"笔力一定，更难改易"，因而它们能自然显现在所谓性灵散文的写作中。二是接受袁宏道性灵文学思想影响在后，就散文言，似乎于其"独抒性灵，不拘格套"，从风格取向、题材选择、语言通俗、明白层面着力较多，而于法度，特别是字法、句法的新、奇方面着力较少。不过以谑语为文，却是他用语"不拘格套"的大胆创造。这些也表现在他的四篇名序中。

　　《敝箧集序》前幅细道袁宏道本于性灵说的诗论主张，后幅略言《敝箧集》的由来。细道袁氏主张，则用引述其言的书写策略。所引两段话，意谓"出自性灵者为真诗"，真诗之作，不受题材、语言风格的限制，不必效法唐人之诗；"唐人千岁而新，今人脱手而旧"，盖因"流自性灵者，不期新而新；出自模拟者，力求脱旧而转得旧"。此说实是江氏对宏道平日论诗意见的归纳。《序》中引言，无疑是经过剪裁加工的。但作者引述得好，不单能说出袁氏的基本观点，还原他说话的口吻、语词（包括所用比喻），还交代言说的地方、场景和肢体动作。故宏道称此序"谨严、真实"，是既赞赏序言对其诗论主张概括得准确，又肯定它对其言论介绍得真实。

　　宏道兄弟盛赞《锦帆集序》及《解脱集序》、《解脱集二序》文采之美，宏道称其"流丽、标致"，中道谓其"文如披锦，为一时名人所叹"。三序都写到集中所收诗文的写作背景、创作特征和作者的诵读感受，都对袁氏诗或文及其才能作极高评价。序文写得漂亮，除立论一扫传统观念，用本于性灵说的文学理念衡诗衡文，提出诸多总结袁氏创作经验、堪称新鲜、别致和具有挑战性（如对"习于诗套者"、"拟古"者的批评）的见解，和"大都以审单、家书之笔，发以真切不浮之意"有关以外，还与各篇自有其构思及书写方法有关。有意思的是，三篇构思都有借古人作陪的特点，书写方式亦与此大有关系。《锦帆集序》即用吴王作陪，广泛采用比较作论的书写方式。开篇欲道《锦帆集》由来，却先说"锦帆泾者，吴王当日所载楼船萧鼓与其美人西施行乐歌舞之地也"，引出一番"阅今数千年，霸业烟销，美人黄土，而锦帆之水宛然如旧"的比较论。继介绍作者"宰吴""乞归"及文集由来后，又借对宏道往日"骄余"之言的回应，拿"吴王"为王与"吴令"为令之时两相比较，极写宏道为令之苦（内含自家感受）。说袁文之妙，更是将吴王、西施、"江郎"与宏道打成一片，借前者衬写后者，而出以语带谑趣的想象之词。《解脱集引》说宏道诗奇才奇，实借李白、杜甫、李贺作陪，言三家诗风或正，或奇，或奇之奇，也是比较作论。《解脱集二序》说宏道散文之美，于山水记即用"近代文人纪游之作"作比较，以凸显其传神写照"描画如生"；于尺牍则取李陵《答苏武书》、嵇康《绝交书》作陪，以映衬其"自真情实境流出，与嵇、李下笔，异世同符"。如此构思和行文，自能拓展挥洒笔墨的空间，有利于驰骋想象；加之所引古人情事凝重而不乏奇丽之美，便于展开来说，故作者能得心应手地运用多种句式缕述其事，用各种比喻形容其状，揿藻见奇，使得序、引姿态横生，文采炳焕。当然这些序文（包括《敝箧集序》）写得漂亮，还在于作者草序，也是性灵自然显露，所谓"机自己出，思从底抽"，"心所欲言，信笔直书"。如果说欧阳修擅长以夷犹顿挫之笔显露其风神之美，江盈科则惯于径遂直陈再现其性情之真。尤其是对宏道诗文之美、才能、胆识的点赞，完全是情不自禁地脱口而出。如说"取而读之，言言字字，无不欲飞，真令人手舞足蹈而不觉者"。"第余观其突兀怪特之处，不可谓非今之长吉，盖亦明二百余年所仅见。吁，异才哉！""余每读一章，未尝不欣然解颐，甚或跳跃叫啸不自持。噫，中郎言语妙天下也！""斯亦奇矣。要之有中郎之胆，有中郎之识，又有中郎之才，而后能为此超世绝尘之文。不然，傍他人门户，识其唾余，拟古愈肖，去古愈远，其视中郎，何啻千里！"作者情感激越、真挚，句句从胸臆流出，而文笔灵动、飘逸、活力四射，词随情涌，即成锦绣，真是不加藻饰，胜似藻饰。

　　江氏尺牍内容较为丰富，有说理者，有言事者，有畅谈人生感受者，而说理、言事、谈感受，都离不开叙说事情。论其书写方式，说理、言事者则与上述江文相似者多，而谈人生感者，同中之异显得突出。江氏尺牍谈人生感受，很多是谈他为令之苦的，从他如何"诉苦"，即可看出其尺牍主要的书写方式。

　　袁宏道"宰吴"两载，即七上书称病而去。其真实原因，自如江盈科所说，乃"不堪仕吴之难，而有托以去"①。江氏为长洲令，苦、难兼受，不亚于袁，可他一做就是六年。他为何未"有托而去"，除其性格"宽缓"、乐于以"安命"自慰、视为令为"吏隐"外，还与他家境贫寒有关。其与友人书即一再言："欲解绶东归……而家无负郭，未免藉五斗供堂上人饘粥，坐是不能引决。"②"每思作解绶陶潜，而家贫亲老，窃五斗自润，不能引决。"③"所不即抽簪去者，缘家无负郭，故以折腰代胼胝，托于吏隐。"④《与胡孝廉》更是直说："所不即投劾归者，念脆弱之躯，苦负耒躬耕养老亲为难，聊以簿书易五斗供菽水耳。"当然，未辞官不等于他不想辞官，他就一再说："不肖雅耽林壑，乃误婴尘网，今且为槛猿，为樊雉，陶君腰上物不久当解还造化……五斗非凤凰食也。"⑤"数年后当遂罢去，三山五岳，何处不可着江生短筇，而恋恋五斗，与鸡鹜争食耶？"⑥"顾不佞亦岂久居人下，进不得志，退有长林可栖，丰草可卧，啸歌吟咏，修吾乡屈大夫、杜少陵、孟襄阳故事，极吾才情，成一家言，亦足千古。折腰人世，俯仰取容，非我志也。"⑦再者，未辞官，更不能说明他欣然接受为令之苦，相反，他是厌恶之极，故其与人作书，倾诉为令之苦往往成为必备内容。揣摩其抱怨、愤懑之言，他的不能忍受为令之苦，最大的原因是为令对他自然天性的伤害，使之失却"真性"、"故吾"，"吾丧我矣"⑧，或谓不得"安性命之情"⑨。表面看则是对其自由的限制，使他不能"吾适吾

　① 江盈科：《詹丞右川归政序》，《江盈科集》之《雪涛阁集》卷十。
　② 江盈科：《答顾靖甫》，《江盈科集》之《雪涛阁集》卷十三。
　③ 江盈科：《与张跃龙》，《江盈科集》之《雪涛阁集》卷十三。
　④ 江盈科：《与冯孝廉》，《江盈科集》之《雪涛阁集》卷十三。
　⑤ 江盈科：《与杨继源》，《江盈科集》之《雪涛阁集》卷十三。
　⑥ 江盈科：《与钱隐君》，《江盈科集》之《雪涛阁集》卷十三。
　⑦ 江盈科：《答谢九紫孝廉》，《江盈科集》之《雪涛阁集》卷十二。
　⑧ 江盈科：《与徐司理翰明》，《江盈科集》之《雪涛阁集》卷十二。
　⑨ 江盈科：《与陈霁云老师》，《江盈科集》之《雪涛阁集》卷十二。

性"①，即《与黄水部》所云："所恨世网纠缠，如山雉在樊。"

其"诉苦"方式有缕述其事，直陈其苦、其难者。如《与印与山》云："弟薄命，除令长洲。长洲称东南最岩邑无两……又东南都会，贵人车骑络绎不断。而其民如鬼如蜮，习于讼诘；吏胥长于舞文，蚩尤之雾在股掌间。其令往往戴星而出，视篆未了，则束带伏道旁候贵人，日晡而返，理敲朴，检簿领，漏下三鼓乃休。漏未尽，又复戴星出。令如是，亦苦甚矣，然犹不免遭弹射，何者？赋税重，难于取盈；送迎多，易于见过；又其民健讼，众口难调，谤言易起。"《与祝吴江》云："不肖之至长洲也，见其政如丝棼，官舍如蜂衙……即以长材御之，尤惧弗胜，而碌碌如不肖，是蚊负山也。"《与陈孟常太史》云："服官以来，入握管治簿书，手腕欲脱；出理钱谷，听狱讼，敲朴之声，早暮聒耳；造请司府诸公，负橐鞬，伏谒江浒，望尘下拜，膝肉几穿。且过宾鳞逻，则取谴易；缙绅屋比，则蒙嗔易；豪右冯城社为奸，则召谤易。"《与卓月波光禄》云："入坐堂皇，吏抱案牍，纷如乱麻，谛观则目欲眩，摇笔则腕欲脱；俄而较钱谷，听狱讼，棰楚之声，嚎呼之音，繁聒吾耳，如鸣蜩沸汤，欲逃避一刻不可得。"其直陈其苦、缕述其难如此，言语中不乏怨气，而更多的是无奈。

江氏尺牍倾诉为令之苦及其难堪之心境，最常用的手法是比喻。其《与陈孟常太史》云："不肖何人？而奈何长洲为耶？此如凡马，色泽可观，劲力驽下，被之文绣为骖乘，不失器使，而今且授之重任，责之末涂，奚而不摧舟戛驾也？"《答张异度》云："不佞自入仕以来，束于湿薪之令，拮据于钱谷期会之间，腕几脱于文移，耳几聋于敲朴。带减沈约之围，鬓增潘仁之白，然且数遭官长骂不休。此亦女子为妇无状，而自悔不如无嫁之日也。"《与徐翰明》云："不肖樗栎散材，无用于世，衡人者投之烦剧冲疲之地。譬越鸡也，驱而伏鹄卵，母瘠卵枯，两敝之道。"《与沈伯含》云："弟自作令来，立而饭，走而尿，束带而卧，皇皇民事，谓可幸无事，而为翁媪者，复恍惚相加，比于臣虏。回思处女时，已觉从天堕地，况能希望藐姑射仙人逍遥、徜徉为耶？"《与卓月波光禄》云："别来困簿书良苦，出而低眉，有如妓女侍贵倨人，嗔亦不敢，笑亦不敢，局促屏气，膝行自前。"《与王逸季》云："不肖于斯道，才不逮情，而情之所钟，若贪者于货，淫者于色，牢不可破。乃处卑贱之地，司钱谷之务，半晌草就一篇，当路者闻之辄谓'是夫蠹鱼也，无当世用'。"《与连德清》云："弟蹇驴耳，乃负重若斯，今技止矣。皮毛仅存，精已销往，相天机者遇之，有却走耳。"所用比喻，不择雅俗，达意即言。

作尺牍必有受书者，故江氏尺牍常用受书者和自己对比的手法来衬写为令之苦。如《与沈伯含》云："不佞自之官，即见夺饩，五斗非吾食，而腰无日不折，是岂丈夫所宜为？仁兄卧湖上，红蕖绿波，快心怡目……此夫洞天仙真逍遥、翱翔所不能逾，下视不佞劳薪，何啻九仞凤凰与蛆蝇耶？"《与周民部景玉》云："语云：'宗庙之牺，为畎亩之勤。'斯不佞之谓矣。仰视年丈，逍遥含香之署，翱翔清都之侣，佩玉铿锵，华裾陆离，岂不犹蜣蜋伏粪壤，矫首而望高枝饮露蝉耶？"《与湘潭周年兄》云："不肖峨眉老矣，才得入宫，便嫁为厮养卒妇，不胜井臼作苦，则其才固无当君王下陈耳。兄妙龄双蛾二八，稍稍待时，春风一再度，便入侍昭阳，称金屋阿娇，岂其绝世之姝终身浣纱、采葛老耶？"《答李养白》云："年丈负嵇、阮龙性，暂而泥蟠，然天飞在屈指也。弟山林麋鹿，

① 江盈科：《与徐翰明》，《江盈科集》之《雪涛阁集》卷十二。

就羁圈槛，已失真性，况又加之重负，驰之骤之，若牛马然，苦不自胜，不知何时遂长林丰草之思，梦魂为劳耳。"《与张伯起》云："辱先生不鄙，俨然贲临，望其眉宇，如三株黄鹤，知非樊笼中羽毛，其屣轩冕、尘爵禄、长往山林、矙乎不滓，岂偶然哉？视不佞以七尺躯易五斗，罄折道旁，与蒙庄所称嗜腐鼠者何异？"《与谢在杭》云："才如年丈，岂寻常操觚之士所敢跂足望哉？不佞弟颇饶此兴，而才不逮情。又风雅之思，夺于簿领。邯郸才人，嫁为厮养卒妇，日治井臼，谨粪除，求免翁媪谯聒不暇，何暇从琐窗红女凝眸刺绣求工耶？以此方年丈，奚啻鷦鷯而比垂天之羽？愧矣！愧矣！"书中所说对方情境，夸张形容，或为祝愿之语，或系想象之词，未必尽为现况，作者渲染彼此悬殊之大，不过借以述说为令之苦而已。又言语间动辄作比，且所用比喻不忌鄙俗，而多有自卑、自嘲、自污之词。又江氏爱用入仕前的自适其性、无拘无束和今日的困于吏政作对比，以言其为令之苦。《与龙云车》即云："不佞才疏性懒，仁兄所知，生平解牧犊山间，钓鱼溪浒，山农野渔，藉草摊蓑，稳卧自适。乃令出宰岩邑，疲于将迎，困于簿书，苦于催科，吾膝欲穿，吾腕欲折，吾形凋瘁，作枯虾伏。"《与龙君御》更是拿为令前后及今日愿景作对比，以衬写为令之苦，云："不佞疏懒成性，未第时并日而食，朝曦不三竿，有便便卧耳。吾饥吾腹而闲吾心。乃今作钱谷吏，入理簿书，出伏江干负弩矢，吾腕吾膝都非吾有。戴星见烛，率以为常。君御相江生能久为此官否？积五斗之粟，稍足供堂上人，朝夕有投劾去耳。青萝、白马之间，小舟一叶，长竿一茎，吟咏啸歌，不失故吾，吾愿毕矣。"

至于句式，亦如上述古文、散文书写方式一样，爱用对句，如《与沈伯含》云："发短如猬，形瘠如虾。"《与黄水部》云："昼负弩矢，夜理敲朴；风致索然，情爽都尽。"《与冯孝廉》云："惟叹二毛增镜里之霜，两髀减马上之肉。"《与张跃龙》云："出拜官长则膝肉欲穿，入挞黎庶则寸心欲碎。"《答王邑博》云："足下方南面谈经乃病齿，不佞方牛马走尘土中乃病足。……（世人）口不挂六籍而齿健如虎，身不下堂皇而足捷如千里马。"

爱用排比句，如《与李晴原座师》云："盖当道之急通税也如火，而疲民之应有司之求也如数粒喂象，舆台之集衙门也如蜂房，簿书之填冗也如乱麻。"《与刘起南谏议》云："案牍如山，不加理也；逋赋如麻，不加核也；老吏巨猾，如鬼如蜮，不能尽屏斥也。"《与冯太学》云："夫长洲民穷如洗，台部急催科如火，吏兹土者度日如岁，守官如狱。"

爱用长句，多见于叙事、议论文字。句式则有纳对句、排比句，相同句式的短句、词组于句中的特点，前引尺牍不乏其例。另如《与陈孟常太史》云："弟雅志嗜书，耽啸咏，自揣迂拙，无当经济，初意向秉衡者乞一甔，吾砺吾齿，对诸子谈经，窃禄数载，跻郎署，为得算，乃为沈伯含见沮，误谒有司，选诠人皮相不肖，畀之长洲。"《与屠赤水》云："夫先生红颜弃世，镜湖千载重逢贺监，归来一咏一觞，陶然自乐。俯视人世营营蝇利，揹揹蜗斗者，何啻仙官上真下视馁丐争得失于卮酒豆肉者欤？"《又与王逸季》云："不佞不久罢去，当结社东海之滨，共足下一订千古，庶几进不得图形凌烟，垂耀史册，犹能贾余勇，自立一家言，传之其人，俾后世知有此子耳。"《与胡太守》云："计近况，何似援琴赋诗，弹棋呼酒，逍遥徜徉，恣意所如，即洞天仙人且妒足下受享，矧不佞作牛马走人间，下堂则苦将迎，上堂则困簿领，吾膝几穿，吾腕几脱，吾形尪羸，有如枯鱼，奈何不妒足下逍遥，恨司命者夺我乐而予我苦？"三例多用单句作长句，气势流走、情思奔涌，似较以对句为长句者更为顺畅、激切一些。

又爱用相同句式，或多句用同一类字（或相同的字）。用实字者，上引文字多有其例。用助词者，则如《与陈景湖》云："且盍观于物化乎？雀也而蚌，蜣螂也而蝉，蛇也而龙，或升而沉，或蟠而飞，造化使然，物无如何。人于大垆，雀耳，螂耳，蛇耳，升沉飞蟠，又安得用意其间，与司化者争耶？"《与车膳部春涵》云："沉深浑厚者，其调乎？萧散闲远者，其韵乎？洒落流利、超然尘表者，其意兴乎？明之人，唐之语；其名世，其必传，非必江生知之。"《与管君聘》云："君聘已廪于学宫，君聘得无鼹鼠自嘲乎？夫能大能小，龙之为神也。今直以为寄，俄而天飞，鼠耶？骥耶？龙耶？必有分矣。"除句式整齐可观，还能重现语气以动听。与此相近，为了表达强烈的感受和希望，江氏还爱在尺牍中两用相同的语词或短句，以重现语气、深致其意。诸如"感甚，感甚"，"感谢，感谢"，"不敢，不敢"，"至望，至望"，"何敢望，何敢望"，"何敢忘，何敢忘"，"愧矣，愧矣"，"不敢当，不敢当"，"如何，如何"，"望之，望之"等，不胜枚举。

此外，大别于古文书写方式的，是谐词谑语的运用。论其使用量之大，就是同受性灵思潮影响而作的序跋，也赶不上。之所以如此，大概是尺牍这种文体最便于袒露心性、抽心而谈、出语通脱。读此类谐词谑语，直觉作者之风趣、幽默，善于调侃、爱说俏皮话的特性显露无遗。如《答杨景渚民部》云："不佞病足疮，伏枕旬月。夫夺之足矣，而牛马走如故，彼苍困人，不已甚乎？奈何不欲叩九关揽司命之袂而问之也？"《与陈句容》云："抑闻城中有井，相传葛稚翁炼丹处，可能觅一粒化沙石为黄金耶？不敢望服食冲举，且持此为吾民了逋赋，得免夺饩，注上考，犹胜白日登仙耳。"《答蔡怀峰》云："足下遗我牙刻美人，且曰：'必碧纱护之，毋使忌者见窥，不饱铁如意一击。'夫以彼其态，纵令当桓温夫人，将'我见犹怜，况老奴乎？'足下之计过矣。"蔡氏本一"风流谑浪"之人，故江氏答书亦出以谑语，另一《答蔡怀峰》竟自我调侃云："不佞故不胜杯杓……足下欲使我打叠精神，免使二王笑我乎？此须向阎罗天子告增三分酒量乃可。"《黄淳父集序》跟死人说趣话，云："不佞忝牧兹土，景慕休哲，欲操一壶浇先生父子松楸间，以写我思，顾不知山中猿鹤能容俗驾见过否？"《与胡秀才》甚至开胡秀才父亲大人的玩笑，云："夫卓文姬奔相如，阿翁终不靳千金装遗之，高其才也。足下其才亦何必减相如？而如姬得侍巾栉，亦不恶，阿父何至鼠牙、雀角为也？此可谓凡夫肉眼，异时驷马车过吴门，毋容此人拥篲，以报今日。"此类谐词谑语，有的单纯是为了文风活泼，把话说得风趣有味，以求"戏谑解颐"①；有的则是"一时戏谑之言，至理存焉"，耐人寻味。江氏说话有趣，大抵爱正事戏说、雅事俗说、小事细说（夸张、形容，出语诙谐）和无事说得煞有其事（生发想象，编造细节，使人眉伸颐解）。不过行文也有依顺语气，出语自然而读来有趣的。如云："君今徜徉泉壑，纵意所如，追念前日长洲奔走驰逐之状，其亦时时酹酒东向怜江生否？敢问。"② 句中"敢问"以前即是无中生有，用想象之词说趣话。"敢问"可置于句前，也可置于句后。置于句前，似有矫情之嫌；置于句后，显得语气自然，行文谈话味浓，似乎更有风趣。

江盈科无论作古文，还是作所谓性灵散文，他都十分讲究修辞艺术，因而行文妙语络绎不绝。江氏论诗，有谓"诗本性情，若系真诗，则一读其诗，而其人性情，入眼便见"①。"夫为诗者，若系真诗，虽不尽佳，亦必有趣"②，"盖凡为诗者，或因事，或缘情，或咏物写景，自有一段当描当画见前境界，最要阐发玲珑，令人读之，耳目俱新"③。读其文，特别是读其所谓性灵散文，确实有见其性情的感觉，深觉文中有趣，而叙事、写景，描画实在生动、传神。可以说，他是把对"真诗"之美的追求，也用到了散文写作中，故其语言意味醇厚。如说儿童茁壮成长："两孤亦渐岐嶷，如笋辞箨，挺然有干云之势"④。写隐者飘然西归："遂掀髯解维，泛烟波而去"⑤。写住所景象："斋头寂寂，惟有绿笋数茎，穿紫苔而出；蔷薇一架，开花如绣"⑥。言行舟之慢："此来为谒兵台计，必夕发朝至，然而东风不与周郎便，牵舟者峋嵝如狗、舟移人蚁，舟中人闷闷殊甚。年丈助我十长胫，亭午当得达娄东，酌酒自快矣"⑦。其文生动有趣，显然与广用比喻有关。江氏想象力异常丰富，往往一种境况，能用多个比喻加以形容。如前说为令之状，即曾用"千指家新妇"、"妓女侍贵倨人"、"村家处女，出为新妇"，"为妇无状"之"女子"，"青楼红女，嫁作田舍郎妇"，"村家小女，嫁为千指富儿妇"，"邯郸才人，嫁为厮养卒妇"等作比。又如形容赋税事，既云："上司之急赋税也，如捧漏沃焦；疲民之应有司之诛求也，如生龟脱胶。"⑧ 再云："当道之急逋税也如火，而疲民之应有司之求也如数粒喂象。"⑨ 又云："值东南用兵，水衡督东南财赋，如涤釜待炊而钻无焰之木，薪于火之立应，将何所措手？"⑩ 比喻之丰富、生动、贴切，着实令人叫绝。当然，文中有些比喻有"同义反复"之嫌，但多数都有"令人读之，耳目俱新"的审美效果。像说办事轻易"如顺风鸿毛，九万里瞬息可致"⑪，说"哑者茹蘗，自苦自知"⑫，说"西湖两山间画舫如鳞，游女人花，游人如蚁"⑬，说"揽镜自照，瘦如野鹤"⑭，说"不肖业已堕苦海，无希望彼岸之心"⑮，说"终年如坐荆棘，今乃稍稍如舟之脱洪涛而就平澜"⑯，说"不肖偶先足下致身，此如弱弓微矢，疾发仅能加青鸟；足下引万石之弩，被之金仆姑，即发稍迟乎，然非垂天之鹏不以辱吾技也"⑰，所用比喻，一般人可能都想象得出，也说得出。

---

① 江盈科：《江盈科集》之《雪涛诗评·诗品》。
② 江盈科：《江盈科集》之《雪涛诗评·贵真》。
③ 江盈科：《江盈科集》之《雪涛诗评·求真》。
④ 江盈科：《明故诸生鄢开美暨配熊氏墓志铭》，《江盈科集》卷九。
⑤ 江盈科：《初三尹致政归楚》。
⑥ 江盈科：《与管君聘》，《江盈科集》之《雪涛阁集》卷十三。
⑦ 江盈科：《与聂化南》，《江盈科集》之《雪涛阁集》卷十三。
⑧ 江盈科：《与祝吴江》，《江盈科集》之《雪涛阁集》卷十二。
⑨ 江盈科：《与李晴原座师》，《江盈科集》之《雪涛阁集》卷十二。
⑩ 江盈科：《与黄丽江御史》，《江盈科集》之《雪涛阁集》卷十二。
⑪ 江盈科：《与徐司理翰明》，《江盈科集》之《雪涛阁集》卷十二。
⑫ 江盈科：《与冯慕冈》，《江盈科集》之《雪涛阁集》卷十二。
⑬ 江盈科：《与陈驾部景湖》，《江盈科集》之《雪涛阁集》卷十二。
⑭ 江盈科：《答谢九紫孝廉》，《江盈科集》之《雪涛阁集》卷十二。
⑮ 江盈科：《与汪和宇比部》，《江盈科集》之《雪涛阁集》卷十二。
⑯ 江盈科：《与宋士元昆仲》，《江盈科集》之《雪涛阁集》卷十三。
⑰ 江盈科：《与王补之》，《江盈科集》之《雪涛阁集》卷十二。

而说"顾诸溪争流,有类杨朱歧路;舟人迷道,似项羽在阴陵"①,说"宦犹舟也,十日滩头,一日千里,有疾而迟,有掩而速"②,说"辱下征弁言,恐箬笠不堪冠于绮服"③,说"譬之引坎井之蛙观大于海,发醢瓮之鸡觇全于天,其畅快活泼可胜言哉"④,说"自抱关、邮吏以上,鸥嗜一官,蚁附五斗,居恒舍其职业,掉尾乞怜,以图自固;比见褫职,辄向妻子歔欷对泣,恋恋不欲去,如生龟附壳而不能去"⑤,所用比喻,则只有江盈科能想象得出、说得出。而他自比为"妓女"、"贪者"、"淫者"、"牛马"、"蹇驴"、"嗜腐鼠者"、"粪蛆"、"蛆蝇"、"蜣螂"、"蝉蜕"、"枯鱼"、"枯虾"、"蚊"、"猪",说"仆袜线微材"⑥、"不肖蟠伏藕孔中"⑦,所用比喻,多借悲秽之物形容深切感受,既令人思,又令人哑然失笑,说明江氏不但巧于想象,还敢于想象,深明藏大美于不美之中的妙谛。

从江氏所用比喻,可以看出其语言浅易、粗俚甚至不忌鄙俗的一面,但这并不是他散文语言的唯一风格。除浅俗之外,其语言还有古朴、典雅的一面。这不单见于文中许多典故的灵活运用,还见于叙事、说理时雍容、平和的风度和语气,以及凝练、精致而略带藻饰美的语句。难得的是江氏行文往往能将二者打成一片,雅俗同体,庄谐兼具,别具魅力。

综上所述,江盈科创作散文(兼指古文和所谓性灵散文而言)的书写策略,主要有三点。一是取喻故事。说理主要以史实或传闻故事实证其说,作论常就故事(包括寓言、笑话、传说)申发议论,叙事、抒怀大量使用比喻。二是频用俳句。其文自以散句为主,但无论说理、叙事、抒怀,都频用俳句,这应是江氏为文好藻饰的一种表现。常见的句式有对句、排比句,要说明的是其对句、排比句,并不是严格意义上的偶对,大体对仗而已。又爱用长句,一长句内由若干对句,甚至是排比句或同类型的若干短句构成。三是佐以谑语。江氏散文语言雅俗兼用,雅不取深奥,俗不避粗鄙,用雅用俗而常出于谐词谑语。故其文"句之易道,义之易晓",文风活泼,而读来有味有趣。

(作者单位:武汉大学文学院)

---

① 江盈科:《又与王百谷》,《江盈科集》之《雪涛阁集》卷十三。
② 江盈科:《与龙君御》,《江盈科集》之《雪涛阁集》卷十三。
③ 江盈科:《答顾韦所通政》,《江盈科集》之《雪涛阁集》卷十三。
④ 江盈科:《经言枝指序》,《江盈科集》之《雪涛阁集》卷八。
⑤ 江盈科:《少尹党君致政序》,《江盈科集》之《雪涛阁集》卷十。
⑥ 江盈科:《与冯太学》,《江盈科集》之《雪涛阁集》卷十二。
⑦ 江盈科:《涉江诗序》,《江盈科集》之《雪涛诗文辑佚》卷二。

《聊斋志异》与清代民间巫术信仰

□ 李根亮

人类学家对巫术有不同的分类和认识，如从巫术的性质角度，把巫术分为黑巫术和白巫术；从施行巫术的手段上，把巫术分为模仿巫术和接触巫术。但不管如何分类，巫术在实质上都是"指运用超自然力量并通过特定仪法控制客体的神秘手段"①。而且从中国古代巫术发展的历史来看，巫术也有一个从官方垄断到逐渐民间化的过程。到秦汉时期，这种民间化进程有加速的迹象；进入明清时期，巫术活动及信仰的民间化和世俗化已经是一个普遍现象，而且与道教、佛教等宗教活动相互融合，一些宗教徒甚至具有了准巫师的职业特点。这在小说《聊斋志异》中可以明显看出，其中许多作品受到巫术思维的影响，呈现出不同的巫术形态，反映了清代民间社会中普遍存在的巫术信仰。从目的和方式上看，《聊斋志异》中的巫术以驱除鬼魅、驱除狐怪、控制偶像、控制魂魄巫术为主，另外还有致爱、生子等其他巫术形态。下面作一深入论述，以了解其不同形态的特征、实质及存在的社会文化背景。

一、《聊斋志异》与驱鬼巫术

关于鬼魂，恩格斯有一个著名论断："在远古时代，人们还完全不知道自己身体的构造，并且受梦中景象的影响，于是就产生一种观念：他们的思维和感觉不是他们身体的活动，而是一种独特的、寓于这个身体之中而在人死亡时就离开身体的灵魂的活动。从这个时候起，人们不得不思考这种灵魂对外部世界的关系。如果灵魂在人死时离开肉体而继续活着，那就没有理由去设想它本身还会死亡；这样就产生了灵魂不死的观念。"② 原始人由于不能正确区别醒时的感觉和梦中的幻觉，于是把精神同肉体分离出来，视精神为独立的实体，因而产生灵魂不死的观念。古代中国人也认识到这个问题，如晋朝干宝说《搜神记》的创作就是为了"发明神道之不诬"③，其实也是强调鬼魂是存在的，而且干宝要写小说加以证明。

既然鬼魂是存在的，就涉及人与鬼如何打交道的问题，与什么样的鬼交往、不与什么

---

① 胡新生：《中国古代巫术》（修订本），山东人民出版社 2005 年版，第 2 页。
② 《马克思恩格斯选集》第四卷，人民出版社 1995 年版，第 223~224 页。
③ 《汉魏六朝小说笔记大观》，上海古籍出版社 1999 年版，第 277 页。

样的鬼交往的问题。这样就有了招魂或驱鬼的巫术。若是祖先和亲人的鬼魂往往表现出敬畏的态度，并且希望通过招魂巫术来实现与死去亲人的联系。而对于那些影响人类生活或威胁人类生命的鬼魅或恶鬼，人们就采取特别的方式加以回避和驱除，于是出现了驱鬼巫术。

但在古代社会早期、君主专制制度出现之前，如殷商周时期，人们对鬼神更多的是敬畏的。根据考古文献发现，战国时已经存在驱鬼、避鬼巫术。东汉末期，道教在其形成过程中与原始宗教及巫术相互融合，道教的一些法术也具有了巫术的性质①。如在《搜神记》中有许多驱役鬼魂的故事，其中已经涉及早期的驱鬼巫术，其施法者多是道教徒。在《聊斋志异》中，像《画皮》、《聂小倩》、《鬼妻》、《长亭》等作品都写到驱鬼的故事，作者的构思也与巫术文化观念有密切关联。

在《画皮》中，为了驱除化成美女的恶鬼，道士首先给予王生一柄拂尘，让其挂在寝室门口。该恶鬼开始并不害怕，竟然"取拂碎之，坏寝门而入。径登生床，掬生心而去"②。后来道士亲自仗木剑到王生家里，化成美女的恶鬼立刻现出原形，被道士用木剑"枭其首"。《画皮》中描写的是一种简单的驱鬼巫术，让恶鬼胆寒的是道士本人和他手上的木剑。小说中的道士类似于巫师，其身份已具有恐吓鬼魅的作用，他施法时用的木剑类似于巫术灵物。木剑是杀伐兵器的象征，利剑可以杀人，当然也可以驱鬼甚至杀鬼。另外在《聂小倩》中，剑客燕生携带的利剑具有神秘的威力。一旦鬼妖接近，利剑竟能自动飞出将其刺杀。这柄利剑被赋予了某种超自然的力量。

《鬼妻》则提到了另外一种驱除鬼魅的巫术。聂鹏云之妻死后，其鬼魂与丈夫一如既往地生活在一起。因为担心断绝宗嗣，聂鹏云即再娶新妇，却受到鬼妻的阻挠，以至于引起新妇的误会。于是请来巫师，"削桃为杙，钉墓四隅"，此后鬼妻即永远消失。将桃木削成木桩放置在坟墓周围，即可阻止死人的鬼魂随意到人世干涉活人的正常生活。在古人看来，桃木具有辟邪功能，因而成为重要的驱鬼灵物。《淮南子·诠言训》："羿死于桃棓。"③ 许慎注："棓，大杖，以桃木为之，以击杀羿。由是以来，鬼畏桃也。"④ 当然，《鬼妻》中的鬼妻并非恶鬼，只是她影响了其阳世丈夫的正常生活。

《长亭》一篇中还提到一种通过符箓驱除鬼魅的巫术。该篇中的石太璞爱好厌禳之术，一位道士将其纳为弟子后便传授给他符箓驱鬼巫术。符箓也称符图、丹书、墨箓等，是道教秘密使用的文书，是一种笔画弯曲、似字非字的图形。符箓往往和咒语连在一起使用，既可以驱除鬼魅，还能镇邪、治病。在道教看来，符箓是"通神的凭证"，起着"召神仙赴坛，呼神仙保护自己，请神仙办差"⑤ 的作用。既然神仙都被请来，一切鬼魅自然会销声匿迹。因而这种符箓几乎被各种巫术使用，成为一种万能的灵物。

---

① 关于道教的法术是否巫术的问题，在现代学者甚至一些道教人士中是有争论的。笔者认为道教的养生术等确有一定的科学根据，但古代道教采用的某些法术在实质上与与巫术并无二致，这在古代小说中都有大量例子。
② 文中引用小说文字均见蒲松龄：《全本新注聊斋志异》，朱其铠等校注，人民文学出版社 1989年版。
③ 张双棣：《淮南子校释》，北京大学出版社 1997年版，第 1469 页。
④ 张双棣：《淮南子校释》，北京大学出版社 1997年版，第 1472 页。
⑤ 张振国、吴忠正：《道教符咒选讲》，宗教文化出版社 2006年版，第 2 页。

关于驱鬼巫术的咒语，《聊斋志异》中并没有详细描述。在道教文献中，这些咒语是普遍存在的。如张振国、吴忠正《道教符咒选讲》中就提到一个杀鬼咒："太上老君，教我杀鬼，与我神方。上呼玉女，收摄不祥，登山石裂，佩带印章，头戴华盖，足蹑魁罡。左扶六甲，右卫六丁，前有黄神，后有越章，神帅杀伐，不避豪强，先杀恶鬼，后斩夜光，何神不伏，何鬼敢当，急急如律令"①，只是不同的道士所念的咒语有所差异而已。

《聊斋志异》中描写的驱鬼故事，既有蒲松龄虚构的成分，也反映了清代民间社会对待鬼魅的复杂态度。其中的驱除鬼魅巫术，实质上与古人对于死亡的恐惧心理有密切联系，也反映了古代生活环境对人们的精神压抑。这进而逼迫古人幻想出一些不可思议的方法来保护自己，以求得精神上的虚幻满足。

二、《聊斋志异》与驱怪巫术

《聊斋志异》中描写的驱怪巫术，更多的是驱除以狐精为主的动物精怪。狐也叫狐狸，但古人所说的狐狸包括狐和狸两种动物，如《左传·襄公十四年》载："狐狸所居，豺狼所嗥。"而且在上古人看来，狐是有灵性的动物，如《礼记·檀弓》云："古之人有言曰：狐死正丘首，仁也。"屈原《九章·哀郢》言："鸟飞返故乡兮，狐死必首丘。"狐也是瑞兽，如《山海经·大荒东经》云："有青邱之国，有狐，九尾。"郭璞注曰："太平则出而为瑞也。"不过在汉代之后，人们对狐的丑化开始变多，如许慎《说文》云："狐，妖兽也，鬼所乘之。"焦延寿《焦氏易林》卷十《睽》之《升》云："老狐屈尾，东西为鬼，病我长女，坐涕诎指。或东或西，大华易诱。"在魏晋以后，随着道教和佛教的兴盛，对于狐的贬低达到高潮，如《晋书·郭璞传》写郭璞上疏谏逐妖人任谷，即斥其"狐狸魑魅凭假作孽"②；干宝《搜神记》卷十八引《名山记》曰："狐者，先古之淫妇也，其名曰'阿紫'，化而为狐。"③ 早期人们丑化狐狸的原因已经很难解释，但在汉末以后就可能与道教、佛教的禁欲及戒色观念有关。

在《聊斋志异》中，蒲松龄一再写到狐怪及驱除狐怪巫术，也可能与北方狐精文化的广泛传播有关，尤其与清代黄河中下游地区相对恶化的自然生态环境有一定关系。各种自然动物对人类生活造成了一定威胁，使古人内心不自觉产生一种阴影。这种阴影与恶劣的社会环境共同影响着人们的生活，迫使古人想象出各种驱怪巫术的方式，以改变或征服自然。如《礼记·郊特牲》记录了一段原始咒语："土反其宅，水归其壑，昆虫勿作，草木归其泽。"④ 该咒语就类似驱怪巫术常用的咒语，表现出某种改造自然的观念。

为了对付邪恶的狐怪，小说想象了一些驱除狐怪的巫术。《胡四姐》中提到一位陕西人，为了猎获害死其弟的狐狸精怪，来到男主人公尚生的家中作法，"出二瓶，列地上，符咒良久。有黑雾四团，分投瓶中。……遂以猪脬裹瓶口，缄封甚固"。其中的狐狸精怪是害人的淫妇，因而被擅长巫术的陕西人追杀。在巫术实施过程中，陕西人"符咒良

① 张振国、吴忠正：《道教符咒选讲》，宗教文化出版社 2006 年版，第 162 页。
② 房玄龄等：《晋书》，中华书局 1974 年版，第 1908 页。
③ 《汉魏六朝笔记小说大观》，上海古籍出版社 1999 年版，第 419 页。
④ 王文锦：《礼记译解》，中华书局 2001 年版，第 347 页。

久",可见他是将符箓和咒语连在一起使用。当狐怪投入瓶子后,还要用猪尿脬封住瓶口。因为古人认为牲畜和人类的排泄物,甚至女人体内的污秽之物都具有驱鬼和辟邪威力。有学者指出,"污物驱邪法术基于鬼神厌恶不洁害怕不洁的观念,这种观念的形成来自人类按自身好恶对鬼神性情所作的简单推理"①。既然猪尿脬是猪用于排尿的器官,它就与猪的排泄物一样也被演化为驱怪灵物。

古人对于狐怪的警惕,在现代人看来是多此一举,但其中却暗含着古人对自身生活环境的担忧,或者源于古人精神问题的困扰。事实上,生活中狐怪害人的现象是不存在的。然而在科学不发达、缺乏生物学知识的古代社会,古人一而再地描述这种现象,也非完全有意识的虚构,因为狐怪已经成为现实生活中邪恶的象征。

在《胡大姑》中,对于驱除狐怪巫术有更详细的描述。岳于九家有狐祟,请来法师李成爻作法:"李以泥金写红绢作符,三日始成。又以镜缚梃上,捉作柄,遍照宅中。使童子随视,有所见,即急告"。从这段描述中看出,施法者首先以红绢作符,源于朱红色的丝织品和红布可以辟邪的观念,古人认为鬼魅畏惧红色,巫师也将其视为巫术灵物。如见于鲁迅《古小说钩沉》中的六朝小说《录异传》就提到,秦文公砍伐一神秘的大梓树时,总是砍不断,后来就将朱丝缠绕在树身,这个神树就失去抵抗力而被砍掉。其次,该巫术中的法师还用到了铜镜,是因为铜镜往往被古人视为照妖镜,可以驱鬼辟邪。如葛洪《抱朴子·登涉》言:"古之入山道士,皆以明镜径九寸已上,悬于背后,则老魅不敢近人。"《西京杂记》"身毒国宝镜"篇说汉武帝处决戾太子时,将戾太子的孙子刘询也关进监狱。尚在襁褓中的刘询之所以没死,是因为他胳膊上系着五彩丝绳和一枚宝镜。所谓五彩丝绳和宝镜,就是驱鬼辟邪的灵物。再次,该巫术特别提到儿童在施法时的作用,因为儿童容易看到鬼魅邪祟。根据传统阴阳学说,儿童未成年,缺乏抵抗鬼怪的旺盛阳气,也最易被鬼魅邪祟侵扰。最后,该巫术法师的步法神态也值得注意。其"禹步庭中"的禹步是古代比较固定的巫术步法,是早期巫术舞蹈不断规范化的结果。可见在清代社会,禹步仍然是巫师施法时普遍采用的降神步法。

三、《聊斋志异》与控制偶像巫术

巫文化对蒲松龄创作构思的影响是广泛的,因而《聊斋志异》中的巫术形态也是多样化的。除了以上所谈的驱除鬼魅和狐怪巫术之外,还有控制偶像巫术、控制魂魄及变形巫术等其他多种形态。

控制偶像巫术是施巫者借助于神秘的力量驱使偶像攻击对方,或者驱使偶像以达到某种目的的巫术形式。该巫术与清代社会普遍存在的偶像祝诅巫术类似,但有重要区别。二者实施时都采用了塑像、雕像、画像等偶像工具,不过控制偶像巫术中的偶像被赋予了神力,化身为直接攻击对方的实施者,或者成为达到某种目的的神奇工具;而偶像祝诅巫术的偶像仅代表所攻击的人物或其他对象,是仇敌的化身。如《红楼梦》中马道婆对贾宝玉、王熙凤实施的就是偶像祝诅巫术,而在《聊斋志异》中存在更多的是控制偶像巫术。

在《妖术》中,卜人为了牟利,预言于公三日内当死。但于公不以为然。卜人即对

---

① 胡新生:《中国古代巫术》(修订本),山东人民出版社 2005 年版,第 162 页。

于公施法，其使用的偶像工具包括纸人、土偶、木偶等。值得奇怪的是这些纸人、土偶、木偶似乎具有神秘的力量，纷纷化成恶鬼先后来害于公。幸亏于公武艺高强，最后将纸人、土偶、木偶化成的恶鬼击败。很明显，这是一种直接利用超自然力量来控制和改变客体的巫术，与模仿巫术、接触巫术等间接控制对方的方式不同。其实施的前提是巫师认为自己已经具备了特殊的超能力，已经得到了神灵的帮助。"当巫师认为自己已经得到神灵的帮助，已经具备特殊的能力，已经掌握了某种蕴含着神秘威力的灵物时，他们就可以直接为人驱除邪祟。这类巫术直接运用超自然力，而不是像交感巫术那样通过相似律和接触律间接地运用超自然力。"① 如上文所讲，能否念咒语，懂得、掌握符箓的用法，都是一种控制鬼神的超能力。《妖术》中的卜人之所以能遥控纸人、土偶、木偶，使其具有强大的力量，很可能是念某种咒语。这种咒语有了一种神秘的力量，"就好比是一个供人神联络的密码或暗号"②。巫师发出的咒语得到了神灵的回应，神灵也就被恶意地利用，于是那些纸人、木偶、土偶、五鬼像着了魔法一样，其身上也产生了神奇的、可怕的力量。

涉及此类巫术的还有《小二》《白莲教》《邢子仪》《劳山道士》等作品。《小二》中的女主人公小二，"凡纸兵斗马之术，一见辄精"。为了逃离白莲教余党，她大施法术，"出二纸鸢，与丁各跨其一；鸢肃肃展翼，似鹡鸰之鸟，比翼而飞"。纸鸢是鹞鹰形状的纸鸟，是施法用的偶像工具。在女主人公的控制下，人类竟然可以乘坐纸鸢在蓝天飞翔。因家贫，小二"乃剪纸作判官状，置地下，覆以鸡笼"，驱使纸做判官来到富人家里，诱骗对方"焚香叩祷，奉以千金"。纸鸢和纸判官都被赋予了神力，帮助施法者达到了某种目的。

《白莲教》中提到，某山西人是白莲教徒，后被官府抓获。在押送到京城的路上，他就施法变出一个可怕的巨人以惊吓官兵，并故意让自己的妻子和儿子被巨人杀死，甚至自己在与巨人的格斗中也被吃掉。其中的巨人与《妖术》中的纸人、土偶、木偶，《小二》中的纸鸢、纸判官，《邢子仪》中的木鸟，《劳山道士》中的纸镜、木箸等一样，都属于巫师操纵和控制的偶像，而且它们都被赋予了神秘的力量。

《聊斋志异》中描写的控制偶像巫术及后文所谈的控制魂魄巫术既有作家想象虚构的成分，也有一定的现实基础。如明代嘉靖三十六年（1557年），妖人马祖自称能剪纸为兵，人们将这种神秘纸人放在家中即可无恙。清代乾隆三十三年（1768年），在江南出现了一种叫魂妖术，江湖术士声称可以作法于人的名字、肢体或衣物，从而使人丧失意识或发病，并能盗取人的生魂为自己所用。该妖术流传的谣言造成当时整个清代社会一片恐慌。清光绪二年（1876年），一些秘密教门等组织以反清为目的，大肆宣称其妖术之神异，其中就包括纸人剪辫、叫摄生魂、遍剪鸡毛等巫术③。

四、《聊斋志异》与控制魂魄巫术

所谓控制魂魄巫术，是指控制和操纵活人或死人的魂魄与肉体，甚至使人体变形的巫

① 胡新生：《中国古代巫术》（修订本），山东人民出版社2005年版，第29页。
② 葛兆光：《道教与中国文化》，上海人民出版社1987年版，第93页。
③ 参见吴善中：《清光绪二年'妖术'恐慌述论》，《江海学刊》2004年第2期。

术。该巫术有时还将控制偶像与控制魂魄等手段综合起来利用，是一种更复杂的巫术。

如《阿宝》中的孙子楚爱恋阿宝，其精魂就来到阿宝家。孙家人于是请巫师到阿宝家招魂，"巫执故服、草荐以往"。这是典型的为活人招魂的巫术。在施法时，巫师拿着孙子楚穿过的旧衣和睡过的草席作为重要工具，其目的是唤醒失魂者对其熟悉生活的记忆。该巫术显然属于接触巫术。就像为死去的亡灵招魂一样，巫师往往借用死者的遗物来充当施法灵物。同理，为活人招魂，也可以借用其使用过的物品充当施法灵物。而《役鬼》则提到了役鬼术："山西杨医，善针灸之术；又能役鬼。一出门，则捉骡操鞭者，皆鬼物也"。不过对于役鬼术的具体操作方式，该文并没有详细描述。

在《珠儿》《小人》《长治女子》等篇中，对控制魂魄巫术有更具体的描述。如《珠儿》中的妖僧，向富翁李化强行募捐时遭到拒绝，于是对李化幼子施法，致使其子珠儿"心暴痛，巴刮床席，色如土灰"，最后死去。联系后文可知，该妖僧实施巫术时用到了"木人"、"小棺"、"小旗帜"等神秘灵物。"木人"即木偶，是其巫术攻击的对象；用的"小棺"即是棺材，棺材是死亡的象征；"小旗帜"类似于巫术实施中经常用的五彩丝、五彩缯等，可能是基于血液崇拜、涂血法术而形成，被认为具有超自然的力量。根据小说中提到的小儿鬼所言，妖僧将儿童杀死后，能驱使小儿鬼"如伥鬼"，以达到其不可告人的目的。这种采生魂入偶像的法术，元明人称为"采生妖术"，也就是收摄生魂巫术。该巫术是十分残忍的黑巫术，首先将活人杀死后割去死者的五官、手足指甲以及心肝肺等，然后晒干研末，收藏起来；再将死者的头发与五色彩帛、五色绒线一起粘附在偶像（多为纸人、木偶）上；最后利用符咒遥控偶像攻击对方。像《珠儿》中的小儿鬼，就是被妖僧杀死后控制的鬼魂。从其操作方式上看，该巫术是控制偶像术、役鬼术、收摄生魂术交织在一起的综合法术。

《长治女子》对这种收摄生魂巫术也有细致描述。长治人陈欢乐有一女儿，被一妖道看到。该道士即骗取陈女之生辰八字，然后对其施法。当陈女被暗算后，即暂时失去魂魄，接着被妖道直接杀死，其死后的魂魄被附体到木偶上，自此便被妖道完全控制。

既然活人的魂魄可以控制，活人的肉体自然也可以操纵，于是有了控制活人的肉体使之变形、变大或变小的巫术。《聊斋志异》中的《小人》一篇，也涉及这种巫术。其中的妖人将儿童变成仅仅一尺长的小人，从现代医学上讲是无法解释的，这只能从巫文化的角度来说明。《白莲教》中的某山西人会施展各种巫术，他发现自己的小妾与门人私通，即将门人变成猪，并借机将其当成猪杀掉。这种变形巫术与其说是艺术想象，不如说是古人巫术思维观念的产物，因而也是无法加以证明的。

在清代社会，《聊斋志异》描写的控制魂魄巫术发展到极端已经成为危害社会的妖术或邪术，并为不良之徒与一些白莲教徒所利用。蒲松龄从维护封建社会稳定的角度对此有清醒的认识，如其《聊斋文集》卷十三《邪术》云："圣王立教，异端在所必攻；正士当朝，左道于焉亟问。盖在此光天化日之下，岂容淫行邪说之徒？今某妖言诱众，诡术惑愚。转相牵引，患与张角相同；渐至猖狂，乱比黄巾尤甚。"①

---

① 蒲松龄：《蒲松龄集》，路大荒整理，中华书局 1962 年版，第 411 页。

五、《聊斋志异》中的致爱、生子等巫术

为了说明的方便，本文根据巫术的目的和方式，将《聊斋志异》中的巫术主要分为驱除鬼魅、驱除狐怪、控制偶像、控制魂魄等巫术。但严格说来，这种分类标准并不严谨。若深入分类的话，《聊斋志异》中还有其他多种形式，如致爱、生子、求财等巫术。

《孙生》写孙生与辛氏结婚后，夫妻感情不睦，妻子甚至拒绝与丈夫同房，"积四五年，不交一语。妻或在室中，与他人嬉笑；见夫至，色则立变，凛如霜雪"。为了使夫妻和好，家人请来一位尼姑为其施法。在施法时，首先要将春宫画的画中人剪下，与三枚针及一撮艾草放在一起，并用素纸包裹，纸上还要画数条蚯蚓图形，最后秘密放入夫妻两人的枕头里。施法后，夫妻两人果然由恨转爱。该故事是古代不幸婚姻的缩影，但小说家的目的并非揭露批判古代不合理的婚姻制度，而是要"移憎而爱"，于是描述了一种神奇的致爱巫术。

古人实施致爱巫术的目的是博取对方的爱慕，因而是一种控制男女情感和行为的巫术，其在手段上还是要控制对方的魂魄。就《孙生》中的巫术而言，用春宫画的目的是基于日常生活中以男女裸体形态诱惑对方的观念；用三枚针的目的是以此控制对方的灵魂，类似于用针刺击代表相爱一方的木偶，以坚定对方爱慕自己的信念；用艾草似乎不是为了驱邪，应该是把艾草作为一种致爱灵物来看待，类似于古代女人迷惑男方的媚草。如《诗经·采葛》篇言"彼采艾兮，一日不见，如三岁兮"，已将艾草与男女之情联系在一起。

《产龙》写李氏妇难产，于是请来巫婆施法："有王媪者，焚香禹步，且捺且咒。未几，胞堕……继下一女"。这是古代生子巫术的真实写照。《巩仙》中有一位神秘的道士，其被产血溅污的道服竟然能"烧钱许，可疗难产，堕死胎"。这是把被产血溅污的道服当做治疗难产的灵物。既然道士的衣服沾上了产妇生产时的血液，那么这必然有利于别的产妇生子，其中可能包含着同类事物相互感应的原理。

《赌符》一文则描写了一个赌博求财巫术。韩道士有族人好赌博，就劝阻道："常赌无不输之理。倘能戒赌，我为汝复之。"族人表示愿意戒赌，韩道士就"以纸书符，授佩衣带间"。族人竟然将赌输的钱全部赢回。

总之，《聊斋志异》中的不同巫术形态尽管其操作方式有难有易，但都是为了试图解决某些现实问题。不过，古人也发现巫术解决不了所有问题，如《伏狐》一篇提到，"太史某，为狐所魅，病瘠。符禳既穷，乃乞假归，冀可逃避"。于是病急乱投医，竟然以房中术驱狐，而收到奇效。这与其说是巫术，不如说是小说家的想象。所以，对于《聊斋志异》中的巫术形态，既要看到它存在的社会文化背景，也要认识到小说家借助于巫术有意识地想象和艺术虚构的一面。

(作者单位：长江大学文学院)

清末民初的知识转型与"小说"概念的演变*

□　余来明　史爽爽

作为现代"文学"的重要文体类别之一，"小说"并不包含在中国古代"文学"概念体系当中。近代以降，缘于其兼具通俗和受众广泛等特征，符合社会、制度、文化等各方面变革的需要，受到精英知识阶层的高度关注与肯定，在理论与创作层面予以极力推动，并由历史建构出发将其作为中国文学史的重要内容，从而改变了中国古代"文学"的历史面貌。由概念层面切入考察"小说"如何成为后世文学分类的四体之一，可以从一个侧面揭示概念演变背后蕴含的思想史和知识史内涵，在理论层面获得对"小说"现代性更深入的理解。

一、"说部"与"小说"

今日作为文学样式之一的"小说"，清末时曾有"说部"、"小说"等不同名称，其中"小说"一词在先秦时已有用例，"说部"之名起于明代中期以后。至近代用以对应西方小说的名称，起初是"说部"、"小说"二名并用，后"说部"渐被弃用，专以"小说"称之。而此"小说"一词，与中国传统之"小说"概念已大不相同。胡怀琛指出："现在中国所流行的小说，就是西洋的 Short story（短篇小说）和 Novel（现代小说），但这两种都是中国以前没有的。中国原有的小说，没有一种能够和这两种中任何一种完全相同。因此，可知小说二字的名称，在现代拿来指 Short story 和 Novel 都是借用的，决不是一个确切相当的名称。自 Short story 和 Novel 盛行于中国，却仍袭用小说二字的旧名称，那么，小说二字的含义，当然是大变了。"① 现代的"小说"概念，为日人对译英语 Novel 而成的新名，冯天瑜称之为"回归侨词"，并论其演绎历程说："'小说'一词，历经'古汉语词—传入日本—近代日本人以之翻译英文 Novella—传输中国'的过程。回归故里

* 本文为国家社科基金后期资助项目："'文学'观念史"；国家社科基金重大招标项目："中国文化元典关键词研究"；湖北省社科基金项目："'文学'观念的系谱"的阶段性研究成果。

① 胡怀琛：《中国小说的起源及其演变》第二章《小说的起源及小说二字在中国文学上涵义之变迁》，台湾正中书局 1934 年版，第 47~48 页。

的'小说'，以现代义得以流行，而其'街谈巷语'、'稗官野史'的古典义，作为一种背景和底蕴，仍然潜伏其间。小说以传奇特色、虚构手法构成'人生叙事诗'和'社会风情画'，都与小说的古典内蕴血肉相依。"① 考察中国古代与近代"说部"、"小说"二词的语义变迁，可以对近代"小说"概念之演变及其成为独立文学体类的过程有更切近的认识。

"说部"一词，较早见于明人王世贞《弇州四部稿》中的分类，为其所称"四部"（另外三部为"赋部"、"诗部"、"文部"）之一，收录《札记内编、外编》《左逸》《短长》《艺苑卮言》及附录、《宛委余编》等著述，主要是以"说"为类别特征的论说体文，并非单一文体概念。至清代以后，以"说部"作为广义文类的用法始渐流行，《四库全书总目》中多处可见将"说部"、"说部书"与"文集"、"经典古训"、"史传"等并称，又有"体同说部"、"杂体说部"等语。② 清人计东《说铃序》之论可作此一用义的代表："说部之体，始于刘中垒之《说苑》、临川王之《世说》，至《说郛》所载，体不一家。而近代如《谈艺录》、《菽园杂记》、《水东日记》、《宛委余编》诸书，最著者不下数十家，然或摭据昔人著述，恣为褒刺，或指斥传闻见闻之事，意为毁誉，求之古人多识蓄德之指亦少觏矣。"③《说苑》《世说》被今人视作文言小说，《谈艺录》、《菽园杂记》等书则被当做史料笔记，二者的文体特征，与近代"小说"概念均迥然不同。

近代以前学人谈论"说部"，都在传统的知识框架和学术分类体系中展开。清人章学诚将"说部"视为"经之别解，史之外传，子之外篇"，认为"为说部者，不复知专家之初意也"，其实质是"收拾文集之余，取其偶然所得，一时未能结撰者，札而记之"④，则所谓"说部"是指与"专家"相对的"杂家"。近人刘师培称"说部之书"为"丛残琐屑之书"⑤，其意与中国古代指"丛残小语"的"小说"含义一致。王文濡等人编《古今说部丛书》，所录之书，"上而帝略、官制、朝政、宫闱以及天文、地与、人物，一切可惊可愕之事，靡不具载，可以索幽隐，考正误，佐史乘所未备"⑥，亦为传统之"说部"，而非近代之"小说"。

中国传统语境中的"说部"用例，与近代用于指称"小说"文体的"说部"之义虽有互通之处，但也存在明显差异。朱寿康曾批评清末"说部"流为"子部之余"的变化

---

① 冯天瑜：《新语探源——中西日文化互动与近代汉字术语生成》，中华书局 2004 年版，第 611 页。

② 见永瑢等：《四库全书总目》卷首一《圣谕》乾隆四十六年十月十六日谕旨，卷四十六《元史》提要，卷二十五《礼乐合编》提要，卷五十《契丹国志》提要，卷三十三《九经古义》提要，卷四十八《嘉隆两朝闻见纪》提要，中华书局 1965 年版。

③ 汪琬：《说铃》卷首，光绪五年文富堂刊本。

④ 章学诚：《文史通义校注》卷六《外篇一·方志立三书议》，叶瑛校注，中华书局 1985 年版，第 576 页；章学诚：《文史通义校注》卷五《内篇五·诗话》，叶瑛校注，中华书局 1985 年版，第 560 页，章学诚：《文史通义校注》卷七《外篇二·论说叙录》，叶瑛校注，中华书局 1985 年版，第 791~792 页。

⑤ 刘师培：《论说部与文学之关系》，《左盦外集》卷十三，《刘申叔遗书》下册，江苏古籍出版社 1997 年版，第 1649~1650 页。

⑥ 王文濡：《古今说部丛书序》，《古今说部丛书》一集卷首，国学扶轮社 1910 年版。

说："说部为史家别子，综厥大旨，要皆取义六经，发源群籍。或见名理，或佐纪载，或微词讽谕，或直言指陈，咸足补正书所未备。自《洞冥》、《搜神》诸书出，后之作者，多钩奇弋异，遂变而为子部之余，然观其词隐义深，未始不主文谲谏，于人心世道之防，往往三致意焉。乃近人撰述，初不察古人立懦兴顽之本旨，专取瑰谈诡说，衍而为荒唐俶诡之辞。于是奇益求奇，幻益求幻，务极六合所未见，千古所未闻之事，粉饰而论列之，自附于古作者之林。"① 晚清"说部"内容上的变化，部分反映了其创作旨趣的转移，开始脱离孔子所谓"虽小道，必有可观"的基本精神，转而为"专取瑰谈诡说，衍而为荒唐俶诡之辞"的奇幻之说。就这一时期部分士人对"小说"的定位而言，"说部"之名虽被用于指近代意义上的"小说"文体，但其用意仍是本于中国传统对"小说"有补于家国世道的基本认识。正如徐敬修《说部常识提要》所说："小说可以广见闻，资考证，助劝戒，其有功于社会者非尠。"②

从词义演变来看，小说作为文类自清末受到士人重视，"说部"逐渐成为近代"小说"的同义概念。③ 如王韬曾说《镜花缘》一书："虽为小说家流，而兼才人、学人之能事者也。……观其学问之渊博，考据之精详，搜罗之富有，于声韵、训诂、历算、舆图诸书，无不涉历一周，时流露于笔墨间。阅者勿以说部观，作异书观亦无不可。……窃谓熟读此书，于席间可应专对之选，与他说部之但叙俗情恙无故实者，奚翅上下床之别哉？"④ 又评《海上尘天影》一书说："历来章回说部中，《石头记》以细腻胜，《水浒传》以粗豪胜，《镜花缘》以苛刻胜，《品花宝鉴》以含蓄胜，《野叟曝言》以夸大胜，《花月痕》以情致胜。是书兼而有之，可与以上说部家分争一席，其所以誉者如此。"⑤ 而清末将"说部"之名演绎为近代"小说"之义最为重要的用例，无疑要属刊载于光绪二十三年（1897 年）10 月 16 日至 11 月 18 日的《国闻报》上署名"几道（严复）、别士（夏曾佑）"所撰写的《本馆附印说部缘起》。尽管其所列举的"说部"著作，既有《三国演义》、《水浒传》等小说，也有《长生殿》、《西厢记》等戏曲作品，"说部"与"小说"之间仍有对应关系。⑥ 梁启超在《变法通议》（1897 年 1 月）中所列的第五类著作为"说部书"，所举例子则是《水浒》《三国》《红楼》等小说作品。⑦ 康有为的《日本书目志》（1897 年）则称之为"幼学小说"，并认为"小说之秾丽怪奇，盖亦唐人说部之余波"⑧。《新民丛报》1902 年第 14 号所载《中国唯一之文学报〈新小说〉》，亦称《新小说》刊载之小说，"大指欲为中国说部创一新境界"。在清末西方小说译入过程中，"说部"、"小

① 朱寿康：《浇愁集序》，邹弢：《浇愁集》，黄山书社 2009 年版。

② 徐敬修：《说部常识》卷首，大东书局 1928 年版，第 1 页。

③ 关于"说部"概念之古今源流，参见刘晓军：《"说部"考》，《学术研究》2009 年第 2 期。

④ 王韬：《镜花缘图像叙》，李汝珍：《镜花缘》，上海点石斋光绪十四年（1888 年）石印本。

⑤ 王韬：《海上尘天影叙》，邹弢：《海上尘天影》，《古本小说集成》第二辑，上海古籍出版社 1992 年影印本。

⑥ 陈平原、夏晓红编：《二十世纪中国小说理论资料》第一卷，北京大学出版社 1997 年版，第 17~27 页。

⑦ 梁启超：《变法通议·论学校五·幼学》，《时务报》第 18 册，光绪二十三年（1897 年）。

⑧ 康有为：《日本书目志》卷十、卷十四，《康南海先生遗着汇刊》第 11 册，台湾宏业书局有限公司 1987 年版，第 415、734~735 页。

说" 均曾被用于指称文学上的一种体类, 后逐渐以近代意义上的 "小说" 概念予以统称, 而弃更富中国传统语文色彩的 "说部" 之名不用。只有少数论者仍将近代意义的 "小说" 称作 "说部", 如 1925 年徐敬修所著论小说的著作, 取名《说部常识》, 将 "说部" 视为 "小说总汇之名称"。① 在接纳 "小说" 概念同时, 又保留了传统以四部为基础的知识分类观念, 反映出近代中西知识转型中的复杂情形。

"小说" 之名最早见于《庄子·外物篇》: "昔者见于庄周之云, 饰小说以干县令, 其于大达亦远矣。" 此处所称 "小说", 鲁迅认为是指不关道术的 "琐屑之言", "和后来所谓的小说并不同"。② 至东汉初年桓谭《新论》, "小说" 已成为著述之一种: "若其小说, 合丛残小语, 近取譬论, 以作短书, 治身理家, 有可观之辞。" 因此班固在《汉书·艺文志》中将 "小说家" 列为诸子 "十家" 之一: "小说家者流, 盖出于稗官。街谈巷语, 道听涂说者之所造也。" 缘于此, 鲁迅认为汉代的 "小说", "这才近似现在的所谓小说了"。但同时又说: "也不过古时稗官采集一般小民所谈的小话, 借以考察国之民情, 风俗而已, 并无现在所谓小说之价值。"③ 此后关于 "小说" 的归属, 或被划入子部, 或被视作 "史遗", 而其作为 "小道" 的地位则始终如一。④ 近代用于指中国传统小说的名称, 较为常见的是 "稗史"⑤。

其中值得注意的是章学诚对 "小说" 的看法: "小说出于稗官, 委巷传闻琐屑, 虽古人亦所不废。然俚野多不足凭, 大约事杂鬼神, 报兼恩怨,《洞冥》、《拾遗》之篇,《搜神》、《灵异》之部, 六代以降, 家自为书。唐人乃有单篇, 别为传奇一类。……宋元以降, 则广为演义, 谱为词曲。……盖自稗官见于《汉志》, 历三变而尽失古人之源流矣。"⑥ 尽管仍不脱传统用意, 以信史的标准衡量 "小说", 其论说也主要为反面之辞, 从中却可略见后世 "小说" 概念的基本内涵。六朝志怪, 唐人传奇, 宋元演义小说, 文中提到的各时期作品, 均在后世小说史论述的范围。而对于各类杂著, 则以 "说部" 一词称之。"小说" 与 "说部" 在所指对象上已有明显区别, 体现出一定的近代 "小说" 意识。

近代意义上的 "小说" 一词, 较早出现在传教士编撰的辞书当中。1822 年马礼逊所编《华英字典》(Part III) 中, 对 "NOVEL" 作了如下释义: "Novel, extraordinary and pleasing discussions, 新奇可喜之论"; "A small tale, 小说书"; "Hearing of a few romances

---

① 徐敬修:《说部常识》第一章《总说》第一节《小说之意义及其价值》, 大东书局 1928 年版, 第 1 页。

② 鲁迅:《中国小说的历史的变迁》,《鲁迅全集》第 9 卷, 人民文学出版社 2005 年版, 第 311 页。

③ 鲁迅:《中国小说的历史的变迁》,《鲁迅全集》第 9 卷, 人民文学出版社 2005 年版, 第 312 页。

④ 关于中国古代 "小说" 概念及其演变, 参见石昌渝:《中国小说源流论》, 三联书店 1994 年版, 第 1~12 页; 陈洪:《中国小说理论史》(修订本), 天津教育出版社 2005 年版, 第 5~19 页。

⑤ 关于中国古代 "稗史" 如何由史学概念演变为 "小说" 的代称, 参见刘晓军:《"稗史" 考》,《中山大学学报》2008 年第 4 期。

⑥ 章学诚:《文史通义校注》卷四《内篇四·诗话》上册, 叶瑛校注, 中华书局 1985 年版, 第 561 页。

and novels forthwith think that they are true，听些野史小说便信真了"。① 从中可以看出将西方 Novel 与中国传统 "小说" 进行对接的尝试。麦都思《英华字典》将 Novel 解作 A romance，译作 "小说"、"稗说"，将 Romances and Novels 译作 "野史小说"，所用译名虽仍是旧称，但其含义已与西方近代 "小说" 一致。同时将 Fiction 译作 "无根之语"，而将 Works of fiction 译作 "小说"，与中国传统作为小道的 "小说" 有明显不同。② 罗存德《英华字典》也将 Novel 译作小说、稗说，而将 Fiction 译作 "荒唐"、"小说"、"无稽之言"、"无根之语"。③ 卢公明《英华萃林韵府》中 Novel 的词义有 "新"、"新奇"、"新而可奇" 等，而与 "小说"、"稗说" 对应的英文是 Novels，并将 Romances and Novels 译作 "野史小说"，Fiction 则被译作 "小说"、"无根之语"。④ 而在唐廷枢（1832—1892 年）编写的《英语集全》中，与 "小说" 对应的英语释文为 Light Literature。⑤ 在当时的时代背景下，这种 "小说" 观念几乎没有引起知识界的注意。然而各种辞典均将 Novel、Fiction 等词与 "小说" 确立对应关系，已启后来中西 "小说" 观念的对接与转换之端。至 1908 年颜惠庆编写的《英华大辞典》，对 Novel 的各种释义中，义项之一是 A fictitious tale or narrative in prose，译作 "小说"、"稗史"；Novelette 的释义为 A short novel，译作 "短篇小说"、"短简小说"、"短稗史"。⑥ 尽管仍包含了传统的 "稗史" 之名，但 Novel 与 "小说" 间显然已具有对应关系。吕思勉在《小说丛话》中根据叙事实之繁简，将 Novel 译为 "复杂小说"，将 Romance 译作 "单独小说"。⑦

在 1902 年以后中国学人对西方文学的介绍中，"小说" 已开始逐渐演变为一个现代性的概念。马君武（1881—1940 年）1903 年介绍法国文学，将 "小说" 作为 "文体" 中的 "记事 genere narratif" 之一，同列的还有历史、谩言和报章。他在文中虽将 "小说" 与传统的 "稗史" 等同，但在具体分析中则将其与 "历史" 作明确的区分："小说者 Roman，其所记之事，不必征实。而描写之与事实无异，使读之者有甚深之趣益，甚高之理想，而终不可不归本于道德"。被归入 "小说" 类中的，是司各脱（Water Scott，即英国小说家司各特）的历史小说和卑娄尔氏（Perrault，即法国诗人、童话故事作家佩罗特）的所谓 "谩言（Conte）"（今译为短篇小说）。⑧

"小说" 地位的改变和概念内涵的变化是在戊戌维新以后。黄人概述 "小说" 概念的

---

① R. Morrison, D. D. , *A Dictionary of the Chinese Language*, *Part III*, Macao, Printed at the Honorable East India Company's Press, 1822, p. 295.

② W. H. Medhurst, Sen. , *English and Chinese Dictionary*, *Vol. II*, The Mission Press, 1848, p. 565, p. 885.

③ W. Lobscheid, *English and Chinese Dictionary*, The Daily Press Officr, 1868, p. 1231, p. 822.

④ Justus Doolittle, *Vocabulary and Handbook of the Chinese Language*, China, Rozario, Marcal and Company, 1872, p. 328.

⑤ 唐廷枢：《英语集全》卷二，京都大学藏广州纬经堂同治元年（1862 年）刊本。

⑥ 颜惠庆：《英华大辞典》，商务印书馆光绪三十四年（1908 年）版，第 1536 页。

⑦ 转引自陈平原、夏晓红编：《二十世纪中国小说理论资料》第 1 卷，北京大学出版社 1997 年版，第 442 页。

⑧ 马君武：《法国文学说例》，莫世祥编：《马君武集》，华中师范大学出版社 1991 年版，第 178 页。原载《新民丛报》第 33 号，署名贵公。

古今变化说：

> 小说，为我国古学之一种，盖摭拾正则书史所不载者，大抵以神怪隐僻为主。古之虞初九百，齐谐、夷坚，世相传述。至唐代士人失意，辄附会飞仙幽会、妖怪盗侠事迹，成小说以自遣。至宋元又创为通俗章回小说，为我国言文一致之一种。然衣冠之士，多鄙不屑道。近日海通，好事者趋译及西小说，始知欧美人视为文学之要素，化民之一术，遂靡然成风。①

清末随着西方小说的译入，日本对译 Novel 的汉字新语"小说"也输入中国，传统与近代两种"小说"概念相互交错，而中国传统小说与西方"小说"概念间又存在某种程度的错位，导致概念的蕴涵含混不清。胡怀琛指出："在中国文学里，要说明什么是小说，更是麻烦。因为小说二字，在中国文学里，他的涵意，时时的改变，决不是简单的几句话能彀说明白的。"② 又说："在中国的旧文学里，并不把小说看得很重要。虽然在二千年前，已经有了小说二字；但是古代所认为是小说的，到现在并不能算是小说；现在我们所认为是小说的，古代是没有的。（说他没有，也不是完全没有；只不过不名为小说，且和现在的小说形式上略有些不同。）这样，下定义就很不容易了。"③ 部分反映了概念对接与转换过程中的复杂情形。同时也与中西术语对译过程中概念的不对等有关："泰西事事物物，各有本名，分门别类，不苟假借。即以小说而论，各种体裁，各有别名，不得仅以形容字别之也。譬如'短篇小说'，吾国第于'小说'之上，增'短篇'二字以形容之，而西人则各类皆有专名，如 Romance，Novelette，Story，Tale，Fable 等皆是也"，④ "提起欧美小说，便会联想到小说的名词'Novel'or'Nouvelle'和'Romance or Romans'。其实'Novel'和'Romance'是有区别的。'Novel'的来源，是源于意大利称短篇小说为'Novella'，而'Romance'却是冒险神怪而用歌谣体的文章"⑤。同是"小说"一词，在西方语文中的却有 Novel 和 Romance 的区别，"短篇小说"一词，有 Romance、Novelette、Story、Tale、Fable 等义的不同，必然会因为概念的不明晰而造成理解的困境。

在近代知识转型过程中，中西两种观念的交汇呈现出复杂的情状。在清末学人的论域中，"小说"一词并不专指以虚构为特征的叙事文学，仍不乏基于传统意义层面的用例。如邱炜萲《菽园赘谈·小说》（1897 年）云："本朝小说，何止数百家。纪实研理者，当以冯班《钝吟杂录》、王士祯《居易录》、阮葵生《茶余客话》、王应奎《柳南随笔》、法式善《槐厅载笔》《清秘述闻》、童翼驹《墨海人民录》、梁绍壬《两般秋雨盦随笔》为

---

① 黄摩西编：《普通百科新大辞典》"小说"条，引自钟少华编：《词语的知惠——清末百科辞书条目选》，贵州教育出版社 2000 年版，第 41 页。

② 胡怀琛：《中国小说的起源及其演变》第二章《小说的起源及小说二字在中国文学上涵义之变迁》，台湾正中书局 1934 年版，第 23 页。

③ 胡怀琛：《中国小说研究》第一章《绪论》第一节《何谓小说》，商务印书馆 1929 年版，第 1 页。

④ 紫英：《新盦谐译》，《月月小说》1907 年第 5 号，第 237 页。

⑤ 蒋伯潜、蒋祖怡：《小说与戏剧》第三章《欧美小说发达略史》，世界书局 1941 年版，第 15 页。

优。谈狐说鬼者，自以纪昀《阅微草堂五种》为第一，蒲松龄《聊斋志异》次之，沈起凤《谐铎》又次之。言情道俗者，则以《红楼梦》为最，此外若《儿女英雄传》《花月痕》等作，皆能自出机杼，不依傍他人篱下。小说家言，必以纪实研理，足资考核为正宗。其余谈狐说鬼，言情道俗，不过取备消闲，犹贤博弈而已，固未可与纪实研理者絜长而较短也。以其为小说之支流，遂亦赘述于后。"① 《阅微草堂笔记》《聊斋志异》《红楼梦》《儿女英雄传》等被视作"小说"，并无多少歧义，而诸如《钝吟杂录》《居易录》《茶余客话》《清秘述闻》等作，显然不在今世所谓"小说"的范围。由此可以看出，近代文学观念中的"小说"，只是邱氏所称"小说"的一支，而并非全部。陆亮成（绍明）在《月月小说》发刊词中，认为"往古小说，以文言为宗，考其体例，学原诸子"，将其称为"文言小说之时代"，分为儒家之小说、道家之小说、法家之小说、名家之小说、阴阳家之小说、杂家之小说、农家之小说、纵横家之小说、墨家之小说、兵家之小说、五音家之小说；继之而起的为"白话小说之时代"，按"诸家之学"分考据家之小说、理想家之小说、词章家之小说、理学家之小说、文献家之小说、地理家之小说、美术家之小说，按内容分历史小说、哲理小说、理想小说、社会小说、侦探小说、侠情小说、国民小说、写情小说、滑稽小说、军事小说、传奇小说等。② 由此可见，其对"小说"的认识，亦是杂糅了中西两种"小说"概念的内涵。然而类似立足传统之义对"小说"的认识和理解，在清末迅速为诸多基于近代"小说"概念展开的论述所掩盖，又因新的"小说"观念之下的中国小说史建构而被后世论者抛弃。

清末曾有士人"见东西各国之论文学家者，必以小说家居第一，吾骇焉"，"见日本诸学校之文学科，有所谓《水浒传》讲义、《西厢记》讲义者，吾益骇焉"，而后随着西方"小说"观念的广播，小说被视为"文学之最上乘"。③ 至"五四"以后建构小说历史，"小说"概念的古今转换已清晰可见："在中国的文学中，小说两字，没有确切的界说。在胡应麟、纪晓岚一班人，虽然也把小说划界，分过类，但是他们的界说太宽，竟把一切的零碎作品，都容纳到小说里面，因此考订、家训等类也算是小说，这是什么话"④。因此郁达夫说："中国现代的小说，实际上是属于欧洲的文学系统的。"⑤ 随着理论的纯熟与小说史书写的不断操练，"小说"概念的内涵及其分类变得日渐明晰，趋于定型，而诸多与概念转换、知识转型相关的问题或被遮蔽，或遭有意无意地忽略。

二、民族国家建构与清末"小说"文类的兴盛

中国传统士人肯定"小说"，多是着眼于规范社会风俗、伦理和教化民众的辅助功能，并不否认其作为"小道"的地位。清末"小说"文类的兴起，在小说功能与价值的

① 转引自陈平原、夏晓红编：《二十世纪中国小说理论资料》第一卷，北京大学出版社 1997 年版，第 30 页。

② 陆亮成：《〈月月小说〉发刊词》，《月月小说》1906 年第 3 号。

③ 楚卿（狄平子）：《论文学上小说之位置》，《新小说》1903 年第 7 号。

④ 范烟桥：《中国小说史》卷首胡寄尘序，苏州秋叶社 1927 年版。

⑤ 郁达夫：《小说论》第一章《现代的小说》，光华书局 1926 年版。

认识上虽仍基于传统的视域，但在地位上一改过去"虽小道，亦有可观"的看法，视之为推动社会政治变革、建构民族国家的"大道"，置于"文学之最上乘"。"小说界革命"口号的提出，使小说获得了在广阔社会政治舞台生长的空间，不必再受"诲淫"、"诲盗"等"罪名"的拘束，从此以"新小说"的面貌进入到"文学"的行列。

近代以降，随着西方小说译入中国，部分士人对"小说"的态度开始发生转变。正如清末一位小说论者所说："自迩年西风输入，事事崇拜他人，即在义理、词章，亦多引西哲言为典据，于是小说一科，遂巍然占文学中一重要地位。译人猬起，新著蜂出，直推倒旧说部，入主齐盟，世之阅者，亦从风而靡，舍其旧而新是谋焉。"① 胡怀琛论其间的变化说："中国人向来看不起小说，或称为'闲书'，或拿他供消遣无聊的光阴，或拿他供茶余酒后谈话的资料，从前私塾里的先生严禁学生看小说，文学家也不承认小说是文学中一种重要的作品。直到最近，受了西洋文学的影响，中国人才把小说看重起来。"② 近代"小说"概念的转换，从其直接渊源来看，是受西方小说影响的结果，而中国传统小说观念与小说作品，则为这一转变提供了土壤和基础。

目前已知较早从近代意义上讨论"小说"的论述，见于《瀛寰琐记》1872 年第 3 期发表的署名"蠡勺居士"所撰的《昕夕闲谈小叙》。③ 该文是作者为自己与人合译的英国小说《昕夕闲谈》（原本为英国小说家利顿的《夜与晨》）所作叙言，首先对小说的功用予以着重强调："小说者，当以怡神悦魄为主，使人之碌碌此世者，咸弃其焦思繁虑，而暂迁其心于恬适之境者也。又令人之闻义侠之风，则激其慷慨之气；闻忧愁之事，则动其凄宛之情；闻恶则深恶，闻善则深善，斯则又古人启发良心，惩创逸志之微旨，且又为明于庶物、察于人伦之大助也。"并阐述"小说"相比经史子传等的文体特征及其在教化方面的优势说："若夫小说，则妆点雕饰，遂成奇观；嬉笑怒骂，无非至文；使人注目视之，倾耳听之，而不觉其津津甚有味，孳孳然而不厌也，则其感人也必易，而其入人也必深矣。"类似看法，事实上都能在中国古代的小说理论中找到源头。而在此基础上发出的"谁谓小说为小道哉"的诘问，则可谓戊戌政变之后"小说界革命"、提倡"新小说"的先声。然而由于彼时国人多注意于"格致之学"，其推重"小说"的言论在当时并未引起关注和回应。

清末较早从政治社会变革角度提倡"新小说"的，是英国来华传教士傅兰雅（John Fryer，1839—1928 年）。光绪二十一年五月初二（1895 年 5 月 25 日），傅兰雅在《申报》刊登了一则"求著时新小说启"：

> 窃以感动人心，变易风俗，莫如小说推行广速，传之不久，辄能家喻户晓，习气不难为之一变。今中华积弊最重大者，计有三端：一雅片，一时文，一缠足。若不设

① 披发生：《红泪影序》，《红泪影》，广智书局 1909 年版。
② 胡怀琛：《中国小说的起源及其演变》第二章《小说的起源及小说二字在中国文学上涵义之变迁》，台湾正中书局 1934 年版，第 23 页。
③ 据美国学者韩南考证，蠡勺居士可能是曾任《申报》第一任主笔的蒋芷湘的笔名，参见韩南撰、叶隽译：《谈第一部汉译小说》，《文学评论》2001 年第 3 期。邬国义认为即蒋其章，参见氏著《第一部翻译小说〈昕夕闲谈〉译事考论》，《中华文史论丛》2008 年总第 92 辑。

法更改，终非富强之兆。兹欲请中华人士愿本国兴盛者，撰着新趣小说，合显此三事之大害，并祛各弊之妙法，立案演说，结构成编，贯穿为部，使人阅之心为感动，力为革除。

此则征文启事还曾刊登于《万国公报》第 77 期（1895 年 6 月）、《中西教会报》（1895 年 7 月）。前后半年时间，共收到小说 162 部。然而此次征文的小说在当时并未公开刊载，傅兰雅提倡的"时新小说"创作也因其去美任教而中断。尽管如此，傅兰雅此次征集"时新小说"的活动，从某种程度上来说启示了晚清"新小说"的兴起。①

1897 年，严复（1854—1921 年）、夏曾佑（1863—1924 年）在《国闻报》发表《本馆附印说部缘起》，提倡编译小说，即着眼于"小说"在民族国家建构中的重要作用："夫说部之兴，其入人之深，行世之远，几几出于经史上，而天下之人心风俗，遂不免为说部之所持。"② 康有为将"小说"视作启蒙、化民之利器："启童蒙之知识，引之以正道，俾其欢欣乐读，莫小说若也"，"故六经不能教，当以小说教之；正史不能入，当以小说入之；语录不能喻，当以小说喻之；律例不能治，当以小说治之。天下通人少而愚人多，深于文学之人少，而粗识之、无之人多。……今中国识字人寡，深通文学之人尤寡，经义史故，亟宜译小说而讲通之"。③ 邱炜萲论"小说与民智关系"，认为"欲谋开吾民治智慧，诚不可不于此加之意"；衡南劫火仙论"小说之势力"，视小说为"振民智之一巨端"，认为小说家"势力之牢固雄大，盖无足以拟之者"，小说能够"用以醒齐民之耳目，励众庶之心志"。④ 天僇生言小说与改良社会之关系，认为小说"不特为改良社会、演进群治之基础，抑亦辅德育之所不逮者也"，将改革小说视作救亡图存的首选良药，"今日诚欲救国，不可不自小说始，不可不自改良小说始"。⑤ 此外如署名"耀公"的《普及乡间教化宜倡办演讲小说会》（1908 年）、《小说与风俗之关系》（1908 年）、署名"世"的《小说风尚之进步以翻译说部为风气之先》（1908 年）、署名"老伯"的《曲本小说与白话小说之宜于普通社会》（1908 年）等，对中国传统小说的解读，如署"燕南尚生"的《新评水浒传叙》（1908 年）等，清末民初刊载、出版的各种"新小说"的自我定位，所谓"处处皆有寄托，全为开导中国文明起步起见"⑥，《新小说》杂志宣称其宗旨，"专在借小说家言，以发起国民政治思想，激励其爱国精神"⑦，《中外小说林》也

---

① 参见潘建国：《小说征文与晚清小说观念的演进》，《文学评论》2001 年第 6 期；周欣平：《傅兰雅与清末时新小说》，《文汇报》2011 年 7 月 25 日第 11 版；刘琦：《晚清"新小说"之先声——读〈清末时新小说集〉》，《北华大学学报》2012 年第 6 期。

② 陈平原、夏晓红编：《二十世纪中国小说理论资料》第一卷，北京大学出版社 1997 年版，第 27 页。

③ 康有为：《日本书目志》卷十、卷十四，《康南海遗着汇刊》本，台湾宏业书局有限公司 1987 年影印版。

④ 转引自陈平原、夏晓红编：《二十世纪中国小说理论资料》第 1 卷，北京大学出版社 1997 年版，第 47~49 页。

⑤ 天僇生：《论小说与改良社会之关系》，《月月小说》1907 年第 9 号。

⑥ 见《新民丛报》1902 年第 20 号上刊载的《新小说》第 1 号介绍。

⑦ 新小说报社：《中国唯一之文学报〈新小说〉》，《新民丛报》1902 年第 14 号。

自述其旨趣，"处二十世纪时代，文野过渡，其足以唤醒国魂，开通民智，诚莫小说若。本社同志，深知其理……组织此《小说林》，冀得登报界之舞台，稍尽启迪国民之义务"①，均与社会政治改革和民族国家建构密切相关。正如有论者所说，"小说有支配社会之能力，近世学者论之綦详，比年以来，亦稍知所趋重矣"②。陆绍明在《月月小说》发刊词中也说："今也说部车载斗量，汗牛充栋，似于博价沽誉时代，实为小说改良社会、开通民智之时代。"③ 甚至有小说刊物在发刊词中宣称："小说势力之伟大，几几乎能造成世界。"④ 正是在严复、夏曾佑、梁启超等维新士人的积极推动下，晚清的小说著译出现了极为繁盛的景象。⑤ 同时出现了大量刊载小说的专刊，阿英形容是"此起彼仆，或同时并刊"。⑥

　　清末对"小说"之于改良社会、拯救民族国家的重要价值阐发最为有力，影响最大的无疑要属梁启超。他倡言"说部书"于社会政治变革的重要价值："今宜专用俚语，广著群书，上之可以借阐圣教，下之可以杂述史事，近之可以激发国耻，远之可以旁及彝情，乃至宦途丑态，试场恶趣，鸦片顽癖，缠足虐刑，皆可穷极异形，振厉末俗，其为补益岂有量耶!"⑦ 从更广泛的层面延续了傅兰雅倡导撰著"时新小说"、"新趣小说"的思路。此后撰写《译印政治小说序》《论小说与群治之关系》等文，认为小说"有不可思议之力支配人道"，"欲新一国之民，不可不先新一国之小说"，"欲新道德，必新小说;欲新宗教，必新小说;欲新政治，必新小说;欲新风俗，必新小说;欲新学艺，必新小说;乃至欲新人心、欲新人格，必新小说"，提倡"小说界革命"，创办《新小说》刊物，均由此义生发。⑧ 晚清著译小说的兴盛，在某种程度上即是出于梁启超的提倡："饮冰子《小说与群治之关系》之说出，提倡改良小说，不数年而吾国之新著新译之小说，几于汗万牛充万栋，犹复日出不已而未有穷期也"⑨。继《新小说》之后创办的《新新小说》，在宗旨上完全承袭前者："欲新社会，必先新小说;欲社会之日新，必小说之日新。小说新新无已，社会之变革无已，事物进化之公例，不其然欤?"⑩ "寅半生"在《小说闲评叙》中也感叹："十年前之世界为八股世界，近则忽变为小说世界。盖昔之肆力于八股者，今则斗心角智，无不以小说家自命。于是小说之书日见其多，著小说之人日见其夥，

① 见《〈小说林〉之旨趣》，《中外小说林》1907年第1期。
② 侠民：《新新小说叙例》，《大陆报》1904年第2卷第5号。
③ 陆亮成：《〈月月小说〉发刊词》，《月月小说》1906年第3号。
④ 转引自陈平原、夏晓红编：《二十世纪中国小说理论资料》第一卷，北京大学出版社1997年版，第202页。
⑤ 其中仅翻译小说，阿英：《晚清戏曲小说目》著录1875—1911年的就有608种。樽本照雄《清末民初小说目录》著录1840—1919年间的小说共有2567种，其中绝大多数都是戊戌以后出版问世。数据统计，参见郭延礼：《中国近代翻译文学概论》，湖北教育出版社1998年版，第112页。
⑥ 阿英：《晚清小说史》第一章《晚清小说的繁荣》，人民文学出版社1980年版，第2页。
⑦ 梁启超：《变法通议·论学校五·幼学》，《时务报》第18册，光绪二十三年（1897年）。
⑧ 饮冰（梁启超）：《论小说与群治之关系》，《新小说》1902年第1号。
⑨ 吴沃尧：《月月小说序》，《月月小说》1906年第1号。
⑩ 侠民：《新新小说叙例》，《大陆报》1904年第2卷第5号。

略通虚字者无不握管而著小说。循是以往，小说之书，有不汗牛充栋者几希?"① 陶曾佑论小说之势力及其影响，重申了梁启超"小说为文学之最上乘"的看法，并赞叹说："自小说之名词出现，而膨胀东西剧烈之风潮，握揽古今利害之界限者，唯此小说；影响世界普通之好尚，变迁民族运动之方针者，亦唯此小说。"同时沿着梁的思路，将"小说"作为救亡图存、建构民族国家的万能良方："欲革新支那一切腐败之现象，盍开小说界之幕乎？欲扩张政法，必先扩张小说；欲提倡教育，必先提倡小说；欲振兴实业，必先振兴小说；欲组织军事，必先组织小说；欲改良风俗，必先改良小说"②。可见梁启超"小说界革命"理论的影响之深远。

关于此一时期"小说"批评的主流倾向，夏志清对严复、梁启超二人小说论的分析可作为总括："严梁二人过分注意小说的教育功能，以致于公然放弃客观性，只从功利观点着眼，把中外小说说成是完全相反的东西。他们夸张小说的力量，并假设读者天真无知，易被感受。……绳之于中国固有批评传统，严梁二氏的唯一特色乃在他们主要关心的是小说对整个国家的复兴与衰亡之影响；因为早期的批评家维护或反对小说，是以小说对个别读者的道德影响为基础"。并且指出，严、梁二人小说论的重要性"在于它们的影响"。③ 也正是因为一味片面强调小说的社会功能，对小说文体特征的把握却是谬以千里。梁启超为自己所作的《新中国未来记》撰写绪言时说："此编今初成两三回，一覆读之，似说部非说部，似稗史非稗史，似论著非论著，不知成何种文体，自顾良自失笑。虽然，既欲发表政见，商榷国计，则其体自不能不与寻常说部稍殊。编中往往多载法律、章程、演说、论文等，连篇累牍，毫无趣味，知无以餍读者之望矣。"④ 虽自命为"说部"，也知道"趣味"对小说的重要价值，但因为要"发表政见，商榷国计"，最后成了"四不像"的"大杂烩"，以致草草收场，未能卒章。

虽然时代的风向是将小说视作社会变革的吹鼓手，但也有少数文人是立于时代风气之外的，他们的声音尽管微弱，却多少能够给时风的引领者以警醒。当时的知识界对梁启超的"小说界革命"并非一致追崇。1907 年，黄人等创办《小说林》，在发刊词中，他将"今之时代"称为"小说交通之时代"，称"今日之文明"为"小说之文明"，认为国民自治、教育改良、科学、实业等均尚处于未定的状态，而惟有小说"其兴也勃"。在《时报》1905 年 5 月 27 日、6 月 8 日刊载的《论小说与社会之关系》文中，有"今者小说之出版，多于其他新书矣；爱阅小说者，亦甚于爱阅其他新书"的记述。⑤ 因此，《〈小说林〉发刊词》描叙"小说之风行于社会"的各种情状说："新闻纸报告栏中，异军特起者，小说也；四方辈致，掷作金石声，五都标悬，烁若云霞色者，小说也；竹罄南山，金

————————————————

① 转引自陈平原、夏晓红编：《二十世纪中国小说理论资料》第一卷，北京大学出版社 1997 年版，第 200 页。

② 陶佑曾（陶曾佑）：《论小说之势力及其影响》，《游戏世界》1907 年第 10 期。转引自陈平原、夏晓红编：《二十世纪中国小说理论资料》第一卷，北京大学出版社 1997 年版，第 247~248 页。

③ 夏志清：《新小说的提倡者：严复与梁启超》，《人的文学》，辽宁教育出版社 1998 年版，第 69 页。

④ 梁启超：《新中国未来记》，《新小说》1902 年第 1 号。

⑤ 转引自陈平原、夏晓红编：《二十世纪中国小说理论资料》第一卷，北京大学出版社 1997 年版，第 168 页。

高北斗，聚珍摄影，钞腕欲脱，操奇计赢，舞袖益长者，小说也；蚤发学僮，峨眉居士，上自建牙张翼之尊严，下迄雕面糊容之琐贱，视沫一卷而不忍遽置者，小说也。" 例举 "小说之影响于社会" 的各种现象说："狭斜抛心缔约，辄神游于亚猛、亨利之间；屠沽察睫竞才，常锐身以福尔、马丁为任；摹仿文明形式，花圈雪服，贺自由之结婚；崇拜虚无党员，炸弹快枪，惊暗杀之手段。" 批评时人 "出一小说，必自尸国民进化之功；评一小说，必大倡谣俗改良之旨"，"虽稗贩短章，苇苕恶札，靡不上之佳谥，弁以吠词"，又不得不感慨说："昔之视小说也太轻，而今之视小说又太重也"。① 从一个侧面反映了小说地位的上升，与其被赋予建构民族国家的重要功能直接相关。

清末知识界将 "小说" 作为社会改革与民族国家建构之利器，从某个方面来说是基于对欧美日等国近代化经验的认识与借鉴。一如有论者所说，"列强进化，多赖稗官；大陆竞争，亦由说部"②。严复、夏曾佑倡导 "附印说部"，缘起之一即是 "闻欧、美、东瀛，其开化之时，往往得小说之助"。③ 康有为也说 "泰西尤隆小说学"。④ 梁启超指出："在昔欧洲各国变革之始，其魁儒硕学，仁人志士，往往以其身之所经历，及胸中所怀政治之议论，一寄之于小说。……美、英、德、法、奥、意、日本各国政界之日进，则政治小说为功最高焉。"⑤ 又说："于日本维新之运有大功者，小说亦其一端也。"⑥ 林纾在晚清以翻译西方小说著名，在他看来，"西人小说，即奇恣荒眇，其中非寓以哲理，即参以阅历，无苟然之作"。由此出发，他认为《孽海花》"非小说也，鼓荡国民英气之书也"。⑦ 陈熙绩也说林纾 "凤以译述泰西小说，寓其改良社会、激劝人心之雅志"⑧ 邱炜萲倡导以小说为开民智之具，也得之于欧美、日本的经验："吾闻东西洋诸国之视小说，与吾华异，吾华通人素轻此学，而外国非通人不敢着小说。故一种小说，即有一种之宗旨，能与政体民志息息相通；次则开学智，祛弊俗；又次亦不失为记实历，洽旧闻，而毋为虚憍浮伪之习，附会不经之谈可也"⑨。署名 "衡南劫火仙" 的《小说之势力》，立论基点也是欧美世界对小说的重视及小说在推动国家社会发展方面的影响："欧美之小说，多系公卿硕儒，察天下之大势，洞人类之赜理，潜推往古，豫揣将来，然后抒一己之见，着而为书，用以醒齐民之耳目，励众庶之心志。或对人群之积弊而下砭，或为国家之危险而立鉴，然其立意，则莫不在益国利民，使勃勃欲腾之生气，常涵养于人间世而

① 摩西（黄人）：《〈小说林〉发刊词》，《小说林》1907 年第 1 期。

② 陶佑曾（陶曾佑）：《论小说之势力及其影响》，《游戏世界》1907 年第 10 期。转引自陈平原、夏晓红编：《二十世纪中国小说理论资料》第一卷，北京大学出版社 1997 年版，第 247 页。

③ 转引自陈平原、夏晓红编：《二十世纪中国小说理论资料》第一卷，北京大学出版社 1997 年版，第 27 页。

④ 康有为：《日本书目志》卷十四，《康南海先生遗着汇刊》本。

⑤ 任公（梁启超）：《译印政治小说序》，《清议报》1898 年第 1 期。

⑥ 任公（梁启超）：《饮冰室自由书》，《清议报》1899 年第 26 期。

⑦ 林纾：《〈红礁画桨录〉译余剩语》，《红礁画桨录》，商务印书馆 1906 年版。转引自陈平原、夏晓红编：《二十世纪中国小说理论资料》第一卷，北京大学出版社 1997 年版，第 183~184 页。

⑧ 林纾译：《歇洛克奇案开场》卷首叙，商务印书馆 1908 年版。

⑨ 邱炜萲：《小说与民智关系》，《挥麈拾遗》1901 年刊本。

已"①。商务印书馆自述编印《绣像小说》的缘起，也称："欧美化民，多由小说；榑桑崛起，推波助澜。"② 对于小说在日本明治维新时期所起的作用，夏志清认为是比较切实的，而对于讲到欧美时所用"开化"一词，则认为"不知所云"。③ 事实上，对于清末的小说提倡者来说，所谓"开化"具体何指并不重要，甚至他们对此并无确切的认识和了解，之所以将小说与欧美日社会的进步相联系，不过是为自家提倡小说张本。清末士人对西方、日本的借鉴，往往存在类似情形。而晚清士人由这一认识出发，逐渐接受"小说"作为重要文类，也就成了自然之势。

清末小说兴盛，且被视作变革时代、社会的利刃，遂有论者开始呼吁在学校教育中引入小说课程："今日之人群进化之程度观之，又似群书虽多，亦隐有弃旧从新之势，独至小说之支配于人道者，仍未使教者读者相趋重焉"④。1907 年《中外小说林》第 8 期曾刊发署名"耀"的《学校教育当以小说为钥智之利导》，从启发民智的角度呼唤引入小说教育，又认为普及教化思想，不仅应当在学堂中引入小说教学的内容，还应在乡间民间举办小说演说会。⑤ 署名"老棣"（黄世仲）的《学堂宜推广以小说为教书》，也强调将小说纳入学校教育当中："吾昔闻日本学校中，有以吾国《西厢记》及《水浒传》为教科书者。吾向闻而疑之，继而知教科书之主要，非徒以范学生之性情之谓，而殆以开学生之知识之为要也。……国民不欲求进步则已，国民而欲求进步，势不得不研攻小说；学堂而不求进步则已，国民而欲求进步，又势不能不课习小说"⑥。随着学校教育的兴盛，新的教育制度的推行，学科体系与知识体系的变更，文学通史与分体文学史的兴起，小说史的书写也开始进入学者视野。

三、作为文学类别的"小说"

如上所述，"小说"作为文类受清末学人重视，主流意见是将其作为促进社会政治变革、建构民族国家的媒介和工具。而在小说地位得到不断提高的过程中，也开始出现另一种声音，试图将小说作为美文学看待，"为艺术而艺术"，注重小说的艺术价值而非政治功用。这一进路，在清末尚显微弱，至辛亥革命以后则逐渐彰显，并成为民国时期小说理论与创作的重要一支。胡怀琛概述其间的变化论说："自西洋小说输入中国而后，中国人对于小说的观念，当然大改变了，对于小说二字的解释也不同。但是，这种改变，并不是突然而来的，是慢慢的改变的。西洋小说输入中国，自然是以林纾的译品为大宗。……在这时候西洋小说虽然多量的被介绍到中国来了，林译的小说已家弦户诵了，谈文学的人都知道重视小说了，然而他们的观念还只是略改变了一部分。所改变的，只是把小说的价值提

---

① 转引自陈平原、夏晓红编：《二十世纪中国小说理论资料》第一卷，北京大学出版社 1997 年版。

② 商务印书馆主人：《本馆编印〈绣像小说〉缘起》，《绣像小说》1903 年第 1 期。

③ 夏志清：《新小说的提倡者：严复与梁启超》，《人的文学》，辽宁教育出版社 1998 年版，第 59~60 页。

④ 老棣（黄世仲）：《学堂宜推广以小说为教书》，《中外小说林》1908 年第 18 期。

⑤ 耀公：《普及乡间教化宜倡办演讲小说会》，《中外小说林》1908 年第 3 期。

⑥ 老棣（黄世仲）：《学堂宜推广以小说为教书》，《中外小说林》1908 年第 18 期。

高，和旧时候的诗词立在同等的地位：所不曾改变的，是不知道小说是民众生活、民众心理的表现。所改变的，是知道小说和社会有极密切的关系，大可阅读，极力排斥旧式老先生禁读小说：所不曾改变的，是想利用小说代替'劝世文'，作为改造社会的工具，却不知小说是独立的，不能用作工具的。以上没有完全改变的两种观念，直到最近十年以来，才有大部分谈文学的人完全改变了，但是还有人至今没有改变。"① 由社会政治改良工具向独立文体的转变，是"小说"作为文学体类趋于定型的重要标志。

梁启超由改良群治而提出"小说界革命"，将小说视为"文学之最上乘"，其出发点虽是以小说为社会政治变革之媒介，对小说之艺术表达亦有所阐发。《新民丛报》1902年第20号曾刊载对《新小说》第1号的介绍，其中论及小说创作的"五难"，后三者均与报刊载体的特征有关，前二难则关于对"小说"的内容期许与文体要求：其一，"名为小说，实则当以藏山之文、经世之笔行之"；其二，"小说之作，以感人为主，若用著书演说窠臼，则虽有精理名言，使人厌厌欲睡，曾何足贵？故新小说之意境，与旧小说之体裁，往往不能相容"。《新小说》作为清末践行"小说界革命"的首要阵地，其内容上的"豫定"某种程度昭示了此后一段时间"新小说"理论与创作的方向。《新小说》杂志开辟的栏目，除历史小说、政治小说、哲理科学小说、军事小说、冒险小说、探侦小说、写情小说、语怪小说、札记体小说、传奇体小说等各体小说之外，还有"论说"一栏，"论文学上小说之价值，社会上小说之势力，东西各国小说学进化之历史及小说家之功德，中国小说界革命之必要及其方法等"②。仍以小说的社会功用作为讨论重心。所谓"挽近士人皆知小说为改良社会之不二法门，自《新小说》出，而复有《新新小说》踵起，今复有《小说林》之设"③，亦可见其时潮流所向。

梁启超注重小说的政治社会功能，同时也强调小说文体在表现人情物态方面的优长，"实文章之真谛，笔舌之能事，苟能批此窾、导此窍，则无论为何等之文，皆足以移人，而诸文之中能极其妙而神其技者，莫小说若"④，"泰西论文学者必以小说首屈一指，岂不以此种文体曲折透达，淋漓尽致，描人群之情状，批天地之窾奥，有非寻常文家所能及者"⑤，主张小说应当以文辞、情节吸引读者。又曾为"小说"在文学上之地位预留一展开的空间："文学之进化有一大关键，即由古语之文学变为俗语之文学是也。"⑥ 后来的研究者论小说在中国文学史上的地位，多由梁氏的这一思路出发。

然而真正付诸创作实践，却又往往与小说之文体特征相去甚远。如梁启超为实践自己的理论主张和民族国家构想而创作的新小说《新中国未来记》，"……初成两三回，一覆读之，似说部非说部，似稗史非稗史，似论著非论著，不知成何种文体，自顾良自失笑。虽然，既欲发表政见，商榷国计，则其体自不能不与寻常说部稍殊。编中往往多载法律、

① 胡怀琛：《中国小说的起源及其演变》第二章《小说的起源及小说二字在中国文学上涵义之变迁》，台湾正中书局1934年版，第44~47页。

② 新小说报社：《中国唯一之文学报〈新小说〉》，《新民丛报》1902年第14号。

③ 定一：《小说丛话》，《新小说》1905年第3号。

④ 梁启超：《论小说与群治之关系》，《新小说》1902年第1号。

⑤ 新小说报社：《中国唯一之文学报〈新小说〉》，《新民丛报》1902年第14号。

⑥ 饮冰（梁启超）：《小说丛话》，《新小说》1903年第7号。

章程、演说、论文等，连篇累牍，毫无趣味，知无以餍读者之望矣"①。虽然自谦是"不知成何种文体，自顾良自失笑"，却也不乏表彰自家立意的味道。而这种在今日看来与小说体裁迥然不侔的写法，在当时却颇受人推崇和效仿。如平等阁主人在《新中国未来记》第三回的批语中，称其"拿着一个问题，引着一条直线，驳来驳去，彼此往复到四十四次，合成一万六千余言，文章能事，至是而极"。又说："论题，此篇虽仅在革命论、非革命论两大端，但所征引者皆属政治上、生计上、历史上最新最确之学理。若潜心理会得透，又岂徒有益于政论而已。"拿来作为比照的古代文本是王充的《盐铁论》。② 这一番称赞，若就今日对"小说"文体的认识来看，不免令人啼笑皆非。

小说创作如果只是一味注重思想的表达，刻意强调对社会政治变革的功用，着力追求对国民精神的塑造，于小说的文体特征自然也就难以兼顾。清末的一位小说家指出："近时之小说，思想可谓有进步矣，然议论多而事实少，不合小说体裁，文人学士鄙之夷之。"③ 虽然对小说体裁规范并无具体的见解，但其能够认识到"议论多"有悖小说文体在当时颇为不易。同样的看法，还见于海天独啸子所著的《女娲石》："近来改革之初，我国志士，皆以小说为社会之药石。故近日所出小说颇多，皆傅以伟大国民之新思想。但其中稍有缺憾者，则其论议多而事实少也。"即便是赞同将小说作为改良社会工具的文人，也认识到小说文体与"论议多而事实少"之间的不协调，虽然其做法也只是"凡于议论，务求简当，庶使阅者诸君，不致生厌"。④ 1902 年开明书店出版署名"公奴"的《金陵卖书记》，以一个书商的视角展现了彼时"新小说"撰译的一般情形：在小说风行的当时，也往往会出现"小说书亦不销"的状况，其原因则在于"于小说体裁多不合"，"读者不能得小说之乐趣"。"以小说开民智"固然是可取的做法，然而"小说之妙处，须含词章之精神"，若只是直发议论，"开口便见喉咙"，不能变庄为谐，变正为奇，曲中见直，变幻百出，又怎能达到动人的效果?⑤ 对于小说体裁的强调，在翻译外国小说中也往往如此。如《鲁滨孙漂流记》的译者指出："原书全为鲁滨孙自叙之语，盖日记体例也，与中国小说体例全然不同。若改为中国小说体例，则费事而且无味。中国事事物物皆当革新，小说何独不然!"⑥ 言下之意，小说文体的变革也应当包含于"小说界革命"当中。

在晚清众多小说期刊以改良社会为宗旨的背景下，有一种小说刊物自称"甘冒不韪而不能已于一言"，要"一考小说之实质"，这就是黄人等创办的《小说林》。他在《小说林》发刊词中明确宣称："盖谓'小说林'之所以为《小说林》，亦犹小说之所以为小说耳。若夫立诚止善，则吾宏文馆之事，而非吾《小说林》之事矣。"并具体阐发说：

———————————————

① 饮冰室主人：(梁启超)《新中国未来记·绪言》，《新小说》1902 年第 1 号。

② 平等阁主人：《〈新中国未来记〉第三回总批》，《新小说》1902 年第 2 号。

③ 俞佩兰：《女狱花叙》，泉唐罗氏藏板《女狱花》卷首，1904 年。转引自陈平原、夏晓红编《二十世纪中国小说理论资料》第一卷，北京大学出版社 1997 年版，第 137 页。

④ 海天独啸子：《女娲石凡例》，亚东编辑局版《女娲石》卷首，1904 年。转引自陈平原、夏晓红编《二十世纪中国小说理论资料》第一卷，北京大学出版社 1997 年版，第 148 页。

⑤ 公奴：《金陵卖书记》，开明书店 1902 年版。转引自陈平原、夏晓红编：《二十世纪中国小说理论资料》第一卷，北京大学出版社 1997 年版，第 65 页。

⑥ 《鲁滨孙漂流记》译者识语，《大陆报》1902 年第 1 卷第 1 号。转引自陈平原、夏晓红编《二十世纪中国小说理论资料》第一卷，北京大学出版社 1997 年版，第 66 页。

> 小说者，文学之倾向于美的方面之一种也。……微论小说，文学之有高格可循者，一属于审美之情操，尚不暇求真际而择法语也。然不佞之意，亦非敢谓作小说者，但当极藻绘之工，尽缠绵之致，一任事理之乖僻，风教之灭裂也。玉颜珠领，补史氏之旧闻；气液日精，据良工所创获：未始非即物穷理之助也。不然，则有哲学、科学专书在。……从事小说者，亦何必椎髻饰劳，黥容示节，而唐捐其本质乎？……一小说也，而号于人曰：吾不屑屑为美，一秉立诚明善之宗旨，则不过一无价值之讲义、不规则之格言而已。①

在此，作者一再强调小说作为"文学之倾向于美的方面之一种"，"一属于审美之情操"的本质特征，而将其与"即物穷理"的哲学、科学专书和"一秉立诚明善之宗旨"的无价值之讲义、不规则之格言区别开来，其言颇有点"为艺术而艺术"的味道。缘于此，作者也认识到自己的态度和立场"与时贤大异"，与彼时以小说为改良社会、建构民族国家之工具的主流看法相去甚远。

清末论者对小说的认识，多与梁启超的"小说界革命"相呼应，倾向从改革社会政治的目的出发，将其看做是无所不包的大容器，凡科学、哲学、实业、政治等均包含其中。这一看法，在当时的时代背景下有其合理的一面，但并不是"小说"观念的全部内涵，尤其是当时日本、欧美关于"小说"观念的讨论已颇为深入。② 针对当时小说界普遍的功利主义思想，觉我（徐念慈）著《余之小说观》，将"小说"看做是"美的一方面"：

> 今者亚东进化之潮流，所谓科学的、实业的、艺术的，咸骎骎乎若揭鼓而求亡子，炰炰乎若褰裳而步后尘，以希共进于文明之域。即趋于美的一方面之音乐、图画、戏剧，亦且改良之声，喧腾耳鼓，亦步亦趋，不后于所谓实业、科学也。然而此中绝尘而驰者，则当以新小说为第一。③

由此出发，他并不认可当时以小说为推动社会变革工具的主流看法，认为不宜将小说的功能视之过大："小说者，文学中之以娱乐的，促社会之发展，深性情之刺戟者也。昔冬烘头脑，恒以鸩毒霉菌视小说，而不许读书子弟，一尝其鼎，是不免失之过严；近今译籍稗贩，所谓风俗改良，国民进化，咸惟小说是赖，又不免誉之失当。余为平心论之，则小说固不足生社会，而惟有社会始成小说者也"。周作人在 1908 年撰写的一篇文章中则明确提出："小说为物，务在托意写诚而足以移人情，文章也，亦艺术也。"其矛头直指梁启超以来将"小说"视作社会改良工具的做法："实用之说既深中于心，不可复去，忽见异书而不得解，则姑牵合以为之说耳。故今言小说者，莫不多立名色，强比附于正大之名，谓足以益世道人心，为治化之助。说始于《论小说与群治之关系》一篇。"并具体剖析"历

① 摩西（黄人）：《〈小说林〉发刊词》，《小说林》1907 年第 1 期。
② 关于日本的情形，参见龟井秀雄：《"小说"论：〈小说神髓〉与近代》第一章《小说的位置》，岩波书店 1999 年版，第 15~52 页。
③ 觉我（徐念慈）：《余之小说观》，《小说林》1908 年第 10 期。

史小说"之名说:"历史小说乃小说之取材于历史,非历史而披小说之衣也。"① 强调将"历史小说"作为小说而不是历史看待,可以看出其论说中的现代性意味,而体现出与传统观念的区别。

以美文学的观念看待小说,其见解自然与以社会政治话语模式批评小说不同。如《小说林》1907 年第 2 期刊载署名"蛮"(黄人)的《小说小话》评论"历史小说"说:"历史小说……历史所略者应详之,历史所详者应略之,方合小说体裁,且耸动阅者之耳目。若近人所谓历史小说者,但就书之本文,演为俗语,别无点缀斡旋处,冗长拖沓,并失全史文之真精神,与教会中所译土语之《新、旧约》无异,历史不成历史,小说不成小说。"王国维虽然并未从理论上明确反对将小说与社会政治变革相联系,但他从"美术"(即艺术)、"美学"及"伦理学"等层面对《红楼梦》的评论,还是可以看出其在小说批评方面摆脱时代社会政治话语模式的潜在意图。② 如他在文中所说的,"美术中以诗歌、戏曲、小说为其顶点,以其目的在描写人生故","美术之所写者,非个人之性质,而人类全体之性质,置诸个人之名字之下",他对《红楼梦》美学、艺术价值的发掘,对于后世在小说批评与小说文体的认识上均有深远影响。王国维以其小说批评实践,为小说由改良社会的工具向独立文体转变提供了启示。

梁启超提倡"小说界革命",重视小说对民族国家建构的功用与价值,很大程度上是缘于清末社会政治变革的时代要求,而随着认识的深入,其看法不足以全面反映小说文体特征的缺失也变得愈发明显。君实在《小说之概念》一文中指出:

> 近年自西洋小说输入,国人对于小说之眼光,始稍稍变易。其最称高尚而普遍者,莫如视小说为通俗教育之利器。但质言之,仍不过儆世劝俗之意味而已。以小说言,固非仅此一义所能概括也。③

以工具论的思想倡导"新小说"的创作,在迅速提高小说地位、扩大小说的社会影响方面无疑居功至伟,一时间各种小说报刊如雨后春笋骤然而兴,著译出版的小说数量惊人,有论者形容其时的情形是"新小说社风起水涌,新小说家云合雾集"④。披发生在《红泪影序》中则称:"余尝调查每年新译之小说,殆逾千种以外。"⑤ 在此状况背后,是新小说作家往往忽略艺术的锤炼,造成尽管作品数量甚丰,却鲜有经典之作,以致在辛亥革命前后出现了"小说之编译日盛,劣多良少,阅者渐厌,小说之风衰已"⑥ 的情形。鉴于此,有论者开始从基本性质、文体特征等方面对"小说"进行研究和探讨,而不是仅将其视为推动社会政治民智进步的工具。其中管达如的《说小说》(《小说月报》1912

---

① 周作人:《论文章之意义暨其使命因及中国近时论文之失》,张枬、王忍之编:《辛亥革命前十年间时论选集》第 3 卷,三联书店 1977 年版,第 328 页。该文原载《河南》1908 年第 4、5 期。

② 王国维的《红楼梦评论》于 1904 年在《教育世界》76～78 号、80～81 号上连载。

③ 君实:《小说之概念》,《东方杂志》1919 年第 16 卷第 1 号。

④ 见大声小说社 1911 年版《女界风流史》卷首《创办大声小说社缘起》。

⑤ 见广智书局 1909 年版《红泪影》卷首。

⑥ 黄摩西编:《普通百科新大辞典》"小说"条,转引自钟少华编:《词语的知惠——清末百科辞书条目选》,贵州教育出版社 2000 年版,第 41 页。

年第 3 卷第 5、7 ~ 11 号）、成之（吕思勉）的《小说丛话》（《中华小说界》1914 年第
3~8 期），较早借用西方理论从文学层面对小说展开研究。其中管、吕二文论小说在文学
上之位置的看法，"文学者，美术（即艺术）之一种也；小说者，又文学之一种也"，"要
之小说者，文学也"，在今日属于人尽皆知的一般性知识，在当时却是"小说"观念上的
一种突破性认识。

到了"五四"以后，随着对"文学"的认识逐渐摆脱工具论的束缚，相关讨论开始
深入到文学本体，对小说的认识也逐渐由工具论向艺术论转变："小说本为一种艺术。欧
美文学家，往往殚精竭虑，倾毕生之心力于其中，于以表示国性，阐扬文化。读者亦由是
以窥见其精神思想，尊重其价值。不特不能视为游戏之作，而亦不敢仅以儆世劝俗目之。
其文学之日趋高尚，时辟新境，良非无故"①。胡适批评清末以来的"新小说"，也是用
看待小说艺术的方法发论："现在的'新小说'，全是不懂文学方法的：既不知布局，又
不知结构，又不知描写人物，只做成了许多又长又臭的文字；只配与报纸的第二张充篇
幅，却不配在新文学上占一个位置"②。又强调说："西方的'短篇小说'（英文叫做
Short story），在文学上有一定的范围，有特别的性质，不是单靠篇幅不长便可称为'短篇
小说'。"③ 对于小说及其类别的论述，已主要着眼于文学的体裁。"小说"逐渐演变成为
"文学"的类属概念，成为其中的四种文体之一。

四、余 论

1913 年，美国公理会女传教士艾达（Ada Haven Matter，狄考文继室）编纂出版了一
本题为 New Terms for New Ideas: A Study of the Chinese Newspaper（《新术语新观念：中国报刊
研究》）的小册子。④ 该书以反映新语最迅捷、传播术语最有力的报刊为对象，对晚清出
现的汉字新术语分科进行研究。正如编者在序言中所说的，书中所列举的术语是它们仍在
不断"struggle-for-life"（指术语翻译中的不确定状态）过程中的样态，展示的是近代术语
生成中处于变化中的一个链条。正因该书所展现的是当时历史背景下术语、概念的真实形
态，对于研究近代新术语、新概念的演变更具参考价值。书中搜集的汉字新术语均有对应
的英文原词，可以使我们能够更多地发掘这种对译关系建立背后的历史文化意涵。在艾达
对 1912 年之前中国报刊的研究中，"小说"作为新术语，对应的英文词汇为 Story、No-
vel。虽然书中并没有关于这种对译关系来源的任何其他信息，但由后来对"小说"概念
的理解来看，此一"小说"概念，显系摆脱了中国传统含义的近代新名，清末知识界对
此曾有丰富讨论。尽管民国后对"小说"的定义、文体范围、文体特征等均有不同争论，
但毫无疑问的是，中西"小说"概念已然实现对接，此后所有关于"小说"的讨论，均
在现代"文学"概念体系的框架下展开。

观念的转变是中国"小说"现代性生成的重要一环，然而这并不只是缘于外来西方

---

① 君实：《小说之概念》，《东方杂志》1919 年第 16 卷第 1 号。
② 胡适：《建设的文学革命论》，《新青年》1918 年第 4 卷第 4 号。
③ 胡适：《论短篇小说》，《新青年》1918 年第 4 卷第 5 号。
④ 该书于 1913 年由上海美华书馆（The Presbyterian Mission Press）出版，笔者所用为 1917 年的版
本。

文学的影响，同时也有来自内源性因素的刺激。正如有学者指出的："'新小说'兴起前，中国说部的变动已不能等闲视之。西方的冲击并没有'开启'了中国文学的现代化；而是使其间转折，更为复杂，并因此展开了跨文化、跨语系的对话过程。"① 就近代"小说"概念的转变来说，西方影响与本土因素间形成一种复杂的互动关系：虽然在中国传统的"小说"/"稗史"/"说部"概念中已含有诸多现代性因素，但仅凭这些因素自身无法构成"小说"概念现代化的谱系；而西方现代"小说"观念的影响，如果缺乏本土观念的回应，也不可能实现知识的"地域化"与"本土化"，完成向近代"小说"概念的转换。就清民之际"小说"概念演变的趋势而言，其时的诸多学人对古今"小说"概念之不同均有深切认识。究其论说，又往往力图由探寻历史演变之轨迹而发掘其互通之处。此由蒋瑞藻的论述可见一斑："小说（家）者流，盖出于稗官。街谈巷语，道听涂说者之所造也。（《汉艺文志》）繇来甚古，然体例不与今同。今之小说，非古之所谓小说也。今之小说，其殆出于宋天圣、嘉祐间乎？传言仁宗御宇，国家闲暇，朝臣日进一奇怪之事以娱之，平话日出，海宇风靡。……元明而降，分道扬镳，作者如林，附庸蔚为大国。虽所言未必可信，所纪未必皆实，而其佳者，颇足以娱乐心目，增广见闻，或则寓庄于谐，棒喝痴顽，其有功于世道人心，盖视高文典册无多让也。"② 蒋氏基于对近代"小说"概念的理解，在"今之小说"与中国传统小说之间建立联系，并以之为标准选择小说文本。此一思路，成为后世多数中国小说史研究的基本路径，也显示了中西、古今"小说"概念演变的历史实态。

回顾历史可以发现，在早期中西"小说"概念交汇之初，有学者对以西方"小说"概念建构中国小说历史存在的不谐并非毫无异见："拿西洋的小说做标准，替中国的小说下一个定义罢！也极困难。他们所认为是小说的，不能恰和我们所认为是小说的一样。倘若拿西洋的小说定义做标准：有的地方，不能包括中国的一切小说，是他的范围太狭了；有的地方，又超出中国所有的小说以外，他的范围又似乎太宽了"③。然而在此后的发展过程中，西方"小说"概念逐渐占据主导。在 20 世纪 30 年代出版的一部《新文学辞典》中，对"小说"的定义是："小说（Novel），不是诗和戏曲、散文的形式，而是有结构，有组织的描写人间生活的文学即'小说'。小说有短篇，中篇，长篇的区别。历史小说，科学小说，政治小说，曝露小说的分类。"④ 戴叔清所编《文学术语辞典》对小说的定义列举了四种重要的说法，也都是西方学者的论述。⑤ 从概念转换的历史轨迹来看，小说史的重新书写，不同作家地位的升沉变换，针对作品的理论阐释与艺术分析的与时俱进，只是其中的方式和表现之一，而基于近代"小说"概念演变的历史省思，或不失为重新建构中国小说历史面貌的另一条途径。

（作者单位：武汉大学中国传统文化研究中心）

———————————

① 王德威：《被压抑的现代性：没有晚清，何来"五四"？》，《想象中国的方法：历史·小说·叙事》，三联书店 1998 年版，第 6 页。

② 蒋瑞藻：《小说考证》卷一，商务印书馆 1919 年版，第 1 页。

③ 胡怀琛：《中国小说研究》第一章《绪论》第一节《何谓小说》，商务印书馆 1929 年版，第 2 页。

④ 谢冰莹、顾凤城、何景文编：《新文学辞典》，开华书局 1932 年版，第 19 页。

⑤ 戴叔清编：《文学术语辞典》，文艺书局 1931 年版，第 4 页。

明清经济与社会

想象的"祖先":明清鄂东南移民定居与家族世系的层累构建[*]
——以阳新县袁广村坟山墓碑资料为中心的考察

□ 杨国安

一、引论:宗族史研究——由祠堂、族谱到坟茔

在明清宗族史已有的研究中,相对于族谱、祠堂与族产广泛而深入的探讨而言,史学界对于祖坟的关注似乎还较为薄弱。而且为数不多的学术成果也较多集中于北方[①],并且视祖茔系统为北方宗族形态和发展模式之核心,以区别于祠堂之于南方宗族的外在表征。南北宗族形态差异的外在象征要素,是否可以简约为以祠堂与坟墓为代表的两大系统,恐怕还有待进一步的考订。事实上,在南方许多地区,较之于跨村庄、大规模、程式化的祠堂祭祖仪式,每年持续不断的、以房支与直系亲属为核心的清明扫墓祭祖活动,因其简便易行和体现对祖辈的孝道而更为普及、普遍和频繁。坟墓作为安放祖宗体魄之所,关乎风水和后嗣子孙的兴旺发达,同时立碑刻传、颂扬墓主懿德、祭扫先祖坟墓,也是儒家孝道的重要体现,未尝不构成南方宗族的重要活动。[②]

因此,祖先去世之后,围绕着墓址的选择和保护,包括培土护林、竖立碑石,绘制坟图,载入族谱,反对盗卖坟山田地林木等,都成为各个村落宗族的重要事务。而进行墓祭也是族人祭祀活动的重要内容,在鄂东南的通山、通城、崇阳、大冶、阳新等地区,甚至为了进行不间断的墓祭活动,各祖先的后嗣还纷纷成立祭会,设置祭产,从组织和资金上

———————————

[*] 本文的写作得到香港特别行政区大学教育资助委员会卓越学科领域计划:"中国社会的历史人类学研究"(Hong Kong SAR University Grants Committee Areas Of Excellence: The Historical Anthropology of Chinese Society)的资助。

[①] 王日根、张先刚:《从墓地、族谱到祠堂:明清山东栖霞宗族凝聚纽带的变迁》,《历史研究》2008年第2期。

[②] [美]华若璧(Rubie S. Watson):《纪念先人:中国东南部的坟墓与政治》,华琛(James L. Watson)、华若璧:《乡土香港——新界的政治、性别及礼仪》,张婉丽等译,香港中文大学出版社2011年版。

确保墓祭活动的长久有效举行。而围绕着坟山的产权和树碑祭祀等，不同的宗族之间还产生各种纠纷和官司，亦不鲜见。诚如冯尔康先生所言，祖坟的存在令族人由观念上的祖宗认同，进到组织上的建立清明会之类的团体，令族姓的天然血缘事物，变成宗族社会群体，成为宗族的一种载体。与祠堂、族谱共同构成宗族实体元素。①

有鉴于坟墓在宗族发展过程中的重要地位，而近些年来在鄂东南进行历史人类学的田野考察活动中，沿途所见，感受最大的就是在这一典型的南方山地丘陵区，依然保存有许多聚族而居的古村落，而在这些古村落之间，矗立着巍峨的祠堂、收藏有丰富的族谱、保存有完整的家族墓地，无不彰显着此地浓厚的宗法文化。在已有的祠堂与家族谱的探究之余②，如何透过家族墓地，来探究坟墓与墓祭对于宗族形成机制的影响，以及如何利用大量的墓志碑铭，来重构家族的谱系和还原村落的历史，就成为笔者长期思考的问题之一。

在地处鄂赣交界、号称"吴头楚尾"的阳新县，我们因缘际会地选择了富池镇袁广村作为考察对象。那是 2005 年一个酷热的暑假，时任阳新县文物局程军局长和柯忠馆长带领着张建民老师和笔者一起去袁广村考察当地的一座县级文保单位——"花坟"，其精美的雕饰之外，我们更惊讶于墓碑上面动辄上千字的墓志碑文，同时有鉴于该村落有祠堂、族谱和家族墓地，适合作为一个案考察。于是在当年的年底，笔者带领着七个大四学生一起对袁广村进行了为期近一周的田野考察。③ 其中重点抄录了袁广村坟山上的墓志碑铭三十七通（其中明代四、清代三十三）、祠堂碑刻四通，合计四十一通碑刻，详情分布见图 1。

就袁广村坟山墓地的碑铭规制而言，一般都有左中右三块构成，右边一块往往记叙世系图谱，从一世祖、二世祖、三世祖……依次到墓主这一代世系。中间一块则是墓主人的生卒年月、生平事迹等，碑铭中有很多是邀请亲朋姻亲之中有头衔或名气的文人所撰，但刊刻立碑者则是墓主的子孙辈。左边一块则是立碑人落款和立碑时间。也有较为讲究的墓碑，比如袁广村的花坟，有三进，每进有三到四块碑石，内容包括家族世系、家族遗训、家谱赞词，以及不同名人为墓主撰述的墓志铭多块等。也有少数较为简单的墓碑，就一块碑石，简要叙述墓主生卒年月、生平事迹、立碑人、立碑时间等事项，另外还有很多是前面的碑石倾圮，后代重新竖立的墓碑，于是落款出现两个甚至三个年代。

本文即以阳新县富池镇袁广村（地名荆溪）田野考察活动中抄录的四十一块墓地及祠堂碑刻资料为中心，并结合地方志和阳新县《袁氏家谱》，以及鄂东南其他县市乡村的

---

① 冯尔康：《清代宗族祖坟述略》，《安徽史学》2009 年第 1 期。

② 杨国安：《空间与秩序：明清以来鄂东南地区的村落、祠堂与家族社会》，《中国社会历史评论》2008 年卷。

③ 2005 年 12 月 13—17 日，笔者偕祁磊博士以及武汉大学 2002 级历史学基地班的张研妍、刘嘉乘、周倩文、陈才艳、汪志杰、林小昭，一行八人，对阳新县进行了为期 5 天的实习考察，除了参观梁氏祠堂、贾氏祠堂等建筑之外，重点就是抄录了袁广村的坟山碑刻，并进行了相关的访谈。嗣后学生们提交了一份挺不错的田野考察报告。可惜由于笔者的疏懒，学生们历经艰辛抄录的墓碑资料一直就搁在电脑里面，长期没有就此展开相关的研究，内心一直颇感愧疚。2014 年下半年，笔者利用在香港中文大学访学的机会，重新拾掇和整理该资料，希望就墓碑资料所涉及的相关问题作一些初步的思考，一方面是对自己此前两湖乡村社会史研究领域与方法作一些新的尝试；另一方面也是希望学生们在坟前墓地一字一句费力抄录的墓志资料不至于被埋没，对学生们的辛勤付出有一个交代。

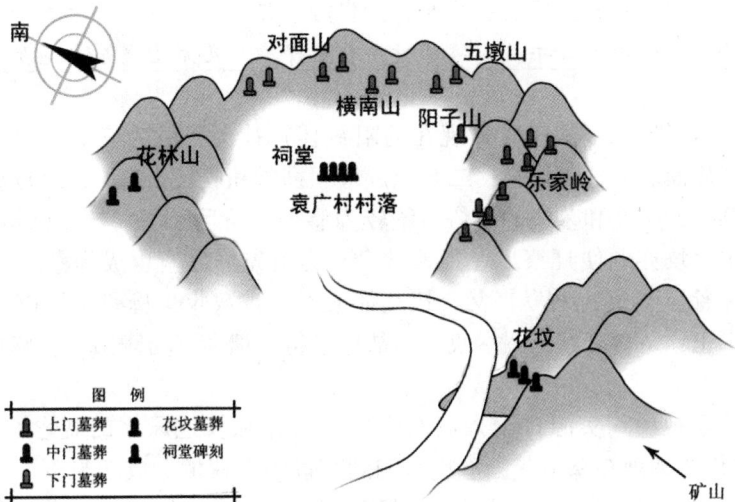

图 1　阳新县袁广村明清墓碑分布示意图

相关族谱、碑刻等民间文献，力图对于家族墓地与宗族形态的相关问题进行初步的探讨，其中重点通过梳理墓碑资料，来梳理荆溪袁氏重构家族早期世系的过程，以及这种世系重构对于家族的意义所在。

二、"石碑竦峙"：鄂东南乡村的立碑、墓祭与庐墓习俗

所谓墓碑，简言之，就是墓前所竖立的条石，上面刻有死者的姓名、言行、生平等，以彰显墓主身份，颂扬死者功德以激励后嗣子孙，指明墓地所在以便于后人墓祭等。据说是由最开始下棺时候便于升降的木质轱辘架逐渐演变成石质的"墓表"，并发展为刻写"君父之功美"的刻字碑。《释名·释典艺》云："碑，被也。此本葬时所设也，施鹿卢（即轱辘）以绳被其上，引以下棺也。臣子追述君父之功美，以书其上，后人因焉。无故建于道陌之头，显见之处，名其文，就谓之碑也"。[①] 从现存实物来看，至少到东汉时期，墓碑已大量产生。

而对于墓祭的起源，一般认为肇始于西汉，而且由于当时庶民百姓囿于礼制不能建祠庙，故只能于墓前祭祀。如赵翼在《陔餘丛考》中即云："盖自西汉早有上冢之俗，明帝遂因以定制耳。……盖又因上陵之制，士大夫仿之，皆立祠堂于墓所，庶人之家不能立祠，则祭于墓，相习成俗也。"[②]到了明清时期，随着嘉靖礼仪的变革，庶民也可以建祠堂祭祀自己的祖先，因此祠祭和墓祭往往同时进行。兹据光绪《兴国州志》记载：

---

① （东汉）刘熙撰，（清）毕沅疏证，王先谦点校：《释名疏证补》，中华书局 2008 年版，第 76 页。

② （清）赵翼：《陔餘丛考》卷 32，《墓祭》，河北人民出版社 1990 年版，第 647 页。

兴国一隅……无巨商大贾，聚族而居，往往棋置数百户，重宗谱，严别异姓同姓。宗有祠，祠立之长，家法一就长约。岁时承祀，肃衣冠，百十里外毕至。<u>丧谨殡葬，必封必树</u>。或历千百年，<u>石碑竦峙，春秋樵扫，凡无主之家</u>亦遍及之。①

以上这段史料揭示了清代兴国州（即现在的阳新县）社会习俗的三个方面：一是以农耕为主体经济的聚族而居的村落形态；二是以族谱、祠堂和族长为核心的宗族组织较为健全和发达；三是墓碑的竖立和墓祭的习俗传统较为悠久。而且除了祭扫自己祖先的坟墓外，连带周围的无主之坟亦顺便拜祭。在当地社会，为祖先修坟茔也成为孝子重要的职责之一。史载"曹立徐，诸生，七岁丧父，执礼如成人。越数年，母殁，昼夜号恸，邻里为之罢宴。刻像奉祀，每食必祭，哭尽哀。检故箧，得父遗命。乃鬻田产，修祖茔。凡傍支无后者，咸立碑"。②

对于坟墓的重视，其实源自于人们对于纪念祖先和坟地风水的观念，即普遍认为，"把祖先的骸骨恰当地埋在墓地，会直接影响到在世的人在世上成功与否。事实上，在墓里的祖先所受到的照顾与他后人的福祉绝对有关"③。在光绪年间的通山县宝石村，舒氏家族有一房支就曾经将人丁衰落的原因，归结为其祖先坟墓旁边的大树被砍伐，风水被毁，于是立志重建祖坟及周围的围园，共同栽树立碑，并订立禁约，以保护祖先坟墓的风水：

阴宅以保祖骸，重申禁约，无敢犯矣。第我族前叩祖德卜居宝石下首，<u>原有大树，属我围园</u>，后被砍伐，户口渐致衰微。岁光绪甲申，续修宗谱。三分会议，白狮子岩下至象鼻水口两岸，余山废田，公同栽树竖碑，严禁不许砍伐开挖，以培围园。我族附宅可成，而岩下山土不致废圳。如有犯者，酌议处罚，绝不宽贷。刊谱存据，至象鼻系口祖私坟山口据。

清光绪十年岁次甲申仲秋月④

围绕坟墓进行的祭祀活动，在鄂东南乡村亦较为普遍，并且囿于单个核心家庭的财力，还成立了由同一祖先之下的众多房支组成的祭会，以保证墓祭活动的持续有效进行。如在清代的通山县："大族各建祖祠，置祭产，立祭会。清明寒食，合族老幼衣冠舆马，诣墓所，挂椿钱，杀牲备物以鼓吹声，不绝于道，祭毕而归，记口分胙。绅耆倍之"⑤。而在通城县，当地民众不仅在清明节前后准备好香椿纸钱，去墓地举行祭扫活动，而且还在社日之前，专门为当年新葬的坟墓举行祭奠活动。史料即云："社日前祭新葬先冢。清明前后备香椿猪酒告蘸历代先冢，毕祭，奠祠堂先灵，唱赞，奠次如前。"⑥ 在大冶县，

---

① 光绪《兴国州志》卷4《舆地志·风俗》。

② 光绪《兴国州志》卷22《孝友》。

③ ［美］华若璧：《纪念先人：中国东南部的坟墓与政治》，华琛、华若璧：《乡土香港——新界的政治、性别及礼仪》，张婉丽等译，香港中文大学出版社2011年版，第273页。

④ 通山县宝石《舒氏宗谱》卷1上《公立围园禁约》，1988年刻本。

⑤ 同治《通山县志》卷2《风土志》。

⑥ 同治《通城县志》卷6《风俗》。

据同治《大冶县志》记载："清明扫墓，登谷荐新，中元、岁除及忌日焚楮致奠。大家则建祠堂兴瑞，人于冬春之际舁其祖神行锣过邑，遍历彼族。"① 如此则当地扫墓活动不仅局限于清明节前后，还包括除夕、寒食节、中元节，甚至祖先的忌日，都会去坟山墓地挂椿钱、烧纸钱，来祭奠先祖。当然这些节日中，尤以清明节最为隆重。

大规模的墓祭活动显然是需要一定财力支撑的，没有族产的话，大概历经四、五代之后往往就没有人到墓前集体墓祭了。于是我们看到在通山县，许多宗族于清中后期纷纷成立祭会，来筹措资金、组织祭祀活动。据通山宝石村的《舒氏宗谱》所载，该宗族不同房支就先后建立了仲绩公祭会、承五公祭会、元惠公祭会、通泗公祭会、南源公祭会、九盛公祭会、四盛公祭会、秀生公祭会、文生公祭会、展略公祭会、先绪公祭会等十余种祭会，以保证墓祭的如期举行。兹以南源公下的子孙组建的南源祭会为例：

> 昔人云，祖宗虽远，祭祀不可不诚。又曰，惟士无田，则亦不祭，所以圭田制堕后，凡欲立祭必立会。我祖南源公，明人也，初抡蒸节祭稞，将往往与列祖偕乏特举。泊道光壬寅岁，有族伯明瑶公者，履雨露兮怵惕，感春秋而凄怅，倡抽哨天龙树，得值钱十余千，筹立乃祖祭会……迄今四十年间，除祭费支外，得置田租八十余石，蒸蒸日上，毫无耗蠹，虽曰祖荫，岂非人事哉。嗟乎，余尝默念，簪缨巨阀，家越数传，而累累荒冢，碣断碑残，荆棘纵横，蒿莱满目，是问当年冠裳林立，舆盖云从，煊赫于跻跄下者，固一世之华也。而今安在。噫，岂其后裔已斩，致是氏之鬼不其馁而耶。抑其无肖子慈孙忽视穴藏狐貉与魍魉耶……②

有些祭会资金较为富饶的，不仅置有祭田，还专门建有庄屋，雇请佃户或其他人等每日省视坟山墓葬与周围的树木等，以确保墓地的整洁和安全。如阳新县三溪镇的伍氏宗族：

> ……迄今会资颇饶，公买粮田三石有奇，及柴山花地数区。并于胡妣墓东北隔置庄房一所，使佃庄人朝夕省视坟垄、树木，以妥先灵。较之曩者岁一拜扫后，足迹杳然，委祖山为樵牧践踏场，不诚判若霄壤哉。③

所谓"庐墓"即"结庐守墓"也，一般父母去世后，孝子为了表达对至亲的哀恸之情，在墓旁搭"墓庐"而居，以守护坟墓，是古代在居丧期间的一种行为，是孝文化的重要体现形式之一。但考诸历史，历史上真正如此守礼制的并不多见，到了明清更是凤毛麟角。清人崔述就曾感叹道：

> 近世之居丧也，惟服而已。期功之丧几与无服者同。其饮食如常也，其居处如常也，其宴会庆贺观优如常也。服既多于古人，何益哉。惟父母之丧间有一二能守礼

---

① 同治《大冶县志》卷1《疆域志·风俗》。
② 通山县宝石《舒氏宗谱》卷1上《南源公祭会序》。
③ 阳新县三溪《伍氏宗谱》卷首《胡妣坟山图说暨祭会田庄纪略》，民国丁亥年树德堂刻本。

者，即亦殊不多见……甚矣，风俗之日敝也。①

但是在阳新县，直到清代，其庐墓现象却较为普遍。仅据光绪《兴国州志·孝友》即有大量相关事例的记载，列举数端如下：（明代）刘汉宗，黄州人，徙居兴国，以孝称。夫殁，庐墓三年；刘永灏，怀仁里人，明义官，事母孝，依膝下，虽甚寒暑不少易。母殁，哀毁，庐墓三年；华春第，诸生，居父母丧。寝苫枕块，庐墓三年；（国朝）方倚中，长庆里人，三岁随母……母殁，哀毁，庐墓三年；潘良德，字帝锡，亲丧，庐墓三载，寿九十四，五世同堂；侯树慈……事父母竭尽心力，父殁，庐墓三年；刘光暹，字仲升，庠生，兴教里人，居父母，丧葬祭尽礼，庐墓三年，思慕弗衰；萧世朴……父母累居……及殁，庐墓三年，朝夕悲号；彭菲，安乐里人，亲疾，侍榻前三年，殁，居庐六年。先后不入内寝凡九年。每食必祭，忌日则哭恸；张鹏博，字雷白，诸生。丰义里人。亲殁，庐墓三年，念念不忍去。既归，犹时望墓哀号。王廷简，上双迁里人。居母丧，茹蔬庐墓，三年如一日；彭以德，安乐里人。性至孝，力农养亲，承欢无间。亲殁，庐墓，隆冬酷暑，不少离，哭泣三年，哀容无改。……

与以上这些简略叙述的"庐墓三年"的孝友事例相比，下面还有几起围绕庐墓所发生的更为感人，甚至略带传奇色彩的故事：

易光辰，字云衢，尊贤坊人。事父母备致孝养，母性畏雷，及殁。光辰庐墓侧，遇大雷，必号其母，使无怖。

佘允湘，尊贤坊人。家贫，少失怙。事母孝。母殁，庐墓，墓距城十余里。日则小贸城市，夜则归宿墓所，历三年如一日。一夕，大风甚雨，中途烛灭，忽有灯光导至墓前，遂不见。

从先惟，宣化里人。四岁而孤，事母甚谨……母殁，庐墓，有虎经墓侧，视眈眈。然惟叱曰：尔何为者。虎径去。

冯德遗，永城里人。力农养母。母殁，庐墓三年，见母遗物即啼泣。除夕，必携卧具，宿墓侧。终其身不易。②

以上诸多庐墓的事例，自然不排除有诸孝子为了博得"孝友"之美名，或编纂者为塑造孝子之"形象"，而刻意为之的夸耀性成分在内。比如其中易光辰的故事原型来自二十四孝之中的"闻雷泣墓"的典故。笔者更为关注的则是，与其他地方志以"割骨疗亲"之类的行为作为入选《孝友传》的标准略有不同的是，至少此地将入选"孝友"的标准，由生前的无微不至的侍奉孝亲，延伸到了死后对于坟墓的守护上面，由此表明了此地对于守墓与孝亲之间的紧密关联，此种对于坟墓重视的观念彰显了鄂东南的乡村习俗之一面相，由此也部分回应了前揭风俗之中所言的阳新县各地坟山墓地"历千百年"，而依然能"石碑竦峙"。而这些家族坟山墓碑资料，就成为我们研究移民家族历史的重要史料之一。

---

① （清）崔述：《崔东壁遗书》，顾颉刚编订，上海古籍出版社1983年版，第644页。
② 光绪《兴国州志》卷22《孝友》。

三、三门八房:荆溪袁氏的移民定居与世系延伸

袁广村在长江南岸,距离长江边只有数里路远,附近有极具军事战略要地、被誉为"楚江锁钥"的半壁山,半壁山与江北的田家镇夹长江相望,因其在太平天国时期成为抵抗湘军的重要战场而出名。关于袁广村的建村历史,族谱是如此记载的:

> 南宋,仲七公。仲七公与全、清二公为从兄弟。全、清二公厥裔尊为一世祖,我仲七公应尊为一世祖。当时我仲七公定居于江西丰城县正信乡袁家渡,传五世至丙七公始迁兴国沙村,生普胜,普胜公由沙村再迁碧山,生兴福、祖、广、禄。我兴广公卜居于荆溪之覆钟山下,见四面云山秀丽,一溪流水泉清,尚未再行迁动。始著户顶甲名籍当差。故尊兴广公为一世祖云。①

以上似乎对于袁广村的开村历史描述得非常清楚了,其始迁祖或开基祖、落叶祖为兴广公,此村以祖先名字命名曰袁广村。再往前追溯就是仲七公于宋元之际,由江西丰城县迁至兴国州,具体地点不详。传五世至丙七公迁居沙村,其子普胜公(广公之父)又迁到碧山,最后兴广公由碧山迁居荆溪,就是现在袁广村所在地。荆溪袁氏的迁徙历史是否就是如此过程?目前仅据族谱资料,我们还是没有能明晰袁氏早期移民定居的历史。以下不妨将视线转入到坟山墓碑上几块明代的墓碑之上,看这些更为接近移民之初的史料能带来何种信息。

首先来看目前家族墓碑之中现存较为清晰并可识别的明代墓碑,一为明代成化三年,由南京兵部侍郎选司郎中同郡谢覃撰文,袁澄所立的《明故处士袁公孺人何氏葬碑铭》,其碑文抄录如下:

> 处士讳镜,字道显,兴国州世家人也,年七十以天顺癸未(按,1463年)九月七日卒于家。其年十二月丁酉,穿其元配孺人墓合葬于屋后株林之原,坐子向午,为莹礼也。后五年孤澄属其从弟蜀茂州学正美列行状,速铭于潭。谨按袁氏之裔自周封陈始,秦汉而下代有显官,第家牒废缺莫可考其传系之次,转徙之详也。有□元高祖鼎三公,名毅勇将军,自沙村迁居璧山前,勇略之操,有以保艾一方也。曾祖讳朝用,行信六,自璧山迁居昼山,敦宠之德,有以表仪宗门也。祖讳质,字秉文,自畫山徙荆溪,博裕之谟,有以佑启后胤也。口处士继承宗祖操行不群,启口露肝胆不肯作世俗软媚态。或讥其绝物不能易其褊心也。每值岁歉,即出粟济贫乏;或讥其好名,则曰非好名不忍视其失所也。郡守贤其行,屡宾于乡饮;或讥其附势不敢慢朝廷之令也。群行类此。孺人讳寿,姓何氏,少服其父广济处士用华之训事夫,顺以义教子。爰以礼而卑尊咸适也。岁时奉祀,惟恭阃门嫁娶如一,而内外皆安也。疑忌不萌于心术,燕私不形乎动静,而姻党咸以为女中师法也。视处士之卒,以年计则前十稔,以月计则先九月,以日计则后二十二日也。处士生洪武甲戌正月七日,孺人生洪

---

① 阳新《袁氏宗谱》卷首《仲七公派下世系图》,1988年刻本。

武癸酉十一月十一日。男五，澄娶周氏、张氏，先卒，继娶贾氏；济娶张氏；洁娶张氏；溁娶刘氏；浦早世。女五，适同郡冯海、刘沔口、张万严□侄，皆有士行，惟适万者，厄于万卒，再适新亭潘荣廷。继室张氏男一七保，未娶。女一，六女在室。孙一十三，桂、榆、诸、槚、栋、梁、材、格、朴、柰、极、栻、植。弟二，钱之镗，存侄八，潘、渼、洁、演、濂、通、瀛、深。呜呼，处士诚善人哉，孺人诚贤妇哉，向其子孙绳绳多也，请系以铭曰：乾道惟弘，坤道惟贞，其上下同心也，匪爵而荣，匪禄而享。其内外同称也，松柏亭亭，封域明明。其子午同茔也，于赫厥声，于皇厥灵。其天地同存也。

龙集成化三年岁次丁亥冬十一月吉日孤哀子澄等重立，孙女婿张选书①

按，此碑为袁澄于成化三年（1467 年）为其父母所立，袁澄为袁氏定居袁广村之后的第四代，其世系为袁广──袁质──袁镜──袁澄。据碑文可知，其父袁镜去世五年后，袁澄将母亲何孺人（袁镜之元配夫人，先去世）与袁镜合葬在一起，并于成化三年嘱托从弟、四川茂州学正袁渼列其行状，由南京兵部侍郎谢覃撰文，为父母树碑立传②。在此碑文中，专门提及了早期移民的历史──高祖鼎三公（即普胜公），由沙村徙居碧山。曾祖朝用（即兴广公）由碧山迁居昼山，祖父质公由昼山迁居荆溪。这里有点奇特的地方是，此碑刻中追溯始迁荆溪袁广村的祖先说成是广公的儿子质公，而族谱广公之世系下则指出为兴广公迁居荆溪袁广村：

> 广公、讳兴广，字朝用，行信六。由碧山徙昼山，复徙荆溪，始著户丰义里七甲，民籍当差，卜宅允藏，瓜瓞绵延，今奉为一世祖。生于元文宗己巳年（1329 年）十一月初一日戌时。娶张氏，生于元至正丁丑年十月初六日亥时。生子五，彝、庸、政、质、玑。公殁于明洪武壬申年（按，1392 年），姚殁于明建文辛巳年（1401 年）三月初七日亥时。公姚合葬贵家林，坐丁向癸，为茔。③

这里不排除兴广公有可能是偕质公等几个儿子一起移居荆溪袁广村，而袁澄碑文中仅追溯其曾祖父而已。兴广公殁于洪武壬申年，即洪武二十五年（1392 年），考虑明洪武二十四年（1391 年）湖广地区已经普遍建立较为完备的里甲赋役制度，以兴广公的名称入籍丰义里七甲当差也是极有可能的。总之，至少在明初的洪武年间，袁氏家族正式在荆溪（袁广村）安家落户，并取得了里甲户籍身份。兴广公的经济生活应该是以农耕为主了，当然荆溪袁广村三面环山，山林资源较为丰裕，直到我们考察之际，还能看到当地人砍伐竹木贩卖的行为，加之袁广村离长江较近，且有溪流相同，距长江边的贸易重镇之富池镇也不远，山林资源应该可以提供一定的经济来源。另外，附近还有水域甚阔的郝寨湖，而根据族谱记载康熙年间郝寨湖一案所言："张、袁二姓人等，今有郝寨湖祖遗，自古迄

---

① （明）明成化三年《明故处士袁公孺人何氏葬碑铭》，抄录于阳新县袁广村家族坟山墓地。
② 按，坟山还有一块明成化三年《故考袁公姚何氏合葬之墓》的墓碑，其碑文相同。
③ 阳新《袁氏宗谱》卷 1《仲七派下世系》。

今,二姓轮流,腐烂字没,秋鱼以供国赋"。① 可见郝寨湖自古即为袁姓与张姓共同拥有,并有渔课。总之,荆溪袁广村农、林、水产皆为丰富,因此到第三代袁镜公时候,家道俨然颇为富饶,以至于袁镜公的碑铭中即云"每值岁歉,即出粟济贫乏",袁镜公也屡次被推选为"乡饮大宾",这在明初乡里社会颇为殊荣了。而到了第四代袁澄,地位则更煊赫,其事迹更是载入州志,据光绪《兴国州志》记载:

> 袁澄,字晤之,丰义里人。成化甲申,南京大饥,助赈三次,授义官,坊镌御书"仍然仁风"四字。②

袁澄因为三次赈灾,救济南京,被朝廷授予"义官"。按,另据花坟之袁懋官的墓志碑铭所言"贤书澄公,值荒岁,助谷三千石赈饥"③ 可知其赈灾粮食的数量非常之巨,因此也赢得朝廷御书旌表袁氏家族为"仍然仁风",为此袁氏当时是建有骑楼和匾额的,现在还存有遗址的石柱。所以此碑文开头就直陈袁镜为"兴国州世家人也"。

显然其定居移民之后的历史是非常成功和辉煌的。成化三年(1467年)袁澄所立的碑文中,提及让时任四川茂州学正袁渼撰写袁镜公之行状,而弘治十六年(1504年)所刊刻的《显考奉议大夫袁公之墓》的墓主恰好就是袁渼,兹碑文抄录如下:

> 先相国府君讳渼,字实之,行顺十八,别号筠直轩。世家湖广兴国洲丰义里。正统己未秋年仅十龄,补郡庠弟子员。时大父素轩处士经商姑苏,大夫人黄氏悯其游学年幼,远离者久,每遇往回,则涕泗涟洳。壬戌大夫人即世,先君守制,始就家塾习作□义,逮长受经青阳程先生懋之门,领景泰丙子乡荐上春官,中乙榜,不就,庚辰再试,遂授四川茂州儒学正。辛巳春,跋涉至茂,备尝艰阻。且茂属边郡,边民子弟多弗率教,俗尚犷悍,仇杀无虚日,先大父屡寓书曰:吾之衰老日甚一日,恐不复与吾儿相见也。先君捧书嘘唏涕泣者累日,即解任东归。时成化甲申,岁也戊子,谒选,改授淮府纪善,寻以年劳,荐升为右长史,深蒙恩奖。丁酉冬,居先大父之丧,三年毕,庚子又待次铨曹,日久例告顺天府给牒,暂归居。无何遭继祖母张氏丧。癸卯又值长兄汝弼捐馆京城,痛恨相仍,衰病益加。自是决于退休,绝迹郡城,乡饮大宾之招仅一往焉。日惟晴窗独坐,玩味书史,倦则引诸孙出憩近郊,以适趣耳。不幸于弘治壬戌(按,1502年)十月十六日正寝而终,享年七十三岁。以明年癸亥十月二十八日奉枢葬于屋北乐家岭之原,坐乾向巽,附黄祖妣兆也。呜呼痛,惟吾先君赋性端庄,宅心简易,群而不党,介而有容。其居家也,奉养抚字之诚,洽于上下,故宗党亲之;其居官也,清慎敦悫之行闻于远迩,故僚属重之。自志学,至于休仕,始终一节,为士林称仰无间。谨直撮其平生履历之概,刊于墓石,用垂诸不朽云。
> 孝男 袁相 楷 杲 柔 孝孙 炳 炤 烽 熹 熜 勳 寿 煻

① 阳新《袁氏宗谱》卷首《仲七公派下合约》。
② 光绪《兴国州志》卷22《义行》。
③ (清)雍正十三年《皇清诰封修职郎故显考袁公讳懋官字永忠别号梅溪大人之墓》,抄录于阳新县袁广村家族墓地。

孝媳妇 王氏 刘 江严　　孙媳妇 张 蔡贾王汪赵 张
孝妻盛氏 继妻伍氏 孝弟 洁演濂涌瀛深
从兄澄（义官）济 从弟浴□ 女素闲 婿冯体元
高祖信六公 曾祖寿十五公 祖凯二十公
大明弘治十六年岁次癸亥十月吉　　　孤子楷等泣血立石①

按，立碑人袁楷，为袁渼的第二个儿子。袁渼应该是袁广村第一位拥有功名和官职之人。按碑文所载，袁渼十岁就补郡庠弟子员，可谓极为聪慧，后于景泰七年（1457 年）考中举人，先赴四川任茂州学正，因为距离家乡遥远而返乡，后升任淮王府之纪善，旋升右长史。据查，淮王府为明代宣德十年（1436 年），淮靖王朱瞻墺从广东韶州迁江西饶州所建立的藩王府邸，府址在江西鄱阳县，距离阳新较近。而右长史全称为王府长史司右长史，属于正五品官衔。掌管王府政令、辅相规讽，总管王府事务，属于明藩王府中核心人物。从碑文额题来看，袁渼最后还被敕封为"奉议大夫"。由于袁渼高中举人，自然会被载入州志："景泰七年丙子乡试举人，袁渼，四川茂州学正，升淮王府右长史"。②

值得注意的是，碑文之中有一句涉及袁氏早期的经济生活，即在袁渼十岁之时，"时大父素轩处士经商姑苏"。素轩为袁镗的别号。袁镗为袁质的第三子（袁质生镜、钱、镗三子），他既然能远赴姑苏（即现在苏州）经商，③ 想必家庭殷实，镗公也被推为乡饮大宾，而据碑文可知，袁渼作为官员，致仕归乡之后，也被推举为乡饮大宾一次。而且据地方志所载，袁渼的长子袁相，字汝弼，亦于成化十三年丁酉乡试中举人。父子双双考中举人，在当时应该是非常值得夸耀的事情了。

从荆溪袁氏定居袁广村的过程来看，始迁祖兴广公入兴国州丰义里七甲民籍当差纳粮，估计应该是以农为业了。第二代有五个儿子，分别为彝公、庸公、政公、质公、玑公。由于政公和玑公两位先后迁往外地，袁广村就留有彝公、庸公、质公三人，这三人的后裔就演变为袁广村的上、中、下三门格局，但非常奇怪的是，其顺序却是派行老四的质公派为上门、派行老大的彝公派为中门、派行老二的庸公派为下门。清初康熙年间，下门庸公派下袁懋瞻就曾经撰《辨讹》一文，他根据墓志发现，家族中秩行四的秉文（质公）为长兄，将秉常（彝公）为三弟，"是以兄作弟，以弟作兄也"④。这是兄弟派行的错位，其是否为三门格局错位的原因？抑或是因为质公派下第二代、第三代出现了财力富饶和功名显赫的举人有关？或者这里的上、中、下仅仅只是聚落空间格局上的划分？具体原因和形成过程还有待进一步的考证，但这种三门格局显然在明代就已经形成。

从宗谱派系来看（见图 2），袁氏似乎从初期开始就注重宗族的认同和派行的分别。

兴广公之后，其第二世，彝公、庸公、政公、质公、玑公，其字号分别为秉常、秉

---

① （明）弘治十六年《显考奉议大夫袁公之墓》，抄录于阳新县袁广村家族坟山墓地。

② 光绪《兴国州志》卷 14《举人》。

③ 这一经商现象在以后的世系碑铭中亦有出现。据道光六年《故考袁公讳启篁字竹田号峭壁大人之墓》记载："峭壁袁先生，弱岁攻举子业，孤诣苦心，士林之翘楚。业后见同炊，食指日繁，生计日促。作班超投笔，端木货值之计。捐弃笔砚，部署家政，田庐栋宇，式廓维新，经纪小大，公务胥井井有条，固不独课耕课度，训后昆以成立全节全孝，抚寡嫂以久志为足多也。"

④ 阳新《袁氏宗谱》卷首《仲七公派下传赞·辨讹》。

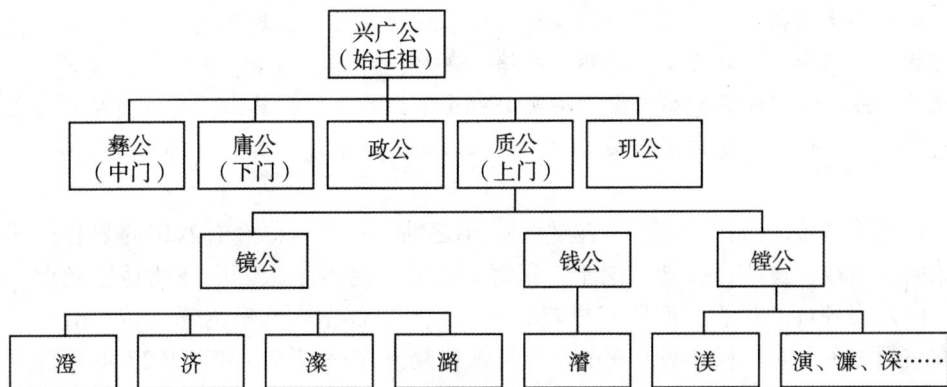
图 2 袁广村袁氏宗谱派系图

中、秉齐、秉文、秉七，皆以"秉"字开头；第三世为：镇公、铎公、铭公、铨公、镜公、钱公、镗公、钟公等，皆用"金"旁；第四世为：海公、澜公、浴公、澄公、济公、溙公、潞公、渼公等，皆用"水"旁；第五世为：椿公、模公、械公、柱公、李公、杏公、梅公、梧公等，皆用"木"旁；第六世为：炉公、煤公、煠公、炙公、辉公、烘公、炼公、焕公等，皆用"火"旁。

以上六世基本用单字命名，到了第七世之后，开始用派行字号辈命名，派行顺序依次为"继、天、朝、珑、懋、士、启、存、基、诗、书、作、训、永、知、修"，加上前面的以"金、水、木、火"偏旁命名，至当代袁氏共历二十二世。一般派行之字派大多置于名字之前端，如"继"字辈曰继堂、继庆、继明等，"士"字辈曰士启、士份、士仪等，唯有第九世"珑"字辈，派行之字被置于名字后端，如云珑、飞珑、耀珑、跃珑等。

但我怀疑这种派行名字在实际运用和袁氏初期的历史中并非如此规整划一。仅从墓志碑文来看，比如弘治十六年所刊刻的《显考奉议大夫袁公之墓》碑文中，"袁渼"就被写作"袁美"。而在嘉靖三十二年《故考袁公隽六十七府君之墓》中，立碑人署名为"袁龙、虎、凤"。但在族谱中，皆加了"火"字旁，因此，我们可以认为，修谱的过程，其实就是宗族组织统一化和整体化的过程，并且给予家族的许多问题和现象一个解决和解释。比如首次修谱，必须解决一个族源的问题，即我是从哪里来的。然后将之前星散的世系条理化、整齐化，并为以后梳理规范和标准，比如派行的选定等。但袁氏在前六代，的确有意识地选择同类型的字（体）来命名，以识别不同辈分，这或许与袁氏在第三代就出现官宦和读书人有关。

继三门之后，袁广村随着时间的推移和人口的增长，又出现了八房的划分。这种同一宗族内部房份的划分，其实是随着人口的不断繁衍，亲属的圈子不断分化的结果，在承桃与继产方面，基本都是先按照房份内部来进行处理的。至于何时形成八房以及具体是指哪八房，现在还较难判断，据袁广村祠堂墙壁所保存的道光十二年（1832年）碑刻《粟窝徐家坳两处合户公约》中云：

　　……今因岁歉，公祭费有不给，族人事有惟艰，恐再有不法之徒，妄生觊觎，是以合户齐集祖祠，共同商议，将粟窝、徐家坳两处公山，载稞钱一十二串文，情愿书契凭中，尽卖于本户文渠、德明、名播、良卿、存恕、国干、基海、基浚名下，八房现共为业，以保阖户口口来龙……买山八房丁口原议不分其山，卖后听从八房蓄种取息管业……倘后八房内恐有买卖，只许八房转运，不许出卖外姓。①

　　从以上碑文可以看出，至少在道光十二年之前，袁广村已经有八房的划分，其"文渠、德明、名播、良卿、存恕、国干、基海、基浚"这八个人，应该就是道光十二年袁广村三门八房各自的代表，而所有户族的财产分割，都是在八房内部流转，由此可以看出，在三门之下，袁广村还有八房的家族组织格局。在民国十六年（1927 年）三月的司法民事案卷中，还专门提及三门八房之事：

　　前清道光年间，有程商壁、梁国安等勾引袁姓户痞，霸挖取煤，历经讼争，严禁在案。后因补助祭费，又恐另生觊觎，合户齐集祖祠，由户长启林等并阖族人等凭中卖与文渠等上中下三门八房，相共为业。各执合约一纸。照约立石祖祠。约内载明倘后八房内恐有买卖，只许八房转运等语。②

　　概言之，袁广村袁氏家族，自始迁祖兴广公于元末明初迁居荆溪袁广村之后，于洪武年间编户入籍丰义里七甲纳粮当差，此时应该是以农耕为业，兼及山林特产，而从康熙郝寨湖草场案来看，袁氏与邻近的张氏，还共享有郝寨湖之水面和渔业资源。总之，到了第三代袁镜公、袁镗公之时，家道开始富饶，袁镜公已经能够"每值岁歉，即出粟济贫乏"，并多次被推举为乡饮大宾。袁镗公更是远赴苏州经商，家道之殷实可见一斑。在经济实力上升的同时，袁氏家族的社会地位也开始显著提升，到第四代，即明代景泰、成化年间，袁氏先后出现了袁渼、袁相父子举人，而且袁渼先后任四川茂州学正、淮王府右长史等职，官居正五品。袁澄也于明成化年间赈济三次，封赠义官，旌表袁氏义门，御书"仍然仁风"。此时可谓达到袁氏家族兴盛的第一个鼎盛时期。以后庠生、太学生、国学生等地方生员亦层出不穷。故在康熙年间所立的《袁氏重建祖祠碑记》即云："书香人家，地灵人杰，贤士屡生，景泰、成化年间，以举人显则袁公讳渼，其子讳相业；以岁贡显者则讳熺讳朝佐也。自是学孔孟者入簧宫，习孙吴者谙韬略，代不乏人，指难胜屈，人文后先。"③而其家族组织则在不断繁衍的过程中，根据亲疏远近，逐渐形成三门八房的宗族格局。

四、想象的"祖先"：荆溪袁氏早期世系的层累构建

　　从生物繁衍的角度而言，人皆有所本，皆有所出，但对于普罗大众而言，囿于记忆之

---

　　① （清）道光十二年《粟窝徐家坳两处合户公约》碑，现存阳新县袁广村袁氏祠堂内。
　　② 阳新《袁氏宗谱》卷首《仲七公派下堂谕·民事判决书》。
　　③ （清）康熙五十六年《袁氏重建祖祠碑记》，现存阳新县袁广村袁氏祠堂内。

有限、文字之缺失，往前回溯，都会遇到"文献不足征"的困境。而家族在创修宗谱之始，最需要解决的基本问题之一，可能就是族源问题，并且尽可能在移居地和迁出地之间建立有机的联系。但在漫长的移民过程和不断的人口繁衍之中，遥远的祖先往往淹没在岁月的长河中杳无踪影，如此则，怀抱着执著与神圣使命的族谱编纂者该如何去追寻自己的祖先？

荆溪袁氏移居袁广村之后，其对祖先的记忆大概更多地停留在上溯三代之内，即兴广公之前的普胜公和丙七公。如袁广村现存最早的墓志碑刻为明代成化三年《明故处士袁公孺人何氏碑铭》（碑文见前），其中追溯最早的祖先为"元高祖鼎三公，名毅勇将军"，这里的"鼎三公"就是普胜公，号鼎三。而接下来的明弘治十六年《显考奉议大夫袁公之墓》（碑文见前），则世系仅推及"高祖信六公"，信六公即荆溪袁氏的始迁祖兴广公，字朝用，行信六。

但这些并没有阻止他们不断试图追寻更遥远的祖先的脚步。除了前揭所见到的明代成化三年、弘治十六年的墓志之外，还有一块可以算是明代的墓碑，即其初次刊刻于明代弘治九年（1496 年），但重立于清代嘉庆二十五年（1820 年），其墓主为袁氏定居荆溪袁广村之后的三世祖袁镗公，碑铭名为《先考素轩府君之墓》，其碑文抄录如下：

> 袁氏世为著姓，惟我先考府君讳镗，字道声，行凯二十二。公世家兴国丰义里，曾太父讳普胜，太父讳兴广，父讳质，咸有令德，佑启后胤。府君宅心坦夷，著德熙和，笃伦理，好施予，时称善人。生辰乃洪武庚辰八月十八日，以成化丁酉十一月十九日终于正寝，享年七十有八，又明年己亥正月初三日庚□□□□于屋北乐家岭之原，坐壬向丙加子午为茔，从先兆也。先母同里黄谷玉之女，先卒，上距府君三十六年，生男四女三，继母张氏，生男三女二，皆府君身为教养嫁娶。第家牒不存，其世系迁徙之详无由而知，深可慨也。尝得宗系图□纸云，自远祖念五公生五十五公，五十五公生六四公，六四生仲七公，仲七生丙七公，丙七公生鼎三公普胜，鼎三生信六兴广，信六生寿十五公质，寿十五公生府君，盖九世也。至若迁居之次，则闻诸故老，相传云上世初居砂村，□砂村迁碧山，碧山迁女氏山，最后迁荆溪，即今处也。□不外手本里□□知尉□来□，渼幼领庭训，受禄于官，不能远综博索以昭前人之绪，以开后嗣之基，不孝之罪恶乎，逃又大惧先德之将泯，宗党之日疏，因拭泪而撮其慨于兹石。

男 渼 演 溠 通 瀛 深 校
妇 盛氏 王 方 方 李 盛 张 □
孝孙 袁相 楷 既 杲 检 瞿 启
孙妇 王氏 刘 张 江 汪 谢 冯 严
曾孙 袁炳 炤 奎 阜 喜 谷 惚 敦 忍 炬
曾孙妇 张氏 蔡 贾 张　　汪　　赵
长兄讳镜　生 澄 济 洁 涓 潞

大明弘治九年丙辰岁十二吉日

　　嘉庆廿五年嗣孙启亚重立①

　　按，此碑两次刊刻竖立的时间从明代弘治九年（1496年）到清代嘉庆二十五年（1820年），中间相隔324年之久，为何重立？重立之后碑文是否有改动？这些暂时还不得而知。仅从碑文内容来看，应该是袁渼为父亲袁镗公所撰写的碑文，但立碑人已经向后延伸了两代，无疑是嘉庆刊刻时候添加上去的人名。

　　此碑铭内容则除了对墓主镗公的生平进行记叙之外，其最为引人注意的部分就是镗公通过"尝得宗系图"的这种"偶然"方式，得到了一份记载有定居之前的祖先的宗系图，将始迁祖兴广公之前的世系进行了延伸：

念五公——→五十五公——→六四公——→仲七公——→丙七公——→普胜公——→兴广公

　　如此则将始迁湖北阳新沙田村的丙七公之前的世系，上溯了五代。这部分内容是否是弘治九年（1496年）初次立碑时就有？还是嘉庆二十五年（1820年）再次立碑时候重新增补？目前还不太清楚，但至少可以肯定在清嘉庆之前，早期的世系有所回溯了。

　　但袁氏早期世系的构建并未到此为止，在1988年撰写的袁氏族谱中，此碑以《镗公墓志》为名被载入《袁氏宗谱·传赞》中，但内容有所改动：

　　袁氏世为著姓，惟我先考府君讳镗，字道声，行凯二十二。公世家兴国丰义里，曾尊太父讳普胜，太父讳兴广，父讳质，咸有令德佑启后昆。府君宅心坦夷，著德熙和，笃伦理，好施与。时称善人。生辰乃洪武庚辰八月十八日，以成化丁酉十一月十七日终于正寝，享年七十有八。又明年己亥正月初三日庚申，奉柩葬于屋北乐家岭之原，坐壬丙兼子午向。为莹从先兆也。先母同里黄谷玉之女，先卒，上距府君三十六年，生男四女三，继母张氏生男三女二，皆府君身为教养嫁娶。间尝得宗系图，云自远祖念五公生五十五公，五十五公生六四公，六四公生仲七公，仲七公生国一，国一公生正二，正二公生天三，天三公生星四，星四公生顺五，顺五公生丙七，丙七公生鼎三普胜，鼎三公生行信六兴广，兴广信六生寿十五公质，寿十五公生府君，盖十四世也。至若迁居之次，则闻诸故者，皆云上世初居沙村，沙村迁碧山，碧山迁女氏山，最后迁荆溪，即今处也。渼幼领庭训，受禄于官，不能远综博索，以绍先人之绪，以开后世之基，不孝之罪恶乎逃，又大惧先德之将泯，宗族之日疏，因拭泪而撮其概，于兹石。

　　哀子渼等泣撰②

　　对照《袁氏宗谱》中收录的《镗公墓志》和坟山碑刻中的《先考素轩府君之墓》，我们可以发现，其最大的改动就是在仲七公与丙七公之间，插入了"国一、正二、天三、星四、顺五"五代，于是至兴广公时，形成了十二世：

———————————————

　　① （清）嘉庆二十五年《先考素轩府君之墓》，抄录于阳新县袁广村家族坟山墓地。
　　② 阳新《袁氏宗谱》卷首《仲七公派下传赞·镗公墓志》。

念五公——→五十五公——→六四公——→仲七公——→国一——→正二——→天三——→星四——→顺五——→丙七公——→普胜公——→兴广公

由于铠公墓志碑铭尚在坟山墓地之上竖立着，编者大概也意识到族谱内容与墓碑内容明显不符。为此，族谱在《铠公墓志》之后特意加了附注：

　　考历代总系，在仲七公后，遗失五世，即国、正、天、星、顺五世，在戊辰合修大成补上，特此说明，以免后人鉴疑家乘与墓志不合。①

坟山碑铭上直接记述"仲七公生丙七公"，但宗谱却说仲七公到丙七公之间遗失了五世，但并没有给出充分的理由和说明。兹将袁氏早期世系绘图如下（见图3）：

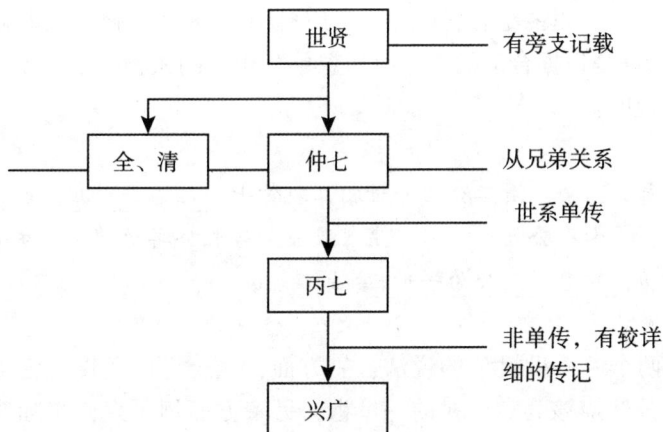

图 3　袁氏早期世系图

那么在 1988 年修谱之际，为何要在仲七公之后到丙七公之前，添加五代，将世系延伸拉长？考之合修族谱，大概与阳新县全公、清公以及仲七公三公后裔合修族谱有关。从修谱的村庄来看，全公派下村庄最多，其次为清公派下，而仲七公派下实际只有袁广村一个村庄。而据《袁氏合修宗谱序》所载：

　　我族自汝南衍派，施及寰中。南宋时，我祖全清仲七三公，俱为世贤公五世孙。全清二公俱由吴迁楚，全公则卜居于兴国之铜桥畈，清公始奠基于同邑之享潭，后徙居于白果，至今已属通山。仲七公其时尚未定居何所。至兴广公，乃仲七公之八世孙，始定居于荆溪之覆钟山下，厥裔遂尊为不迁祖云。……集我族七邑之耆英，聚议于兴国之河潭庄内，凡倡空前之举，统一家乘，旋复集会于率洲之袁家垄庄，推敲谱

――――――――――――

① 　阳新《袁氏宗谱》卷首《仲七公派下传赞·铠公墓志》。

局地址，金日是邑富池镇之袁广庄泉甘土沃、俗美化纯，堪设我族之谱局，而广庄亦乐献其集体之连云大厦为谱局栖息之所。遂乃定居址。①

在 1988 年的合修族谱活动中，袁广村是作为谱局地址，其地位还是非常之重要的。但从迁徙的历史来看，全公、清公两人是于南宋时候就由吴迁楚，一居铜桥畈，一居享潭（后徙居通山白果）。但"仲七公"于南宋时候尚不知所在，直到丙七公始迁兴国州的沙村，至兴广公才定居袁广村，此时已经到了元末明初。而 1988 年合修宗谱之时，袁广村为了将祖先的历史向全公、清公靠拢和看齐，就添加了一个与全、清二公同辈的"仲七公"，并将其与前面两位的关系定义为"从兄弟"（至于全、清二派的联系是否紧密，是另一个待考的问题，兹按下不表）。如此则"仲七公"作为南宋人士，和元代中后期的丙七公之间就有时间上的脱节，于是就插入了"国、正、天、星、顺"五世作为过渡和衔接。

事实上，袁广村人心目中对于祖先的记忆，大概是从丙七公（号万春）开始的，由村中专门建有"万春亭"以兹纪念就可知。袁广村于 1988 年合修族谱时候，将其始祖追溯到"仲七公"，或许是根据合谱的需要而"想象"出来的人物。所以在《仲七公派下世系图》中就有如此说明：

> 南宋，仲七公，全、清二公为一世祖，我仲七公应为一世祖。我仲七公裔下五世孙在江西未迁。至丙七公始迁沙村，生普胜公。普胜公再迁碧山，生兴广，迁居荆溪著户，不再牵动，故尊兴广公为一世祖。②

这里就出现了两个"一世祖"的说法：一方面，从合谱的角度，为了和全、清二公看齐，所以"仲七公"应该为袁广村的一世祖；另一方面荆溪袁氏实际的始迁祖和开基祖是兴广公，当地人已经习惯于将兴广公尊为一世祖和始迁祖。如此则"仲七公"及其到丙七公之间的一段世系，主要是为了合谱之需要而构建的一段历史。

事实上，在笔者目前所能看到的荆溪袁氏的谱序中，最早的一篇为同治年间袁光澍所撰，他就曾经专门解释了为何不尊最早迁入阳新的丙七公为始祖，而是尊兴广公为始祖：

> 吾袁氏旧谱，自丙七公由江右丰城迁湖广兴国，再传至兴广公，始著户荆溪。吾族之所以尊为始祖也。曷为不始祖丙七公？公虽始迁而尚未起家也。其独详广公祖父何礼？推其所自出也。所自出只此乎？时代殷遥，不敢杜撰也。③

据此谱序可知，至少在清朝同治年间，荆溪袁氏早期的祖先回溯仅到丙七公而止。而在目前所见最早的墓志碑刻，即明代成化三年的《明故处士袁公孺人何氏葬碑铭》中，

---

① 阳新《袁氏宗谱》卷首《袁氏合修宗谱序》。
② 阳新《袁氏宗谱》卷首《仲七公派下世系图》。
③ 阳新《袁氏宗谱》卷首《仲七公历届总序·续修新序》。

回溯的祖先仅到普胜公而止。在嗣后的立碑和修谱过程中，根据现实的需要，而在不断地层累构建和延伸早期的祖先谱系。

这种想象和构建早期"祖先"的现象，在其他大多数宗族也较为常见。这一方面从客观上言之，就是由于移民迁徙的历史往往是漫长和没有文字记载的历史，当一个移民群体繁衍壮大，决定修建族谱之时，囿于文字和记忆的消失，对于遥远的历史只能是靠虚构和想象。而另一方面，从主观言之，他们又需要建立一个拥有地缘关系的血缘群体，而且从朴素的生命繁衍的逻辑出发，他们认为现实的人群总是由某一个祖先传承下来的，这点是毋庸置疑的，至于这个祖先到底是谁，在没有完整文献的基础上，他们就只能凭空想象和勾连。而且一旦构建和想象出一个共同的"祖先"，那么就会通过起坟、立碑、入谱、祭祀等多种活动，让想象的"祖先"逐渐落到现实里，走入当地人的生活中，从而起到向心和凝聚族群的作用。想象的"历史"并非没有现实的"意义"，从这个层面和角度言之，我们不能因为"祖先的虚构"而否定其在宗族组织过程中的积极意义。与其说他们在构建祖先，不如说他们在完成一种神圣的使命，在书写属于他们自己的历史。

五、余论：移民社会史研究的若干思考

众所周知，在明清时期的长江流域，由于战争与土地资源以及赋税等复杂因素，引发了历史上一场自东向西、波澜壮阔的"江西填湖广"、"湖广填四川"的移民浪潮。故此，两湖地区在明清时期无疑属于典型的"移民型"社会。对于两湖移民，张国雄已就移民原因、路线与过程，以及移民对于垸田等经济开发进行了初步研究。① 倘若从社会史的视野出发，我们还需进一步深化两湖移民史研究，展开"移民社会史"的研究——比如移民进入迁入地之后，首先，他们面临如何维持生存的问题；其次，他们如何提升自己的身份和地位；再次，在一个移民为主体的社会，如何构建新的社会关系网络；最后，新构建的地方社会如何融入国家，如何建立新的地方社会秩序，等等。

本文通过对鄂东南阳新县富池镇袁广村的个案研究，试图部分回答有关移民社会史的相关问题。袁广村的荆溪袁氏经过几次转徙之后，终于于元末明初迁入袁广村定居下来，由于此地山林环绕，且荆溪穿越其间，比较宜于从事农耕，兼有竹木及渔业资源可资利用，所以到了第三代，荆溪袁氏就非常富有，能出谷赈济贫乏，被州县举为"乡饮大宾"，并获朝廷旌表，并且有人远赴苏州经商，这对于移民家族的发展与社会地位的提升有着十分重要的意义。正是在此富有的经济基础之上，到了第四代，荆溪袁氏就出现了父子举人，并官居五品。换言之，移民家族往往以农立业，以经商致富，以科举提升社会地位。一般而言，一个移民家族需要经历至少四代人的努力，才有可能晋升入士绅阶层。

在一个地方社会移民定居成功之后，他们开始构建自己的家族历史和家族谱系。根

---

① 张国雄：《明清时期的两湖移民》，陕西人民出版社 1997 年版。

据墓碑资料和族谱资料来看，荆溪袁氏出现一个有趣的现象——时间越靠后，其追溯的祖先越远越详实，并且将祖先移居的时间越推越早，显然他们是根据现实的需要，而在不断地层累构建和延伸早期的祖先谱系。这些想象的"祖先"，是否真实存在并不重要。因为对于当事人而言，每个祖先都是真的，或者说，每个祖先都具有真实存在的意义。

（作者单位：武汉大学历史学院）

试论清朝嘉道时期的钱粮亏空

□　倪玉平

　　地丁钱粮是清代最重要的财政收入，钱粮亏空是反映吏治水平和财政收支状况最重要的指标之一，也是当时社会经济发展水平与统治能力的重要体现。清代极为重视钱粮亏空的清查。钱粮一项，税率有定额，征收有程序，起解有限期，存留有定数，奏销有考成，仓库不督察，侵蚀有处罚。钱粮亏空有着特定的含义，包括两个方面，一是额定赋税不能按时按量征收上交，造成拖欠；一是已征入库钱粮被官吏挪用、侵盗，形成亏短。清代的钱粮亏空一直存在，成为一大顽疾。嘉庆亲政，即大力着手整顿；道光即位后，亦立即将清查亏空作为施政方针。本文即欲就这一时期的钱粮亏空及其整顿效果作一简单分析，以求教于方家。

一、整顿亏空的指导思想

　　嘉庆亲政后，非常注重清查亏空。他深知直省仓库多有亏缺，即便上面查核，亦"冀图朦蔽，多系设法挪移弥缝掩饰"①，所以主张对于亏空一定要认真查核，但他的查核办法，却一改其父办法，而是首先针对近京地区的直隶和山东，主张通过密办方式，"徐徐办理"。嘉庆四年三月，山东巡抚岳起奏请勒令弥补亏空，嘉庆帝批示："徐徐办理，自有成效。百姓足，君孰与不足？培养元气胜于仓库实贮奚啻万倍！至于大吏洁已率属，各员尽革陋规，皆为善政，以此弥补足矣，捐廉罚银等事朕不为。"②

　　嘉庆四年六月，直隶总督胡季堂奏请严追直隶亏空各员，并主张将有关人员拘至省城勒补。于是嘉庆批示："封建大吏当以吏治民生为重，而财赋次之，胡季堂何不知大体如此！"直隶钱粮亏空已悬宕三十余年，"即须次第清厘，何必亟亟？"③ 现在各省悬项分为子孙代赔及前任、现任三种类别，自应照此办理，不得拘押相关人员，以免造成事端。不久，嘉庆帝又密谕胡季堂："仓库必须弥补，然须行之以渐。为大吏者正己率属，大法小廉，徐徐化导，革除陋规，自必渐次清厘。"如果冒然勒限催追，施之于一、二贪吏尚

---

　　①　中国第一历史档案馆编：《嘉庆道光两朝上谕档》，嘉庆四年四月初一日，广西师范大学出版社2000 年版。

　　②　《清仁宗实录》卷四十一，嘉庆四年三月戊子。

　　③　《清仁宗实录》卷四十七，嘉庆四年六月癸卯。

可，通省如此，"是令加派小民，徒饱私囊耳。再者激成别事，所费益大矣。缓急轻重可不详思乎？"① 由此也可以看出嘉庆帝的指导思想，即并非要不惜一切代价来弥补亏空。

嘉庆五年正月初九日，嘉庆帝还就整理亏空向各督抚进一步说明自己的主张："国家设立仓库，原备各省缓急之用，岂容稍有亏缺。若清查过急，州县借弥补为名，复有劝捐派累之事，是为民反成害民之举，理财变为聚敛之弊矣。若勒限在任弥补，则是剜肉补疮，无益有害，朕深知此弊。"② 几天后，户部奏称，各省积欠，自嘉庆三年、四年以来不下二千余万，嘉庆帝再次强调："此项银两岂尽实欠在民？"外省地方官于应征钱粮，往往挪新掩旧，以征作欠，每遇有协拨之项，"辄以本省现有急需为词，其实正项虚悬，是以不得不为挪移掩饰之计。似此年复一年，伊于何底？"因此，各直省内如现在用兵省分，需用浩繁，或可暂缓查办，其余各省并无紧要事件，自应将连年积欠实力清查归还款项。③

针对有官员将亏空官员名单直接上奏的行为，嘉庆帝感到十分恼火，认为这是理解错了自己的意思。嘉庆五年六月二十九日，他专门发布上谕，称各省仓库亏缺，经密谕各督抚，逐一清查设法弥补，以归实贮。这样做的本意，是因亏空之案，官非一任，事阅多年，"若概行查办，则经手亏缺及接任虚报各员，皆当按例治罪，人数未免众多，或尚有贤员，亦觉可惜，是以宽其既往之愆，予以弥补之限"。此系格外施恩，各督抚惟当实力查核，将该省如何亏空、如何追查官员等，一面查办，一面据实密奏，"方为实心任事之道"。近来江苏巡抚岳起将江苏省盘查案内亏缺一事抄录朱笔密批咨报户部，安徽巡行荆道乾将安徽省州县交代展参案内以仓库有亏声明咨部，山东巡抚惠龄则请将山东省未完州县处分暂缓例议，"均属非是"。在他看来，各省亏空一事，"朕既责成各该督抚密行查办，自当仰体朕意，实必经理。岂得以和盘托出，即可自占地步，置身事外乎？"更重要的是，一经报部，即当按例参办，"又岂能姑容不肖之员，使之无所畏忌耶？"近日各省清查亏空，惟闻广东、浙江不动声色，以次清厘，办理已有成效，其余多系漫无章程，并无实效，所以日久仍应照章办理，不得将亏缺数目辄行咨部。若将亏缺各员一体参革治罪，"不成事体，并恐此内或有居官尚好之员，未免可惜"。他还警告，日后如实有一、二州县不能弥补，应行奏明严办者，自当据实参奏治罪，但即便如此，亦必须先令设法弥补，不得将挂欠数目于目下奏销册内，"遽行开报，图免本任处分，以致碍难办理"。④

嘉庆九年，经全国大调查，发现除贵州、四川、广西、山西、奉天五省本系年清年款，其作省份均有亏空。⑤ 嘉庆十年正月，针对直隶的钱粮亏空，嘉庆帝表示，直隶省各项钱粮，一直"挪移垫借，朦混影射，辗转纠缠，以致应解之项任意宕延"，而从前清查款项亦不能按限追交，因循日久，自应大加振作，分晰清厘。之所以查而不清，总因直隶总督颜检"平素意存见好于地方事务，未免涉于粉饰，而属员等揣摩迎合，往往习为谀词，以致诸事不能核实"。比如追存各案银269000余两，留直备用一款，"朕早料及该省

① 《清仁宗实录》卷四十七，嘉庆四年六月丙辰。
② 《嘉庆道光两朝上谕档》，嘉庆五年正月初九日。
③ 《嘉庆道光两朝上谕档》，嘉庆五年正月十三日。
④ 《嘉庆道光两朝上谕档》，嘉庆五年六月二十九日。
⑤ 《嘉庆道光两朝上谕档》，嘉庆九年三月初五日。

动用无存，今果不出所料。此时既无存银，焉能复行解部"①。考虑到以后清查仍然是查而不清，嘉庆帝随即又发布上谕称，清查一次，亏空数据即增加一些，"藉词清查，希图以一篇空账，仍如前两次之分别咨追虚悬了事"，似此年复一年，任意亏短，叠次增多，"势将何所底止？必致将库项尽归无著而后已"②。次年，他还表示，直隶每次清查，"总未得实，而州县官见清查之后，上司并不严办，益无顾忌，任意续亏，遂至数年之间，续增此数"，"皆各上司因循姑息所致"。③

嘉庆十二年年底，户部上奏严催积欠的办法。嘉庆帝表示，各省丁赋自嘉庆元年起至十一年止，除因灾缓带征外，仍有未完银886万余两，"我朝取民有制，从无加赋之事，唯藉此每岁正供，量入为出，岂容积有亏欠"。江南等省已欠至八百余万两，自己每逢灾事必有蠲免，现在户部折内各省缓征带征银385万余两，不在此列，"小民具有人心，于岁入正供自当输将踊跃，即间有拖欠，亦何至多至数百万两？总由地方官任意因循，征催怠惰，甚或有侵挪亏蚀情弊，皆未可知，而上司护惜属员，往往曲为地步"。不过，户部的办法并无新意，无非是要求地方官认真征收查办而已。④ 嘉庆十三年二月，对于山东之亏欠，嘉庆帝也不得不表示，所欠仓库银180余万两，"本应将该州县等按律革职治罪，特因该员等人数过多，事非一任，且一经去官逮问，帑项仍致虚悬，是以法外施仁，准令分限弥补"。⑤

嘉庆十九年四月初二日，户部将各省州县征存未解银两开单呈览，发现江苏、安徽、山东等各省份，不仅亏空没有减少，反而越欠越多，嘉庆帝极为恼火，称"各督抚受朕厚恩，具有天良，无一实心办事，思之实深愤懑，全不以国计为念，一任不肖官吏拖延弊混，总不上紧清厘，明知经费未裕，琐琐焉议于常赋之外设法巧取，而置份应提催之款于不办，岂非本末倒置，公私罔办乎？"⑥ 两个月后，直隶总督那彦成称，既然直隶也是越欠越多，不如将其中的拖欠按比例蠲免，嘉庆帝称此等意见"乖谬之极"。在他看来，直隶省前次办理清查之后，业已严降谕旨，各州县不准丝毫再有续亏，嗣后亦不得更借清查名目，"以为掩饰亏空地步"。那彦成到直未久，复为此奏，"自系该省属员欲将亏空混入民欠之内，创为此奏，觊觎邀免，那彦成受其怂恿，大胆冒昧入奏，着传旨严行申饬，总不准再提此事"。⑦ 江苏、山东的情况也是这样，"自有清查以来，不但不能分限弥补，且每续查一次转增多数倍，显系岁有续亏，名为密奏陈情，实则通同舞弊"。⑧

从上面的分析可以看出，由于一直担心物极必反，嘉庆帝对于亏空采取了不可不问，不可深问，不可不办，不可深办的态度。但是直到嘉庆二十年以后，由于密奏办理的方式不但没有取得实效，而且新亏不断增加，这才开始加大力度，严肃处理。

嘉庆二十年正月，江苏巡抚百龄奏嘉庆宝山奉贤三县未完钱粮，请求分别督催，嘉庆

① 《嘉庆道光两朝上谕档》，嘉庆十年正月二十日。
② 《嘉庆道光两朝上谕档》，嘉庆十年五月二十八日。
③ 《嘉庆道光两朝上谕档》，嘉庆十一年正月十六日。
④ 《嘉庆道光两朝上谕档》，嘉庆十二年十二月二十四日。
⑤ 《嘉庆道光两朝上谕档》，嘉庆十三年二月二十六日。
⑥ 《嘉庆道光两朝上谕档》，嘉庆十九年四月初二日。
⑦ 《嘉庆道光两朝上谕档》，嘉庆十九年六月二十日。
⑧ 《嘉庆道光两朝上谕档》，嘉庆十九年八月十二日。

指示:"如系官员亏缺,即当查明严参离任着追,分别敷办;如系官员亏缺而诡言民欠,更应加重治罪,以儆贪墨。若果系民欠,则当于奏销时按照分数将经征督催各员分别参处,必须区别分明,不容淆混。"① 二月,章煦奏山东自元年以来亏银共达600多万两,嘉庆大为惊诧,认为"该省敝坏一至于此,实堪痛恨"。此项亏缺,皆起于嘉庆元年以后,此十余年来,朝廷并未举行东巡,该省亦从无贡献珍玩等物,"此中外所共知,将复何所藉口?"亏空之由,无非是历任巡抚藩司玩忽职守,纵任不肖州县,"将国帑付诸漏卮,此内若谓一无贿索,其谁信之?"② 随后,朝廷将嘉庆元年以后山东省失察各属亏缺钱粮之历任巡抚藩司,除在任甫及半年者遵旨免其罚赔外,在任已逾半年者,分别罚赔示惩。③

嘉庆二十年八月,江苏奏报两江总督百龄任内追补之数,较之前任不及一半,嘉庆帝称,若似此任意延缓,何时方能弥补完竣?百龄、江苏巡抚张师诚"均着传旨申饬"。④ 不久,针对安徽巡抚胡克家奏称督查司库历任借欠未归银两,分别着追着赔一折,嘉庆表示,安省藩库借放银两,自应立即追赔归还,不应借者,"着原借原放之员按数赔缴,即将此款永远停借;并着嗣后藩库遇有借放银两,均随时报部查核",如将不应借之款滥行借放,除着赔外,仍治以应得之罪。⑤ 十二月,当嘉庆帝知道各地亏空情况仍然很严重时,非常生气:"近年以来,朕为各督抚所蒙,该督抚又为各州县所欺,办理宽缓,以致肆无忌惮,各省亏缺垒垒,几乎百孔千疮,不可究诘,若不严加惩办,何以警怠除贪?"⑥ 不久甘肃省报来原亏、新亏各百万两,嘉庆批道依山东处罚则例,分别追缴。

次年,针对山东亏空数额巨大的情况,嘉庆帝不得不同意其中的军需、煮赈、修营房、办剥船等项开支,一些例不准报销的只要有凭据也准报销,只有无着亏空项仍予追赔。不久,湖北巡抚张映汉等奏湖北各属仓库亏缺数目,总计亏短正项银30万余两,其余杂款及米谷价值各款,尚不在内,"是清查一次,即添一次亏数,必至再逾数年,复加清查,又指此次清查为遗漏,流弊何所底止!"⑦ 但为时已晚,在嘉庆二十三年五月庆保报告湖北办理亏空出现愈办愈多的情况后,嘉庆帝十分焦急,叹息:"该省督抚藩司自十二年清查之后,并不认真截流,以致旧亏未完,新亏又增,似此辗转相仍,伊于胡底?该州县等如此玩愒成风,其罪尚有何可原。"湖北巡抚庆保、张映汉虽先后将王澍、方遵辙、樊钟英三员参办,但亏空岂尽伊三人任内之事?⑧ 可见他已经失去信心。

道光上台后,元年十二月二十二日,军机大臣曹振镛等议复直省亏空积弊,认为"今欲求所以杜绝亏空之道,惟在封疆大吏随时随地实力实心大加整顿,庶仓库可冀充盈而吏治日有起色"。侵挪仓库律例未尝不严,稽查侵挪法令未尝不密,但各省亏空所在多有,其甚者如江苏安徽山东等省,皆亏空累至数百万,并非封疆大吏竟不查办。他们指出,此皆因为办理不得当所致。清朝承平日久,人口激增,百货腾贵,即如定例米一石合

① 《清仁宗实录》卷三〇二,嘉庆二十年正月戊戌。
② 《嘉庆道光两朝上谕档》,嘉庆二十年二月初一日。
③ 《嘉庆道光两朝上谕档》,嘉庆二十年二月二十三日。
④ 《嘉庆道光两朝上谕档》,嘉庆二十年八月十四日。
⑤ 《嘉庆道光两朝上谕档》,嘉庆二十年十月二十九日。
⑥ 《清仁宗实录》卷三一三,嘉庆二十年十二月乙亥。
⑦ 《嘉庆道光两朝上谕档》,嘉庆二十二年九月二十二日。
⑧ 《嘉庆道光两朝上谕档》,嘉庆二十三年五月十六日。

银一两，谷一石合银五钱，今粮价平减之年，已再倍之，稍贵即至三倍，凡民间日用所需无不类似。官员俸廉例给以银，以今视昔，所得同而其实少矣，"是俸廉不足，取资陋规，陋规又不继，因而及于仓库，其由来非一日矣"。嘉庆四年山东甘肃清查案内，复议亏空一万两二万两以上分别缓立决，而数年以来，亏空仍复不减，非立法轻重之不当。他们重提七条建议，如衰庸宜汰、交代宜核实、调升之员如有亏空宜一体严办、道府以下摊捐扣廉宜酌减、常平仓各省宜实贮，并无新意。①

道光二年，直隶总督颜检奏直隶历次因差摊捐未归银两，请分限勒追。道光帝表示，直隶省历次因差摊捐银两，"库项攸关，不能概予豁免，惟年分既久，官多事故，豫难照数追缴，自应宽以年限"，准予分赔。② 针对例外开支，道光帝也发布上谕，称国家出纳岁有常经，所入银数果能全行征解，即除岁出之数自有盈余，但户部上陈近三年收支情况，每年多有缺少，"实缘定额应支之款，势不能减，其无定额者又复任意加增"。如果将来遇有要需，必致无从筹拨，因此强调，"嗣后着各直省督抚率同该藩司实力钩稽，不得任意勾垫，尤不得违例格外请支"。③ 道光六年，山东巡抚讷尔经额再次上奏山东亏欠情形时称，准其自道光七年正月起于通省司道府州县养廉内接扣二成，"先尽旧亏，次及悬抵，以次归补"，俟补足之日即行停扣，也得到了朝廷的批准。④

二十多年之后，户部奏称，各省未完地丁正耗自普免道光二十年前逋赋之后，至今又积欠正征缓征银2390万余两之多，"似此年复一年，各省大小官员几将置钱谷于不问，积习相沿，伊于胡底？"且道光二十年前逋赋共免银930余万两，民力不为不宽，乃地方官视为成例积欠日多，完解日少，上次经户部奏催之后，各省大半完纳新款，其旧款则任意宕延，希望侥幸能得到国家豁免，"是以国家蠲租免赋之恩藉遂有司侵蚀亏那之计，思之实堪痛恨"⑤。可见情况仍无大的改观。

简言之，从整理亏空至嘉庆二十年，嘉庆帝在历次清查亏空时，都没有提出明确而坚决的整治措施，只是一味强调亏空要及时弥补，而且一再申明要徐徐办理，不得大肆张扬，这就导致官员认为可以优先处理其他事务。当时曾流行一首歌谣："再清查，三清查，新旧款目多如麻。前亏未补后亏继，转瞬又望四查至。借问亏空始何年，半缘漕项半摊捐。帮费愈加银愈贵，民欠愈多差愈匮。"⑥ 自嘉庆二十年以后至道光朝结束，追查的要求愈加严格，且要咨户部备核。

二、亏空的实态

嘉庆以前，清朝钱粮仓谷盘查制度已经逐渐建立起来，但未能得到很好的实施。乾隆中叶以后，各省积欠就异常严重，乾隆六十年和嘉庆四年先后两次普免天下积欠，亦无济

① 《嘉庆道光两朝上谕档》，道光元年十二月二十二日
② 《嘉庆道光两朝上谕档》，道光二年六月初五日。
③ 《嘉庆道光两朝上谕档》，道光三年三月初五日。
④ 《嘉庆道光两朝上谕档》，道光六年十二月二十三日。
⑤ 《嘉庆道光两朝上谕档》，道光二十八年十月十七日。
⑥ 魏源：《新乐府》，《魏源集》，中华书局1976年版，第672页。

于事。嘉庆五年户部奏，自嘉庆三年、四年以来积欠又不下二千余万。① 嘉庆六年清查未完正赋耗羡杂税，及历年带征等项共 11276000 余两。② 鉴于积欠之严重，威胁到国家正供收入和收支平衡问题，清廷不得不再次下令严催。

下面是笔者根据《嘉庆道光两朝上谕档》资料，做出的嘉道时期亏空表（见表1）。因四川、广西、贵州和奉天的钱粮完成情况良好，基本无亏，所以表中不单独列出。

表 1   **嘉道时期亏空表**

地区	亏空年限	亏空数据	上谕日期
全国	嘉庆五年	2000 万两	嘉庆五年正月十三日
	嘉庆十一年	8861800 余两	嘉庆十二年十二月二十四日
	嘉庆十二年	81782900 余两	嘉庆十三年十一月十四日
	嘉庆十三年	11377200 余两	嘉庆十三年十一月十四日
	嘉庆十五年	1540 余万两	嘉庆十五年十二月十八日
	嘉庆十七年	1900 余万两	嘉庆十七年八月十八日
	嘉庆二十一年	1720 余万两	嘉庆二十一年十二月十九日
	嘉庆二十五年	1700 余万两	道光三年十一月初八日
	道光十一年	1700 余万两	道光十一年七月二十七日
	道光二十三年	银 10748370 余两，钱 1130 余串	道光二十三年十二月二十二日
	道光二十八年	2390 万余两	道光二十八年十月十七日
福建	嘉庆二年	1645818 两	嘉庆二年闰六月十九日
	嘉庆二十一年	1769745 两	嘉庆二十三年六月二十六日
	道光十一年	1863000 余两	道光十三年九月十八日
	道光十三年	1619100 余两	道光十三年九月十八日
	道光二十八年	银 799460 余两，仓谷 479520 余石	道光二十九年十月二十四日
直隶	嘉庆四年	27 万余两	嘉庆十年五月二十八日
	嘉庆五年	152 万余两	嘉庆十年五月二十八日
	嘉庆六年	264 万余两	嘉庆十年五月二十八日
	嘉庆六至九年	1943100 余两	嘉庆十年十二月二十二日
	嘉庆十一年	190 余万	嘉庆十一年正月十六日
	嘉庆十四年	158 万余两	嘉庆十五年十二月二十二日
	嘉庆十五年	160 万两	嘉庆十五年十二月二十二日
	嘉庆十九年	340 余万两，米 14 万余石，草 6 万余束	嘉庆十九年六月二十日

---

① 《清仁宗实录》卷五七，嘉庆五年正月丙寅。
② 《清仁宗实录》卷一九〇，嘉庆十二年十二月辛卯。

续表

地区	亏空年限	亏空数据	上谕日期
直隶	嘉庆十九年	1906800 两	嘉庆二十年十二月二十五日
	嘉庆二十年	2711100 两	嘉庆二十年正月二十五日
	嘉庆二十一年	358 万余两	嘉庆二十一年十二月十九日
山东	嘉庆八年	180 余万两	嘉庆八年八月二十五日
	嘉庆十三年	180 余万两	嘉庆十三年二月二十六日
	嘉庆十四年	341.2 万余两	嘉庆十九年十一月二十五日
	嘉庆十五年	170 余万两	嘉庆十五年九月二十五日
	嘉庆十七年	400 余万两	嘉庆十七年八月十八日
	嘉庆二十年	600 余万两	嘉庆二十年二月初一日
	道光六年	629759 两	道光六年十二月二十三日
	道光二十九年	1449003 两	道光二十九年九月十六日
安徽	嘉庆九年	189 万余两	嘉庆九年八月初七日
	嘉庆十年	1682000 两	嘉庆十一年六月初一日
	嘉庆十二年	1513000 余两	嘉庆十二年六月初六日
	嘉庆十三年	180 余万两	嘉庆十四年正月二十九日
	嘉庆十六年	2122000 余两	嘉庆十六年四月十三日
	嘉庆十七年	400 余万两	嘉庆十七年八月十八日
	嘉庆十七年	1301790 两	嘉庆十七年十二月二十三日
	嘉庆二十四年	银 460 万两，米 46 万石	嘉庆二十四年八月十三日
	道光三年	银 576777 两，钱 197 千，米 27599 石	道光三年三月三十日
	道光二十九年	721275 两	道光二十九年十一月初三日
江苏	嘉庆六年	30 余万两	嘉庆十九年八月十二日
	嘉庆八年	454500 两	嘉庆八年九月十四日
	嘉庆十年	十年共归还银 79000 两	嘉庆十一年二月十一日
	嘉庆十四年	银 5038700 两，米 12500 石	嘉庆十八年二月二十六日
	嘉庆十七年	400 余万两	嘉庆十七年八月十八日
	嘉庆十七年	银 3631300 两，钱 2700 串，米 9100 石	嘉庆十八年二月二十六日
	嘉庆十七年	3631414 余两	嘉庆十九年十一月二十日
	嘉庆十八年	3162300 两	嘉庆二十年八月十四日
	嘉庆十九年	2981300 两	嘉庆二十年八月十四日
	道光四年	262 万两	道光四年七月初九日
	道光二十九年	3897446 余两	道光二十九年八月二十九日

地区	亏空年限	亏空数据	上谕日期
浙江	嘉庆五年	1878000 余两	嘉庆十六年七月初八日
	嘉庆十六年	691379 余两	嘉庆十六年七月初八日
	嘉庆二十年	199000 余两	嘉庆二十年四月二十二日
	道光三年	403142 两	道光三年三月二十九日
	道光二十九年	390 余万两	二十九年五月二十八日
甘肃	嘉庆八年	172100 两	嘉庆十年十二月十七日
	嘉庆十年	91100 两	嘉庆十年十二月十七日
	嘉庆十五年	2115880 两	嘉庆二十一年正月三十日
	嘉庆二十年	202 万余两	嘉庆二十一年三月二十三日
	嘉庆二十四年	954085 两	嘉庆二十四年十一月初二日
	道光十年	银 291100 两，钱 3000 串	道光十年九月二十五日
	道光二十一年	189000 两，钱 45000 串	道光二十一年十一月初五日
	道光二十九年	123 万余两	道光二十九年九月二十四日
湖北	嘉庆十三年	558312 余两	嘉庆十六年六月初一日
	嘉庆十六年	511735 余两	嘉庆十六年六月初一日
	嘉庆十七年	325112 余两	嘉庆二十年六月二十三日
	嘉庆十八年	287112 两	嘉庆二十年六月二十三日
	嘉庆二十一年	209613 两	嘉庆二十二年九月二十二日
	嘉庆二十三年	955000 余两	嘉庆二十三年五月十六日
湖南	嘉庆八年	71906 两，米 127957 石	嘉庆八年十月二十六日
	嘉庆九年	米 477000 石	嘉庆九年五月初一日
	嘉庆十年	661500 余两	嘉庆十年十一月十一日
	嘉庆二十二年	145000 余两	嘉庆二十三年五月初七日
	道光三年	221375 两	道光三年十一月初五日
江西	嘉庆四年	83 万余两	嘉庆六年五月初二日
	嘉庆六年	716000 两	嘉庆八年十月十四日
	嘉庆八年八月	631000 两	嘉庆八年十月十四日
	嘉庆十五年	229000 余两	嘉庆十五年十二月十二日
	嘉庆十八年	10 万余两	嘉庆二十年二月十八日
	道光三十年	874531 余两	道光三十年二月十三日
山西	嘉庆六年	26.89 万两	嘉庆八年七月初九日

地区	亏空年限	亏空数据	上谕日期
云南	嘉庆六年	谷麦粟 281349 余石	嘉庆六年三月二十七日
	嘉庆九年	银 328300 余两，米 253900 余石	嘉庆九年五月初十日
	嘉庆十七年	500 余两	嘉庆十七年八月十八日
	道光二十九年	193800 余两	道光二十九年十一月十五日
广东	嘉庆九年	765400 两	嘉庆九年六月二十六日
	嘉庆二十年	137000 余两	嘉庆二十年三月十八日
河南	嘉庆九年	146 万两	嘉庆九年十一月初七日
	嘉庆十年	1367000 两	嘉庆十年十二月二十六日
	嘉庆十一年	985728 两	嘉庆十年十二月二十六日
	嘉庆十四年	598190 余两	嘉庆十四年十二月二十五日
	嘉庆十六年	243100 余两	嘉庆十七年七月十五日
	嘉庆十七年	600660 余两	嘉庆十七年七月十五日
	嘉庆十八年	431000 余两	嘉庆二十四年六月二十五日
	嘉庆二十五年	818210 两	道光五年三月二十八日
	道光十三年	119 万余两	道光十三年二月初三日
	道光二十九年	银 1446088 两，钱 8520 千 600 文	道光二十九年九月初二日
陕西	嘉庆十二年	383000 两	嘉庆十三年正月初二日
	嘉庆十三年	银 194300 余两，米 48900 余石	嘉庆二十三年六月二十六日
	嘉庆二十年	28075 余两	嘉庆二十年正月初八日
	嘉庆二十三年	银 26590 余两，米 9885 石	嘉庆二十三年六月二十六日

从历次清查状况来看，除嘉庆二十一年积欠有所下降，其余年份的积欠数字却有增无减。南各省丁赋自嘉庆元年至十一年止，未完银 8861800 余两，另外尚有缓征带征银 385 万余两，共计 12711800 余两。嘉庆十三年，直隶等十五省份除去缓征带征，仍有未完地丁银 8178290 余两，而嘉庆十二年续增未交地丁银 3198900 余两，共计 11377200 余两，嘉庆十五年积欠达到 1540 余万两，嘉庆十七年增至 1900 余万两，嘉庆二十一年积欠有所下降，计 1720 余万两。此后又有所回升，嘉庆二十四年普免积欠一次达 21296800 余两，米谷 4045200 余石。这说明清查钱粮亏空，反而每年都会出现新亏续亏。

户部积欠往往包括直省未解部之正款，地方官于每年解部时，往往以民欠为借口，不能如数完交。历年缓征带征银两无法补交，就连当年的正赋亦完不成足额。在户部的正赋收入中，据嘉庆十七年的清查情况来看，奉天、山西、广西、四川、贵州五省皆年清年款，并无积欠；云南省积欠至五百余万，安徽、山东积欠各多至 400 余万两，福建、直隶、广东、浙江、江西、甘肃、河南、陕西、湖北、湖南各省积欠自百余万、数十万至数万两不等。嘉庆二十四年普免积欠时，江苏、安徽、山东三省居其过半。当然，这里的亏空还不包括户部银库的丢失。

道光朝拖欠赋税情况更加严重。从道光元年至六年，各省积欠达 380 余万两，缓征、带征钱粮积欠 849 万两。① 到道光十一年，各省未完地丁银已达 835 万余两，未完缓征地丁银 939 万余两，共欠课银 1770 余万两。② 此外，盐税、关税也拖欠严重。两淮盐税自道光十年至十五年新欠未解银 248 万余两。③ 粤海关自道光十年至十三年未解部银达 153 万余两。④ 道光十九年，综计各省积年拖欠户部银 2940 余万两。⑤ 道光二十年普免各省未完地丁银 930 余万两，此后直到道光二十八年，又积欠正赋、缓征银 2390 余万两。⑥ 因各省历年均有积欠，遂至户部入不敷出，据称"历年以来，每将内府余款拨给户部应用，岁不下数十万，有将及百万者，而计部中正项钱粮积欠，竟至一千九百余万两之多，屡经督催，报解了了"⑦。

据王庆云的统计可知，道光时期各直省的亏空情况极为普遍，其中河南实征数与额征数相较，差额最大，悬殊甚多，江苏次之，其次为山东，浙江、山西等。⑧ 由于各地均完不成应征额数，使得地方有限的存留也不得不上缴中央，地方财政的缺口越来越大。同时，正项收入不足额数，以量入制出为财政原则的清廷，更是只能依靠非法途径来应付缺口了。

对于表中所提供的数据，我们亦不可简单化处理。一方面，清查亏空往往不实不尽，以安徽为例，自嘉庆四年就开始清查，直到九年才清查完毕，在这期间各级官员的掩饰行为自不必说，直到嘉庆十九年第五次清查时，仍然不实不尽。安徽巡抚李鸿宾在《厘剔安徽亏空疏》中说："前办清查皆据在任人员自行开报其本身亏空，隐匿未开者在所难免。即就已开者而论，其中抵垫之项，前因核其款数辊辘，饬令自行清理，谓之提归另册。此等提归另册之项，即系未入清查之数，可见五次清查显有不实不尽。"⑨ 嘉庆十四年，山东巡抚吉纶清查亏空 179.8 万两，又另案参追银 6.17 万余，嘉庆十九年时，新任山东巡抚章煦查出，嘉庆十四年以前还欠 155.2 万两，若再加上吉纶的所查数字，嘉庆十四年以前山东共亏 341.2 万两。⑩ 有些省的亏空状态在实录中没有记载，但实际上亏空亦很严重。以陕西为例，嘉庆七年，陕西巡抚陆有仁进呈《陕省积年民欠银粮数目清单》，开列宁陕、孝义、南郑、西乡等二十四厅州县，民欠未完嘉庆六年并元、二、三、四、五等年地丁、盐课等项共银 31.5077 万余两，本色粮 2177 石，长安等四十厅州县未完银

① 《清宣宗实录》卷一一一，道光六年十二月甲寅。
② 《清宣宗实录》卷一九三，道光十一年七月丁丑。
③ 《清宣宗实录》卷二七六，道光十五年十二月辛未。
④ 《清宣宗实录》卷二五三，道光十四年六月癸卯。
⑤ 《清宣宗实录》卷三二三，道光十九年六月戊辰。
⑥ 《清宣宗实录》卷四六〇，道光二十八年十月丁巳。
⑦ 《清仁宗实录》卷二六〇，嘉庆十七年八月戊午。
⑧ 王庆云：《石渠余纪》卷三《直省地丁表》。
⑨ 李鸿宾：《厘剔安徽亏空疏》，《清经世文编》卷二七《吏治十》。
⑩ 《清仁宗实录》卷三三五，嘉庆二十二年十月丁亥。

135.8941 万余两，本色粮 23.0851 万石。①

更为重要的是，清廷会因万寿等原因而多次普免钱粮，"凡逋负之在民者，与银谷食种之贷而未收者，遇国家庆典，或巡幸，或军兴，辄止勿责。每库藏稍充，即务推所有以益下。于是又有普免钱粮、轮免漕粮之举"②。贪官寄望于此，平时侵渔库项，豁免时混入民欠。直隶自嘉庆二年至十八年间，积欠银 340 余万两，粮 14 万余石，那彦成奏请蠲免，嘉庆帝斥之为"自系该省属员欲将亏空混入民欠之内，创为此议，觊觎邀免"③。魏源亦称："其民欠地丁银，则康熙五十年至雍正四年，八百十三万，计每年仅欠六十万。今则钱粮奏销七分以上得免考成，每年拖欠不下二百万。有亏于官，蚀于胥吏者，亦有欠于民者。皆冀十年恩免一次，是以民欠不数年复积千余万。"④ 正因为如此，给事中袁铣才会上奏称，"嗣后遇有庆典，请无议蠲等语"⑤。嘉庆二十四年之皇帝六十大寿蠲免，所免各省积欠银已达 2129 万余两，米谷 404 万余石。⑥ 如果考虑到这些因素，清查亏空的效果必定会再打折扣。

三、清查失败的原因探析

嘉道时期的清查亏空，从总体上来说当然是失败的。那么失败的原因何在呢？

从表面上看，皇帝处理此事的暧昧态度无疑是造成清查亏空失败的重要原因。以嘉庆帝为例，从政二十余年，却并没有提出明确而又坚决的整治措施，只是一味强调亏空要及时弥补，而且一再强调要徐徐办理，不得大事张扬，这就给相关官员一个错误的信息，即可以优先处理其他事务。初彭龄曾批评说："亏空应立时惩办，而各督抚往往密奏，仅使分限完缴。始则属官玩法，继则上司市恩，设法掩盖，是以清查为续亏出路。"⑦ 这种态度，自然会影响到整理亏空的进度。

其实，造成亏空的原因无非有三：民欠、官贪和挪移。关于民欠，有记载称，清朝经过承平百余年，到乾隆时期，海内殷富，江苏尤东南大都会，"万商百货骈阗充溢，甲于寰区"。当是时，虽担负之夫，蔬果之佣，亦得以通过从事服务等行业养家糊口，且有节余，"遂无不完之税，故乾隆中年以后，办全漕者数十年，无他，民富也"。但嘉道以来，元气顿耗，商利减而农利从之，于是民渐自富而贫，"带征之后依然全漕，故以年计为减成，以十年计非真减漕也"⑧。因民穷而无力完赋，亏空自然在所难免。正因为如此，才有人表示："当乾隆之季，天下承平，庶务充阜，部库帑项积至七千余万。嘉庆中，川楚

---

① 《陕西巡抚陆有仁折》（嘉庆七年四月二十八日），中国第一历史档案馆藏：《宫中档朱批奏折·财政类》。

② 王庆云：《石渠余纪》卷一《纪蠲免》。

③ 《皇朝政典类纂》卷一六四《国用十一》。

④ 魏源：《圣武记附录》卷十一《兵制饷》。

⑤ 《嘉庆道光两朝上谕档》，道光二年十二月十四日。

⑥ 《嘉庆道光两朝上谕档》，嘉庆二十四年十一月十四日。

⑦ 《清史稿》卷三五五《初彭龄传》。

⑧ 冯桂芬：《显志堂稿》卷九《请减苏松太浮粮疏》。

用兵，黄河泛滥，大役频兴，费用不资，而逋赋日积月积，仓库所储亦渐耗矣。"①

官贪也是重要原因。嘉庆五年御史张鹏展在《请厘吏治五事疏》中分析亏空原因，称各省积弊皆然，但州县自有廉俸，且陋规未经尽革，何至亏空？他认为数十年来亏空之故有四：一是地方官素性奢靡，挥霍无度，以致用度拮据，不得不挪项偿逋，导致亏空日甚；二是地方官专意逢迎，投所好以邀上欢，希图保题美缺，或劣迹经人告发，竭帑馈送，以求曲护；三是经营过程中的疏漏，"或官亲及长随散耗，漫无觉察，或因上司微厉声色，即茫无主意，遂不顾惜帑项"；四是公开贪污营私，"或将帑项私寄回籍，或开库为子弟捐官，以为亏空系众人之事，牵缠攀累，或难尽诛，所以侵私迄无顾忌"。其实，"因公赔垫，以致短少，实不过百中三、五而已"。他同时指出督抚不行参劾的原因：一是避处分和摊赔之责；二是因受过属员馈送供给怕牵连；三是徇情面；四是狃积习。② 御史李肄颂也在条陈民欠积弊时，称有地方官"交通胥吏，日久挂欠"③。山东巡抚岳起则指出，致亏之由，"或冲途差务供亿浩繁，或驿站口分例价不敷，或前官已故交代难清。或穷苦小缺疲于捐垫者有之，或狃于积习，应酬馈送，私蠹无措，因而挪用者亦有之"。但具体情况具体分析，"有亏空者不尽劣员，无亏空者亦不尽能吏"。总之，大吏不能洁己率属，需用奢靡，取给无度，"上司即有欲不刚，属员遂有恃无恐，种种弊端，皆由于此"④。

挪移是指因公移缓就急，以有就无。当某地因河工、军需等急需钱粮时，由于部拨之款不能及时到达，官员就挪用部分地方库项，以备一时之需，名义上还款，实际虚悬无着，形成财政上的漏洞。更进一步，地方官利用制度上的缺陷，侵吞钱粮，捏称因公挪移。"滥支滥应，以致州县中胆大者挪动官项，胆小者亦未免科派民间。"⑤ 冯桂芬还称："积欠之故在于亏空，亏空之故在于挪移，挪移之故在于漫无稽考。以一县之主，独操出纳之权，下车之日，公用后而私用先，室家妻子之百需，旧逋新欠之交集，大抵有收管而无开除，惟所指挥，莫敢过问。迨上司知之而亏空久矣。于是因亏空而清查，清查一次，亏空又增多一次，徒费笔墨，无益帑藏。欲杜亏空，惟有宽既往而严将来之一法。"⑥

清朝规定，州县亏空无着，例应道府分赔，道府赔项无着，例应院司摊赔。从表面上看，流摊赔累是官吏报效朝廷，但实际上为亏空种下更大的病根，导致所有官员，不分贪廉，亏空与否，均要参加，所以官吏"以为亏空系众人之事，牵缠攀累，或难尽诛"⑦，于是更加滥支滥应。另外，养廉银虽然原则上可用于官员养廉用，但到此时，已经被看成是官员的完全私用薪俸。如督抚司道衙门到任，修理房屋、铺设器用、喂养马匹，以及凉棚煤炭等一切费用，本应该由养廉银支出，最后却变成由承办州县摊派，所以摊扣养廉必然对官员的心理造成巨大冲击，必然会造成地方官吏的日用不敷。"府厅州县养廉只此定额，而差务之费、捐摊之款日益加增，往往有全行坐扣，禄入毫无者，虽在洁清自好之

① 《清史稿》卷一二二《食货二》。
② 张鹏展：《请厘吏治五事疏》，《清经世文编》卷二十。
③ 《清仁宗实录》卷三六八，嘉庆二十五年三月庚申。
④ 《清仁宗实录》卷四十一，嘉庆四年三月戊子。
⑤ 《皇朝政典类纂》卷一六四《国用》。
⑥ 冯桂芬：《杜亏空议》，《校邠庐抗议》，中州古籍出版社1998年版。
⑦ 张鹏展：《清厘吏治五事疏》，《清经世文编》卷二十。

吏，一经履任公事，业集难为无米之炊，势不得不取给陋规，以资挹注。"① 陶澍也认为，捐款各目不一，皆系办公不可少之项。从前各州县捐款为数甚巨，又有弥补节省津贴等项名目，多者数千，少者数百，"各州县养廉几何，安得而不亏缺？"② 因此，摊捐实为败政，本为弥补亏空，实则相反，亏空更重。

要杜绝亏空，最根本的是要对财政支出制度进行调整和改革，然后才能严刑峻法，禁止不法官吏侵吞。曾镛就为地方官之亏空报屈，指出"州县之不肖诚非一端，窃以为坏于诎支弥补之故亦不少也"，即便是好官，也必然疲于奔命，"又何暇加意于汛汛然之士风民风，为从容摩厉于农桑学校间哉？"③ 曾任漳州知州的周镐也说："今州县廉俸多者千两，少者五六百两，以至延请幕友尚虑不敷，加以养父母蓄妻子，仆役之工饩，差使之往来，上司之应酬，亲友同僚之赠送，皆人情世势之所不能已者。又以莅位之初以及交待盘查奏销册报各项"，"准之廉俸不啻数倍矣。况以捐派，一年之间为数无定，区区州县岂有点金术耶？以故缓则敲筋炙髓，而取之于民；急则剜肉医疮，而盗之于库。凡今各县之亏空，捐款居十之四五，其明验也"④。

其实，对于官俸低下与贪污之间的关系，统治者也是有清醒认识的。嘉庆帝在《致变之源说》中表示："百姓困穷为致变之源，而其本又在州县亦多困穷无暇抚字也。治乱系于州县，必先有守而后有为。今则或困于亏缺，或困于民欠，或困于摊捐，有此三困，难为清官矣。官不清则民不畏，挟制控告，首足倒置，罔上之念非一朝一夕之故，其所由来者渐矣。"⑤ 但因为恪守祖制，加之受困于财政，不能稍作变通，只能默许以数倍于正供之陋规弥补廉俸之不足。冯桂芬曾表示：官员"非本性之贪，国家迫之，使不得不贪也"⑥。

嘉庆四年二月，贵州学政索要红案银两一事被曝光，嘉庆帝表示："此等棚规红案银两，原系相沿陋规，贵州学政养廉本少，距京较远，学政挈其家属，延请幕友前赴任所，需费自不免稍多，而该省并无棚规，亦系陋习相循贴补考费，非私卖秀才可比，若将棚规红案银两概行裁革，则学政办公竭蹶，岂转令其取录不公，营求纳贿耶？"因而只可量力交送。⑦ 四月，尹壮图奏请查处陋规，嘉庆帝则称，尹壮图奏清查各省陋规一折，据称各省陋规请慎选廉洁重臣饬往各省眼同督抚逐一清查，乾隆三十年旧有者若干，以后续加者若干，听各属绅士父老一一证明，悉照三十年所有陋规勒为成式，其续增科派悉行裁革。但真的如此处置，弄不好就会反而病民，且"所谓廉洁重臣一时既难其选，倘所任非人，权势过盛，尤属非宜"。况且积习相沿，由来已久，只可将来次第整顿，不能概行革除，"今若遽行明示科条，则地方州县或因办公竭蹶，设法病民，滋事巧为，其弊转较向来陋规为甚"⑧，说明嘉庆对此弊端及后果了然于胸。

① 《皇朝政典类纂》卷一七七《国用》。
② 陶澍：《条陈安徽亏空八事》，《清经世文编》卷二七。
③ 曾镛：《上汪方伯书》，《清经世文编》卷十六。
④ 周镐：《上制军条陈利弊书》，戴肇辰：《学士录》卷十一。
⑤ 嘉庆：《致变之源说》，《御制文二集》卷十。
⑥ 冯桂芬：《杜亏空议》，《校邠庐抗议》，中州古籍出版社1998年版。
⑦ 《清仁宗实录》卷三九，嘉庆四年二月甲寅。
⑧ 《嘉庆道光两朝上谕档》，嘉庆四年四月初七日。

但是，嘉道时期最高统治者对此的认识也仅限于此。道光初年，军机大臣英和，以州县办公无资，奏请以各省陋规酌定其数为公用，有于数外多取者重罚之。结果两江总督孙玉庭上疏极言不可，奉旨嘉许，英和被赶出军机处，而孙玉庭被赐"公忠大臣"四字，"天下颂圣主之明"。当时的广东巡抚康绍镛亦称："闻昔雍正年间，议将地丁火耗酌给养廉，当时议者谓今日正赋之外，又加正赋，将来恐耗羡之外，又加耗羡。八九十年以来，钱粮火耗，视昔有加，不出前人所虑。"①

简言之，要彻底清查亏空，就需要对原有的财政制度、官俸制度进行调整，并对吏治腐败问题进行彻底整顿，但嘉道两朝却把杜绝财政亏空当做解决吏治腐败问题的基本手段。不从根本上解决财政的不健全性，一味禁绝官吏挪移侵蚀，可谓是抓错了药方。

（作者单位：清华大学历史系）

---

① 陈其元：《道光朝州县陋规之纷议》，《庸闲斋笔记》卷四，中华书局 1989 年版。

清代前期杂税概论

□ 陈 锋

　　清代前期，财政收入的构成主要是田赋、盐课、关税、杂赋四项①。"杂赋"相对于"正赋"而言，所以，清代即有人认为，除传统的正项钱粮——田赋之外，都可称之为杂赋，即"地丁之外取于民者，皆为杂赋"②。但在实际征收过程中，杂赋有较为确实的内涵，据《大清会典事例·户部·杂赋》等政书所罗列，杂赋包括以"课"命名的芦课、茶课、金银矿课、铜铁锡铅矿课、水银砆砂雄黄矿课、鱼课；以"税"命名的田房契税、牙税、当税、落地税、牛马猪羊等项杂税，以及以"租"命名的旗地租、学田租、公田租等。另外还有少数民族地区的实物贡税，如马贡、狐皮贡、贝母贡、蜡贡等。

　　从某种程度说，"杂赋"即"杂税"，是清代前期三大财政收入——田赋、盐课、关税之外的税种。由于以"租"命名的旗地租、学田租、公田租等，实际上是田赋的一种特殊形式，少数民族地区的实物贡税另外具有特殊的性质，因此，我们所说的"杂税"，主要是指以"课"命名的芦课、茶课、矿课、鱼课，以及以"税"命名的田房契税、牙税、当税、落地税、牛马猪羊等项税种。本文主要探讨两个问题，一是清代前期的杂税类别，二是杂税的征收及相关问题。

一、清代前期的杂税类别

　　乾隆《大清会典》、乾隆《大清会典则例》、嘉庆及光绪《大清会典事例》等政书都记载有杂税种类，如乾隆《大清会典》云："凡濒江沙淤成洲之地，小民植芦为业，或治阡陌种麦稻，与良田等，均曰洲田，其输赋于官，均曰芦课。……凡山乡宜茶之地，土人树艺为业者无征，惟商贾转运而售之民者，征其商，曰茶课。……凡五金之产，为器用所必需，其藏于山岩土石之中者，曰矿，小民入山开采以资生计，有司者治之，因赋其什一，曰矿课。……凡泽国多鱼，其渔者有税，曰鱼课。……凡民间卖买田宅，皆凭书契纳

---

① 按：又有学者分为直接税、消费税、收益税、流通税四种。陈秀夔：《中国财政制度史》，台湾正中书局1973年版，第326页。另外参见［日］滨下武志：《中国近代经济史研究》，东京大学东洋文化研究所报告，1989年，第80~81页。陈锋：《清代财政收入政策与收入结构的变动》，《人文论丛》2001年卷。

② 王庆云：《石渠余纪》卷6《纪杂税》。

税于官，以成其质剂，曰契税。……凡城厢衢市山场镇集，舟车所辏，货财所聚，择民之良者授之帖，以为牙侩，使辨物平价，以通贸易，而税其帖，曰牙税。质库商行，操奇赢以逐利者，有行铺税。牲畜之鬻于市者，防其暴盗，有马牛税、猪羊税，水陆之珍自远至者，有落地税。"① 所列示的杂税名目有芦课、茶课、矿课、鱼课、契税、牙税、行铺税、马牛税、猪羊税、落地税等数种。王庆云《石渠余纪》虽云杂税名目"其目繁多"，也仅仅指出渔课、芦课、矿课、茶课，牙税、木税、煤税、契税等数种。②

　　前此学者的相关研究，也有所注意，如瞿同祖认为杂税包括房地产契税、行纪税、当铺税、牲口买卖税，棉花、烟草、酒类和其他商品的销售税，以及门摊税、落地税、渔税等。并且指出在这些税目中，只有行纪税、当铺税和房地产契税是在各省都征收的。③

　　前代前期的杂税，虽然远没有晚清复杂，但也非以上所概言。

　　各省区的杂税名目不一，奉天有牛马税、当铺税、房号税、经纪杂税。④ 山东有船筏税、泰山香税、当税、田房契税、牙杂税、牛驴税。⑤ 河南有活税银、当税银、老税银、房地税契银、牙帖税银、酒税银。⑥ 山西有额外商税、匠价、枣株、酒课、羊粉、皮价、纸房、水磨、商畜、牙税、当税、契税等项。⑦ 陕西有商筏税、房壕租、地税、畜税、当税、牙税、酒税、磨课等项。⑧ 江南有田房税、牙帖税、花布牛驴猪羊等税、典铺税、洲场税、商税、门摊税、靛花油饼等税、鱼税、船税、曲税等项。⑨ 江西有商贾税、茶酒税、落地税、窑税、商税、赣郡谷船税、茶课、纸价、当税、牛税、牙税等项。⑩ 湖北有麻铁线胶课钞、商税、门摊、官地学租、班匠、鱼税、油税、茶税、阶基、城濠等项。⑪ 广东有牛马税、海税、杂货税、商税。⑫ 广西有小税、当税、鱼苗税、鱼潭税、鸬鹚税、鱼课、地租、城濠租、花麻地租、灰饷、渡饷、糖榨税、油榨税、槟榔税、锡箔税、典当铺税、猪税等项。⑬ 贵州有茶税、茶课、牙帖、鱼课、渡税、落地税、猪羊税、屠户帮纳税等项。⑭ 云南有商税、门摊、酒醋、铅铁、麻布、海贝易银、归公商税、槟榔、芦子、果糖、桥靛、甘蔗、灰酒、染煮、牛马猪羊税、铅课、杉木税等项。⑮ 仅就示列的各省区的杂税名目，已显现出很大的不同。

　　即使在一个省中，各府县的杂税项目也不相同。如山东的船筏税，只在安东卫、诸

　　① 乾隆《大清会典》卷17《户部·杂赋》。
　　② 王庆云：《石渠余纪》卷6《纪杂税》。
　　③ 瞿同祖：《清代地方政府》，法律出版社2003年版，第241~242页。
　　④ 乾隆《盛京通志》卷38《田赋·各项杂税》。
　　⑤ 乾隆《山东通志》卷12《田赋·杂税》。
　　⑥ 乾隆《河南通志》卷21《田赋上·杂赋》。
　　⑦ 雍正《山西通志》卷39《田赋一》。
　　⑧ 雍正《陕西通志》卷26《贡赋三》。
　　⑨ 乾隆《江南通志》卷79《食货·关税·杂税》。
　　⑩ 雍正《江西通志》卷145《艺文》。
　　⑪ 雍正《湖广通志》卷18《田赋》。
　　⑫ 雍正《广东通志》卷22《贡赋·杂税》。
　　⑬ 雍正《广西通志》卷28《榷税》。
　　⑭ 乾隆《贵州通志》卷14《食货·税课》。
　　⑮ 乾隆《云南通志》卷11《课程·税课》。

城、掖县、昌邑、胶县、即墨、蓬莱、黄县、福山、招远、莱阳、宁海、文登、海阳、荣城、海丰、利津、日照等十八州县卫"沿海州县征收"①。这种不同，是普遍性的，兹将云南的情况列示：云南府征收酒课、船蚌、槟榔、芦子、果糖、桥靛、甘蔗、灰酒、染煮、乌帕、归公商税、归公税规，曲靖府征收商税、交水税、课局商税、归公商税、归公税规，临安府征收牛马猪羊税、铅课、门摊、酒课、商税、归公税，澄江府征收商税、水面船课、染青课、门摊、归公税，武定府征收商税、米课、羊戎、小街米课、铁课、杉板税、归公税，广西府征收杉木税、棉花、香油、靛甸课，广南府征收商税、麻布、门摊、酒课、归公税，元江府征收商税、归公商税、归公税，开化府征收马街税，镇沅府征收芦子、山芦课，东川府征收土课、归公税，普洱府征收商税、归公商税、归公税，大理府征收商税、门摊、窑课、租课、酒醋课、归公商税、归公税，楚雄府征收商税、酒课、归公商税、税规，姚安府征收商税、归公税，永昌府征收商税、门摊、酒课、牛皮税、猪税、归公商税、归公税规，鹤庆府征收商税、归公税，顺宁府征收商税、山课、归公税，永北府征收商税、酒课、归公税，丽江府征收归公税，蒙化府征收商税、门摊、酒课、牛马猪羊课、果园课、街市税、猪羊皮张税、油盐棉花税、归公税，景东府征收商税、牛税、归公税等。②

不同的杂税在不同的时期，既有废除，也有加征、新征。

在杂税的废除方面，如陕西的落地税，于顺治二年禁革。③ 山东的泰山香税，于雍正十三年"永停征收"④。湖北太和山（武当山）香税，亦"照山东泰安州之例，永行豁免"⑤。乾隆三年题准："江苏等属落地税银，分别裁留，实在各属请裁银二千四百四十八两五钱有奇，准予豁除。又题准，直隶遵化州、宝坻县及容城之白沟河等四集，河西务等三处，并抚宁之深河山，海卫之海洋、石门等处，宣化府属之蔚州，河间县之桑家林等处，均系零星交易土产货物，应征税银，均予裁革。又题准，四川广元县每宰一猪，征银三分，商贩活猪已经收税，宰猪又征，事属重复，应行裁革。至经过夔关，在于本地粜卖之米粮，既未载有一例征收字样，似属额外加征，嗣后免其征税。"⑥ 贵州贵阳的茶、烟、黑香、木耳、花椒、藤篾等杂税，大定、铜仁等处的猪羊税，屠户帮纳杂税，于乾隆四年

① 乾隆《山东通志》卷12《田赋·杂税》。
② 乾隆《云南通志》卷11《课程·税课》。按：以上是据各有关地方志罗列，实际上，不同典籍记载不同，如康熙年间吴暻编纂的《左司笔记》卷10《杂税》记载，直隶有当税、杂税，江南有田房牙鱼税、课局商税、芦洲牛驴猪羊花布油面烟包等税、牧马草场租、河泊所钞、河蓬租、门面江夫税等。
③ 《清朝文献通考》卷26《征榷考》。
④ 乾隆《山东通志》卷12《田赋·杂税》。按：此定例依乾隆《大清会典则例》卷50《户部·杂赋》记载为雍正十二年，该年上谕："朕闻东省泰山有碧霞灵应宫，凡民人进香者，皆在泰安州衙门输纳香税，每名输银一钱四分，通年约计万金，若无力输纳者，即不许登山入庙，此例起自前明，迄今未革。朕思小民进香祷神，应听其意，不得收取税银，嗣后将香税一项，永行蠲除。如进香人民有愿输香钱者，各随所愿，不必计较多寡，亦只许本山道人收存，以资修葺祠庙山路等费，不许官吏经手，丝毫染指，永着为例"。
⑤ 乾隆《大清会典则例》卷50《户部·杂赋下》。
⑥ 乾隆《大清会典则例》卷50《户部·杂赋下》。

"概请裁革"①。

在加征、新征方面，如三藩之乱期间加征田房契税、牙税、当税、酒税、落地杂税，《阅世编》卷六，述房税的加征云："康熙十五年丙辰，以军需浩繁，国用不足，始税天下市房，不论内房多寡，惟计门面间架，每间税银二钱，一年即止。除乡僻田庐而外，凡京省各府州县城市以及村庄落聚数家者皆遍，即草房亦同。……二十年辛酉春，以国用不给，江南抚臣慕天颜疏请再征房税一年。……平屋每间征银四钱，楼房每间征银六钱。天下皆然，惟山西以旱荒特免。"其他各种杂税的征收，据档案记载，一般分为"旧额加增"、"议增"、"新增"诸项，拙著《清代军费研究》已有论述，不赘。再如四川的茶税，以引课之，有边引、腹引、土引之名，引税之外，有堰工茶票，系乾隆五十二年开办，专备修理都江堰工经费。有堰工副票，系乾隆五十二年开办，专支松潘各关书巡口食。有增办茶票，系乾隆五十二年开办，按年申缴，备拨归入满城地租报销。有邛州副票，系乾隆五十三年开办，专支每年解费，备拨公用。有赏需茶票，系乾隆五十六年开办，专备赏给从喜、毛了两土司护送差使经费。有随引茶票，系道光三十年开办，备支督辕道署长班口食及领引委员盘费，并编引、印引、刊刷票据等项经费。②

二、杂税的征收及相关问题

杂税征收，各有定例，据乾隆《大清会典则例》记载，顺治元年议定："凡贸易牲畜，按价值，每两纳银三分。"顺治二年议定："差茶马御史一人，辖陕西五茶马司。"顺治四年议准："严禁州县借落地税银名色，及势宦土豪、不肖有司立津头牙店，擅科私税。"顺治七年，"令各省督抚遴委属官，将沿江芦洲旧额、新涨，详察报官，如有徇情隐漏，督抚一并议处"。顺治八年覆准："芦课改归州县征收，汇解司库报部。"顺治十年覆准："茶商旧例大引附茶六十篦，小引附茶六十七斤余。今定每茶千斤，概准附茶一百四十斤，如有夹带，严察治罪。"顺治十八年覆准："各省芦课经征州县卫所官，未完不及一分者，罚俸一年，未完一分者，降俸一级，二分者，降职一级，皆戴罪督催，完日开复。三分者，降职二级调用。四分以上者，革职。督催司府官及直隶州知州、都司，未完不及一分者，停其升转，未完一分者，罚俸一年，二分者，降俸一级，三分者，降职一级，皆戴罪督催，完日开复。四分，降职二级调用。五分以上者，革职。如直隶州知州经征本州芦地拖欠者，照州县例处分。巡抚未完一二分者，罚俸一年，三分者，降俸一级，四分者，降俸二级，五分者，降职一级，六分以上者，降职二级调用。署印各官未完一分者，罚俸六月，二分者，罚俸九月，三分者，罚俸一年，四五分者，降职一级调用，六七分者，降职二级调用，八分以上者，革职。署印不及一月者，免议。参后限满不完者，照年限例处分。"康熙元年题准："直省杂税，照正赋例，依限奏销，违者照例参处。"康熙十八年题准："杂税钱粮，均照正赋考成。"康熙四十五年议准："嗣后一应牙行，照五年编审之例清察，更换新帖。如有顶冒朋充，巧立名色，霸开总行，逼勒商人，不许别投，拖欠客本，久占累行者，严拿究治。"雍正四年题准："各省地方落地税银，交与各该抚，

---

① 《清高宗实录》卷107，乾隆四年十二月辛卯。
② 《四川全省财政说明书·茶票息厘说明书》。

除每年征收正额外，果有赢余，尽数报部。"雍正五年题准："滇省云南、大理、楚雄、曲靖、元江、永昌等六府商税，又安宁、昆明等四十七府州县厅土税，自雍正六年为始，解司充饷。又覆准，州县征收税课，凡系巨乡大堡，载在志内各集各行，每年实在收数若干，尽行报出造册送部。"雍正七年覆准："甘肃各府税务，令经历大使等官经收，伊等轻视功名，难免侵隐，应将经历经收之宁夏、凉州、平凉、庆阳等四府，税课大使经收之。巩昌一府税务，均改归知府管理，即令该管道员就近稽察。其河州州判、吏目经收之税务，亦改归知州管理，令知府稽察，所收银造入奏销册报部。"乾隆元年奏准："甘肃商畜二税，征收不一，轻重各别，应逐条刊刻木榜，晓谕往来商贩，以免滥收脱漏，仍将刊刻各税款项细数，造册送部。"乾隆十五年覆准："古北口提督题报古北口斗税一项，原视口外年岁之丰歉，节年征收在二千两上下之数，准其每年以二千两为定额，如有赢余，尽数报解，管理收税弁兵，量给钱文，按年造报。"[1]

上述条例，难免繁杂，但涉及有关杂税的征收标准、征收衙门、奏销考成、征收禁例等方面。

当然，不同类别的杂税征收，有不同的定例和变化，如田房契税，其征收沿革，略如下述：

顺治四年覆准：凡买田地房屋，必用契尾，每两输银三分。

康熙十六年题准：增江南、浙江、湖广各府契税。每年苏、松、常、镇四府大县六百两，小县二百两。安徽等十府州，分别州县大小，自五百两至百两不等。扬州府照《赋役全书》额征，淮安、徐州府属及宝应、霍山、宿迁、临淮、五河、怀远、定远、临璧、虹九州县均无定额，尽收尽解。杭、嘉、湖、宁、绍、金、严七府，大县三百两，中县二百两，小县百两。台、衢、温、处四府，仍照见征造报。湖北大县百五十两，中县百两，小县五十两，僻小州县十两。

康熙十七年题准：增山东等省田房契税。

康熙二十年题准：增浙江台、衢、温、处四府契税。

康熙二十一年题准：增江西萍、龙、永、泸、上、定六县契税。

雍正十二年奏准：广东田房二项溢额税美，自雍正七年至雍正十一年，岁终存银二十万两有奇，报明户部，以备酌拨。嗣后递年造册报部。

乾隆元年覆准：民间置买田地房产投税，仍照旧例行使契尾，由布政使司编给各属，粘连民契之后，钤印给发，每奏销时将用过契尾数目，申报藩司考核。

乾隆十二年奏准：民间置买田房产业，令布政使司多颁契尾，编刻字号，于骑缝处钤盖印信，仍发各州县。俟民间投税之时，填注业户姓名，契价契银数目，一存州县备案，一同季册申送布政使司察核，如有不请粘契尾者，经人首报，即照漏税之例治罪。

乾隆十四年议准：嗣后布政使司颁发给民契尾格式，编列号数，前半幅照常细书业户等姓名，买卖田房数目，价银税银若干，后半幅于空白处豫钤司印，将契价契银数目大字填写，钤印之处令业户看明，当面骑字截开，前幅给业户收执，后幅同季册

① 乾隆《大清会典则例》卷50《户部·杂赋下》。

汇送藩司察核。其从前州县布政使司备察契尾应行停止。①

　　在有关杂税的征收中，田房契税是较为重要的，说它重要，一是税额较多，二是大多数省份都有征收。② 所以有臣僚的不断上奏，帝王也不断颁发谕旨，对各种弊端进行整饬。雍正五年，安徽布政使石麟奏称："查民间置买田地房产，定例每两税契三分，虽岁无常额，例应尽收尽解，乃官胥因循痼弊，以国税作虚名，视欺隐为常套，分侵肥橐，靡不相习成风，若不立法清查，流弊将无底止。"③ 雍正十三年上谕称："民间买卖田房，例应买主输税交官，官用印信钤盖契，所以杜奸民捏造文券之弊，原非为增国课而牟其利也。后经田文镜创为契纸契根之法，预用布政司印信，发给州县行之。既以书吏夤缘为奸，需索之费数十倍于从前，徒饱吏役之壑，甚为闾阎之累，不可不严行禁止。嗣后民间买卖田房，着仍照旧例，自行立契，按则纳税。地方官不得额外多取丝毫，将契纸契根之法永行停止。至于活契典业者，乃民间一时借贷银钱，原不在买卖纳税之例，嗣后听其自便，不必投契用印，收取税银。其地方官征收税课多者，亦停其议叙，仍着各该督抚严饬藩司时加察访，倘有吏书索诈侵蚀等弊，立即严行究处，毋得稍为宽纵。"④

　　杂税征收中的弊端，当然不是田房契税所独有，其他杂税亦然。雍正七年，巡察山西等处户科掌印给事中宋筠针对山西落地税的乱征奏称："潞安等处落地税物甚多，系知府委人收管，细察历来相沿旧规，当店每店一年税银十两五钱，生铁百斤税银一分，熟铁粗者百斤三分，细者六分，麻子每石二分，麻油百斤八分，干粉百斤一钱二分，故衣绸帛每件八厘，布衣四厘，白布每个税钱三文，麻一斤一文，椽子一根一文，每起一票六文。此其大概也。余有税之物尚多。一府如此，他府可知。恐有私收累民者，臣密奏闻。"朱批："不但晋省有此陋弊，大抵直省皆然。"⑤ 雍正七年，奉上谕："朕即位以来，屡有臣工条奏各处地方官征收落地税银，交公者甚少，所有赢余皆入私橐，国计民生并受其累者。雍正三年，又有人条奏广西梧州一年收税银四五万两不等，止解正项银一万一千八百两，浔州一年收税银二万两，止解正项银四千六百两，应令该抚查核据实奏闻，并令各省地方官员等抽收税银之处，俱据实奏报等语。随经九卿议令各省督抚，遴委廉干能员监收，一年之后看其赢余若干，奏闻候旨等语。……闻外省中多有奉行不善者，如广东、广西地方，则假称奉旨归公之名，而有加严之弊。又闻山西落地税务甚多，潞、泽二府更

────────────────

　　① 乾隆《大清会典则例》卷50《户部·杂赋下》。

　　② 前揭瞿同祖《清代地方政府》称，田房契税在各省都有征收，不太准确只能说清代前期大多数省份征收，如黑龙江的田房契税于光绪三十年才开始征收，"凡民间买卖田房，不问年之远近，一律按价银一两收正税三分，副税三分，火耗六厘。正税报部，副税以二分充善后经费，以一分充承办人员办工之需，六厘火耗备倾化银锭之费"。另外，田房契税在正税、副税外，又有田房契尾费、验契费、田房契过割费、税契更名费、田房契换照费等多种附属杂款，各地征收标准不一。参见《黑龙江租税志》上卷，第117~118页。此书为"满洲租税史料"之一种，内部资料。藏东京大学图书馆，扉页有编者在昭和十八年二月六日的寄赠书章。

　　③ 《朱批谕旨》卷217《朱批石麟奏折》。

　　④ 乾隆《江南通志》卷79《食货·关税·杂税》。

　　⑤ 《朱批谕旨》卷139《朱批宋筠奏折》。

甚。陵川一邑僻处山中，向无额税，今年五月新行添出，百姓颇以为苦。……以朕所闻如此，则他省之类此者不少矣。"① 雍正九年，湖北巡抚王士俊针对盐规、粮规、当商杂税的征而不报，私自收受，专折奏称："查司道府州县，除火耗养廉之外，尚有盐规、粮规、当商杂税等项，历来各自收受，添补养廉，有数千金数百金之不等，均未据实报出，解至藩库。"②

至于杂税每年的征收数额，各种典籍都有所记载，据道光十八年重修的《杂税全书》，江南苏松等府州的牙税、当税银如下表所示（见表1）③：

表1 道光年间牙税、当税的征收

府　州	牙　税		当　税	
	牙　行（户）	牙　税（两）	典　铺（户）	当　税（两）
苏州府	14283	1385	308	1540
松江府	2554	695	131	655
常州府	3200	1173	216	1080
镇江府	1705	697	171	855
太仓州	1951	406	95	475

据许檀、经君健的统计，清代前期杂税的征收数额以及在财政收入中所占的比例如下表所示（见表2）④：

表2 清代前期各朝杂税与其他岁入比较　　　　　　　　　　单位：万两

年　代	总额	%	地丁	%	盐课	%	关税	%	杂赋	%
顺治九年	2438	100	2126	87.2	212	8.7	100	4.1	？	？
康熙二十四年	3424	100	2 823	82.4	388	11.3	122	3.6	91	2.7
雍正二年	3649	100	3028	83.0	387	10.6	135	3.7	99	2.7
乾隆十八年	4266	100	2964	69.5	701	16.4	459	10.8	142	3.3
乾隆三十一年	4254	100	2991	70.3	574	13.5	540	12.7	149	3.5
嘉庆十七年	4014	100	2802	69.8	580	14.4	481	12.0	151	3.8

① 《清世宗上谕内阁》卷89，雍正七年十二月初三日。
② 《朱批谕旨》卷73《朱批王士俊奏折》。
③ 道光《杂税全书》之《苏松等府·杂税》。按：表中数字据称是依据道光十年的奏销册。又按：此书国内图书馆未见，系东京大学东洋文化研究所藏，为笔者十几年前在东京大学访学时与范金民教授共同查出。
④ 许檀、经君健：《清代前期商税问题新探》，《中国经济史研究》1990年第2期。数字一仍其旧，笔者仅加了百分比。

许檀、经君健的统计比较系统，可以参考，各种记载亦不一致。① 而据笔者的统计，乾隆十八年的芦课为 195768 两，茶课为 69191 两，渔课为 27482 两，金银等矿课为 73525 两，田房契税为 190000 两，牙、当等税为 186190 两，牲畜及落地杂税为 856214 两，合计 1598340 两。乾隆三十一年的芦课为 122500 两，茶课为 73100 两，渔课为 24500 两，金银等矿课为 81000 两，田房契税为 190000 两，牙、当等税为 160000 两，牲畜及落地杂税为 858000 两，合计为 1509100 两。如果再加上"杂赋"中包含的旗地租、官庄田租、学田租、贡税等项，数额还要多出数十万两②，均比许檀、经君健的统计为多。

实际上，要想知道各项杂税的具体征收总额，相当困难，我们再示列江南的征收记录，就可以明白这一点。乾隆《江南通志》记载如下：

> 田房税，给发契纸征收，尽征尽解，各州县同。
>
> 牙帖税，每帖一张，税银四钱五分以至一两不等，每年尽征尽解，各州县同。
>
> 花布牛驴猪羊等税，银每两三分，每年尽征尽解，各州县同。
>
> 典铺，每户输银五两，增歇不一，各州县同。
>
> 江苏布政使经历司佃民税，给发契纸，尽收尽解。
>
> 江宁都税司经征骡马税，无定额，按季同杂税汇解。
>
> 江宁都税司房税，给发契纸，尽收尽解。
>
> 淮安淮防厅并扬州、江都、仪征、通州、如皋四州县洲场税，给发契纸，尽收尽解。
>
> 扬州府税课司商税，额银一千二百一十八两四钱，遇闰加银三十三两三钱三分三厘有奇，两淮盐运司代办。
>
> 扬州府扬防厅额征由闸商，税并加增，银三万一千二百八十一两五钱九分五厘有奇，经征官自行解部。
>
> 徐州府课程等税银，每年尽收尽解。
>
> 仪征县由闸梁头操抚扣饷，并赔补缺额，共银一千七百五十三两二钱，遇闰加银一百两。
>
> 仪征县税课局额征商税银二千二百三十八两七钱五分八厘有奇，遇闰加银三两六分三厘有奇。
>
> 高邮州商税操赏裁解充饷银三两七钱。
>
> 扬州府邵伯司应征门摊税银五十七两二钱二分二厘，系府具批解司，汇同杂税解部。
>
> 通州税课局额征商税银八百六两八分四厘有奇，遇闰加银三两二钱九分一厘有奇。

---

① 吴暻：《左司笔记》卷 10《杂税》记载康熙三十九年各省的杂税均有细数，不备列，杂税总额为 464432 两。

② 参见陈锋：《清代财政政策与货币政策研究》，武汉大学出版社 2006 年版，第 368～369 页。

如皋县靛花油饼等税银，每年尽收尽解。

京口将军经收八旗骒马税银，亦无定额，每年尽收尽解，令镇江府具批解司，汇入杂税达部。

合肥县、庐江县、巢县、六安州、霍山县五州县商税一款，每两三分，每年尽征尽解。

寿州、虹县、泗州三州县有鱼税一款，按价每两三分，每年尽征尽解。

街口司巡检报征船税银九百六十两有奇，内除银八百两有奇归入丁地案内另册奏报，实该银一百六十两。

长淮卫征收牙帖税银，尽征尽解，与州县同。

泗州李良桥等五处商税银二十两八钱八分，曲税银三两，牙税银尽征尽解，俱于雍正十三年归入宝应县征收。①

以上杂税大多数都标明是"尽征尽解"、"尽收尽解"，或"无定额"，这正是数额难以清楚的原因。

从总体上说，前代前期的杂税征收相当繁杂，上述之外，仍有两个问题仍值得特别注意。

一是定额之外的额外加征。如雍正七年奏准，"契税于额征外，每两加征一分，以为科场经费"②。该年题准的广东例为："广东文武闱乡试所需各项经费，除照例动拨正项外，尚有不敷之数，向在各州县业户买产每两例征契税银三分之外，又征一分充用，每年约征银二千五百余两，自雍正七年起，准为科场经费，造入奏销册内，同正额一例报销"③。

二是杂税的动用较为灵活。如雍正六年十一月奉上谕："湖南官员养廉之资，已令该抚将通省耗羡计算，均匀分给。又该省各府杂税银两项下，有报出赢余银七千二百二十两，着该抚将此项添入，亦可少资各官养廉之用"④。这是动用杂税赢余银支发养廉的一例。雍正七年十二月奉上谕："查广东落地耗羡之外，雍正六、七两年报有田房税契溢羡银四万四千三百余两，此系该省查出之羡余，应归于本省之公用。着于此项银两内将督抚等养廉银应给若干，着该督抚会同布政使王士俊斟酌定议，具折奏闻。"⑤ 这是动用田房税契溢羡银作为公用银和养廉银的一例。雍正七年，署理广东布政使王士俊疏称："民间置买田房产业，例按正价每两税契银三分。解司充饷之数，岁有常额，然常额之外，类有赢余，臣经屡饬属员，务将民间旧买田产匿不税契者，悉令投税，并将税契赢余，尽收尽解，已据各州县将雍正六年及本年税契赢余银解存司库，共有四万八千四百四十八两

---

① 乾隆《江南通志》卷 79《食货·关税·杂税》。
② 《清朝通志》卷 90《食货略·关榷十·杂税附》。
③ 乾隆《大清会典则例》卷 50《户部·杂赋下》。
④ 《清世宗上谕内阁》卷 75，雍正六年十一月十九日。
⑤ 《清世宗上谕内阁》卷 89，雍正七年十二月十七日。

零……欲支动此项以为各府州县修理城垣之费。"① 这是动用田房税契溢羡银作为修理城垣之费的一例。

（作者单位：武汉大学中国传统文化研究中心）

---

① 《朱批谕旨》卷73《朱批王士俊奏折》。

晚清财政摊派与杂税的产生之研究

□ 王　燕

　　晚清在很多方面呈现着亘古未有的变局，不但政局跌宕起伏，社会经济变化巨大，财政支出与财政收入模式也发生着变化。在财政极度困窘的形势下，晚清政府无力从根本上对财政支出项目进行合理调整，只能采取"量出制入"的财政政策，竭力搜刮民脂民膏，使财政收入变态性地增加。是时，为维持国家机器正常运转，州县地方政府开办的大量苛捐杂税，于收入则鸡零狗碎，无所不包，于支出则东挪西凑，穷于应付。从中央到地方财政管理的混乱无序已极，为杂税的滋生提供了肥沃的土壤，致使杂税在各种行业和环节上肆意生长，承担着本应由正税承担的公共职能。对于晚清杂税这一在财政史上繁杂而重要的问题，前此学者虽有所研究，但对其产生的主要动因仍需进一步深入探讨。在前此学者研究的基础上①，本文主要探讨两个问题，一是晚清杂税的繁杂以及财政摊派与杂税产生的关系，二是财政摊派导致的财权下移以及杂税征收的普遍化。

一、晚清杂税的繁杂以及财政摊派与杂税产生的关系

　　从本质上讲，杂税作为税收的一种，必然具有税收的种种特性，所谓"杂"，只是其名目繁多之现象，若从财政的角度出发，理清财政与税收，岁入与岁出，正税与杂税的关系，亦可呈现杂税的清晰脉络。国家一旦产生，就必须从社会分配中占有一部分国民收入来维持国家机构的存在并保证实现其职能，于是产生财政这种特殊的经济行为和经济现象。马克思、恩格斯对财政与国家的关系有明确的论述："为了维持这种公共权力，就需要公民缴纳费用——捐税……随着文明时代的向前进展，甚至捐税也不够了；国家就发行期票，借债，即发行公债"②。可以说"财政"作为一个经济过程，包括财政收入和财政支出两个部分。收入主要来源于税收和国债，而税收则是国家为满足社会公共需要，凭借公共权力，按照法律所规定的标准和程序，参与国民收入分配，强制取得财政收入的一种

---

①　参见蔡国斌：《晚清的财政摊派》，《人文论丛》2008 年卷。《晚清的财政搜刮》，《武汉大学学报》2009 年第 1 期。王燕：《晚清杂税名目及其产生之必然性初探》，《江汉论坛》2013 年第 8 期。

②　《马克思恩格斯全集》第 21 卷，人民出版社 1972 年版，第 195 页。

特定分配方式。

　　清代前期，财政收入的构成主要是田赋、盐课、关税、杂赋四项。① "杂赋"相对于"正赋"而言，所谓"地丁之外取于民者，皆为杂赋"②。据《大清会典事例·户部·杂赋》等政书可知，清代的杂赋包括以"课"命名的芦课、茶课、金银矿课、铜铁锡铅矿课、水银砵砂雄黄矿课、鱼课；以"税"命名的田房契税、牙税、当税、落地税、牛马猪羊等项杂税，以及以"租"命名的旗地租、学田租、公田租等。还有少数民族地区的实物贡税，如马贡、狐皮贡、贝母贡、蜡贡等。

　　与清代前期相比，晚清在财政支出非常态增加的前提下，财政收入变态性增加，新的税种——主要是杂税也不断涌现。咸丰年间肇其始，光绪年间普遍化。咸丰帝就谕称："朕闻各处办捐，有指捐、借捐、炮船捐、亩捐、米捐、饷捐、堤工捐、船捐、房捐、盐捐、板捐、活捐，名目滋多，员司猥杂"③，已呈混乱之势。至光绪年间，各地开办的杂税杂捐名目繁多，如《安徽财政说明书》记载：

　　　　杂税者，别乎田赋、关税、厘金、盐茶课厘之外，而与杂捐同类异名也。《则例》所载杂税，各省名目多有不齐，今依部颁调查条款，参之安省现有杂税名目，除落地税与砂铁均属厘金，南茶出产归两江委办，不在安省杂税范围，无庸赘述外，则有契税、牙税、当税、烟酒税、牲畜税、矿税、花布税、商税、船税数端。④

《广东财政说明书》亦云：

　　　　粤省杂税，以独立名目由各厅州县及各局厂收解藩库者，曰契税、当饷、煤饷、落地商税及桂税、白蜡价等项，若肇庆府桥美、关盐盈余，则由商税中提解藩库者也。由厘务局收解藩库者，曰炉饷，收解运库者曰土炉饷，曰铁税。其沿革利弊，均可逐项分晰言之，其统名杂税。由各厅州县汇入地丁解缴藩库，而向有指定名目者，如渡饷、榔税、牛税、鱼税、船税、地税、山坡税，亦提出汇编，以便查考。其无专指名目，但称杂税，无可分晰者，则仍编为各厅州县杂税。至于特别名目，如会同县之车税，始兴县之木税、油槽税，海康县、徐闻县之葛税，文昌县之菜税，则汇编为各县小税，以次叙其缘起，并岁额收数，悉从其类，而为之分别核计焉。若夫煤矿出井税，现时只有阳山、仁化两处，岁无定额，故附说于煤饷之后。递年各厅州县杂税，或尽征尽解，或丝毫不解，或解不足额，或照额批解尚有盈余，留为各该署津贴及拨地方公用，亦有久无征收，由各该厅州县按在任日期照额赔解者。⑤

　　据已有的统计，晚清各省除了增加盐课盐厘、田赋丁漕、契税、当税、牙税等传统赋

---

① 陈锋：《清代财政收入政策与收入结构的变动》，《人文论丛》2001年卷。
② 王庆云：《石渠余纪》卷6《纪杂税》。
③ 《清朝续文献通考》卷46《征榷十八》。
④ 《安徽财政沿革利弊说明书》第7编《杂税》第1章"总论"，《安徽财政说明书》。
⑤ 《正杂各税》，《广东财政说明书》卷7。

税以外，新增了许多杂税杂捐，如下表（见表1)①：

表1   清末各省开办杂税名目表

省份	杂税杂捐名目
江苏	房捐、畜捐、土药捐、车捐、串捐、布捐、鱼捐、戏捐、妓捐、积谷捐、车驾捐、码头捐、埠工捐、河工捐、塘工捐、石膏捐、沙船捐、灰窑捐、钱业捐、驴税、商税、陆杂税
广东	烟酒厘金、酒甑牌费、土药税、猪捐、土丝土茶厘、潮州厘、土药捐、房捐、酒捐、彩票饷项、基铺山票饷、台炮经费、炭捐、坐贾捐、船捐、车捐、戏捐、祝捐、庙捐、妓捐、花艇捐、硝磺捐、渔业税、市税、商税、厂税、桂税、铁税、船税、渡税、椰税、牛税、鱼税、鱼苗税、鱼油税、鱼卤税、盐渔税、山坡税
湖北	竹木捐、筹防捐、烟酒糖税、土药税、米谷税、火车捐、茶厘、土布捐、丝绸统捐、膏捐、酒捐、石膏捐、赔款捐、房捐、铺捐、串票捐、税票捐、夫役捐、学捐、船捐
浙江	火油加捐、茶糖厘金、丝偿款、绸绫偿款、绸捐、钱捐、房捐、酒捐、烟酒厘金、土药税、糖厘、春茶厘、肉厘、竹篾厘、纱捐、花捐、船货捐、房警捐、鱼团捐、牛税、碓税、港税
江西	街捐、铺捐、车捐、船捐、京菜行捐、枋板行捐、花行捐、夫行捐、牛行捐、厂捐、摊捐、窑户捐、船埠捐、米谷税、商税、贾税、牛税、鱼苗税、鱼油税
四川	米谷统税，烟叶统税，酒税，茶叶统捐，糖斤统税，瓷器统税，木植统税，纸张统税，煤炭统税，夏布，靛青，麻斤，萝蔔条统税，枯饼、碗土、香末、瓜子、麻石统税，鱼课，碾榨磨课，油税，食物税，用物税，药材税，营业税
安徽	茶课、烟酒税、膏捐、酒捐、芜湖出口米捐、木行捐、杂粮捐、房捐、铺捐、肉捐、官捐、花布税、船税
福建	烟厘、洋药厘金、膏捐、酒捐、纸木捐、柴把出口捐、炭捐、水仙花捐、猪捐、铺屋捐、坐贾捐、水果捐、砖瓦捐、鱼船税、门摊商税、夏布税、河沟税、车糖税
河南	煤厘、酒税、烟税、酒捐、斗捐、城捐、会捐、花捐、布捐、桐油捐、牲口捐、戏捐、花生捐、车捐、瓜子捐、枣捐、猪捐、羊捐、柳条捐、铺捐
直隶	茶糖厘金、烟酒厘金、烟酒税、土药加捐、火车货捐、车捐、船捐、妓捐、戏捐、鱼捐、晓市摊捐、码头捐、花生捐、肉捐、亩捐、斗税、洋灰公司货税、渔税、捕鱼船捐
山西	茶糖厘金、烟酒税、斗捐、炭捐、牲畜税、车捐、铺捐、戏捐、驴马捐、差徭捐、药商票捐、油捐、肉捐、妓捐、丝捐、庙捐、水捐、包裹税、商税、木税、木筏税、石膏税
山东	煤税、酒税、烟税、烟灯捐、签票捐、房捐、铺捐、斗捐、枣捐、花生捐、船捐、硝课、硝税、商捐
湖南	茶正厘、烟酒厘金、出口米谷捐、土药税、船捐、茶箱用捐、车捐、戏园捐、门市捐、商税、牛驴税

① 资料来源：徐义生：《中国近代外债史统计资料》，中华书局1962年版，第78~84页；《中国清代外债史资料》，中国金融出版社1991年版，第964~1012页；左治生编：《中国财政历史资料选编》（十），中国财政经济出版社1988年版，第342~346页。

续表

省份	杂税杂捐名目
陕西	烟酒厘金、糖厘、油捐、警捐、斗捐、炭捐、货捐、乡捐、秤捐、木匠行捐、肉架捐、花行捐、商税、杂货税
广西	烟酒税、酒锅油糖榨帖费、统税、土药税、饷押捐、梧州番摊山饷捐、信隆公司赌捐、辅票捐、官捐、牛捐、车捐、戏捐、客栈牌捐、商税、竹木税、药材税、八角税、米谷税
云南	红糖厘、茶厘、川烟厘、绸缎厘、鹿茸厘、麝香厘、省货厘、烟税、酒税、土药加厘、大锡厘、驮捐、窑税、锅税、芦税、板税、漕税、碗花税
甘肃	商税、百货加厘、牲畜捐、药税、大布捐、皮毛捐、木料捐、金课、磨课、山货税、关门税、药税、西税、集税
贵州	土药捐、木捐、纸捐、摊捐、戏捐、肉捐、鸭捐、斗息捐、榨房捐、客栈捐、钱铲捐、白布捐、柴炭捐、场费捐、水银捐、清油捐、油行捐、靛行捐、苕行捐、麦行捐、豆行捐、棉花行捐、洋纱行捐、竹木炭帮费、木税、油税、鱼课、砂课、黄腊课、洋纱银
吉林	硝卤捐、缸捐、车捐、船捐、戏捐、妓捐、鱼网捐、木税、斗税、渔课
黑龙江	斗秤课、车捐、船捐、窑捐、戏捐、妓捐、五厘捐、交涉税、渔业税、渔网税、鱼捐、羊草税、牲畜税
奉天	亩捐、车捐、船捐、货床捐、菜市捐、卫生捐、木植税、渔业税
新疆	草捐、斗秤捐、炭山捐、山价捐、地摊捐、磨房捐、铺面捐、皮张捐、洗羊毛捐、油税、炭税、窑税、葡棉税、房租税、苇湖税、木料税

陈锋教授已经指出，上表所列杂捐杂税虽然花样百出，但并不完全。① 如河南，《河南财政说明书》称："豫省近数年来，各属举办新政，因地筹捐，尚称踊跃，而情形各殊，款目互异，本非划一办法。有抽之于花户者，如串票捐、契税捐、契尾捐、房捐、亩捐、随粮捐之类是也。有抽之于坐贾者，如斗捐、商捐、铺捐、油捐、火柴捐、煤油捐、粮坊捐、变蛋捐之类是也。又如枣捐，瓜子捐，柿饼捐，柳条捐，柿花、芝麻、花生等捐，则就出产之物而抽收。如戏捐、会捐、庙捐、巡警捐、册书捐等，则因特定之事而抽收。"② 如福建，《福建全省财政说明书》称："杂捐凡七十余项，其中以划作赔款用之粮、贾、铺、膏、酒五项为最普通，亦最大宗，次则柴把出口、纸木、牙帖各捐，又次则烟叶、炭水果砖瓦竹木各捐。然除酒捐本为国家税外，皆以地方税而供国家用及无所指定者，若以地方税供地方用，则惟铁路之随粮捐为普通，而大宗契尾捐则普通而非大宗矣。其余各捐皆视其地方有何项之必须与何捐之可抽，酌量筹设。……其抽捐之种类：有抽于粮户者为粮串捐，有抽于牙户者为蛏蛤牙捐、鱼牙捐、小猪牙捐、油牙捐，亦有即名为牙捐者，有抽于屠户者为屠捐、肉捐、猪肉捐、猪桌捐，有抽于船户者为盐船捐、货船捐、官渡捐、埠租捐，有抽于茶商者为茶捐，有抽于盐商者为盐捐、盐牙捐、盐馆捐、盐帮

---

① 参见陈锋：《清代财政史》下，湖南人民出版社 2013 年版，第 357~358 页。
② 《河南财政说明书》"岁入部"第 5 类，"厘捐"，第 2 款，"杂捐"，第 2 项，"各属就地抽收各捐"。

捐、盐厘捐，有抽于木商者为木排捐、随排捐，他如动物之捐为猪捐、小猪捐、羊捐、鱼捐，植物之捐为谷捐、米捐、笋捐、香菰捐、纸油捐，各商之捐为当捐、布捐、钉麻行捐，又有商会捐、花轿。各货之捐为商货捐、碗捐、灰捐、靛捐、花炮捐、纸箔捐、牛皮捐、水仙花捐。又有以地捐者为煤坑捐、海埕捐，以租捐者为局租捐、租谷捐。其捐诸社仓为社仓捐，捐诸社会者为善社捐、桥会捐、会捐，捐诸学生者为学费捐，捐诸喜庆之家为喜庆捐，捐诸慈善之家为善举捐，捐诸戏班为戏捐，捐诸买粪之人为清洁捐，捐诸售彩票之人为彩票捐，捐诸公帮、公业、公项者统称为各项捐、公业捐。亦有即名为学堂捐、巡警捐者。更有因课额之盈余或额外而加收，亦名为贾、铺、膏、酒捐。或此有而彼无，或此多而彼少，固不能一概论者。"① 可以说物物有捐，环环有税。

如所周知，清代前期，随着战乱的平息和社会的安定，社会生产得以恢复和发展。从财政收支来看，形成了相对固定的财政收入和固定的财政支出类别。财政收入来源主要是赋税，其中以田赋收入为大宗，一般约占财政总收入的70%以上。其次两大项目，是盐课和关税（含内地常关和海关两项）。其余矿课、牙税、当税、契税等总称为"杂赋"，一般在财政总收入的4%以下，不占重要地位。粮、盐、关、杂构成岁入的四大支柱。年总收入约为4000万两。② 清前期的常额财政支出总额，每年在3000万~4000万两③，支出类别也相对固定，其岁出经常项目按清代"则例"细分成祭祀、俸食、饷乾等十二大类。若依据支用实际，则可归并成如下五类：即皇室、行政、军政、公共工程和社会保障这五个方面的经费。一般来说，清代前期财政收支相抵，多有盈余。乾隆年间国库盈余至于极盛，乾隆四十六年（1781年）达7000余万两，乾隆五十四年（1789年）仍达6000余万两④。

清代后期，由于战乱不断，军费支出居高不下，加以赔款、债款日巨，财政支出不断膨胀。受支出推动，晚清财政收支规模迅速扩张。到光绪中叶，岁入已增至8000多万两，岁出则高达一亿两。从鸦片战争开始，晚清财政即出现了入不敷出的状况。据统计，自道光二十年至二十九年（1840—1849年）的财政收支中，盈余年份只有两个，盈余额合计不过100万两，其余八年均为入不敷出，财政赤字将近1100万两。⑤ 太平天国起义爆发后，随着军费等各项支出剧增以及在太平军打击之下财政收入的减少，入不敷出的矛盾异常突出。"入款有减无增，出款有增无减。"⑥ 太平军起事之初，清统治者从各省调兵防堵围剿，先后筹拨广西、湖南、广东三省军需，以及湖北、江西、贵州三省办理防堵，共计用银1800多万两。⑦

甲午战争后，晚清财政收支缺口更为巨大，晚清政府陷入更为严重的财政危机之中。甲午战争清政府的战时军费支出达6000万两以上，战后中日签订《马关条约》，清政府被日本政府勒索赔款白银2亿两，再加上赎回辽东半岛的"赎辽费"3000万两，三项合

---

① 《杂捐类沿革利弊说明书》第1章"总说"，《福建全省财政说明书》。
② 参见陈锋：《清代财政收入政策与收入结构的变动》，《人文论丛》2001年卷。
③ 陈锋：《清代财政支出政策与支出结构的变动，《江汉论坛》2000年第5期。
④ 陈秀夔：《中国财政史》（增订本）下册，台湾正中书局1983年版，第346页。
⑤ 参见周育民：《晚清财政与社会变迁》，上海人民出版社2000年版，第67页。
⑥ 《中国近代货币史资料》第一辑（上册），中华书局1964年版，第170页。
⑦ 《清朝续文献通考》卷67《国用五》。

计总额达白银 3 亿两。这一数额相当于当时清政府三年半的财政总收入，如此巨额的额外开支，是清财政所无法承受的。据赫德调查，1894 年至 1900 年间清政府的财政收支情况如下表（见表 2）①：

表 2　　　　　　　　　赫德所列光绪二十五年（1899 年）的财政收支表

岁 入 项 目		岁 出 项 目	
项 目	银额（两）	项 目	银额（两）
地丁钱粮	24000000	各省行政费	20000000
地丁钱粮	2500000	陆军	30000000
各省杂税	1600000	海军	5000000
各省杂项收入	1000000	京城行政费	10000000
漕折	1300000	旗饷	1380000
三营折	1800000	宫廷经费	1100000
盐课盐厘	13500000	海关经费	3600000
厘金	16000000	出使经费	1000000
常关税	2700000	河道工程	940000
海关税：一般货物	17000000	铁路	800000
洋药	5000000	债款开支	24000000
土药	1800000	准备金	3300000
合计	88200000	合计	101120000

由上表可见，甲午战后年财政赤字达 1300 万两，如此巨额的赤字在甲午战前是从未有过的。庚子赔款后，财政赤字更是逐年扩大，直至清廷灭亡。光绪二十九年（1903 年）清政府财政收入 10492 万两，支出 13492 万两，赤字达 3000 万两。② 当时的财政状况已如赫德所说：

　　根据户部从残存案卷所编制的最近财政收支清表，岁入约 88000000 两，而岁出据说需 101000000 两。岁入的四分之一以上须用于偿还旧债，收支相抵不敷部分，仍是一种亏欠，还没有款项抵还。事实上用这样多的收入偿还旧债，是造成入不敷出的原因，因为所有这些债款的支付，都是政府从北京和各省的行政经费中扣除下来的。没有新的收入来应付新的支出。因此，如果再从收入项下提款，入不敷出的数字更要增大，欠债更多，财政势必破产③。

———————————

① 《中国海关与义和团运动》，中华书局 1983 年版，第 64~65 页。
② 《清朝续文献通考》卷 68 《国用六》。
③ 1901 年 3 月 25 日《赫德致北京公使团赔款委员会意见书》，《中国海关与义和团运动》，中华书局 1983 年版，第 64 页。

此后，外债与赔款俱增，据度支部所办宣统三年（1911 年）预算，每年的外债与赔款支出已达 5164 万余两①，仍是岁出之大宗。

面对极度困窘的中央财政，晚清政府试图采取摊派、对外举债及发行内债三种方式来挽救。晚清政府举办的几次国内公债，或许由于自身缺乏近代化的金融机关与金融市场，加上受传统观念的影响，民众缺乏近代公债意识，导致其公债政策的失败，大多中途而废，发行量小，收效不大。如周育民教授已经指出的："清末地方公债虽起源于鸦片战争时期，但以债票形式向社会发行，则始于 1905 年的直隶公债。之后，各省仿行，总计达 13 次，但发行成功的并不多。"②

通过举借外债这种方式无疑是饮鸩止渴，以《马关条约》后的借款为例，向俄法英德四国借款共 3 亿两，实得 2.6 亿两，但却要归还 7 亿多两，后来的借款莫不如此，无一例外地落入列强设计的金融陷阱。最终只有通过摊派解决财政危机。

与大规模的外债相联，财政摊派开始经常化。为偿还俄法、英德借款，光绪二十二年（1896 年），户部奏准由各省、关分认摊解俄法、英德两笔借款的本息，令"酌量各省岁入之多寡，定为分认之等差"，向各省关摊派银共 1200 万两。③ 甲午至庚子之前的七项外债（汇丰银款、汇丰镑款、克萨镑款、瑞记借款、俄法借款、英德借款、英德续借款）每年摊于各省、关的偿付额，在光绪二十四年（1898 年）时已达到 2200 余万两，光绪二十六年（1900 年）达 2400 余万两。辛丑之后，庚子赔款全额转化为外债，由总理各国事务衙门向英、德、奥、比、西、美、法、意、日、荷、俄等国共举借外债库平银 457605000 两，年息 4 厘，期限 39 年，以关税、常关税、盐税等作为担保。赔款由此转化为合计本息 9.82 亿两之巨的外债。④ 如此巨款，是清中央政府无法用常规的财政手段加以偿付的，为凑偿巨额外债，清政府迫不得已之下，只能一摊了事，将偿债之责推给地方政府。

晚清的财政摊派，一般来说分为两种情况：一是有"的款"的摊派，即中央政府将某项经费规定总额，分摊到各省、关，根据户部已掌握的各省、关有确切款项的"的款"进行指拨；二是没有"的款"的硬性摊派，即中央政府将某项财政支出总额进行分解，根据各省财力大小、富裕程度加以分摊，不论地方财政是否尚有结余，强令地方政府筹解。⑤ 特别是第二种摊派，带有更大的强制性，所摊款项并无一定的财政收入保证，全由地方负责筹措，任意筹解。如光绪二十七年（1901 年）为筹还庚子赔款，户部奏称："此次赔款共本利银九万八千二百三万八千一百五十两，中国财力万不能堪……自派定后，应按臣部单开办法速筹。倘各条与该省未能相宜，自可量为变通，另行筹措。惟必须凑足分派之数，如期汇解。"⑥ 所谓"自可量为变通，另行筹措"，即意味着旧税种的加增和新

---

① 《清史稿》卷 125《食货志六》。

② 参见周育民：《晚清财政与社会变迁》，上海人民出版社 2000 年版，第 437~441 页。

③ 光绪二十二年月户部折，《光绪政要》卷 22。

④ 参见陈锋：《清代财政史》下，湖南人民出版社 2013 年版，第 495~502 页。

⑤ 参见蔡国斌：《晚清的财政摊派》，《人文论丛》2008 年卷。陈锋：《清代财政史》下，湖南人民出版社 2013 年版，第 243~254 页。

⑥ 《清朝续文献通考》卷 71《国用考九》。

税种的开征的合理化、合法化。此后，又有整顿加征田房契税、烟酒税等各项杂税诏谕。同时，此一时期，清政府为图自强，推行新政和预备立宪，练兵、兴学、举办实业、地方自治、创办巡警、改革官制等诸政并举，致使政费大量增加。许多新政经费并无着落，亦唯有将其摊派给地方，导致清末的财政摊派不断增加。财政最基本的量入制出的政策土崩瓦解。在量出制入的引导下，地方各类杂税更是肆意生长。如福建的"五项捐"是为赔款的摊牌而征："新案赔款，福建应摊八十万，其额取之五项捐，曰随粮，曰贾，曰铺，曰膏，曰酒。粮、贾、铺三者因赔款始设，膏、酒则原充饷需而移拨矣。自光绪二十七年九月间奉到部文后由前济用局司道详定章程，分别出示，通颁各属于二十八年正月一律开办，定额粮捐三十三万九千零两，贾捐二十七万三千零两，铺捐七万二千余两，膏捐六万五千余两，酒捐五万六千余两，合而计之，共八十万两有奇，以之凑解所摊八十万之数，尚足相符。然稽之各属册报，其实收实解粮捐仅二十九万一千余两，贾捐仅二十五万一千余两，铺捐仅六万九千零两，膏捐仅五万二千余两，酒捐仅四万七千余两，共七十一万零两，较定额短几十万。度支公所按月由各号商或银行批解上海一次，并汇费、补水，而计其不足，盖在十万以外"①。如直隶，"各州县以捐名者，不一而足。亩捐附加于田赋，各处皆同。其余若房捐，若花生捐，若肉捐之类，随地而异，琐屑不堪，殊难枚举。大致皆为兴办新政，就地筹款而设。此实地方税章程未颁以前权宜之办法"②。亦如《奉天全省财政说明书》所言："近年因筹办新政，应用经费超越前数者奚啻数倍，不得不就本省所出，以谋本省所入。于是改旧行之税率而酌量增加，辟新有之税源而谋筹收入，分别创办，细大不捐"③。

可以认为，财政摊派是晚清财政史上的一个特殊现象，是清政府为保障某项特定的财政支出而以行政命令的方式，不顾地方实际情况，强迫地方分担一定数额款项的一种财政手段。财政摊派以政府的权力为后盾，以筹措款项为目的，其着眼点是确保相关财政支出，而不问具体的财政收入来源。也正是由于晚清的财政摊派，使地方财政无力以正常税收支付机构的正常运转，而不得不巧立杂税名目。各省为应付中央政府摊派的赔款以及筹措新政款项，在提高税率以扩大传统税收的同时，纷纷自行开征五花八门的各类新捐税。

二、财政摊派导致的财权下移以及杂税征收的普遍化

从另一个方面来讲，晚清的财政摊派，在某种程度上使中央财政权力的下移更加明显，更加具体化。同时，税收管理体制和税收政策的混乱，也使名目繁多的失去正常秩序的杂税征收成为可能。

陈锋教授的研究认为，在清代前期，没有严格意义上的中央财政与地方财政之分，但有以"起运"、"存留"为标志的中央财政与地方财政的划分，并且存在着中央财政与地

① 《杂捐类沿革利弊说明书》第2章"五项捐"，《福建全省财政说明书》。
② 《杂税杂捐说明书》第2章"杂捐"，《直隶财政说明书》第6编。
③ 《奉天财政沿革利弊说明书·总叙》，《奉天全省财政说明书》。

方财政的调整或变动。① 清代前期，由于实行的是高度中央集权的财政管理体制，地方政府只是扮演"代办"角色。中央政令通过各省以达于各州县，关乎财政的各种事项，均已形成较为成熟的规章制度，各省均照章循例而行。省级政府作为中央集权行政机构的一环，在日常事务中主要负责中央和基层之间的衔接。省级政权并未成为各省统一利益的代言人，清政府对财政收入的再分配是通过起运、存留、京饷、协饷等制度来实现的。其中京饷、协饷即是由中央政府每年根据冬估情况，"预拨各省地丁、盐课、关税、杂款，以备次年开放之用"②，分春秋两次拨款，解京师者为京饷，解往他省者为协饷。此时只有中央财政而无地方财政，地方政府只相当于中央政府的一个税征机构和税收保管机构，中央政府对全国财政收入情况了如指掌，其所指拨的款项，对于地方而言，是中央政府暂存于该地的"的款"，因而中央政府的解协饷指令还只是一种调盈剂虚的再分配手段。地方留存款项，亦须经户部批准才能动拨，留存之外的所有款项，都由户部直接控制。财政收支上，各项税收均由中央制定具体统一的、固定的税目、税额、税率加以集中管理，支出也由户部落实到各省府州县，并有严格的奏销制度控制各省支出。③

清代税款的征收多由州县一级地方政府根据中央指令组织实施，所征税款汇缴各省藩司，再由省上达中央。中央政府直接控制的税源极少，因此中央政府的各项财政收入实际上均来自于地方政府的上解款项。当中央政府控制力较强的时候，各省藩司直接对中央户部负责，由此中央政府得以控制全国财政，自然不必担心财政收入。但是当中央政府威权下降的时候，中央政令不能像以往一样通畅，各省藩司的地位也逐渐沦落为督抚属员，须听命于地方督抚，中央政府对财政的控制力也就相应削弱。地方政府往往寻找各种理由缓解、少解、截留财政所入，致使中央政府所控制的财政收入减少。在这种情况下，为确保中央财政利益，清政府遂采取定额摊派的形式，以保证中央政府财政。据彭雨新先生研究，庚子以后，各省常年摊解总额达 5160.81 万两，各关常年摊解总额达 1560.12 万两，合计摊解额达 6720.93 万两，如下表所示（见表 3）④：

表 3 　　　　　　　　　　　　**各省关各期摊解款额**　　　　　　　　　单位：万两

各期摊解额	各省摊解总额	各关摊解总额	合计	占摊解总额比例%
甲午以前摊解额	1017.00	359.00	1376.00	20.5
甲午至庚子摊解额	1761.10	738.00	2499.10	37.2
庚子赔款摊解额	2382.71	463.00	2845.83	42.3
合　计	5160.81	1560.12	6720.93	100.0

———————————

① 陈锋：《清代中央财政与地方财政的调整》，《历史研究》1997 年第 5 期。参见陈锋：《清代财政史论稿》，商务印书馆 2010 年版，第 214 页。

② 《清朝续文献通考》卷 69《国用七》。

③ 参见陈锋：《清代前期的奏销制度与政策演变》，《历史研究》2000 年第 2 期。

④ 彭雨新：《辛亥革命前夕清王朝财政的崩溃》，《纪念辛亥革命七十周年学术讨论会论文集》（中册），中华书局 1983 年版，第 1306 页。

财政摊派使原先的财政秩序被打乱，中央政府已无法要求各省严格按照过去死板的规定办事，相反，为了尽快镇压农民起义，还要求各地设法就地筹饷供应军需。"一个省在最自行其是的时候，甚至可以完全破坏中央和县级各部门之间的联系，可以和中央的部署背道而驰，并可以对官僚机构的合理选拔和委任等活动进行干预。"① 随着财权的下移，晚清中央财政与地方财政的关系已不再是控制与被控制的关系，而转变为一种既互相依存又互相争持的关系。"中央虽握财政机关，不过拥稽核虚名，无论田赋盐茶一切征权，悉归地方督抚。有时中央需费，向地方索取，于是有解部之款，是中央为债权者，而地方债务者也；有时地方需费，向中央索取，于是有奏请部拨者、截留京饷者，又地方为债权而中央债务矣。"② 总体而言，晚清时期中央财政失去了对地方财政的绝对控制，"自全国而言，督抚的权力已大于中央；自一省而言，新设各种财政机构的权力已大于原有的建置衙署。于是吏事、兵事与经费，实际上都非中央政府所能控制，只有督抚才是真正的主宰。一切政务实施，中央一惟地方大吏的意志为转移，本身绝少主见"③。

同时，财政管理体制和税收征收体系的混乱也使各地杂税征收繁杂化。于是各省借"就地筹饷"之名大肆加征，并将收入归于地方开支。

对于财政管理之混乱，《甘肃清理财政说明书》有云：

> 财政至今日紊乱极矣，收支浮滥，视若故常，下既不报，上亦不究。一省之财政，消伸缩操纵之权，封疆不得而主之。外销闲款，向不奏咨，入既无额，出亦无经。各省之财政，消盈虚调剂之权，中央不得而主之。……夫借债也，加税也，搜括也，裁并也，皆筹款之技也，非财政也。……自军兴后，库帑不敷，各省自筹自用，因有外销名目。是为财政紊乱之始。此后课税、厘捐日益增加，新筹之款数倍于前，不复入拨造报。间或奏咨立案，而不实不尽莫可究诘。江河日下，渐至泛滥而不可收拾。④

对于杂税征收之混乱，《直隶财政说明书》亦有云："杂捐一项，易流苛细，惟近日新政迭兴，在在需款，借资抽捐，因出为入，亦财政上不得已之苦衷也"，并总结出了杂捐征收四弊：

> 一曰征收无统一机关。房、铺、戏、妓、车船等捐，有由工巡捐局抽收者，有由巡警局抽收者。船捐有由钞关抽收者，有由州县自行设局抽收者，如保定工巡局所收船捐，津贴安州二成，即以其曾抽船捐故也。其他茶捐，则由厘捐局抽收，渔捐则由渔业公司抽收，既不统一，又耗经费。
>
> 一曰无划一章程。杂捐一项，多系随时增设，地方税章程既未颁定，本省地方长

---

① ［美］吉尔伯特·罗兹曼编：《中国的现代化》，国家社会科学基金会"比较现代化"课题组译，江苏人民出版社1995年版，第102页。

② 《清朝续文献通考》卷68《国用六》。

③ 何烈：《清咸同时期的财政》，"国立编译馆"中华丛书编审委员会1981年版，第403~404页。

④ 《甘肃清理财政说明书·总序》。

官，亦未订有划一办法。其行之不能无参差，办理不能无流弊者，势也。

一曰收款未公布。办理财政，无时不宜与人共见，公布数目，地方财政，尤应如此。且咨议局既开，监督本省财政，为其职任，若不公布，则办事人虽甚坦白无私，终未能尽人见谅。况预算施行，则出入之数，先时而估计，苟届时收不如数，更开丛议之门。似宜随时公布，一可免经征中饱之弊，二可收上下开诚之益，此急宜明订办法者也。

一曰无稽查之法。查各国地方财政，不致忘生推测，且不至滋生弊端者，以有稽查之法。在直隶各项捐务，不但地方绅士无由稽查，即地方长官，亦未尝有随时稽查之事。今本省预算、决算，由咨议局议决，载在定章。惟稽查方法，尚未订有明文，亦不可不及时办理。①

有些捐种，又是地方私自开征，并不咨报中央，如江苏征收"土布落地捐，当时并未奏明，亦不咨部，但于乡民售布时每匹酌收钱文，按月包缴"②。

晚清杂税之所以纷繁，之所以有"苛捐杂税"之恶名，事实上，是不得已而为之。从根本上说，晚清财政支出的急剧膨胀，财政极度困窘，对地方的肆意摊派，是杂税必然产生的直接原因。

晚清之杂税，论其税种之繁杂，论其名目之繁多，论其征收之随意，前所未有，具有种种不确定性。从社会契约的角度讲，人们向国家纳税，也就是让渡其自然的财产权利的一部分，目的是为了能够更好地享有他的其他的自然权利以及在其自然权利一旦受到侵犯时可以寻求国家的公力救济；国家征税，也正是为了能够有效地、最大限度地满足上述人们对国家的要求。当地方的大宗合理税收均被中央以财政摊派的形式和理由剥夺殆尽时，地方的公权力就难以维持其正常运转。于是名目繁多的杂税在变态的财政体下变态地悄无生息地滋蔓生长。可以说杂税的使用，在晚清地方财政支出上不可或缺，杂税实际上又承担了国民已纳正税之后的另一种义务，以不得已的征收和"捐纳"维护着晚清国家机器的正常运转和社会经济的艰难发展，起到正项税的作用。

还应该指出，杂税虽背负着"恶之花"之名，但由于其"可赔款之用，可新政之用，可学堂之用，可警察之用，可公益之用，可善举之用"等③，又对我国传统社会的转型，对中央与地方财政的分离，对晚清新财政思想的形成，对新的公共事业的肇始与发展起着举足轻重的作用。当我们以现代财政的眼光去观察晚清杂税时，也似乎可以看到在一个病入膏肓的机体下，地方官吏和普通民众如何以自发的自然状态来完成社会公权力的正常运转。

（作者单位：武汉大学历史学院）

---

① 《杂税杂捐说明书》第 2 章"杂捐"，《直隶财政说明书》第 6 编。
② 《光绪朝东华录》（四），中华书局 1958 年版，第 4098 页。
③ 《福建全省财政说明书·杂捐类沿革利弊说明书》第 1 章"总说"又有论述称："若以地方税供地方用，则惟铁路之随粮捐为普通，而大宗契尾捐则普通而非大宗矣。其余各捐皆视其地方有何项之必须与何捐之可抽，酌量筹设。其抽捐之原因有四：曰学堂，曰警察，曰公益，曰善举。"

学术评论

观澜索源，鉴往知来

——冯天瑜先生《中国文化生成史》读后

□ 谢远笋

    冯天瑜先生是现代学术意义上的文化学与中国文化史学科的创建者之一。20 世纪 70 年代后期以来，他就中国文化生态、中国文化特质、中外文化互动等论题进行考究，致力于发掘中国文化近代转换的自身资源和内在动力，注重探讨中西文化互动在中国文化近代转型中的关键作用，并注目于从概念的古今转换、中外对接中考察文化近代转型，著有《明清文化史散论》《中国文化史断想》《中华文化史》（合著）《中华元典精神》《新语探源》《"封建"考论》等书。冯先生提出的"文化生态"说、"文化元典"说，早已成为中国文化史研究的理论范式。其间冯先生又兼治湖北地方史志，倾力于辛亥武昌首义史及张之洞研究，《辛亥武昌首义史》《张之洞评传》是这方面的代表作。文化史与地方史构成冯先生治史之一体两翼。

    近年来，冯天瑜先生集合、凝练、提升 30 多年来关于文化史的思考，以中国当下的生存实态为窥探口，直面文化生成的前沿议题，考析中国文化的生成机制、发展脉络及走势、中外文化交互关系，写成大著《中国文化生成史》。该书既是中国文化史的回溯性研究，也对中国文化的未来发展作了前瞻性探讨，可说是冯先生文化史研究的集大成之作。全书分上下两册，八十余万字，从自然环境，政治、经济制度，文化等多个方面探讨中国文化的发生、发展历程及特点，"深层次地展示了中国传统文化的特质，并对中华传统文化作出新时代的解读，显示出中国传统文化的独特魅力和鲜活生命力"。笔者学养不够，没有能力评论这部书，只能借助本书各章的要点与结论，并结合冯先生学思历程，从史学方法、动态生成、问题意识、前景遥瞻四个方面，谈谈自己阅读心得。

一、史 学 方 法

    在方法论上，冯天瑜先生一贯奉行义理、考据、词章三者相济的理路，力求宏观把握与微观考察的交融互摄。他曾在《"史学五种"前记》《回眸学术理路》《"表征盛衰，殷鉴兴废"的文化史家——冯天瑜先生访谈录》》① 等文中，对自己治史的理论与方法作了简短介绍。冯先生说："精思义理，苦心考据，擅长词章，并致力于三者间的'相济'，于弘大处着眼，从精微处着力，方有可能成就'表征盛衰，殷鉴兴废'的良史。"② 任何历史研究都以收罗、占有、辨析史料为基础，并在某种程度上达到对历史本来面目的"恢复"。但这只是史学研究的起点，透过纷繁错综的历史现象，探求历史发展的规律则是更为根本的任务。

该书"不满足于对个别'文化英雄'天纵哲思的追慕，也未止步于对某些引发剧变的短暂历史事变的关心，而是以宏观的历史眼光，对中国文化的生成作'长时段'辨析，着眼考察地理环境—经济土壤—社会组织—政治制度合成的'结构'对文化的推动及制约作用，揭示造就如此人生、如此人物、如此事件、如此思想的深层动力机制，以达到对中国文化的全景式把握"。冯先生在谈到该书的方法论时说："探究史之大体，既不能只是随机列举史实细节、个别案例，作'碎片化'的历史书写，也不可笼而统之，浮泛漫议。可行之方，只能先分析而后综合：从'宏观'总题剖分出若干'中观'子题，再选择具有典型意义的'微观'课目，作宏观—中观—微观的下行考析，通过若干'大题小作'的努力，建立较为坐实的史考基础，再行归纳，经由'微观—中观—宏观'路径，渐次综合上升，窥探史之大体，作气吞全牛式的把握。"（冯天瑜：《中国文化生成史》，武汉大学出版社 2013 年版，第 898 页。以下只注页码）

历史研究不只是历史事实的堆积，它应该达到一种哲学的理解高度。"史之大体"所对应的正是对历史现象做哲学思考之类的"元议题"。该书的宏旨要义正在于，从整体上理解历史，探寻支配历史的原则及其可能隐含的意义。在方法论上，该书做到了概念史梳理、微观问题考证与历史哲学思考三者的紧密结合，并以"人类的物质文明及精神文明进程为展开部，通过对器物、制度、行为等文化具象的把握，透见民族性格及文明走势，洞悉隐藏在物象背后的民族心灵史"（第 135 页），充分体现了"究天人之际，通古今之变，成一家之言"的理论旨趣。

除了古今贯通，中西对比也是冯先生倚重的方法。对历史的理解与文化的自觉密切相关。"文化生成是不断运行的过程，留下种种或显或隐的踪迹，指示着未来的走向。人们对这一实存性过往的认知，经历着从'自在'到'自觉'的迁衍，其关键环节是文化主体—人的'自省'能力的提升。"（第 12 页）。中国文化历来有注重自省的传统，从个人道德修养上的"自省"，到对社会、文化的反思，乃至对关乎国家大政的求索，不可谓不多。这种自省到了近代愈发深刻。近代以前，东方和西方在各自的历史坐标中相对独立的发展。到了近代，中国与现代性不期而遇，中国文化固有运行轨迹被打断。伴随着西方现代性的全球性扩张，人类历史也从"国别史"进入到"世界史"阶段。在一个强势的他

---

① "史学五种"依次为《文化守望》《中华元典精神》《辛亥武昌首义史》《"千岁丸"上海行——1862 年日本人的中国观察》《"封建"考论》，2006 年由武汉大学出版社出版。《回眸学术理路》一文即载于《文化守望》书后。《"表征盛衰，殷鉴兴废"的文化史家——冯天瑜先生访谈录》，《中国文化研究》2010 年第 2 期。

② 冯天瑜：《回眸学术理路》，《文化守望》，武汉大学出版社 2006 年版，第 500 页。

者面前，我们更能清醒地认识自己，也更能激发文化自觉意识。

二、动 态 生 成

文化是一动态生成过程。文化生成是人类按照一定价值尺度顺应、改变环境并塑造自身的过程，以趋时更新为其特征。自古以来，中国文化就具有"革故鼎新"、"生生不已"的健动精神，中国文化并不是博物馆中的一堆死物，它是不断生成的活的文化。故而"只有通过动态的'史'的研究，方能把握文化的生成机制"（第124页）。该本书在研究人类文化发生发展的总体过程时，尤其注重对推进文化的动力机制的考察，从而超越以帝王将相为主角，以王朝兴衰为线索的传统史学。

文化的本质内涵是自然的人化，文化的生成机制当然离不开自然环境。文化又是一种社会的产物，其生成机制植根于社会环境。同时，具有民族性、国度性的文化还要受到外域因素的影响。因此，"追究人与生存环境的互动关系，通过对物化的精神和精神的物化的双向探求，把握文化生成机制及其发展走势，是文化生成史的研究理路"（第136页）。着眼于文化的动态生成及其机制是该书的一大特色。

考察中国文化的生成机制，须从自然环境、经济环境、社会环境、政治环境诸方面展开，注意于对四者整合而成的"文化生态"作出概述与辨析。"文化生态学是以人类在创造文化的过程中与天然环境及人造环境的相互关系为对象的一门学科，主张把文化置于环境系统中考察其生成、发展与变异，其使命是把握文化生成与文化环境的调适及内在联系。作为文化生态学的一个基本概念，'文化生态'（或称'文化背景'），主要指相互交往的文化群体凭以从事文化创造、文化传播及其他文化活动的背景和条件，文化生态本身又构成一种文化成分。人类与其文化生态的双向同构关系，人创造环境，环境也创造人。这便是我们从事文化研究要从生态研究入手的缘故。"（第144~145页）

文化生成是在人与环境（包括自然环境与社会环境）的双向互动关系中进行的。文化生态制约文化生成。然而，文化与其生态诸因子之间又不是呈简单对应关系。自然的、经济的、社会的、政治的诸生态层面主要不是各自单线影响文化生成，而是通过组成生态综合体，共同提供文化发展的基础，决定文化生成的走向。

三、问 题 意 识

《中国文化生成史》的另一个特色是问题意识贯穿始终。该书摒弃以往学界以朝代为序，断代史式的研究范式，以问题为中心，借专题之形式，点、面结合，古今贯通，中西对比，试图解答中国历史发展的症结所在。如将地理因素纳入文化形成因素之内，谈论中国人的海洋观，结合西方人的海洋观，探讨郑和之后再无"第二郑和"的问题；将中国政治文化解读为"尊君"与"重民"的相互角力，将"周制"与"秦制"视为传统中国的两种政制类型；以及解析"李约瑟悖论"等。

在考析"李约瑟悖论"时，冯先生指出，中古时期的中国实行地主经济、官僚政治，优于同时期欧洲日本的领主经济、贵族政治，这构成中国中古文明领先于欧洲中古文明的制度前提。"相对自主的农户与农民、集权而开放的官僚政治、经验理性支撑的技术、较为宽容的儒释道三教共弘的精神世界,构成中古近古近代中华文化元素的结构性优长,中国创造领先中古世界的经济及技术成就,基本原因正深蕴其间。"(第 726 页)

中华文化的古典形态,其里结构(相对封闭的大陆—海洋型地理环境、长期延续的宗法社会),与其表结构(牢固的小农业与家庭手工业相结合的自然经济、大一统的皇权社会)是彼此般配、相互适应的。这种表里协调以及由此产生的结构与功能的整体性,造就了中国古代文明的辉煌成就,中华文化也因此成为世界文化史上罕见的未曾中断过的延续性文化类型。

可是,上述制度性优势,又演化成阻碍近代转型的劣势。农业与家庭手工业相结合的自然经济的自足性,形成封闭性和惰性,不利于商品经济的发展。建立在这种经济结构之上的宗法皇权政治,压制资本主义的萌芽。传统中国主流的文化与教育轻视科技,疏远社会经济。传统中国擅长经验理性和辩证方法,有助于经验技术,却不利于近代科学的创生。(详见第 726、727 页)这四个方面便是中国文化难以实现近代转型的主要原因。

曾经与小农经济及宗法皇权社会相适应的传统文化,与源自西方的近代工业文明发生"错位",传统的精神文明与日新月异的物质文明不再契合无间,而抵牾频生;传统的思维框架被亿万人的社会实践所突破;而在精神文明内部,传统与现代之间的遗传与变异,衍生出千变万化、林林总总的过渡类型。这一切使中华文化进入一个转型过程。中国近代文化史上一再发生的"古今之争"、"中西之辨",以及近百年来一再出现的深刻而广泛的社会冲突、变革和革命,都是这种文化转型的复杂表现。(第 672 页)

四、遥瞻前景

冯先生说:"遥瞻前景是研讨文化生成史的题中之意。"(第 815 页)《中国文化生成史》并未停留在对既成中国文化的历史解释,而是以当下为分界点,着眼于中国文化发展的现实问题,对中国文化的未来走向作理论前瞻。克罗齐认为"一切历史都是当代史"。过去发生的事,只有在人们的现时思想活动中才能复苏,才能获得其历史性。社会现实构成了历史反思的起点。该书在详尽论述中国传统文化生成机制的基础上,不忘观照当下,对中国复兴、文化创新、文明对话、基尼系数、中等收入陷阱、贪腐与法治等社会"热点"问题多有评议。中国当下的文化反思是在"现代性"的坐标下展开的。

冯先生在论述未来文化走向时,特别强调"涵化"的观点。所谓"涵化"(acculturation)的概念是指不同文化群体因持久地相互接触,彼此间相互适应、借用,其结果是使一方或者双方原有的文化模式发生变迁或部分渗透。涵化是异文化间横向影响的过程。不难看出,冯先生秉持开放的文化观。他说:"从空间向度言之,中国文化根植于中国历史,外因决定论不足取,必须在中国发现中国文化的动力之源;中国文化又是世界的中国文化,检讨其生成机制,不可作井蛙之观,须中外会通,从全球视角探讨中国文化生成。""从时间向度言之,文化生成史应从过去时的'守护',导引出未来时的'瞻望',而在守望之际,正可增进文化自觉,既不陶醉于中华优胜的旧梦,也切勿自溺于百不如人的自贱自戕。时人的职责是:理性地认识自国文化的优劣长短,动态地摆正自身的世界位置，明辨人类文明大道，把握中华复兴的航行方向，坚定前行。"（第9页）冯先生认为，晚清以降中国文化的现代转型正是中西文化涵化互动的产物，未来中国文化的发展也必然要走"涵化"之路。

曾经颇有影响的"冲击—反应"模式，强调西方现代文化的输入对于中国现代转型的作用以及中国固有传统对现代转型的被动反应。但这种解释显然有失偏颇。在民族危亡和西方现代文化的冲击面前，中国文化自元典时代就深蕴其中的忧患意识、变易意识、华夷之辨、民本思想，转换为近代救亡意识、"变法—图强"思潮、革命观念以及近代民族主义、民主主义等，推动着中国文化的现代化进程。至于宋明以来隐而未彰的原发性近代文化因子，更被纳入到中国文化现代转型的动因系统之中。可见，中国近代文化并非西方文化的移植，而是内力与外力共同作用的结果，是西方影响与中国文化固有因素彼此激荡、相互作用的产物。冯先生将这种现象称为"文化重演律"，即文化的演进并非直线进化，而是通过对元典的"回复"与"重演"来实现的，是一"否定之否定"的螺旋上升过程。

在冯先生看来，现代性是多元与一体的对立统一。20世纪70年代末期以来，在世界信息化、经济全球化的时代氛围中，中国抓住了发展机遇，在前所未有的规模和深度上经历着变革，从而把清中叶以来百余年间起伏跌宕的文化转型推向高潮，初步形成了现代转型的"中国模式"，建立了具有自身特色的现代性文化。但现代性并不等同于一致化，单一化。文化的技术、制度、风俗、观念四层面，其同一性与差异性的程度并非整齐划一。它们"走向世界一体化的步伐有异，保持民族特性的程度不一，分别遵循自身的规律，在世界化与民族化纵横两坐标间画出各自的运行轨迹，而作为一个有机整体的中华文化，将在世界性与民族性的对立统一中阔步前进"。（第814页）技术已少有民族性可言，更多显示出同一性，标准化是现代工业文明的基本特征。制度文化中的经济领域，全球同一性成分颇重，但也渗透入若干民族文化特色。制度文化中的政治层面，在民主与法制的确立及人权诉求上，存在普世性、全球趋同性，而国度性、民族性也不可抹杀，即便同为西方发达资本主义国家，其政治制度也不尽相同。至于风俗习惯和思想观念，诸文明互动、全球化走势虽在日益加深，却又更多地有多元性、趋异性。

冯先生对现代性的弊端也有着深入的思考。20世纪以来，随着工业文明弊端的呈现，环境危机、信仰危机等世界性"后现代"问题纷至沓来，用传统智慧疗治现代病一类议论，在海内外不胫而走，构成关于中国文化的一个新的探索热点。冯先生以太极图为例，对传统文化的后现代启示作了生动说明。太极图中的阴阳双方，互补共生，相反相成，象征着宇宙万象遵循对立统一法则实现的和谐。太极图将易道的"流行"与"对待"两大精义生动揭示出来，体现了从社会人生到宇宙万象的多元综合性、和谐互补性与动态演化性。这些特性体现在天人之际，便是人类与自然和谐共生，彼此发明，相互推进。

可是，"近两三个世纪以来，在笛卡儿、牛顿代表的机械论指引下高歌猛进的工业文明，取得巨大成就，同时也引发文明的失衡，主要表现为阳胜阴衰，阳的方面——理性知识、分析、扩张被发挥到极致；而阴的方面——直觉知识、综合、生态意识却被轻视乃至忽略。这种'阳性文化'、'崇阳文化'的无节制发展，已经造成'现代病'的蔓延：其一，导致人与自然关系的紧张，生态危机已愈益迫近；其二，引发人际关系的紧张，且不论国际战祸频仍，即以一个社会内部，官—民、劳—资、医—患及民族之间等矛盾也有加剧的可能。其健康发展前途便是：适度提升阴性因素，以达成动态的阴阳平衡。而太极图正昭显了宇宙关系、人伦关系阴阳互补、动态平衡的境界，为我们创建和谐社会提供宝贵的哲理资源"（第695页）。冯先生提出对古典文明原始综合的思维成就（如和谐观、中道观、阴阳平衡观及道法自然等思想）作创造性诠释，用以疗治主客二分、一味强调征服自然、宰制人生所导致的"现代病"。

中华民族拥有生生不已、刚健自强的生命机制，催动着它勇敢地迎接挑战，选择有利于发展生产力、实现社会公正和提高全民族精神面貌的路径。承袭着悠久而辉煌的文化传统的中华民族，又吸纳外来文化营养，在新的经济—社会条件下，通过对中外古今文化素材的融会、吞吐，实现可持续发展。在冯先生看来，未来的中国文化既不是全盘西化，也不是固有传统的整体沿袭，而是以传统格义现代、以现代格义传统，达成传统文化的现代再造。借用传统体用论的说法，中国文化的出路，既不可能是中体西用，也不可能是西体中用，当然更不可能是中体中用、西体西用，而是中西互为体用。

（作者单位：武汉大学中国传统文化研究中心）

深化史部研究的丰硕成果

——谢贵安教授"实录研究书系"评介

□ 司马朝军

一

笔者主要从事《四库全书》与《四库提要》的研究，对于四库中史部书籍及其提要有所关注，在撰写《四库全书总目编纂考》一书时也曾反复查阅过《清实录》的高宗部分。近读武汉大学历史学院谢贵安教授所撰"实录研究书系"（一套四册，即《中国已佚实录研究》、《宋实录研究》、《明实录研究》和《清实录研究》，上海古籍出版社 2013 年版），对历代实录的面貌、特点和性质有了更加直观的印象与更加全面的了解。鉴于实录体史学的重要地位，不免心生诸多感慨。下面将学习心得与体会与大家分享，不当之处，敬请方家教正。

在《四库全书》的分类体系中，未予"实录"以一席之地，这是因为《四库全书》所收之书皆为存世之作，而元以前的历代实录均已散佚，《明实录》、《清实录》皆修成于《四库全书》编纂之前，又因事涉明清早期的隶属关系遭到冷藏。① 惟一存世实录著作即为韩愈所撰《唐顺宗实录》，此书原书已经失传，删节本曾被收入韩愈文集中，如宋刻本《详注昌黎先生文集》外集卷六至卷十便收录了《顺宗实录》的一至五卷，四库本《五百家注音辩昌黎先生文集》未收《唐顺宗实录》，但四库本《东雅堂昌黎集注》则收录了《顺宗实录》②。此外，《四库全书》还著录了一部《建康实录》③。《四库全书总目》对与

---

① 《四库全书总目·皇清开国方略提要》云："实录、宝训，尊藏金匮，自史官载笔以外，非外廷所得而窥。"按：历代实录往往秘不可见，仅供皇帝及其御用史官阅读使用。编纂《四库全书》之底本，往往征自民间，皇室内廷之书没有得到充分利用，实录更是密不示人。四库馆臣一方面以实录作为衡量史书的主要标准，另一方面又垄断实录之书，这种看似矛盾的手法正是专制统治者愚民的法宝。

② 见《四库全书》第 1075 册。

③ 唐代许嵩的《建康实录》收入《四库全书》别史类，但《四库全书总目·建康实录提要》经过甄别后没有承认其"实录"身份："《新唐书志》载入杂史类，盖以所载非一代之事，又不立纪传之名，尚为近理。《郡斋读书志》载入实录类，已不免循名失实。马端临《经籍考》载入起居注类，则乖舛弥甚。至郑樵《艺文略》编年一类，本案代分编，乃以此书系诸刘宋之下，与《宋春秋》、《宋纪》并列，尤为纰缪。今考所载，惟吴为僭国。然《三国志》已列正史，故隶之于别史类焉。"

"实录"相关的书籍作了大量的评述①，四库馆臣也曾大量参考历代实录资料②，且利用《明实录》③、《清实录》④ 来考订其他典籍。

在《四库全书总目》的分类体系中，"实录"也未获得一席之地，但实录之书在古代的官修和私修目录中曾经独立成类，是非常重要的官修史著。北宋庆历间，王尧臣主持的官修《崇文总目》中特立"实录类"，在史部的十三类中仅次于正史和编年而居于第三位。南宋晁公武在其私修目录《郡斋读书志》卷二专列"实录类"，明确指出："后世述史者，其体有三：编年者，以事系日月，而总之于年，盖本于左氏明；纪传者，分记君臣行事之终始，盖本于司马迁；实录者，近起于唐，杂取两者之法而为之。"⑤ 王应麟也认为实录体是"杂取编年纪传之法"⑥ 而成。对于实录体的这种特殊体裁，南宋陈振孙第一个作了描述，称之为"编年附传"⑦。元、清两朝实录均去掉附传，成为纯粹的编年体，有人认为与两统治者俱为少数民族有关，而谢贵安教授则认为，这实际上是史学功能区分的结果，因为元代在修纂实录时，同时编纂了《后妃功臣列传》；清代在修纂实录时，同时在国史馆修纂了一系列大臣传，因此两朝不再需要于实录中重复立传。此说洞察秋毫，可谓卓见。

简言之，实录在历代史部中占有重要的一席之地，是史部著作中一个传承有绪、相沿千年的史书类别，是在档案、起居注、日历基础上修纂而成的官方史著，每帝一录，记述当朝皇帝的言行、政务和对奏疏的批示及处理。实录修成后，又在其基础上编纂当代的纪传体国史。易代之后，新朝又在纪传体国史基础上修纂前朝的纪传体正史，形成史料来源可靠、源流有致、史书体裁有别而一以贯之的官方史学体系。

二

《四库全书总目》修成以前，中国就有许多官修和私修图书目录。汉代刘氏父子《别

---

① 《四库全书总目·靖康要录提要》云："今观其书，记事具有日月，载文俱有首尾，决非草野之士不睹国史、日历者所能作。考《书录解题》又载《钦宗实录》四十卷，乾道元年，修撰洪迈等进。此必《实录》既成之后，好事者撮其大纲，以成此编，故以'要录'名也。"《四库全书总目·明本纪提要》："纪明太祖事迹，自起兵濠梁，迄建国金陵。皆分年排载，颇为详备。盖亦自《实录》中摘出编次者。"《四库全书总目·明大正记提要》："（雷）礼明习朝典，以史学自任，而所记多采撷《实录》，详略未能得中，异同亦鲜能考据。"今按：《四库全书总目》对这些可能抄自实录的史书评价皆甚低，且都列入存目。

② 《四库全书总目·明氏实录提要》云："'实录'之名，古人通用。故凉刘昺有《敦煌实录》；唐许嵩记六代之事，称《建康实录》；而李翱集有《皇祖实录》，乃其大父之行状。"

③ 《四库全书总目·代言录提要》云："是书乃其《东里别集》之一种，所录皆在内阁撰拟碑册诏诰之文。自永乐四年至正统九年，每篇末具标年月日，核诸《明实录》，俱合。惟上皇太后尊号诏，标曰洪熙元年七月十五日，而《明宣宗实录》是诏实载在七月丁丑。是月戊辰朔，丁丑则初十日也。……此类文字异同。颇可与实录相参。"

④ 谢贵安：《清实录研究》，上海古籍出版社2013年版，第556~557页。又按：《四库全书总目·平定三逆方略提要》有"伏读《实录》"之语。

⑤ 晁公武：《郡斋读书志》卷二。

⑥ 王应麟：《玉海》卷四八《艺文·实录》。

⑦ 陈振孙：《直斋书录解题》卷五《起居注·建康实录》。

录》、《七略》首创六分法，为班固《汉书·艺文志》所因袭。在魏晋时又出现了四部分类法，"魏秘书郎郑默，始制《中经》，（西晋）秘书监荀勖，又因《中经》，更著《新簿》，分为四部，总括群书。一曰甲部，纪六艺及小学等书；二曰乙部，有古诸子家、近世子家、兵书、兵家、术数；三曰丙部，有史记、旧事、皇览簿、杂事；四曰丁部，有诗赋、图赞、汲冢书"①。这里的丙部就相当于后世的史部。宋元嘉八年，秘书监谢灵运编成《四部目录》，齐永明中，秘书丞王亮、秘书监谢朓也编写了《四部书目》，均沿袭了荀勖的四部分类法。南朝梁普通年间，阮孝绪在《七录》中，虽然打破了四部分类的模式，但却将史部置于经部之下，子部、集部之上，直接导致后来四部分类法中，将史部置于经部之后、子部和集部之前，从丙部上升到乙部的位置。唐初所修《隋书·经籍志》正式确立了经史子集四部分类的方法，在其史部中，便著录了萧梁时出现的实录体史书。

《隋书·经籍志》将史部分为十四类，即正史、编年、古史、杂史、霸史、起居注、旧事篇、职官篇、仪注篇、刑法篇、杂传、地理、谱系篇、簿录篇。实录被系于第四类杂史中："《梁太清录》八卷。""《梁皇帝实录》三卷，周兴嗣撰。记武帝事。《梁皇帝实录》五卷，梁中书郎谢吴撰。记元帝事。"这是史部目录最早著录实录体史书，但当时对这种体裁的史书并不重视，仅仅置于杂史之中②。这其实含有唐朝人蔑视分裂王朝萧梁实录的目光。但是，唐朝统一全国后，却大肆纂修列帝实录，将实录体史书推到一个很高的位置。

《旧唐书·经籍志》将实录列入起居注类，并开始著录唐代的实录著作，但由于史料不全，该书只著录到《唐中宗实录》。到北宋所修《新唐书·艺文志》中，便大规模著录唐代列朝实录。唐代从高祖开国到哀帝失祚，共历290年，先后有高祖、太宗、高宗、武则天、中宗、睿宗、玄宗、肃宗、代宗、德宗、顺宗、宪宗、穆宗、敬宗、文宗、武宗、宣宗、懿宗、僖宗、昭宗、哀帝21朝皇帝在位，共修有《高祖实录》《太宗实录》《则天实录》《哀帝实录》等共29种。其中有一个皇帝一人修有两种以上的实录，晚唐诸朝实录是由北宋补修完成的。唐代大规模修纂列帝实录③，其实有其深刻的政治意义在内。

根据谢贵安教授的研究，唐代重视实录体的修纂，实际上是为了强化以皇帝为核心的中央集权制。对编年附传体的实录的重视，是达到这一目的的重要手段。"此前，学者一般都认为纪传体是以人为中心的史学体裁，而编年体是以事件为中心的史书。其实，实录体原本并不同于编年体，也是以人为中心的史书，它最大的传主是皇帝，皇帝事迹以编年的形式贯穿全书，其众多的附传则适时插入皇帝编年中，形成了较纪传体更为紧密的君臣一体的史书形式，更加突出了皇帝的主导地位和大臣的附属地位，是唐代以来中央集权制强化的明显结果。已佚实录虽已散失，但其不少附传仍然保存至今。向我们陈说实录体史书的体裁特征和政治实质。"④

---

① 《隋书·经籍志一·总序》。
② 《四库全书总目·别史类序》对此提出批评："《隋志》乃分正史、古史、霸史诸目。然梁武帝、元帝《实录》列诸杂史，义未安也"。
③ 《四库全书总目·唐大诏令集提要》云："唐朝实录今既无存，其诏诰命令之得以考见者，实藉有是书，亦可称典故之渊海矣。"
④ 谢贵安：《中国已佚实录研究》，上海古籍出版社2013年版，第438页。

继唐之后，《宋实录》的规模也很大。两宋共有 16 朝皇帝（南宋末帝昰、帝昺除外），北宋历太祖、太宗、真宗、仁宗、英宗、神宗、哲宗、徽宗、钦宗九朝，南宋历高宗、孝宗、光宗、宁宗、理宗、度宗、恭帝七朝，除南宋度宗和恭帝外，均修有实录。据谢贵安教授考证，宋代共进行了 26 次修纂，纂成 14 朝实录，有据可考的修纂官员共达 253 人，实际上参加修纂的人远远超过这个数字。① 宋代不仅沿袭唐代的做法，大规模修纂实录，而且在其公私目录中，首次将实录独立成类，列为正史、编年后的第三类，从理论上确立了实录体的特殊地位。此后，辽、金、元、明、清均修纂过实录，明清两朝实录由于距今较近，都完整地留传了下来，成为实录体史书珍贵的活标本。

三

实录史书由于专记皇帝事迹及其朝政，不免会产生"为尊者讳"和"为亲者讳"的情况，② 这直接影响到实录修纂的客观性和史料价值，成为不得不回答的首要问题。对此，谢贵安教授在其"实录研究书系"四书中，无一例外地给予了回应。

在《中国已佚实录研究》第六节"唐实录的曲笔与讹误"中，谢贵安教授用了大量的篇幅对唐实录修纂时的曲笔现象作了揭露，对皇帝和史臣的曲笔诬饰均作了剖析。如《高祖实录》与《太宗实录》二书，是太宗贞观十七年所修，因此为太宗粉饰之处甚多，反不如唐初温大雅的《大唐创业起居注》③ 为实。温大雅在高祖起兵时为记室参军，主文檄，"则此书得诸闻见，记录当真"④。唐初的两朝《实录》为了"突出"李世民的形象，对其父李渊、其对手太子李建成和齐王李元吉进行了矮化和诬诋。据实录记载，恭帝义宁元年七月李渊对造反的前途灰心丧气，将北还太原，是李世民一人独身而出，劝李渊停止北撤，继续前进，终于夺得天下。但《大唐创业起居注》则明显记载，是李建成与李世民一起劝阻的。再如，恭帝义宁元年李渊派李建成、李世民二人率兵攻打西河（即汾州）一事，《大唐创业起居注》记载比较客观，是命大郎、二郎率众讨西河⑤。但高祖、太宗《实录》只说是命李世民徇西河。关于玄武门事变，《唐高祖实录》说成是"太子建成、齐王元吉将起难"，逼着李世民动手的，还把玄武门之变说成具有武王伐纣意义的正义之举。这些记载，都是贞观朝史臣为李世民发动玄武门之变寻找合理的依据和借口。⑥

---

① 谢贵安：《宋实录研究》，上海古籍出版社 2013 年版，第 117 页。
② 《四库全书总目·高庙纪事本末提要》云："大抵抄撮《实录》之文。……此皆《实录》之说，永乐诸臣之诬词，非可以传信者也。"
③ 《大唐创业起居注》已收入《四库全书》编年类。《四库全书总目·编年类序》云："实惟存温大雅一书，不能自为门目，稽其体例，亦属编年，今并合为一，犹《旧唐书》以实录附起居注之意也。"
④ 见《四库全书总目·大唐创业起居注提要》。
⑤ 《四库全书总目·大唐创业起居注提要》云："书中所谓大郎即建成，二郎即太宗，于太宗殊无所表异。胡震亨跋谓：'大抵载笔之时，建成方为太子，故凡言结纳贤豪，攻略城邑，必与太宗并称。'殆其然欤？抑或贞观十七年敬播、房玄龄、许敬宗等所修《高祖实录》，欲以创业之功独归太宗，不能无所润色也。……俱据事直书，无所粉饰。则凡与唐史不同者，或此书反为实录，亦未可定也。"
⑥ 谢贵安：《中国已佚实录研究》，上海古籍出版社 2013 年版，第 234~237 页。

　　《宋实录研究》则以整个第七章"《宋实录》的曲笔与讹误"的篇幅,对《宋实录》中的曲笔现象进行了缜密分析,对周宋易代之际皇帝主导下太祖和太宗《实录》的曲笔过程和事实一一剖析。由于《太祖实录》是太宗在位时所修,因此该录有两项政治任务:第一项是通过事实,以避免后人形成宋朝篡夺后周政权的不良印象,竭力强化宋太祖赵匡胤被迫"黄袍加身"的印象;第二项是掩蔽太宗攘夺太祖皇位的真相,为此将太宗夺位事件,改写成是受母亲杜太后之命合法继位。《宋太宗实录》是太宗之子真宗所修,因此沿袭了《太祖实录》的诬饰现象,并刻意贬低太宗皇位的挑战者赵廷美、赵德昭等人的出生或人格,回避他们遭到迫害的历史事实。《宋实录》中曲笔最甚的是事涉改革的《宋神宗实录》和《宋哲宗实录》,新旧党争导致神宗、哲宗《实录》翻烧饼式的修改,互相诬诋对方,夸饰自己。作者用了大量的篇幅来梳理这一问题,最终缕清了新旧两党主修之下不同版本实录的曲笔现象。对于宋代实录问题,作者在大量研究的基础上作出了总结:"《宋实录》的曲笔,早期实录如太祖、太宗之《实录》,主要是君主主导下的曲笔,为的是隐讳本朝太祖、太宗在推翻前朝时的篡权罪行,粉饰两个君主在政权和皇位交替之际的形象;后期实录如神宗、哲宗《实录》,主要是大臣主导下的曲笔,为的是通过党争来打倒政敌,树立本派的形象。"① 这是相当精辟的研究结论。

　　虽然都是探讨实录的曲笔,但谢贵安教授在分析《清实录》粉饰时却有新的见解,既指出了该录在政治上的诬饰,也剖析了它在文化上的粉饰,他指出:"《清实录》的史料价值也因其早期实录的不断修改和曲笔,而深受痛诋,但这种粉饰,既有强化君权所产生的政治性的讳饰,也有适应汉化所形成的文化上的粉饰。"② 又称:"清室来自关外,本为游猎民族,行为率真,文化质朴,前期所修实录讳饰较少,但入关以后,汉化益深,后嗣帝王思为前帝讳饰,故太祖、太宗、世祖三朝《实录》多有修改。"③ 除了达到统一人名、地名的目的外,更重要的是删润那些不利于父祖的记载。清前三朝实录在曲笔上有三个表现:其一是讳饰女真—后金政权对明朝的隶属关系。顺治改缮本《太祖武皇帝实录》保留了初纂本的基本面貌,在描述女真—后金与明朝的关系时,仍然保持着臣属的心态和卑顺的语气,称明为"大明"或"大明国",明帝为"万历皇帝"或"大明皇帝",明帝的诏谕为"敕书",并以得到明朝政府的册封为荣。而康熙重修而成的《太祖高皇帝实录》,则将这种关系"全行掩饰",删掉了努尔哈赤对明朝的恭敬词语,改为对等的称呼,刻意掩盖曾经臣服于明朝的历史真相。在乾隆朝重缮重绘的《满洲实录》中,改称"大明"为"明"或"明国";"万历皇帝"、"大明皇帝"为"明万历帝"、"明国君";甚至将二者之间的君臣关系颠倒过来,将"奏大明"改为"传谕"或"往诘"。其二是为后金政权欺压蒙古部落而讳饰和曲笔。如康熙本《太宗实录》将察哈尔称汗,而乾隆本出于后金的立场,则将"汗"字删去。康熙本称察哈尔弃城而"回",而乾隆本则用了贬义词,称察哈尔弃城而"遁",有意突出后金的威力,贬低察哈尔的形象。乾隆本将蒙古文原文以及康熙本"后汝欲亲见议和"一句中的"见"改为"来"字,有故意改变天聪皇帝和奥巴汗两者之间关系的企图。其三是

　　① 谢贵安:《宋实录研究》,上海古籍出版社 2013 年版,第 453 页。
　　② 谢贵安:《清实录研究》,上海古籍出版社 2013 年版,第 682 页。
　　③ 谢贵安:《清实录研究》,上海古籍出版社 2013 年版,第 441 页。

粉饰清帝及清室的形象。清室之起源，《太祖实录》称其为天女之后，但为了将自己与称霸中原的金朝建立联系，到《太宗实录》中，开始自称为大金国之后。《太祖武皇帝实录》自肇祖孟特穆直到努尔哈赤，皆直书其名。不失满洲旧俗，而康熙间改修而成的《太祖高皇帝实录》除了在努尔哈赤及其列祖始见处写明名字外，其他地方皆称庙号，凡《武皇帝实录》书作"太祖"和"帝"处一律改写为"上"。《太祖武皇帝实录》末尾处无赞论，而《高皇帝实录》则补写一段概括努尔哈赤生平并予以褒扬的赞论。《清实录》有意隐瞒了太祖努尔哈赤对其弟舒尔哈齐和其太子褚英的处死过程，以维护努尔哈赤仁兄慈父的形象。

本书系的不凡之处，不在于揭露了历代实录修纂过程的曲笔诬饰现象，而在于同时指出历代实录的直书现象、记事的客观性以及直书与曲笔的关系问题，这就为我们应用历代实录的史料起到了指导作用。

作者认为，历代实录虽然多有曲笔现象，甚至充斥政治斗争和党派之见，但却是有限度、有局域的，只发生在特殊的实录、特别的时段和特定的史实中。所谓特殊的实录，是指实录中的重灾区，如《宋神宗实录》《宋哲宗实录》《明英宗实录》《明武宗实录》等，因为牵涉党争和前后皇帝的斗争而毫不掩饰地贬低政治对手。所谓特别的时段，是指历代早期实录，如唐太祖、太宗实录，宋太祖、太宗实录，明太祖、太宗实录，清太祖、太宗实录，这些实录因事涉推翻前朝和权力争夺，而存在较多的粉饰和诬诋①，如唐之于隋，李世民之与李渊、李建成；宋之于周，赵光义之与赵匡胤；明之于宋林儿，朱棣之于建文帝②；清之于明，后金之于蒙古诸部等，都极尽粉饰自己，诬诋对方，但是除此之外，其他的实录，相对而言曲笔之处就不太多，未曾泛滥成灾。所谓特定的史实，是指某些实录中某些史实，为其今上和史臣所讳饰和诬诋，如《清圣祖实录》中，将噶尔丹之死处理成走投无路仰药自尽，而事实上却是病死。对于《清实录》的曲笔，长期以来，学者们紧纠不放，民国人抨击"《清实录》为长在推敲之中，欲改即改"③。谢贵安教授则认为，这种修改，有一部分实际上是"汉化"的结果，是文化上的粉饰，而非政治上的讳饰。"汉化"现象是清朝大一统文化建立过程中的必然趋势。作者断言：就整部《清实录》来看，"诬饰之处虽然泛滥，但毕竟有限，基本上发生在太祖、太宗、世祖三朝实录中，以及其他实录的敏感部分，至于其他的绝大部分史料，均为中性史实，无需讳言，因此该录也就保持了基本上的可信"④。作者曾将《清实录》与清《上谕档》作过仔细比勘，发现大多数的内容都基本相同。谢贵安教授言必有据、严谨求实的研究，有助于纠正史学中的虚无主义⑤，并确立对中国古代文献与历史事实的基本信念。

---

① 《四库全书总目·弇山堂别集提要》云："盖明自永乐间，改修《太祖实录》，诬妄尤甚。其后累朝所修《实录》，类皆阙漏疏芜。"
② 谢贵安：《明实录研究》，上海古籍出版社 2013 年版，第 363~364 页。
③ 孟森：《读清实录商榷》，《明清史论著集刊》下册，中华书局 2006 年版，第 688 页。
④ 谢贵安：《清实录研究》，上海古籍出版社 2013 年版，第 682 页。
⑤ 《四库全书总目·驳倭录提要》云："国史所载，正未必尽为实录也。"毛泽东断言正史只有一半是真的，有人甚至全盘否定上古史。

四

　　谢贵安教授对实录体史学的系统探究，对于我们研究《四库全书》的篡改问题也颇有启发意义。长期以来，论者早就提出"实录不足从"①的观点。与此类似的是，《四库全书》的可信度一直是困扰着我们的一大难题。毋庸讳言，《四库全书》确实存在文本篡改现象，也因此备受质疑，有人因此全面否定《四库全书》的价值。在这里，我们不妨转换思路，模拟一下谢贵安教授的话语予以解释：

　　　　《四库全书》的这种篡改，除了政治上的讳饰之外，还有一部分实际上是"汉化"的结果，是文化上的粉饰。"汉化"现象确实是清朝大一统文化建立过程中的必然趋势。就整部《四库全书》来看，诬饰之处在某些部类虽然泛滥，但毕竟有限，相对集中在宋金之际与明清之际两个时段的史部文献与集部文献，至于其他的绝大部分文献，多为中间地带，不涉干碍，无需讳言，因此《四库全书》也就保持了基本上的文献可信度。

　　这是我因阅读谢贵安教授的系列著作之后产生的知识迁移。当然，这是另外一个重大课题，决非三言两语可以说清楚。至少，我们已经从谢贵安教授的论著中获得了某种灵感。或许在不久的将来就可以解开四库学研究史上的一个死结。

　　谢贵安教授的治学历程，对于后来者尤其具有启发意义。谢教授早年师从著名历史文献学家张舜徽先生，升堂入室，深造自得。他从 1986 年开始整理《明实录》资料，独力编纂了 110 万字的《明实录类纂·湖北史料卷》一书，对明代实录形成了鲜活的感性认识，并积累了丰富的研究资料。在整理过程中，他敏锐地发现了一个当时为人忽视的角落，即 1949 年以后国内尚无专门研究《明实录》的论文和著作，在历史文献与史学史的研究领域中这无疑是一方亟待开发的宝地。1990 年他以《明实录研究》为题撰写博士论文，焚膏继晷，废寝忘食，他完成了一部高质量的论文并顺利通过答辩，此后陆续修改，精益求精，先后推出了《明实录研究》的三个版本（台北文津版、湖北人民版与上海古籍版）。一举成名之后，他没有就此止步，而是在具体研究明代一朝实录的基础上，又萌生了对整个实录体史学进行系统考察的想法。自博士阶段就开始研究《明实录》，紧紧地 hold 住实录体史学不放，不是像"游击队员"那样打一枪换一个地方，而是坚守高地，瞄准目标，真正做到了"扎硬寨，打死仗"，展开了一场长达近 30 年的阵地战与持久战。在一个浮躁的时代，大家都热衷于搞"短平快"，既能"多快好省"，又能"力争上游"，结果引发了学术大滑坡。他却反其道而行之，以超乎常人的毅力，淡泊明志，宁静致远，不务声华，困守书斋。宋人赵汝楳在《周易辑闻》中指出"大抵处困者贵安"，"鼎贵正，正则不倾；鼎贵安，安则不摇"。谢贵安从中发现了自己名字的理据，且不无自我解嘲地说："这无疑在鼓励笔者在漫漫的学术征程的跋涉中永不动摇，像鼎一样地厚重不迁，坚忍不拔。"正是凭着这种"厚重不迁，坚忍不拔"的精神，他在实录体史学这一亩三分地

---

　　① 朱彝尊《南京太常寺志跋》："《实录》出于史臣之曲笔，不足从也。"

上辛勤劳作，只问耕耘，不问收获，终于打出了一口口深井，为学界奉献出一套丰厚的系列作品。他在一本书的后记中不无动情地说："当年接触实录时才24岁，今天完成'实录研究书系'时已年过半百；研究的阵地也从桂花飘香的桂子山，移到了樱花烂漫的珞珈山。我最灿烂的青春和最美好的年华都奉献给了实录研究，有些人或许以为不值，但我无怨无悔。"这是一个成熟学者的肺腑之言，也是一个"知天命"者的经验之谈。我想，假如我们多一个谢贵安式的学者，中国学术的薪火传承就会多一分力量。如果年轻的朋友选择了以学术为志业，你们最好也要从谢贵安先生身上学习一个真学者所应具备的"鼎"级品质——"厚重不迁，坚忍不拔"，选择一个属于自己的阵地，努力打拼三十年，开辟出一片新天地！

我与谢兄同在一校，相识多年，存在不少交集（同在中国传统文化研究中心、历史学院与国学院任职），应该说彼此相知甚深。我们虽然研究方向有所不同，但我经常从他馈赠给我的众多著述中获益。最近一段时间，在阅读了谢贵安教授的"实录研究书系"之后，我对史部中的实录体史学有了较为系统的了解。平心而论，该书系在实录探索上所作的突出贡献，无疑是史部研究中的重大收获，对深化史部研究功不可没。当然，在阅读该书系时也发现了一些细微瑕疵，除了文字的打印错误外，还偶有史料用错之处，如《中国已佚实录》第194页第二段第一行，称"宪宗时，陆淳亦喜读《唐实录》"，其实，喜读《唐实录》的是唐宪宗，而非陆淳（作者在赠笔者的书中已作了自我纠正）。但瑕不掩瑜，这不过是明珠上的一点点微尘而已。

综观全局，谢贵安教授以其渊博的学识、严谨的态度，历时三十年，精心结撰而成一套多达四部、长达225万字的皇皇巨著，对历代实录作了如此系统而完善的探讨，实属罕见。此前，他还出版了50万字的《中国实录体史学研究》（武汉大学出版社2007年版），对中国传统史学内在的基本矛盾——直书与曲笔——作出了令人信服的分析。谢贵安的名字早已与实录体史学紧紧地联结在一起了。可以毫不夸张地说，他以其辉煌的业绩成为当今实录体史学研究之第一人。学界在评价某一方面作出过杰出贡献的学者时，常使用"×书院""×科举""×市场"（其中×表示学者之姓氏——自注）之类的说法，因此，我们今后不妨将谢贵安教授称之为"谢实录"。这绝不是戏谈，而是属于他的一份殊荣！

（作者单位：武汉大学中国传统文化研究中心）

武汉大学中国传统文化研究中心大事记

（2014 年 1—12 月）

□ 李小花

1 月

4 日，郭齐勇教授在湖北省图书馆长江讲坛演讲"国学智慧与领导修养"。

22—28 日，吴根友教授在巴黎出席法国国际哲学学院、第十二大学与武汉大学合办的学术会议——"欧洲的哲学启蒙思想与中国的哲学启蒙思想之比较"，提交论文《西方哲学启蒙思想观念在中国现代哲学史中的应用与发展》。

冯天瑜、杨华教授编《中国文化史经典精读》，郭齐勇教授编《中国哲学史经典精读》，陈文新教授编《中国文学史经典精读》分别由高等教育出版社出版。

郭齐勇、欧阳祯人教授主编《问道中国哲学》由九州出版社出版。

3 月

7 日，郭齐勇教授在四川大学国际儒学院"儒藏论坛"演讲"谈谈民间儒学的新开展"。

15 日，杨华教授在贵州省孔学堂作题为"中国古代的日常生活礼仪"的演讲。

16 日上午，欧阳祯人教授在贵州省孔学堂作题为"《钱氏家训》与人生智慧"的学术报告。

17 日上午，欧阳祯人教授为贵州省纪检系统全体处级以上领导干部作题为"儒家经典与廉政建设"的学术报告。

17 日晚上，欧阳祯人教授在贵州大学中国文化书院作题为"《中庸》的精神实质"的学术报告。

21—23 日，聂长顺教授、余来明教授参加由武汉大学文学院举办的"中国文化元典关键词研究"国际学术研讨会，提交论文《近代知识转型视野下的概念史研究》。

22—23 日，胡治洪教授参加武汉大学哲学学院主办的 Philosophy and Public Policy Colloquium 会议，发表论文《〈大学〉的德性政治主体养成论及其相对于现代西方政治哲学的道德优位性》。

26 日上午，欧阳祯人教授在贵州省孔学堂为贵州省贵阳市市委、市政府、市人大、市政协四大班子作题为"国学经典与为政以德"的学术报告。

26—27 日，吴根友教授参加北京大学高等人文研究院主办的北京大学世界哲学大会国际学术会议，主题："学做人"，提交文章《"人之为人"与"做人的起点"——以孔子及其弟子与老子、庄子所论为例》。

27 日，郭齐勇教授在湖北省社会科学院荆楚学术讲坛演讲"国学与人格修养"。

30 日，郭齐勇教授在湖北省国学研究会与湖北日报"湖北国学大讲堂"首场演讲"湖北国学及其传承"。

2014 年 10 月 1 日—2015 年 3 月 31 日，晏昌贵教授受聘为日本东北学院大学客员教授，主讲"秦汉简牍概述"。

2014 年 9 月—2015 年 3 月，徐水生教授在日本创价大学从事客座研究。

4 月

11—13 日，吴根友教授参加上海华东师范大学先秦诸子学研究中心主办的诸子学现代转型高端文化论坛，提交文章《浅谈萧萐父先生的子学思想》。

14—15 日，胡治洪教授参加国务院参事室召开的"中国国学中心展馆知识文本大纲及展陈转化"研讨会，代表儒学馆知识文本编纂组汇报工作。

18—20 日，胡治洪教授参加厦门大学国学研究院承办的"国学新知：中国哲学史研究的新问题"学术研讨会暨中国哲学史学会学术促进委员会第一次代表大会，发表论文《〈尚书〉真伪问题之由来与重辨》，主持一场研讨会。

19 日，郭齐勇教授参加中央民族大学、国际儒学联合会主办的"新仁学与儒学创新"研讨会，发表论文《评牟钟鉴先生的新仁学》。

郭齐勇教授编《正本清源论中西：对某种中国文化观的病理学剖析》由华东师范大学出版社出版。

杨华教授编《中华传统美德读本》由武汉出版社出版。

李维武教授著《辩证唯物论的知行统一观——重读毛泽东〈实践论〉》由人民出版社出版。

5 月

8—9 日，聂长顺教授应邀赴复旦大学参加主题为"东亚知识的生产、规划、流通与影响"第六届东亚文化交涉学会年会，宣读论文《德育论争中儒教的近代呈现》。

11—18 日，作为"湖北省台湾周"活动的一部分，武汉大学中国传统文化研究中心、台湾研究所冯天瑜、杨华、王林伟一行赴台湾参加两岸国学交流，造访的学校有台湾大学、台湾师范大学、东吴大学、成功大学、云林科技大学等七所，与台湾同行举行了多场座谈。5 月 13 日下午，冯天瑜、杨华与台湾师范大学国文研究所的傅武光教授（所长）、潘丽珠教授同台演讲，冯天瑜讲《汉字与文化认同》、傅武光讲《儒学与现实社会生活》、潘丽珠讲《古典诗辞吟诵》、杨华讲《中华家礼家风》。

17—18 日，胡治洪教授参加中国现代哲学史研究会、深圳大学国学研究所主办的中国现代哲学的发展历程和研究方法学术讨论会（中国现代哲学史研究会 2014 年年会），发表论文《洪谦对维也纳学派逻辑实证论的引介》，主持一场研讨会。

19 日，司马朝军教授、杨华教授应邀参加中南大学增设"人类文化遗产学"博士点评审会议。

23—25 日，吴根友教授参加北京清华大学哲学系主办的"全国生态伦理、生态哲学与生态文明"学术研讨会，提交文章《"天籁"与"卮言"新论》。

25 日，胡治洪教授在贵州省孔学堂演讲《全球生态危机与儒家救治之道》。

26—28 日，陈文新教授参加香港中文大学主办的"今古齐观：中国文学的古典与现代"国际学术研讨会，提交论文《经典的世代更替与中国文化的历史进程——兼论中国文学史书写的长时段视角》。

31 日，郭齐勇教授参加华中师范大学主办的"道家道教与生态文明"国际学术研讨会，发表论文《试说老子道论的生态观》。

李少军教授到武昌辛亥革命纪念馆作题为"近代武汉与日本"的报告。

6 月

3 日，吴根友教授参加北京大学高等人文研究院主办的"身体，性别与东西方哲学"研讨会，提交文章《吕坤的女性思想简论》。

5—9 日，谢贵安教授在甘肃临夏回族自治州参加由中国明史学会和临夏州文联举办的"中国·临夏王竑文化"学术研讨会，提交《试析〈明实录〉对王竑个人历史的书写》一文。在大会作主题发言。

6—8 日，郭齐勇、胡治洪教授参加由孟子研究院主办，北京大学高等人文研究院、清华大学国学院、山东师范大学齐鲁文化研究院协办的"孟子思想与邹鲁文明"国际学术研讨会，分别发表论文《论孟子的政治哲学——以王道仁政学说为中心》、《孟子引〈书〉与德性政治》。

10 日，郭齐勇教授参加贵州省文明办与人民日报理论部主办的"弘扬优秀传统文化与核心价值观"研讨会，发表论文《文化自觉与自信》。

18 日，武汉大学中国传统文化中心隶属的"武汉大学阳明学研究中心"正式成立，由张杰（欧阳祯人）教授担任中心主任。同时创办《阳明学研究》杂志，由郭齐勇教授担任主编，欧阳祯人教授担任执行主编。

19 日，郭齐勇教授参加北京大学主办的"新世纪中国哲学转型——《汤一介集》新书发布暨学术讨论"会议，发表论文《汤一介先生的学术贡献》。

19 日上午，杨华教授在青山区纪委、妇联组织的家庭助廉教育活动中，为该区领导干部家属作题为"树清廉家风，建幸福家庭：中国传统家教的启示"的报告。

20 日上午，欧阳祯人教授在延安干部学院为中央中组部厅级领导作题为"习近平总书记关于传统文化与道德修养的论述"的学术报告。

23 日上午，欧阳祯人教授为武汉大学全校系主任作题为"古代家训中的人生哲学与管理智慧"的学术报告。

25 日，欧阳祯人教授在韩国"退溪学釜山研究院"主办的《退溪学论丛》上发表长篇学术论文：《试论刘鉴泉的三个思想来源》。

26 日，郭齐勇教授在武汉市委宣传部演讲"传统文化及其核心价值"。

29 日，聂长顺教授参加武汉大学主办的"甲午双甲子"学术研讨会，提交论文《日谋掠台湾之心由来已久》，中评社采访并报道。

郭齐勇、吴根友教授编《近世哲学的发展与中国哲学的创造转化》由中国社会科学出版社出版。

郭齐勇教授编《熊十力卷》（中国近代思想家文库之一）由中国人民大学出版社出版。

杨华教授著《先秦财政史》由湖南人民出版社出版。

陈伟编《简帛文献复原与解读》由中国社会科学出版社出版。

7 月

1—31 日，郭齐勇教授在台湾大学人文社会高等研究院做访问学者。

5—6 日，吴根友教授参加中国人民大学哲学院政治哲学研究中心主办的"政治哲学与当代中国"学术研讨会，提交文章《龚自珍的社会政治哲学新论》。

7—9 日，郭齐勇教授参加台湾大学主办的"第五届青年学者'东亚儒学'研习营"与东亚儒学研讨会，发表论文《近 30 年中国大陆儒学述评》。

14 日，郭齐勇教授在台湾"中央研究院"文哲所演讲"近年来中国大陆儒学的新进展"。

18—20 日，欧阳祯人教授出席德国特里尔大学题为"Historicity and Pragmatism in Confucianism"（儒家思想的历史性与实用性）国际学术大会，并作题为"先秦儒家政治哲学的合法性论证及其现代价值"的大会主题发言。

20 日，郭齐勇教授在台北奉元书院演讲"熊十力哲学精义"。

22—25 日，卢烈红教授参加湖北大学主办的"元白话与近代汉语研究"国际学术研讨会，提交论文《语气副词"将无"的产生、发展和衰亡》。

28 日，郭齐勇教授参加台湾"中央研究院"主办的"全球与本土之间的哲学探索——贺刘述先先生八秩寿庆学术研讨会"，发表论文《刘述先先生的学术贡献》。

7 月，聂长顺教授开始参与教育部"中华思想术语"工程，任历史组组长。

郭齐勇教授著《道不远人：郭齐勇说儒》由孔学堂书局出版。

8 月

5 日，李少军教授为解放军某集团军政治部干部作题为"近代中国社会变迁"的报告。

5—7 日，吴根友教授出席贵州省孔学堂学术委员会第一次会议。

6—7 日，郭齐勇教授参加贵州省孔学堂主办的孔学堂学术委员会成立大会及学术研讨会，发表论文《传统文化的"两创"》。

10—14 日，杨华教授在西宁青海师范大学参加"汉晋时期国家与社会"国际学术研讨会，提交论文《汉唐历史背景下的庆氏礼学》。

15—17 日，胡治洪教授参加南京大学哲学系宗教学系、儒佛道与中国传统文化研究中心主办的全国儒佛道治理思想学术研讨会，发表论文《孟子引〈书〉与德性政治》，主持一场研讨会。

15—18 日，卢烈红教授参加大连大学主办的"新媒介背景下的汉语发展演进与修辞创造"全国学术研讨会，提交论文《"相亲"考辨》。

16—20 日，吴根友教授出席李宽定先生贵阳国学大讲堂学中国传统文化与核心价值观的讨论会。

21—24 日，谢贵安教授在山东淄博参加由山东古典文学学会、中国社会科学院文学所古代文学研究室和中共桓台县委县政府举办的"纪念王渔洋诞辰 380 周年"全国学术研讨会，提交《王士禛家族历史撰述初探》一文。

23—24 日，郭齐勇教授参加北京大学高等人文研究院与河南省主办的"天人合一与文明多样性——第三届嵩山论坛 2014"，发表论文《儒学的现代转化——以民间儒学为中心》。

25 日，欧阳祯人教授为西藏自治区那曲政府（地县乡三级全体领导）作题为"国学与社会主义核心价值观"学术报告。

2014 年 8 月—2015 年 7 月，余来明教授在美国哈佛大学东亚系做访问学者。

9 月

2 日晚上，欧阳祯人教授为中国人民解放军某军部领导作题为"国学智慧与人生修养"的学术报告。

15—19 日，谢贵安教授在宁夏银川北方民族大学参加由中国史外关系史学会、北方民族大学举办的"丝绸之路与西北少数民族"学术研讨会，提交《怀柔远人：国史〈明实录〉对西域"回回"记载的价值取向》论文。

16 日，郭齐勇教授在新加坡国立大学演讲"论孟子的政治哲学"。

17 日，郭齐勇教授在新加坡南洋理工大学演讲"关于孔孟'亲亲互隐'的讨论"。

17—21 日，卢烈红教授参加武汉大学主办的第三届"佛教文献与文学"国际学术研讨会，提交论文《汉译佛经在汉语史研究中的作用》。

18—19 日，郭齐勇教授参加新加坡南洋孔教会与新加坡国立大学主办的"儒学与国际华人社会国际儒学"研讨会，发表论文《论儒学的现代转化——兼谈大众儒学的复兴》。

19—21 日，徐水生教授参加北京大学哲学系、中国社科院哲学所、河南老子学会等主办的第四届洛阳老子文化国际论坛，提交论文《老子思想对日本近现代名家的影响》。

19—23 日，徐少华教授参加四川大学主办的 2014 年中国历史地理国际学术研讨会，发表论文《周孝王所封非子之"秦"邑地望析异》。

19—25 日，晏昌贵教授参加"历史地理学的继承与创新暨中国西部边疆安全与历代治理研究"学术研讨会，发表论文《放马滩木板地图新探》。

23—27 日，吴根友教授出席北京国际儒联纪念孔子诞辰 2565 周年国际学术研讨会暨第五届会员与理事会，提交论文《宋儒"一体之仁"思想简论》。

26—27 日，郭齐勇教授参加台湾师范大学主办的"2014 跨文化视域下的儒家伦常：政道与治道"国际学术研讨会，发表论文《论儒家的政治哲学》。

29 日，郭齐勇教授参加湖南大学岳麓书院主办的"全国国学院院长会议暨高层论坛",发表论文《谈国学与国学教育》。

郭齐勇教授著《文化学概论》由武汉大学出版社出版。

郭齐勇教授著《中国儒学之精神》(2009 年),获得"国学研究成果奖"。

10 月

8—12 日,吴根友教授出席美国夏威夷大学举办的"Confucian Values in a Changing World Cultural Order"国际学术会议,提交文章 Striving for Democracy(译者,李勇。第一次在大型国际会议上用英文宣读文章)。

9—12 日,徐少华教授参加中山大学主办的纪念容庚教授诞辰一百二十周年国际学术研讨会暨中国古文字研究会第二十届年会,发表论文《曾侯昃戈的年代及相关曾侯世系》。

11—12 日,杨华教授参加华中师范大学、中国社会科学院、《中国社会科学》、《历史研究》杂志社主办的第八届历史学前沿论坛"国家治理与社会变迁",提交题为"中国古代礼制的几个特点"的论文。

14 日,杨华教授参加由武汉市委宣传部、武汉市国际交流传播中心主办的会议,为在武汉的外国留学生作题为"中国古代的礼制与风俗"的讲座。

17—18 日,吴根友教授出席香港教育学院主办的第二届"中国经典文献资料的诠释艺术"国际学术研讨会,提交文章《乾嘉时代的人文实证主义及其得失反思》。

22—26 日,吴根友教授出席在芝加哥大学东亚系主办的"中国简帛学国际论坛 2014"暨"武汉大学第二届海外学术周",提交文章《〈恒先〉篇哲学思想探析》。

22—29 日,杨华教授、陈伟教授、晏昌贵教授等参加在芝加哥大学东亚系主办的"中国简帛学国际论坛 2014"暨"武汉大学第二届海外学术周"。

23 日,余来明教授参加哈佛大学东亚系、燕京学社主办的"跨界的文学与思想"workshop,发表论文《近代民族国家建构与"中国文学"观念的兴起》。

27 日,杨华教授出席哥伦比亚大学东亚系"Early China Seminar"讲座,作题为"上古中国的'夜祷'——兼论原始巫术与儒家礼仪的关系"的演讲。

10 月 31 日—11 月 3 日,卢烈红教授出席南京师范大学主办的第八届"汉文佛典语言学"国际学术研讨会,发表论文《禅宗语录中"好"字祈使句的产生与发展》。

2014 年 10 月—2015 年 3 月,聂长顺教授受学校派遣,作为"交换教师"赴日本创价大学,从事"明治日本'革命'概念的近代化"专题研究。

陈文新教授编《休闲古文鉴赏辞典》由商务印书馆出版。

陈伟教授编《简帛》由上海古籍出版社出版。

杨华教授编"问津国学丛书"(《知礼篇》《修身篇》《道德篇》)由武汉出版社出版。

11 月

1—2 日,吴根友教授在上海华东师范大学哲学系参加"知行哲学的当代研究"学术讨论会,提交文章《王夫之的知行观简论》。

7—9 日,郭齐勇教授、胡治洪教授出席武汉大学哲学学院、国学院主办的"中国哲学书写范式反思"暨"纪念萧萐父先生冥诞九十周年"学术研讨会,分别发表论文《萧蓮父先生学述》、《此情可待成追忆——怀念太老师萧蓮父先生》。

8—9 日，徐水生教授参加武汉大学哲学学院、国学院主办的"中国哲学书写范式反思"暨"纪念萧蓮父先生冥诞九十周年"学术研讨会，提交论文《武内义雄的〈中国思想史〉与冯友兰的〈中国哲学史〉之比较》。

8—10 日，武汉大学中国传统文化中心、文学院、明清文学研究所主办"传统小说与小说传统"圆桌论坛，来自韩国，中国大陆以及港台地区的二十多位学者与会。论坛涉及三个主要议题：一是传统小说的起源、观念和类型；二是传统小说的个案考察；三是传统小说的批评、学术史和传播史。学者们对相关领域的最新进展作了深入的探讨，就相关问题进行了广泛的交流。

15 日，郭齐勇教授参加湖南师范大学主办的"传统文化中的政治哲学"全国学术研讨会，发表论文《孟子的政治哲学》。

15—17 日，吴根友教授在山东济南参加山东大学易学与中国古代哲学研究中心主办的"视域与方法：易学与中国哲学前沿论坛（之一）"，提交论文《再论人文易与民族魂》（与姜含琪合著）。

20—21 日，郭齐勇教授参加台湾成功大学主办的"儒家思想与儒家文化"国际学术研讨会，发表论文《上博楚简有关孔子师徒的记载及其与〈论语〉等书的关系》。

21—22 日，余来明教授参加哈佛大学费正清研究中心、新加坡南洋理工大学主办的题为"China in Translation：Theory，History，Practice"的研讨会，发表论文 The Discovery of Chinese Literature：Traditional Knowledge，Modern Concept，and Narrated History。

27—28 日，杨华教授在曲阜师范大学国学院与西北大学、曲阜师范大学、《光明日报》国学版讨论进一步合作开展"中国路径"学术研究的实施方案。

28 日—12 月 1 日，司马朝军教授应邀出席故宫"第二届宫廷典籍与东亚文化交流"学术研讨会，宣读论文，并与北京大学肖东发教授共同主持"典籍版本与流传研究"小组讨论。

28 日—12 月 1 日，谢贵安教授在北京故宫参加"第二届宫廷典籍与东亚文化交流"学术研讨会，提交《〈清实录〉修纂主题论析》论文，并作大会主题发言。

29—30 日，杨华教授在广东中山市图书馆"香山讲堂"作题为"史家绝唱，无韵《离骚》：国学经典《史记》"和"中国传统家教：家训、家礼和家风"的讲座。

陈锋教授应邀参加中国经济史 2014 年国际学术讨论会（开封）、中国社会史 2014 年国际学术讨论会（南昌）。

李少军教授参加中国社会科学院近代史研究所和北京大学共同举办的"战争与外交：近代中外关系史"国际学术研讨会。

12 月

6—8 日，吴根友教授参加湖北黄梅第五届黄梅禅宗文化论坛——净慧长老与黄梅佛教，提交文章《"生活禅"中的儒道易思想浅绎——读〈守望良心〉一书》。

7—8 日，郭齐勇教授参加湖北省、黄冈市主办的"湖北第五届黄梅禅宗文化高峰论坛"，发表论文《净慧长老与生活禅》。

10 日，胡治洪教授参加武汉大学哲学学院、国学院主办的纪念胡秋原先生逝世十周年座谈会，发表论文《胡秋原——中华民族和文化的护法》。

12—14 日，吴根友教授参加上海华东师范大学思勉高等人文研究院主办的"形而上学：过去、现在和未来"国际学术研讨会，提交文章 *On Zhang Shiying's "Horizontal Transcendence" and its Practical Value*（郑泽绵译）。

12—14 日，吴根友教授参加复旦大学哲学学院与中国社会科学院《中国社会科学》杂志社共同举办的"现代性与中国精神——第四届中哲、西哲、马哲专家论坛"，提交文章《知识的视野与思想的视野——传统文化的创造性转化与创新性发展的可能性思考》。

13—14 日，郭齐勇教授参加复旦大学哲学学院与中国社会科学院《中国社会科学》杂志社共同举办的"现代性与中国精神——第四届中哲、西哲、马哲专家论坛"，发表论文《论中国文化精神及其对现代性的批评与调适》。

27—28 日，胡治洪教授参加台湾大学人文社会高等研究院主办的第一届台湾大学高研院访问学者学术研讨会，发表论文《汉晋之间古文〈尚书〉流传情况补证》。

28—30 日，徐少华教授参加湖北省博物馆主办的"随州叶家山西周墓地"国际学术研讨会，提交论文《论随州叶家山几座主墓的年代》。

李少军教授赴南京参加由中国社会科学院主办，中国社会科学院近代史研究所、南京师范大学承办，《抗日战争研究》编辑部、南京师范大学抗日战争研究中心协办的"战争、秩序与和平：两次世界大战的反思"学术研讨会。

我中心共获 6 项第九届湖北省社会科学优秀成果奖，其中，杨华教授《楚国礼仪制度研究》（作为"世纪楚学"之一）、丁四新教授的《楚竹书与汉帛书〈周易校注〉》获著作类一等奖，谢贵安教授的《中国史学史》、陈文新教授的《韩国所见中国古代小说史料》（与闵宽东合著）获著作类二等奖，杨华教授的《秦汉帝国的神权统一：出土简帛与〈封禅书〉〈郊祀志〉的对比考察》获论文类二等奖，吴根友教授的《庄子〈齐物论〉"莫若以明"合解》获论文类三等奖。

（作者单位：武汉大学中国传统文化研究中心）